ちくま学芸文庫

頼山陽とその時代 上

中村真一郎

筑摩書房

目次

第三部　山陽の交友　上

下巻目次

第六部　山陽の学藝

頼山陽とその時代　上

第一部　山陽の生涯

まえがき

四十歳を過ぎた頃、私は一時、古人の伝記類を来る日も来る日も読み漁って過したことがあった。疲れると散歩に出、帰ってくると、また直ぐ長椅子のうえに横になって、読みさしの頁を伏せてある本を卓上からとりあげて、暗くなるまで読みつづけた。

そうした生活がほぼ一年ほど続いた。

――なぜ、そうしたことに専念したかというと、原因は私の病気だった。

私はかなりひどい神経障害を病み、それから脱するために、気分を息《やす》めながら同時に、意識の統一を計らなければならなかった。

そのためには、子供の時からの習慣で、読書ということになったのだが、しかし面倒な論理を追わなければならない哲学書などは、私の疲労した脳には負担だった。

だから、専ら事実だけを記している伝記類が最も目的に適《かな》っていた。

医者は好い機会だから、今まで読み残してあった古今の傑作の、それもなるべく長大な作品を読んでみたらどうか、とすすめていた。

医者の口吻では、肉体的な苦痛もなく、そうかといって未だ仕事も出来ないという回復期の状態を、「好い機会」だと言って私を慰め勇気付けようというだけでなく、そのように「長大な作品」に精神を釘付けするのが、実際に治療的効果もある、ということであるらしかった。

しかし私は、一時は全く精神的に廃人となるのではないかというところまで落ちこんだ後だったから、架空の物語に対しては、それがこちらの感情を無益に弄ぶような気がして、興味をすっかり失っていた。また詩歌の類も徒らに情緒が動揺するという理由で、私には読むのが不愉快だった。

それに一生の文学的な仕事がここで終るのかも知れない、と覚悟を決めさせられた時に、私は人の生涯というものに対して、従来とは非常に異った眼が自分に開けて行くのを感じていた。今まで、人は生まれて、仕事をして、死んで行く、という経過が、ひとつの完成した作品のように見えていたのが、そうではなくて、無数の可能性の中途半端な実現の束《たば》が、人の一生なのではないか、と思われてきたのだった。殆んどの人間の人生が中断なのではないのか。——

そういう風に見えだしてくると、私には他人の生涯をなるべく精細に、しかもなまじいな解釈などを附せずに、事実だけを配列した伝記が面白くなってきた。精しければ精しいほど宜しい。その人物の実現しかけた可能性を数多く知ることで、彼の完成した姿でなく、彼の生きている姿により近付けることになるからである。

そしてそれはおのずから「長大な作品」という医者の治療的暗示にも合致することになる。

——そのようにして、その時期に読んだ伝記類のなかで、私を最も長く引きとめ、そして堪能させてくれたのは、好尚木崎愛吉《こうしょうきざきあいきち》の厖大な『頼山陽全伝』であった。

この本は山陽の生まれた日から死に至るまで、判明しているかぎり、日附に従ってその行状を叙述している。つまり「日譜」の体裁を採っている。

殆んど山陽自身の一生の日記を翻しているような気持に読者を誘《いざ》なってくれる。

私は夏の暑い日中を、三カ月ほどかかって、ゆっくりと頼山陽という人物の生命の展開につき合った。

それまで、実は私は山陽の仕事にはほとんど興味がなく、中学時代に教室で読まされた『日本外史』の鈔本《しょうほん》以外には特に覗いてみたこともなかった。そうしてその人物については、漠然とした不快感だけを覚えていた。

高言壮語する粗放な人物というのが、私の山陽像であり、それは明治の山陽崇拝熱が自然主義的風潮によって冷却させられて以来、一般に流布して既成概念となっていたもので、それをいつの間にか私も踏襲していたに過ぎなかった。

たとえば永井荷風も、たしか江戸時代の文学者のなかの嫌いな人間として、馬琴と共に山陽を挙げていた。

そのうえ、世の山陽崇拝家というのが、また私の神経には耐えられないような人物が多かった。

そうした頼山陽の伝記を、何故、急に読む気になったかといえば、多分、その前に森鷗外の史伝を読み返した余波だったろう。木崎氏の本をちょっとのぞいて見ると、共通の人物たちが大分、登場してくる気配があったからである。

それに日譜という体裁が甚だ私の気に入った。またその分量の大きいのも、私の目的に適っていた。私は私自身の好悪に関係なく、或る他人の人生のなかに深く入りこんで行くことに、興味をそそられていたのである。——いや、当時、私の獲得しはじめていた視点、つまり今、述べたばかりの、人間の一生を不安定な可能性の束と見る、という方向からすれば、他人に対する好悪の感情は解消してしまうのである。ある対象に対して好悪の判断を持つためには、対象は一定の不動な姿を保っていてくれなくてはならない。

そのようにして私は山陽の伝記を読み進めて行ったのだが、彼が二十歳になる前後までさし掛った時に、私は突然に私の関心を異様なまでに惹きつける事実に遭遇した。

それは山陽の「鬱症」という病気の発生である。

彼は十四、五歳の頃にも、そのような病気の時期を通過していたようであり、多少、気掛りなままで、私はその時点を飛び越して先へ進んできたのだったが、ここでもう一度、その病気に出会い、そして彼の両親の日記の記述を照合してみると、その症状はまぎれもない神経症であると思われた。

端的に言うと、私自身がそこから脱却したばかりの状態が、両親の日記のなかにありありと記されていたのである。

それから先は、私は私自身の症状と、その間の精神状態、また、そうした精神状態のなかでとらざるを得なくなる、非常識な行動などの経験を絶えず傍らに意識しながら、山陽の個々の行動について注意深く辿って行った。

周知のように山陽の伝記は幾多の突飛な行状に満ちている。特にその二十歳前後の言動は、凡そ首尾一貫を欠き、それが一方で山陽の人格に対する非難ともなり、又、逆に崇拝者たちによる様々の奇抜な弁護的解釈を惹きおこしてもいる。

しかし、若き山陽の理解を絶する非常識な行動が、当時の広島藩の人々のあいだに顰蹙《ひんしゅく》を買い、やがては公然たる攻撃的な輿論《よろん》にまで高まり、遂に廃嫡監禁という最も不名誉な事態にまで墜落したというのは事実である。そしてその事実と、後年の山陽のあの持続的な仕事振りとの関係は極めて難解なのである。

青春時代の狂態を事実として受け入れながら、後年の彼の業績を評価しようという弁護派の拠る最もありふれた論理は、監禁を解かれるに及んで前非を悔いて、人間として立ち直った、というのである。しかし彼の代表的仕事である『日本外史』はどうやら監禁中にその初稿を書き終えている気配がある。

(生涯のあの時期に何故、あのような大作に取り掛ったか、そして『外史』の初稿の性質がどのようなものであり、それが彼のその時期の状態にとって、何故に必然的でもあり不可避でもあったかという、私の推測については、彼の学藝について分析する際にやがて改めて触れるだろう。——)

「前非を悔い」たという弁護が、事実とうまく適合しないとなると、崇拝者たちは今度は、青春期の狂態全部を彼の芝居であるとする説を発明した。

山陽「陽狂」説、気狂の真似をしていたのだという観察は、実は当時から周囲にあった。

山陽を溺愛していた叔父の杏坪《きょうへい》などは、ほとんど意地になってこの説を唱えた。一方で、家を守るために山陽という不出来な息子を家系から切り離す決意を固めた父の春水は、これまた世間体のために断乎として山陽発狂説を主張していた。この二つの正反対な説、陽狂説と発狂説とは、複雑な家庭の事情のなかで対立しながら、若き山陽の行動をある時は拘束し、ある時は解放した。

しかし、数年間にわたって両親はじめ一藩の人々の眼をあざむき通すというほど念入りな気狂の真似などという陰湿な行為は、あの開放的な自由人であった山陽には、いかにもふさわしくない。第一、周りの人々の眼を余りにも馬鹿にした、ひいきのひき倒しともいうべき説である。

それに母親に対して晩年に至るまで深い愛着を抱いていて、しばしば、母親を喜ばすことが人生の目的ではなかったかと思われるほどの彼が、自分の自由を護るためという理由のもとで、眼のまえにあれほどの母の悲しみを見つづけながら、芝居をやり通すことに耐えられたとは、到底、考えられない。

もし陽狂ならば、直ちにやめにして母の心を息めただろう。母の当時の日記には、毎日、山陽の病気についての心労の連続、一喜一憂のあり様が、今日の私たちの心をも締めつけるほどにあらわなのである。

そこで私は彼の矛盾に満ちた二十歳前後の行動を、その病気の結果として見るのが、最も判りやすいのではないか、と思うようになった。

彼の悪名高い放蕩も、乱暴な新婚生活も、また不可解な脱藩も、神経症との関係で眺めてみれば、極めて自然に解釈がつくだろうと私は直感した。いや、その当時の山陽の日々の症状からして、病気というものを抜きにしては、彼の諸々の非常識な行動の理由を推測するのは、私自身の経験に照し合わせてみても不可能だと、私は信じた。

そうして私は突然に、頼山陽が私にとって身近かな人間になるのを感じた。

その頃、私はこんな想像をしたものである。——日本の三大神経衰弱作家は、藤原定家、頼山陽、夏目漱石ではないか。この場合、「神経衰弱」という言葉を、必ずしも厳密な精神医学上の或る病名に比定しようというつもりは、私にはなかった。勿論、そうした専門的な知識も私にはない。

漱石の場合は、明治の言葉で言えば「脳を病む」というので、当時の権威ある精神病学者が彼の症状を観察して、或る種の精神病の名前を与えたらしい。しかし、私にとっては、むしろ問題なのは、病的な精神状態そのものの方であって、漱石の断片的な日記の各所に現われる正常と異常との奇妙な混淆状態と、その仕事との関係が、甚だわが身につまされるものだったのである。

そうして、私の場合、たしかにその頃『行人』や『明暗』の細部に、それまで——というのは私が神経を病む以前という意味であるが——私が見逭していた重要なものを、突然に読みとるようになっていた。私の病気が、今までは幽暗のなかにあった漱石の作品の部分に、鋭い光を投げ与えてくれるに至ったのである。

『行人』の主人公は、単なる文学的想像による異常な人物の設定というのではないだろう。作者は自分の病状を注入することで、あの人物を創造し、そしてあの人物と周囲の、病気にかかっていない正常な人物たちとの関係を、作者自身の他者との交りの経験に重ね合わせることで、物語を進展させて行ったものに相違ない。

そうして『明暗』における、主人公の病室での各人物たちの、あの果しのない言い争いの中に、私は人物たちの意識の病的な質を発見した。その独特な神経の緊張は、そこに新しい現実の層を浮き出させているのである。

漱石は晩年に至って、彼の長年の異常心理を、遂に現実の闇の部分の照明の武器にまで転換させたのであると、私は思う。

『行人』では一主人公のなかに閉じこめた作者の病的意識は、『明暗』においては現実全体を覆うものになっている。そこにはニーチェのいわゆる「病者の光学」が圧倒的な力を揮っている。

漱石は自分の病気という弱味を、ねばり強い自己との闘いを通して、遂に強味にまで転化している。この実例は極めて緩やかな足どりしかとっていなかった私の回復期に対して、大きな勇気付けとなった。

定家卿の場合はどうか。——

定家が自分の仕事について、又、歌という藝術について、モノマニアックな情熱を持っていたことは、広く知られている。そしてその情熱が、時に甚だしい非常識を演じさせるに至ったことも。

彼は後鳥羽院の面前で、場所柄をわきまえない論争をはじめ、遂には論敵を灯明台でなぐりつけたりしている。そして、そうした狂癖は、上品な趣味人である院に不快な印象を与え、遂にはこの二人の間に決定的な背反が生じる。それは『新古今集』の撰歌における文学的理想の分裂という事態にまで発展して行く。私たちは今は、二様の異る『新古今集』のテキストを持っているのである。定家による撰集本と院による隠岐本と。

私の古典文学の師であった故風巻景次郎は四十代の定家のなかに「初老の沈淪」を見て、それをはっきりと「ノイローゼ」であると指摘している。

風巻氏は定家の日記『明月記』の記述を細査しながら、その時期の「神経緊張」と「心理的な亢奮《こうふん》状態」の持続的亢進とを発見し、それと彼の徹底した文学的スランプとを関係づけている。

その頃、定家は鎌倉の若き弟子、実朝に向って「老年と共に、病気も重くなり、憂鬱のなかに次第に深く沈んでゆくので、表現力も弱まり、藝術的感興も涸れ、思索力も持続を失って来た」と書き送っている。

しかし、それから十年もすると「老年」の衰弱であったはずの定家卿は、生命力の甦りを経験し、再び文壇の牛耳を執って、華々しく歌壇に君臨するに至っている。そこにはもう、日記のなかに病気のことばかり神経質に書き記して、極度に自閉的になっていた、神経症患者の自信の欠如は見られなくなる。『明月記』には三十代に数年間の空白があるが、あれもまた症状の重かった時期なのかも知れない。

私は第二次大戦の末期に、定家に深い憧憬を抱き、彼の作品及び日記のなかに、最も慕わしい文学的先輩を見出していた。

だから、その巨匠がやはり執拗な神経衰弱のとりことなっていたことを知ると、大いに心が慰められるのを感じた。彼はその病気から脱して、老年と共にもう一度、大いなる開花の時期を迎えることができたのである。……

〈私の文学的理想は、長く古典主義にとどまっていた。フランス文学を大学で学んだことが、古典主義への好みを増大させたということもあろうが、それだけでなく、私は私自身の内奥にある、均衡を失いがちな感情の動揺を恐れていて、その動揺を外部から刺戟するような浪漫的な精神の放蕩に触れることを、半ば無意識のあいだに警戒していたらしい。その警戒は私の「自然」に対する強い抑圧となって働き、それが私の病気の原因のひとつともなったようである。——とにかく、回復期の私は、私のなかで文学的理想が徐々に変りつつあるのを意識していた。従来、私が嫌って遠ざけていたもの、たとえばルッソー、たとえばランボー、たとえばカフカ、というような文学者を、私は読むことができるようになって来た。それは勿論、私と人生との関係に変化が起って来たということである。私が山陽の生涯に惹かれるようになったのも、私の趣味、感覚、人生態度の方向転換と微妙に呼応していることは確かである。それがどのように呼応しているかを知りたい、という望みが、この稿を書きすすめる内的要求のひとつとなった。）

――さて私はこれから、私の内部に生きいきとした姿を現像させて来た山陽について、その個人から家族、更にはその社会へと分析を進めて行こうとする。

それに先立って、先ず最小限度必要な伝記的事実をここに要約しておく。山陽について疎遠な読者も多かろうと思うからである。

頼山陽、名は襄、字《あざな》は子成、久太郎と称す。山陽はその号。

頼家は父春水、叔父春風、杏坪《きょうへい》、子聿庵《いつあん》、支峯《しほう》、鴨厓《おうがい》と親子三代に亙って七人の卓れた学者文人を輩出させた。

山陽は安永九年に生まれ、天保三年に死んでいる（一七八〇―一八三二）。

つまり、文化文政の江戸文明の最盛期に活躍した文学者である。

彼は一生、仕官することなく京都の町儒者として終った。しかし、その詩文は一世を風靡し、又、特に『日本外史』『日本政記』の二つの大著によって、歴史家としても著名であった。生前は「才人」として知られた彼は、死後において幕末の革命的世代に、その歴史哲学が圧倒的な影響を与えることになる。

しかし、大正期以来、時代思潮の変遷と共に、一般の無関心のなかに埋没しようとしている。……

一　病気と江戸遊学

母の静子（号、梅颸《ばいし》）がその日記に「癇症再発」と記したのは、山陽頼久太郎の十五歳、九月末のことであった。

その「癇症」の初発は、未だ彼が八歳の頃であった。その折は「大熱、折々正気なく、かんぺきの症なり」（『梅颸日記』）という風であって「癇癪を起して神経が昂ぶり、感情の高するまま、筋肉の痙攣を来したのであらう。」と木崎好尚は想像している。これは神経質な子供が起しがちな病気である。

しかし、再発した癇症は今度は長びく。そして、それは筋肉の痙攣とか失心とかいう発作的なものでなく、ある精神の異常状態となって継続する。

再発の翌々日、母は無理にすすめて、山陽を散歩させる。それから殆んど連日、母はいろいろな名目を発明しては、彼を戸外へ出させるようにしている。しかし、これはなかなか、大仕事だったろうと思う。（神経症の患者を家族に持った経験のある人ならば、身にしみて判るだろう。）折角、連れだしても病人は「何にも目とめず、早々帰度《かへりたき》やうす」なのである。

彼はほっておけば、一日中、部屋に閉じこもったまま、「無言、気おもし」「物いはず」という有様である。そしてそのまま日を越し「持病のきみ」となって行く。

肉体的な苦痛はない。しかし、意識の表面には重く黒い幕が終日、垂れこめていて、そして特に「日の内はよし、ね覚に気色あしきよし」という、典型的な神経症の症状となっている。

ところで、この病気で厄介なことは、他の病気と異って、外見上は健康人とあまり変らないことで、それは病気というより性格の変化が生じたように見えることである。

一方、儒官の子としての義務である学問は、表面的には以前と変りなく続けることができた。

だから同情のない世間は、彼を「つくり阿呆」、にせ気狂あつかいしたし、昔風の剛直な性質であった父の春水自身、はじめのうちはそうした息子の状態を、殆んど「病気」だとは認めようとしなかった。また、たとえ病気だとしても、それは当人の不心得であり、精神さえしっかりしていれば、そのような病気にかかる筈はない、と信じていたのだろう。（こうした一種の精神主義は神経症に対し、今日でも多くの人が所有している。）

発病の年（寛政六年）の暮には、父春水は登城を前にして、山陽の「心得違、様子不レ宜」という有様に苛立って「忿怒ニ及」んでいる。

父にしてみれば、毎日、叔父杏坪の家に「聴講」に通うことができる息子を、多少、顔色が悪く、無口になり、食欲がないくらいで、病人扱いするのは、母の溺愛というもので、それより当人の根性をたたき直す必要があると思いきめたのだろう。

そうして父のその無理解な態度は、いよいよ山陽の病気を永びかせて行った。

小田夕月はその『実記頼山陽』のなかで、この病気の原因を「学問の詰め込み主義の過重負担」に求めている。

平民から儒官にとりたてられて武士となった父春水は、家を継ぐべき嫡子の家庭教育において、厳格を極めた。真の儒者は文武両道に達しなければいけない、という信念から、弱い体質を無視して、眼を悪くするほど勉強させたり、又、武術の稽古のために、同藩の側用人のところへ通わせたりした。(この側用人築山捧盈《つきやまほうえい》は後に、山陽の最大の理解者となり、又、藩中での保護者となる。)

恐らく母親の方は、この父親の家庭教育の無理を知り、厳格一方の夫と、萎縮しようとする子とのあいだで、ひどく気を遣っていた。それは『梅颸日記』のなかの当時の記事にありありとうかがわれる。

彼女は夫の弟たち、医者である春風や、まだ独身であった杏坪やの援けを藉《か》りながら、息子の「病気」を快癒させようと努力をつづけた。春風はいろいろと薬を工夫し、杏坪は山陽を連れて湯治にでかける。頼家にとっては本家の二代目が一人前になるかどうかに、家運がかかっていたのである。

発病二年目の年末に、春水は息子の元服の願いを藩に提出する。父親はそうした外からの規制によって息子を自覚させようと焦っているように見える。その打合せの手紙を春水が藩の側用人築山捧盈へ走り書きした翌日にも、しかしその日記に「久太郎頭痛」と記さなければならなかった。

十六歳の山陽は家内の緊張した空気のなかで、耐えがたい神経の疲労を感じて、追いつめられたようになっていたのだろう。

果せるかな、年が改まった寛政八年（一七九六）の四月には、「久児、不埒《フラチ》有レ之」ということがある。

山陽の症状の昂進は、相変らず謹厳な父親にとっては「不埒」としか見えなかった。

そうした行き違いが、遂に六月に至って極点に達する。

「久児宿痾暴発、狼狽、昼夜看護、此間事件、茫乎不レ記。」（『春水日記』）

それは山陽の弟が疱瘡にかかって死に、同時にそれが妹にも伝染し、その看病に家中が大騒ぎをしていた最中に起ったのだった。

両親の「狼狽」は察するに余りある。父は日記を記そうとして、何ひとつ覚えていなかったし、母は日記を書くことをやめてしまっている。

翌、寛政九年（一七九七）になると、正月早々、頼家では山陽を江戸へ遊学させようという計画がはじまる。

山陽が広島の藩儒となって父の後を継ぐためには、官学である昌平黌《しょうへいこう》に学ぶのは当然の段階でもあったし、それに教師のひとりの尾藤二洲《びとうじしゅう》は、山陽の母の妹を妻としていた。更に二洲と共に学校の中心となっていた、古賀《こが》精里《せいり》、柴野《しばの》栗山《りつざん》の二教授も、共に父春水の親友であって、この「寛政の三博士」によって昌平黌は空前の隆盛期を迎えていた。

春水は息子をこの学校の空気に触れさせ、畏友たちによって根性をたて直させようと考えたのだろう。又、母はきびしい家庭の環境から一時離れ、広い江戸で暮すことが息子の病気にも効果があろうと思ったに違いない。

うまくすれば、広島から江戸へ行く旅のあいだにも、病気は軽快するかも知れない。第一に家族から距離的に遠ざかること、第二に連日歩くことは、病気にとって好い影響を与えるだろう。

しかも、都合のいいことには、丁度、この春、春水と共に藝藩に勤めていた叔父の杏坪が、江戸藩邸へ出張することになった。

山陽は叔父に伴われて無事に江戸へ到《つ》いた。彼は母方の叔母のいる尾藤二洲の官舎に寄宿することになった。二洲の家庭には小さい子供たちがいて、田舎者の従兄である山陽を珍しがってからかったりして、陽気な気分に溢れていた。

「尾氏子供、マメ也、皆ドサ言、ヲカシク御座候」

と、彼は母に報じている。

「ドサ言」とは多分「久太郎《ひさたろう》さん」というのを「ヒのサさたろうさん」という風に呼ぶ、子供の遊び「ノサ言葉」のことだろう。尾藤教授の腕白小僧たちは、山陽が判らないような顔をするのに、得意になって一日中、やかましくこの「ドサ言」で囃したてたものと思われる。それは、厳格なあまり、ほとんど陰鬱であったろう父の家に比べて、眼のさめるような心の弾む空気だった。

同級生には、旗本や大名の子弟なども多く「所レ謂《いはゆる》人中へ出て、襟懐を豁《ひろ》ふすると申は、此事也。」

と、山陽は新しい環境のなかで朗らかさを取り戻している。

彼は叔父二洲の講義に毎日通う傍ら、やはり父親がかつて江戸で親交を結んだ儒者、服部《はっとり》栗斎《りっさい》の塾にも聴講に行った。

彼は服部塾でも、良友たちを得た。

「はなし合手多有レ之、大学・中庸のむつかしき議論、度々申合、楽しみ申候。」

十八歳の山陽は広島では知ることができなかった高い水準の学問に触れ、天下の秀才たちの仲間入りをして、大いに心が伸びているようである。

病気についても、それをやり過すことに大分、自信を持って来ている。神経衰弱においては自信を持つようになれば、快癒は速まるし、又、自信そのものが病気の軽快の徴候でもある。

彼はやはり母への手紙のなかで、まだ発作が起らない先から「灸や薬やニテせめたて」て病気を遠ざけていると報じ、又、広い江戸のことであるから、どこへ出掛けるにも長く歩くことになって、それが自然と養生にもなっていると述べている。しかし、それに直ぐ続けて「何でも帰らねば知れぬ事」という附記がある。——江戸へ来たばかりで、自分はそのような楽観的なことを言っているが、留学が終って帰郷した時に、はじめて自分の摂生法が成功したかどうか判るだろう、という意味の軽口である。そうしたことを軽口として言えるようになっただけでも、回復への進歩である。

——しかし、良いことずくめのこの江戸遊学は、突然、一年足らずで中絶してしまう。

この江戸滞在の一年間は、どうやら諸書いずれも筆をそろえて、あるいは「最も黒闇なる時代」と言い、「事歴を詳かにする能はざる」時期であると指摘している。

森鷗外は『伊沢蘭軒』のなかで、山陽が滞在中ずっと叔父二洲の許におとなしくとどまっていたのではなかろうという推定をたてた。何か叔父と気まずいことが起きて、二洲邸（即ち、昌平黌の寄宿舎）から同じ本郷の真砂町、蘭軒宅へ逃げこみ、しばらく居候をきめこんだ後で、更にやはり近くの湯島の狩谷《かりや》棭斎《えきさい》宅に移寓した、と述べている。その間、蘭軒のもとでも棭斎のもとでも古書の筆写をさせられたに相違ないとして、我儘者の山陽がやむを得ずおとなしく机に向っている様を想像した鷗外は「当時の山陽の顔が見たくてならない」と冗談を言っている。（そして驚くべきことには、当時棭斎が筆写していた『古京遺文』中に、実際に山陽の謄写した金石文が挿入されているのが、後になって発見された。鷗外の想像は事実であったのである。）

二洲の怒りを買ったのは、尾藤家の女中に山陽が手を出したためだという説がある。この説は興味深い。なぜなら、数年後も、備後神辺《かんなべ》の菅茶山の塾において、やはり山陽が菅家の「厨婢に懸想」したという伝説があるからである。

一体、山陽の私生活はひどく乱れていたように、当時から噂になっていた。山陽の崇拝者たちの最初にしなければならないのは、この「遊蕩児」という汚名を、山陽から取り除くことにあるようである。

しかし、私はどうも、その頃山陽自身がそうした風を気取っていたという気がして仕方ない。もし叔父二洲博士と学問上のことで衝突して、寄宿舎を飛び出したとしても、駆けこんだ先の若主人である蘭軒に向って、女のことでしくじりを仕出かした、というようなことを意気がって言いかねない浮薄な傾向が彼にあったのではないかと思う。

田舎者の山陽ははじめて江戸の空気に触れ、性的な問題に対する自由な風俗を見聞きして、拘束力を失っていたのではないか。又、神経症からの一時的な解放が特に彼の言動を、過度に陽気に、均衡を失したものにしていたのではないだろうか。

江戸における山陽の行状についての悪い噂は、尾藤家の女中の件だけには限らない。日夜、花柳の巷に遊んでいて勉学を抛棄してしまったために、二洲によって郷里へ追い帰されたのだ、というような流説もある。（しかし、そのような遊興の資金が当時の彼にあったかどうかは、極めて疑問である。）更には、四谷に住む幕府直参の剣客、平山兵原《ひらやまへいげん》のところへも暫く転りこんでいて、主人の留守中に金を持ち出して去った、という不名誉な伝説さえも残っている。

金のうえの不行跡の評判も、女性問題と同様、山陽の一生をついて廻っている。後年、父の春水が死の床で心配しているのは、やはり四十歳近い息子の、怪《け》しからぬ借金のことであった。

私は、この金と女、との二つの悪評は、彼の自由な生活の代償であった、と考えている。そうして「自由な生活」こそ、執拗な神経症から遁れるために、彼の発明した生活様式であったと思う。いや、自由な生活を求める衝動が彼をあのような病気におちいらせたのだろうし、その衝動を自覚し、その欲求を実現させようと努力しはじめた時、彼は病気から脱け出ることができるようになったのだと言った方が、より正確だろう。

剣客平山兵原との交際も、実は思想的な面のもので、当時の山陽が狭い広島から広い江戸へ出てきて、良師益友を渇えた人のように求めていた際に知ることのできた、有益な関係であることは疑いをいれない。

彼は兵原に対して、極めて高い調子でこう自分の志を述べている。

「元傑（山陽）ノ志、果シテ如何。曰ク、一世ノ男児タラントスルノミ。今ヤ、一世ノ人、ミナ婦女子タルノミ。ソノ学ニ志ス者モ、或ハ文辞ニ志シ、或ハ実学ニ志シ、一ハ則チ華靡ニシテ実ナク、一ハ則チ高妙ニシテ益ナシ。只実アリ益アルモノハ、武学アルノミ。」

この文章を送りつけられた兵原は、もう還暦の齢であった。老人は十八歳の少年からこんな気焔を聞かされて、可愛い奴と思ったかも知れないが、同時にこの豪傑振った少年を、有頂天になりすぎていると苦笑したかもしれない。

山陽は江戸の人々の愛想のよさを真正直にとりすぎ、気持の解放を味わうと共に、交際の規則を無視してどこまでも相手の中にのめりこんで、遂には先方からうるさがられるようになって行ったものではないだろうか。

蘭軒のところも長居をしすぎて、巧みに榎斎のところへ肩代りさせられたのではないだろうか。

伊沢蘭軒は典型的な都会人「江戸物」だった。そうして江戸っ子独特の神経の細かさと気の弱さがあった筈である。私は蘭軒と菅茶山との交際にも、蘭軒対山陽の場合に似た違和があったのではないかと、以前から想像している。森鷗外はその蘭軒伝のなかで、この当代一流の詩人と、やはり卓越した学者との類い稀な美しい友情について語っている。私もその友情の純粋さを疑うものではない。しかし、茶山が備後神辺の黄葉夕陽村舎にいて、江戸の蘭軒と手紙を往復している間は、二人の交情はひたすら美しいものであり得たかも知れない。それが茶山が江戸に出て来ると、蘭軒の一家は一種のパニックに襲われている。心を許した若い親友への茶山の信頼は、江戸に他に知人も少いということもあって、殆んど無限の厄介を蘭軒の家庭に押しつけることになる。衣食住の凡《あら》ゆる些事が、命令のような形で年下の蘭軒のところへ福山藩の藩邸の茶山のところから次つぎと伝達されてくる。それは時には耐えがたいわずらわしさとなって、蘭軒の心のうえにのしかかってきた筈である。しかし、彼はそれを東京人らしく絶対に顔色に出さずに、相変らずの敬愛の念で、老詩人に接したものと思う。そして、備後の「田舎者」である茶山の方からすれば、その蘭軒の態度は、自分の凡ゆる我儘を若い学者が喜んで受けいれてくれているものと信じても構わない、という安心となったろう。また一方、茶山は時には蘭軒の「江戸物」的気風に、軽薄さを感じたらしい。江戸に滞在中はそれは特別には目立たなかったかも知れないが、文化三年（一八〇六）に長崎へ行く途中に、神辺の茶山の家へ蘭軒が立ち寄った際は、茶山は待ちかねて国境まで迎えに行ったくらいではあったが、下女にまで満遍なく言葉をかけるこの「江戸物」の調子のよさに、苦笑を禁じ得なかった。茶山は隣藩の友人、頼春水に蘭軒の挙止の軽薄さを伝え、続いて広島で蘭軒の訪問を受けた春水も、彼を「大都人」として、その見聞の広さに感心をしながらも、やはり茶山への手紙の中で、殿様の忌中にもかかわらず、平然として飲酒肉食をしている不謹慎な蘭軒に眉を顰めている。それに妙に馴れなれしい言葉遣いなども、これも都会的な社交性の現われだろうが、春水はそれにも強い反撥を感じて、新参の町医者風情が、と吐き捨てるような口調で書いている。——鷗外は茶山の神辺からの度々の催促にもかかわらず、或る年、江戸の蘭軒がどうしても返信をしなかったということを怪しんでいる。しかし、それも私は茶山の面倒で下らない用事の依頼に、蘭軒がつき合いきれなくなった時期があったのだろうと想像している。要するに、現代よりも旅行の不自由だったこの時代に、「田舎者」と「江戸物」との気風の相違は、交際のうえで案外に大きな、そしてお互いに理解も同情もできない不適応の状態を作りだしたのではないだろうか。一藩のなかでも、国侍と江戸詰との感情的対立は、時にお家騒動にまで発展したのである。

いずれにせよ、その才を愛するということと、迷惑を受けるということとは、自ら別のことである。

兵原老人も、実際、金銭上の迷惑を受けなかったとは保証できないだろう。とにかく、山陽は二洲から郷里へ不行跡の報告が行ったためか、或いは監督者杏坪の判断によったものか、（二洲夫妻と杏坪とは、しばしば山陽少年をどうするかについて、相談を行ったに相違ない。）結局、杏坪が任期が終って本藩に帰る以上、その後を尾藤家だけではこの我儘者の世話を責任をもってみきれないという結論がでたのだろう。叔父杏坪がまたもや連れて帰ることになった。

——私が旧制の高等学校へ入った時、生徒の半分は地方出身者で、彼等のなかには厳格で窮屈な家庭から解放されたために、その反動からかなり放埒な生活に入る者が少くなかった。東京出身のものは、寄宿寮に入ったとしても、週末には父母のもとへ戻るのだし、また町を歩いていても、生まれた時から住んでいる都市なのだから、中学を終えるまで地方で暮していた連中のような、突然に自由な天地へ解放されたというような感じになることは困難だった。初めて酒場というところへ連れて行かれたら、兄貴が偶然に飲んでいて、それで親父に知らされて叱られたよ、と言ってこぼしていた東京の男がいたが、地方の、それも入学のために上京する時、駅まで町長たちが送って来て、花火を上げて歓送してくれた、というように、狭い田舎の輿望《よぼう》を一身に担って出て来た青年は、古い知人のひとりもいない東京で、寄宿寮に籠りきりで猛烈に勉強するか、でなければ免疫性がないままに都会の歓楽のなかへ底なしに転落して行くか、の両極端のタイプを作り出していた。

学校のなかで「名物男」になるのは、そうした青年であって、東京の中学から来た受験技術のうまい要領のいい連中ではなかった。

「弊衣破帽」というのが旧制の高等学校の生徒の代名詞であったが、大都市出身者はズボンにきちんと筋をつけて、身奇麗にして、音楽会などに通っているのが多かった。そうして田舎から出て来た連中が、大言壮語して、酒を呑んであばれているのを横目に見て軽蔑していた。

私は、地方から出て来た学友が、それぞれの土地の旧幕時代以来の独特の言葉、独特の考え方、独特の習慣を、疑いようもない確実なものとして身につけているのを見て、驚きと恐れとを感じたのを、今でも強い印象として覚えている。

私には自分を含めて東京の中学から来た連中が、一時、ひどく薄っぺらなものに見えたものだった。——そうして、広島から江戸へ出てきて昌平黌へ入った山陽の姿を、そうした私の記憶のなかに生きている弊衣破帽のひとりのように想像したくなる。

旗本や江戸詰の侍の子弟たちの眼に、調子外れの陽気さと放言癖とで行動していた山陽が、どのように映り、どのような待遇を受けたか。相手の都会的な社交性の裏に、意地悪い針を発見した時、病気のためにひどく被害妄想的になっていた若い山陽がいかに深く傷ついたか。それは或いは自己嫌悪となって自分を苦しめ、或いは「江戸児」の軽薄さを侮蔑したくなる衝動ともなっただろう。彼は劣等複合意識と優等複合意識との衝突によって、その日常生活を愈々乱れたものにして行ったことだろう。

(山陽の三人の子供のうちで、最もよく父の性格を受け継いでいたと言われている鴨厓《おうがい》三樹三郎も、後年、同じ昌平黌に入り、不行跡のために退学処分を受けているのは興味深い。父の山陽の方は尾藤教授の保護により、円満に自発的な退学という形をとることができたのだろう。)

勿論、一年間のあいだに聡明で傲慢な山陽は、学校の講義に退屈し、一流の学者たちの思想にも失望したのだろう。それは先程引用した平山兵原あての文章にも窺うことができる。

私たちの高校時代にも、難関を突破してようやく入った学校の講義の低調さにひどく失望して、教室へ出なくなった連中が何人もいた。

山陽にとっても江戸は、現実の故郷の環境で手に入れることのできない全ての夢が実在する場所であった筈である。そして、最初のあいだは確かにその夢が次つぎと実現して行くように見えた。しかし、それは一年とは続かず、江戸が夢の大きさを失って、現実の寸法にまで縮小した時、もう滞在の意義が失われてしまったのだろう。が、彼の失ったものは江戸だけでなく、恐らくこの地上には夢はどこにも存在しないという幻滅感であったろう。

そして、この幻滅感と、又、一カ年の刺戟の多い都会生活の疲労とが、彼の一時、軽快を見せていた病気を更に深刻にするように働いたと思われる。

山陽はまた叔父の杏坪に連れられて、失意の身を父のもとへ引き返す。

この江戸退去についても、数々の悪い噂が伝えられている。

尾藤二洲の弟子の岡研水という人物は、その随筆のなかで「春水先生の子にして久太郎と呼ぶ一放蕩少年」のことに触れ、山陽は江戸を逃げ出すのに、旅費もないので、途中で六部にたのんで着物を譲りうけ、松脂に何やら香を混ぜたものを膏薬だと言って売りながら、ようやく京都まで達した、という風評を記しているそうである。

その説を『頼山陽及其時代』のなかで紹介しながら、著者の森田思軒は、その落魄した山陽の旅姿を「仏国十六世紀の十返舎」フランソワ・ラブレーの「巴里の途中に演じたる滑稽」に比較している。そして「渠《かれ》が江戸を奔りしは自ら欲する所有りて好むて之を為したるに非るは疑無きに似たり」と断定している。

この噂は、事実無根である。しかし、火のないところに立った煙だとして一笑に附し去ることもできない。江戸留学中の山陽の行状は、このような悪評をたてられるに価いするだけのものがあったに相違ないからである。

しかしこの江戸留学の失敗については、私は山陽に同情している。——一体、神経症の患者にとっては、緊張した場面に立たされるとか、責任ある地位に挙げられるとか、周囲から特別の眼で注目されるとかが、最も耐えがたいところであり、病状を募らせるものであるが、この時の山陽には、そうした条件が山積していたように思われる。

第一に、藩の儒官である頼家の嫡子が江戸へでて学問をするというのは、甚だ晴がましい、それだけにまた責任の重いことである。郷党の輿望を一身に担って、という感じになる。それをまた昔かたぎの父親は、息子の出発を祝って、先祖伝来の槍一筋を贈って、励ましている。

息子にしてみれば、厳しい家庭、うるさい世間から遁れて、江戸へ亡命するくらいの気持なのに、こう派手に送られてはたまったものではなかったろう。

第二に、頼春水は江戸でも聞えた当時の大家で、しかも昌平黌の三博士と親友であった。そして、数年後には、春水自身も在府中に昌平黌の教壇に登ることになる。

そうした名流の、しかも当時の新しい学派（復興した程朱学派）の指導者のひとりの息子として、また尾藤教授の甥として、昌平黌に現われた山陽は、先生方からも同級生たちからも特別の目で見られたことは当然である。この眼は、彼にはひどく負担に感じられたろう。一挙手一投足にも、彼は自然さを失ったものと思う。その上、彼は病気による被害妄想だったのである。

第三に、昌平黌そのものが、丁度、彼が入学した頃、学制が完備して、従来、林家の私学であったものが幕府の官学となった。つまり寛政の改革の一翼としての思想統一の中心となったので、学校全体の精神的ヴォルテージュは甚だ高まっていた最中だった。その学則も寮則も厳重を極めた。

外出も制限され、武術を学ぶため町の道場へ通うという名目以外には、散歩も勝手にはできない、というような極端な籠城主義であった。それは折角、江戸へ出て来た山陽には甚だ迷惑な規則だったろうし、忽ちその規則に触れてしまったろう。そしてひと度、破ってしまうと、規則というものはなかなか従いにくくなるものである。

彼のいた寄宿舎は、二階が舎監の二洲の官舎になっていた。彼は二十四時間中、教授である叔父の監視付きであった。これでは国の両親は安心していられたろうが、本人の神経衰弱は直る筈がない。母の妹であり、春水の世話によって尾藤家へ後妻に来ていた叔母が、昼飯のお菜などにも気をつかってくれて、それは嬉しかったろうが、その叔母の親切も彼の精神の内部へまで、とかく立ち入りたがっただろうから、嬉しがってばかりもいられなかった。

以上の三つの要因だけでも、神経衰弱者、山陽の遊学を失敗に終らせるには、先ず充分だったと思われる。

(寛政の朱子学復興と、その主導者たる三博士と、父春水との関係については、いずれ第二部で父と子との世代的な対立について語る際に、改めて考えてみるつもりである。)

二　病気と脱奔

山陽が叔父杏坪に連れられて帰国したのは、寛政十年（一七九八）の五月半ばだった。そうして月末には、昌平黌の二洲から、山陽の病気についての江戸での主治医の注意書きが、春水夫妻のもとへ遥ばる届けられている。

山陽の病気中退は単なる名目的なものではなく、実際に注意を要するものであったらしい。――恐らく遊学当初の過度の陽気さのあとで、どうにもならない陰鬱の時期が来たのではないか。江戸遊学による神経症の治療という、頼家の計画は失敗したわけである。

そして、翌月早々、山陽帰郷後、わずか半月ほどで、父は「久太郎、鬱症」と、又、母は「久太郎、気色あしき方」と、それぞれの日記に書き記すことになる。

それから又、毎日が江戸へ行く前と同じ病状の繰り返しである。母は友人に頼んで、連日のように散歩に連れだしてもらっている。それも、必ずしも成功しない。ある日は、「久太郎ゆかぬといふを、すすめてつれ行」、しかし、又、或る日は、「夜、歩行をさそへども、ゆかず」。――要するに、この病気の殆んど唯一の療法は今日でもそうであるが、長時間の散歩であったようである。

両親はやがて、親戚や医者たちとも相談したのだろう。久太郎に嫁をとらそうということになる。青春期の神経症の治療法としての性的欲望の解放というのは、現代でも見られるところで、そうした症状を訴えると、医者は結婚をすすめることがよくある。古くからの民俗の知恵も、結局、フロイド説と符合していたわけである。

山陽が最初の妻、学問所での父の同僚、御《み》園道英《そのどうえい》の娘、淳と結婚したのは、寛政十一年（一七九九）二十歳の春で、花嫁はまだ十五歳だった。

ところで病気の方は、帰郷から結婚までの半年のあいだに、陰性のものから陽性のものへ転じていた。両親の日記は、はじめは息子が一向外出しないのを心配していたのが、今度は「久児、夜半後帰」（春水）とか「遅く帰、大きづかい」（静子）とかいう風に逆になってくる。木崎好尚は、その頃の或る人の手紙を、その『全伝』のなかで紹介しているが、それは山陽に対する手きびしい絶交状である。

「其許《そこもと》事、兎角過酒いたし、当春已来、度々他向へ内々に止宿いたし候趣」……

そして母親の「風諫」も一向にこたえずに、遊び歩いているというのは、「神仏之冥罰も可レ有レ之哉」である。訪ねて来ても、もう面会はしないから、決して来ないでくれ。そういう手きびしい文面である。

この手紙を書いた人物は不明らしいが、恐らく同藩の先輩であろう。そうして、山陽が毎日、外泊したり朝帰りをしたりして、酒色に耽っていたという噂は、広島じゅうに拡がっていたのだろう。

とにかく、山陽という人物は、初めから終りまで、行く先々で悪評にとりかこまれている。

それは行動に規矩のないためであったろうが、私は彼がとかく非常識の印象を周囲に与えたのは、神経症による感情の不均衡にも、大いに原因があるのだろうと推測している。

特に広島においては、頼家そのものが目の敵にされていた。新しい学風である程朱学によって、平民から儒官にとりたてられた春水が、城下に乗りこんだ時、従来から古学を奉じて勤めていた旧派の儒者たちは、この新参者を白眼視したことは間違いない。しかも、藩主の信用の厚かった春水は、弟の杏坪までも自分の助手という名目で仕官させてしまった。

在来の藩の学者たちは、頼家に関する悪い噂なら、何事によらず歓迎したろうし、しかも願ってもないことには、後嗣の久太郎は半気狂であった。

その半気狂がこのところ、連日のように厳島の遊廓へでかけて行って、流連荒亡の日夜を過しているという。当時、厳島は広島の藩士たちにとって、江戸でいえば吉原のような役割の場所であったらしい。山陽は「里鳥」という仮名まで与えられて、その里では有名になった。相手は宮島新町の堺屋の娼妓だったそうである。

もっとも、山陽崇拝者のなかには、彼の神経症をにせ病であると弁護したり、この遊蕩についても、世間の眼をあざむくためであったと抗議したりする人が絶えない。

現に、小田夕月はそのひとりで、この宮島遠征についても「山陽は厳島の青楼に遊ぶ風をしては、一日中、己斐《こい》の茶臼山城跡にそっとひそんで、戦記物を読んだりした」と述べている。

酒に関しては、彼はまだ酒の味は解せず、飲酒の量も言うに足りなかった、というのが定説らしい。しかし、アルコールを摂取する分量と、茶屋酒を愉しむということとは、必ずしも正比例しないことは勿論である。

私は神経症の患者で、いつもポケットにウイスキーの壜をいれて歩いていた人を知っている。彼は気分が悪くなると、直ぐにそれを飲む。酔っていれば発作は避けられるのである。また別の知人は、同じ病気のあいだ、一年以上も酒を飲みつづけていた。そうして、この病気のあいだは私自身も、酒量は平常時の数倍にのぼったものである。

山陽も後に座敷牢に入って禁酒したので、その時また酒に弱くなったろうが、この当時には案外、乱暴な酒の飲み方をしていなかったとはいいきれない。神経症の患者にとっては、酒量も気分と同じように甚だ気まぐれな増減を示すものである。（山陽の酒量については、晩年においても正反対の証言があって、弟子たちの論争のまとになっている。）

それから性的欲望の方面でも、似たような現象が起こるらしい。むしろ、遊蕩のなかに身を投じることで、病気を振りきってしまおうと努める者もいる。

山陽の酒色の遊びも、私には周囲をあれほど心配させながら、非常識に続いているのを見ると、病気と関係があるように思えて仕方ない。或る意味では、病気を追いだすために必死になって遊んでいた、とも言えるのかも知れない。この病気にとっては、われを忘れる、自意識を放棄する、というのが、大事なのである。そして、性的行為は酒と共に、発作を遠ざけるのに大いに役に立つのである。

私は全てを神経症のせいにするつもりはない。しかし、両親の日記は、連日、彼の病気についての一進一退の記事によって埋められているのである。病気を抜きでは到底、当時の山陽の行動は考えられないのである。

――山陽の遊蕩は結婚によっても収まらなかった。

「久、遅帰に付、心動」（春水）、「夜、灸いやのよしにて、ぬけ出、二更半過帰」（静子）、「戒㆓諭児襄㆒」（春水）、「他出する由申、とめる」（静子）。

こうした記事の連続である。彼は或いは親戚へ、あるいは妻の実家へ、あるいは叔父の家へ訪問するという名目で家を出たまま姿をくらます、という、両親と鬼ごっこのような、典型的な不良少年の行状を示している。

「外出、夜遅帰」。その翌日「成川邸へ赴くとて、夜同上」。それから一日置いて「御園邸へ赴くとて外出」。翌日「奥権右衛門邸へ、同上」。その翌日「築山邸へ、同上」。……

或る日は、山陽が叔父杏坪のところへ行くと言ったので母が同行すると、途中で母をまいて逃げようとする。それで無理に家へ連れ帰ると、夕方また杏坪邸へ行きたいと言い出す。今度は春水が許さないので、仕方なしに手紙で用事を弁じている。

それから数日すると、築山捧盈宅へ行くと言って外出。雨が降って来たので使いに雨具を持たせて築山へやると、そこには行っていない。そうして深夜になって帰ってくる。春水はひどく機嫌を損じ、母は夫と息子との間に立って甚だつらい思いを味わわされる。

彼の武術の師の築山捧盈は、この事態を心配して輔仁会という詩文の会を作った。定期的に会員の家を廻り持ちして開く会で、第一回は春水邸で行われた。この会に気持を集中させて、よき勉学の雰囲気のなかに彼を居させようという計画である。

年が改まり、寛政十二年（一八〇〇）、山陽は二十一歳である。

この正月に、春水は江戸上番を命ぜられる。そして同じ日、山陽は父に、今までの「心得違い」を改めるということを、友人を証人として誓った。

春水は三月になって江戸へ出発した。彼は昌平黌で、友人の三博士に伍して、講義をすることになる。学者としては最も名誉な出府である。息子も新春から、少し落ちつきを取り戻したので、春水も安心していたろう。

しかし、私は新派の学者として採用された春水が、藩主の信用が厚くて、度々、出府させられたことが、山陽の家庭教育のうえに、やはり悪い影響を与えたのではないかと想像している。

戦争中の疎開の家庭や、今日でも単身赴任をしている勤め人の家庭でよく見られる現象であるが、主人の留守中は残された妻が、淋しさも手伝って子供を溺愛する。そしてたまに夫が家に帰ってくると、夫の方は留守中、怠りがちになっていた厳重なしつけを子供に押しつける。留守のあいだなおざりになっていた父権を、集中的に行使しようとして、無闇と厳格になる。そうして、そのあいだ子供に追いまくられたような思いをさせた後で、また父親は仕事のために家を出て行ってしまう。そして残された母親は、再び息子にその淋しさをぶつけて溺愛をはじめる。

そうした二つの極端のあいだを、山陽は往復させられながら育ったように思える。

春水の妻の静子は、なかなかの教養人であって、その点では学者の妻にふさわしい女性だったが、しかし大坂生まれの都会人で遊藝にも趣味があり、朴念仁《ぼくねんじん》の夫とは肌合いが異っていた。

春水はいかにも儒者らしい人物で、それに武士かたぎも強く、自分の弱い気持などをむき出しにすることは卑しんだが、静子の方はより自由に自分の感情を表現することを恥とは思わないような女性だった。その夫婦の気持の相違は、幼い山陽の心を混乱させたに相違ない。

春水が藝藩に就職し、最初の江戸出張中（天明五年）、六歳の山陽と共に広島で留守を守っていた静子は、夫にあてて度々、閨怨の情を露骨に書き送っている。夫の手紙を待ちわびる気持、それを受け取った時の「うどんげの花まち得たる心地」。しかし、その文面に「しみじみ」とした趣がないのは、夫の気持が離れようとしているのではないか。……ようやく世に出つつある夫、春水は江戸で昂揚もし緊張もした日々を送っていた。それが遠い広島から妻の手紙の来る毎に、懐かしいと思うと共に、ひどく場違いな感じも味わったことだろう。まるで自分の現在の気持とかけ離れた妻の狭い女心に閉口もしただろう。

静子は夫へだけでなく、大坂にいる実家の父へも淋しさを露骨に訴えた。父は驚いて直ちに静子に教訓の手紙を書き送っている。よほど猛烈な訴えの手紙を娘から送りつけられたのだろう。

父、飯岡義斎《いのおかぎさい》は学者らしく、娘に説くのに論理を以てした。――即ち、人間には「人情」

と「人道」とがある。人情は「しのびがたく、やまれぬもの也、これなければ人にあらず。」しかし一方に「道理のたがへられぬもの」としての人道がある。つまり、本性の発露と、それを規制する道徳であろう。

義斎は静子に、その夫を恋うる気持を認めたうえで、しかし、その激情を「人道を以て制すべき」ように忠告している。

「どふで侍の妻となりては、町人百姓のやうな根性さげては、やくにたゝず」。また「ぐにやぐ〵なきづら、人に見すべからず、みれんな事、人に聞すべからず」。……

一方、義斎は江戸にいる春水にも手紙を書いた。彼は娘の夫の世間へ乗りだして行く様を祝賀して、「一家中及本国、他国、京、江戸、大坂学者仲間の面目」と述べ、「於二拙老一手足不レ知二舞躍一候」と言った。しかし、同時にそうした注目すべき位置に立たされている春水の「彼是御心遣御憂苦察入候」。そのような大事な時期に、国もとから妻が無理解なことを言い送ってくるようでは、春水の志気にもさしつかえるし、夫婦の不仲の原因となるかも知れない。

それで義斎としては、「遠境に離居仕、愚女がこと悲泣に不レ堪」けれども「如レ鬼相成居」、きつく娘を叱ってやった。そうして、春水自身から静子に「汝は分に過ぎたる夫を持ちたるぞよ」と申し聞かせてほしい。——と、そこまであからさまに頼んでいる。

このように周囲を慌てさせたほどに、静子夫人の閨怨は甚だしいものであった。彼女はそのように情に自然に従う性質の女性であり、従って夫の留守中は、幼児が溺愛の対象となっただろう。或る山陽研究家は、彼女の日記から、息子がちょっと熱を出せば、それ灸よ、医者よと騒ぎ、息子がちょっと帰宅が遅れれば不良化したかと心配する彼女の様に、過剰な愛護、今日で言う「教育ママ」のごとき姿を発見している。

山陽が少し落ちついたと思うと、今度は新妻の淳の方がおかしくなった。（夫婦の一方が神経症にかかると他の方に容易に伝染し、二人を一緒にしておくと、病状が悪くなる、という実例を、私は数多く実見している。）もともと心弱い、子供のようだった淳は、新婚早々からの夫の放蕩にひどい衝撃を受けていた。

しかも、山陽の遊びの相手は宮島の遊女だけでなく、「山陽には当時淳子に増さる花が他に出来て居た。（中略）淳子以外の婦人と関係して妊娠せしめ、淳子には勿論、両親にも云はれぬので、平生心打解けて語る、頼家と裏続きなる垣一重に住む岡田嘉祐といふに、其の私生児の始末方を頼み……」（坂本箕山）。

そうしたことは、狭い田舎の町で何らかの風評となって淳子の神経を刺戟したに相違ない。

山陽が輔仁会に専念するために、机や本を居間から表座敷へ移動させるのを見ても、淳子は夫が自分を嫌がって逃げ出すのだと言ってヒステリーを起したりした、と姑の静子は日記に苦々《にがにが》しげに記している。

（尤も、後年、京都に住んでいた山陽は、郷里へ残して来た長子聿庵が結婚した際に、新婚の家庭においては書斎と夫婦の居間とを区別させるように、母の静子あてに内密の忠告をしている。そして、新婚夫婦が一日中、一室に籠っていることは健康に対して憂うべき悪影響を与えるだろうと、露骨な指摘をしている。その口吻には、明らかに山陽自身の経験の反映が窺われるから、この時の引越しも、そうした性的なトラブルが新夫婦のあいだになかったともいえない。）

　淳は年中、泣いたり、頭痛がしたり、癪を起したりしている。そうした隙をみて、また「久太郎、夜、（裏隣のアミ・コション——豚友）嘉祐へ行由、出る」。

　ある日もまた、「お淳、不塩梅の由にて不レ起」。ところが山陽は、昼前から外出して深夜に帰ってきた。この日はしかし、どこかで詩会があったので、別に心配する必要もない筈であったが、母の日記には「内にての気遣《きづかひ》いふばかりなし」とある。一人前の妻帯者が、いわば儒者としての研究で帰宅が遅れたぐらいで、それほど母親が不安になるのは、母親の方が神経質すぎる、と思われるかも知れない。

　しかし、静子の不安な予感が、最悪の形で実現してしまったのだから、山陽の様子にはこの頃、ただならぬものがあったに相違ない。

　九月の五日になって、山陽は雨の中を竹原の大叔父の弔問に行く途中で、若党を撒《ま》いて行方不明になってしまった。

　その八日になって、母は風呂を焚いて久太郎の帰りを待っているところへ、息子脱奔の知らせが届いた。

　叔父の杏坪は、兄嫁静子の昂奮を静めるために、催眠薬を飲ませたりした。（これも静子がかなり病的な神経の所有者であったことを暗示していないだろうか。そしてその体質が息子の山陽に遺伝したということも。――）

杏坪は山陽の行先が京都の福井榕亭《ようてい》宅であると直感した。榕亭は前年に広島へ来て、春水に入門し、その間に山陽と仲が良くなっていたから、両人打合せの上での山陽脱出と、杏坪は見抜いたのだった。そして、事実、山陽は京都の福井家へ駆けこんだ。

その間、杏坪は諸所に手紙を出して、問い合わせている。春水の留守中は、兄と同じ藩の儒臣であった弟、杏坪が、頼家の采配を揮っていたからである。

「（春水）東行以来、（山陽）狂妄、悪遊相長じ、粗豪日甚相成り、当月五日、弊邑出亡仕候。」又、「新九郎（榕亭）同類にて御座候へば、隠置候事も難レ計候。」

この時代においては、藩士が勝手に国境を越えて他行することは一大事であった。「弊藩の法、嫡子出奔仕候へば、甚越度《をちど》に相成候事ニ御座候。」（杏坪）

そこでたとえ頼家の全財産を費やしても山陽を捕えて、連れ帰らなければならないと、留守を預る叔父杏坪は決心した。

江戸の藩邸でその悲報を受けた春水は、丁度、その三日前に、昌平黌の初講義をしたばかりで甚だ意気が上がっていたのだが、逆にそのために更に深刻な衝撃を受けた。

しかし、意外にも、在府中の藩公が救いの手を伸してくれた。藩主斉賢《なりかた》公は、法律通りに山陽に対して「追打」のための追手をさしむける代りに、その出奔を「発狂」だと解釈することにしてくれた。そして心痛の春水を元気付け、山陽捜索のための費用として、三十両の大金を下げ渡してさえいる。——狂人ならば刑の執行は避けることができるからである。

それで、結局、京都から無事、連れ戻らされた山陽は、廃人として自宅監禁、妻は離婚、後嗣には養子を取ることが藩から許されて、頼家は危く取りつぶしを免れた。

こうして頼家が危機を脱することのできたのには、君主の春水に対する深い信任と、春水自身の徳望学識と、それから山陽の母の社交的処世的才能とが大いに役立った。江戸の春水はひたすら謹慎して、いさぎよく沙汰を待った。同時に国もとの静子は連日、藩の有力者たちを歴訪して、輿論を有利に導くように働いた。この夫婦の事件に対するそれぞれの対処の仕方は、それぞれの気質をはからずも示すことになって興味深い。

ところで山陽は、なぜ、このような無謀な脱奔をしたのか。計画的な家出としたら、甚だ幼稚である。

なぜなら、もし自分の脱走は成功したとしても、家は取りつぶされてしまうことは、藩法に照して明らかだからである。

またもし、家が絶えてもよろしいと思い決めたとしても、潜伏先が京都の典医福井家であるというのは、不可解である。名家であり、人の出入りの多い福井家が、国法を破った脱走者である山陽を、長く匿《かく》まう筈はない。初めは若様新九郎のところへ、旧師の坊ちゃんが訪ねてきたのだし、まだ脱走者だと家人は知らなかったから、滞在を許可したのだろう。あるいは歓迎さえしたかも知れない。しかし、脱走者だと判った後では、保護の名目で監禁し追手に引き渡すのが、唯一の取り得る手段である。しかも山陽は漫然として引取人の現われるのを待っていた。もし彼に、あくまで家出の決心が強かったら、その間にも福井家から、もう一度、脱走してもよかったのである。

この年、山陽は二十一歳、もうそれくらいの簡単な計算のできない筈はない。としたら、この脱奔は家を出て生活することが目的ではなく、家出を決行するということ自体が目的だった、ということになる。つまり、結婚生活は望まないが、結婚式だけはしたい、というのと同じような滑稽な論理になる。――

だから、目的を成就した山陽は、甘んじて家に連れ戻されたのだ、ということになる。

しかし、これは山陽の行動に無理な合理的な説明を加えようとした理屈である。実情は竹原の親戚へ弔問に行く途中で、突然に発作的に逐電する気になったのだろう。

父の名代として親戚たちの集まっている中へ入って行くのは、神経を病んでいる山陽にはひどい重荷であったろう。しかも、当日は雨が降っていた。快晴の日に比べて、雨の日がこの病人の精神状態にとって悪い影響を与えることは、私自身の経験にもあり、またよく聞くところでもある。

山陽は若党につきそわれて、雨に濡れながら、単調なぬかるみ道を歩いているあいだに、次第に気が進まなくなった。それは殆んど強迫観念にまで高まっていったのだろう。心臓は緊めつけられるようになる。視界には暗い空から幕のようなものが下ってくる。原因不明の不安が自分を取り巻いて、身体が石のように固まってくるのが判る。

（この病気の患者にとっては、神経の緊張の要求される場所までの道は、一歩毎に激しい不安と恐怖とを引き起す。――私は葬式ではなかったが、病中に友人の結婚式場へ入ろうとして、どうしてもホテルの玄関から式場までの短い廊下を、途中で足がすくみ胸が苦しくなって、進めなくなってしまったのを覚えている。また私の知人で、やはり葬式の際に、寺の山門を潜ろうと三度、試みて、遂に失敗して引き返して行ったのを目撃している。その義務付けされた道から足がそれさえすれば、気分は忽ち回復するのだからまことに仕末が悪く、健康な他人には当人の我儘としか見えないだろう。）

丁度その時、供の若党が何かの事情で、ちょっと傍から離れる。その隙に彼は本街道から身を匿してしまった。

そうして、供の者から離れた時、彼の脳裏に浮び出たのは、京都福井家の若主人、榕亭新九郎の面影であったろう。やはり一個の不良少年であった榕亭は、去年の春から夏にかけて、広島の春水の塾に滞在中、毎日、京都の自由な生活について、山陽と夢のような話を交し合い、山陽にも是非、京都へ出てこい、出てくれば何とでもなるだろう、などと煽動したのに相違ない。

「新九郎は、去年遠遊約束仕候様に相聞申候」と杏坪はこの事件の報告の手紙に書いている。春水邸に在塾中、福井家の若旦那の軽佻な言動は、杏坪につぶさに観察されていたものと見える。

逃げ出した山陽の意識のなかには、榕亭の姿だけが一杯になって、家も父母も、全ては脱落してしまっていたろう。そうして、その「同類」の面影に惹かれるようにして、夢中遊行的に京都まで百里の道を歩いて行ってしまったのだろう。懐中には、普段、持ち馴れない大金も、弔問用に入っていた。

しかし、福井家に駆けこみ、榕亭に問いつめられ、そして無断の家出と知って友人が顔面蒼白となるのを見た瞬間、山陽は突然に現実のなかへ墜落したのだろう。そして、次の瞬間、自分の惹き起した事件の現実の波紋を予感し、そして、全ての意志を喪失した、ばかのような精神状態に陥ってしまったことだろう。

ただ、福井家の一室に監視付きで籠った間の山陽は、比較的、平穏な気分だったかも知れない。彼の神経を異常にした厳格な家庭環境から、とにかく百里も遠くにいる。障子の外から聞えてくるのは、やわらかな京の言葉である。病気は彼に人生そのものを灰色に見せていたし、勿論、未来というようなものからは、視線は遮断されている。

治ったらどうしよう、などという将来の希望などは、決して心のなかへ生まれてこないのがこの病気の特徴である。

彼は斬られるか切腹させられるかして、人生から引退する方が、この精神状態のままで生きているより望ましいと思っていただろう。又、死ぬまでの数日間が、比較的平穏ならば、それで幾分の満足は味わえただろう。それに、もう生き続ける必要がない、と決ってしまったことは、病人にとってはむしろ救いでもあり、安らぎでもあっただろうから。

——ここにまた、人間の一生というものに対する考え方の問題がでてくる。

頼山陽は一世の才人であった。後世は彼に文豪の名を与えることさえ躊躇しなかった。（明治三十年代のはじめに民友社から続刊された、『十二文豪』という叢書の一冊は、森田思軒の山陽論であり、山陽はこの叢書のなかでゲーテやユーゴーやトルストイと肩を並べている。）しかし、二十歳を過ぎたばかりの頼家の放蕩息子久太郎は、ひたすら後年の山陽となるために生きていたとは言えないだろう。二十歳の久太郎と四十歳の山陽とは、結果として見れば連続した一人格であるとしても、その連続は極くゆるやかであり、当時の久太郎の行動を全て、完成した山陽像の一部にはめこもうとすれば、様々の無理がでてくる。先程も述べたように、完成した山陽像は、多くの彼の可能性の切り捨てによってのみ成立しているのである。

山陽崇拝家たちは、この家出に、自由人山陽となるための一段階を発見しようとしている。それは二十歳の久太郎が四十歳の彼自身の姿を予め見ていたという仮定に立っているわけである。しかし私は、今も注意したように、人間を矛盾した多くの可能性の束だと考える方に傾いている。その見地からすれば、彼の脱奔は神経衰弱者であった当時の彼の溷濁《こんだく》した意識を突き破って出てきた衝動であり、神経病者は未来に対する見通しを全く失っているのだから、彼は頼山陽になるために家出をしたのではなかろう、という結論になる。

崇拝者たちの論理に従えば、山陽となるためには自由人とならなければならない、自由人となるためには藩籍を脱しなければならない、藩籍を脱するためには廃嫡されなければならない、廃嫡されるためには国禁を犯さなければならない。そこで脱藩を計画した、という順序になる。しかし、この計画には、逮捕され生還するという、大変お誂え向きの甘い期待が予め含まれていなければならない。主君の例外的な温情と、父の例外的な名声とが、計算に入っていなければならない。

そのような狭くて、運命の好意を十二分に勘定に入れた計画を、そして四十歳の山陽に向って一直線に進んで行く筈の計画を、予め樹てていたと想像するには、二十歳の彼の行動は乱れすぎている。

尤も当時においても、山陽の失敗した家出の理由に、何か有意義な動機を発見しようとい う者もあった。山陽の神経症を「陽狂」だと言って弁護した叔父杏坪は、今度も「豪俠狂妄」の所為である、と解釈している。つまり二十歳の青年のボヘミヤニスムによる乱暴な衝動的行為がちょっと枠を外れたのだと解釈することで、決して「刑憲」を犯すつもりの計画的犯行ではなかった、と弁護している。しかし、その口の下から、杏坪は甥のこの行動には「宿志」もあったのだろうと、矛盾した推測をつけ加えている。

㈠計画的行動ではなかった。犯意はなかった。何故なら衝動的行為だったから。㈡しかし、衝動的行為というような軽佻なことをする山陽ではない筈だ。だから彼は「宿志」によって計画的行動をしたのだ。――この杏坪の弁護論は、どうみても無理である。少くとも、㈠であり且つ㈡であることは、同一人には同時には不可能である。

それとも日頃の「宿志」が衝動的行為となって爆発したというのか。もし宿志が、そのような無計算な行為に駆りたてたというなら、その「宿志」は単なる夢想に過ぎない。現実的な未来への計画とは言われない。

しかし杏坪のこの暖かい弁護は、若い山陽にとってはまことに知己の言であったろう。そして知己の言というものは、しばしば弁護される人間を、実際以上に美化し、ある行動の動機から醜い要素を切り捨てているという点で、非現実的である。だが、人はまた窮境にあって、志衰えている際に、自分を実物より小さく見がちな精神状態のなかで、実物より大きい自分の姿を、眼の前に見せてくれる知己の言には感動するものである。そして、その知己の人の期待に副うように、自分をその実物以上の自分の姿にまで近付けるための努力をしたいという願いと勇気とを起すことも稀ではないだろう。

青年山陽の場合も、叔父杏坪（及び藩の留守居、築山氏）の存在は、そうした好い刺戟となったのかも知れない。

しかし、山陽の出奔の理由を、ただ単に事件を拾収するための口実として発狂（あるいは神経症）に求めただけでなく（藩の決定はこの口実によるものと思われる。藩としては事実の解明よりも、頼家存続のための最善の口実を発見することが問題だったのだから）、更に進んで、事実としてそうだと断定した者もいた。

津和野の山口剛斎は当時、杏坪に手紙を送って、山陽の処置についての忠告を発している。剛斎は山陽の母静子の父であった儒医飯岡義斎の弟子であり、頼家の今回の問題に相談に与《あずか》ったのだった。

剛斎は山陽の脱奔を、はっきりと「癇狂」の発作であると断定している。そして治療法としては「郷里収養」以外の法はないと進言している。だから「遊学」というような過度の刺戟は避けるべきである。——彼は山陽の今回の事件を、前年の江戸遊学の反動と見ることによって、一連の病状として理解しているわけである。私はこの剛斎の見解は甚だ事実を見抜いた見事なものであったと思う。

なお、彼は山陽を「自殺」させてはならないと、切言している。当時、頼家としては、連れ戻した山陽を切腹させることで、自家の名誉を救おうという案も考えていたように見える。それを剛斎は、山陽の行動が「不義、盗偸」などの破廉恥罪ではなく、病気の発作によるものである以上、「先祖の血脈を我より断絶」することは、山陽の気狂沙汰にまたもうひとつの気狂沙汰を加えるもの（「狂之又狂」）だと断じ、この問題は世間体や評判を離れて、当人の「天の命数」に任せるべきだと説いている。……

この事件については、当時も、それからまた山陽が京都へ出て一家をなし、やがて文名が天下に轟くにつれては更に、様々の風説が流れるようになった。

それは例によって、悪罵と弁護との両極端に分れていた。山陽に同情する人々は、彼が自由人となって文筆家として活躍するために、敢て廃嫡されるように芝居をした、という説を執っていたものと思われる。

しかし、山陽歿後間もなく、その「行状」を撰した門人江木《えぎ》鰐水《がくすい》は、そうした弁解を敢てしようとはしなかった。この客観的精神に富む学者は、そのような子供らしい弁護が、却って人々の嘲笑の原因となることを知っていた。（そうした点で信用があったから、周囲の人々も鰐水に亡師の行状を作ることを依頼するのに一致したのだろう。）

鰐水撰「行状」のなかでは、この事件はただ、次のような数語を以て片付けられている。前後の続き具合を併せて記すと、こうなる。

「尾藤博士塾ニ在リ、一年ニシテ帰ル。才学日ニ進ム。然レドモ多病ヲ以テ士籍ヲ免ル。二弟アリ、皆夭ス。一妹、藩士某ニ適《ユ》ク。春水先生乃チ仲弟千齢（春風）ノ子元鼎ヲ養ヒテ嗣ト為ス。」

「然以多病免士籍」――実に冷静にさりげなく、伝記上の難所を飛びこしてしまっている。最小限度に触れる必要があるとなれば、これ以上、巧妙にはいかない。その上、鰐水は、頼山陽というひとつの実現した人物の大なる業績に比べて、少年時の一醜行などは、改めて問題にするに足りない、そうしたことを事々しく論じるのは、ばかげている、とさえ判断していたのかも知れない。

しかし、その鰐水の態度に対する非難の声は、思いがけなくも足許から上った。

同門の先輩、森田節斎は痛烈な質問状を鰐水に送りつけて、先師の脱奔事件について「一語ノ之ニ及ブ無キ」を攻撃した。

節斎はこの事件を「藩法之羈縛ソノ豪気ヲ伸ス能ハザルヲ苦シミ」ての結果であると、やはり解釈し、しかも先師は「中年以后、深ク自ラ悔恨」していたのだ。それに「後来ノ著述、一世ヲ震燿シ」たのだから、「以テ其ノ過チヲ贖フニ足」りた筈である。故に、「後ノ筆ヲ執ル者、之ヲ直筆スレバ、反ツテ先師ノ先師タル所以ヲ見ルニ足ラン」。それなのに鰐水が「一語ノ之ニ及ブ無」いのは、「蓋《ケダ》シ之ヲ諱《イ》ム也」。それは「諱ム可カラズシテ之ヲ諱ム者」である。……

鰐水は直ちに返書を作って節斎に答えた。

鰐水によれば、「家伝行状」というものは、「門人子弟之手」によって作られれば、少しでもその文中に「齟齬」があったら、必ず「文飾、実ニ過グルヲ疑」われるにきまっている。

だから、

「先師ノ少年脱走之事ニ至リテハ、僕、実ニ諱ミテ書セズ。之ヲ書セバ、恐ラク所謂文飾ニ陥ラン。若シ書セズシテ、弟子ノ義ヲ全ウスルニ孰《イヅ》レゾヤ。」

鰐水は果して「知テ記サズ」だったのである。彼は節斎流の弁護論が、事実を美化しすぎたものだと知っていた。従って、もし記すとすれば、師の行動の欠陥を曝露することになる。沈黙するに如《し》かないわけである。鰐水にとっては節斎の非難は、彼が事実を伝えることを怠ったと責めているのではなく、弁護論をしなかった、美化を行わなかったと責めているようにしか思われなかったのである。

しかし節斎は強情だった。彼は真理は己れの側にあると信じていた。彼は同門の友誼をも乗り越えるほどの情熱家だったし、鰐水の細かい論理をやはり無視できるほどの情熱家だった。彼にとっては、事実と、事実の美化との相違というようなことは問題でなかった。自説を主張することだけが問題だった。

彼は再び書を裁して、鰐水に反駁した。

節斎は、もし山陽の小さな過ちに眼をつぶれば、その過ちを知っている世間は、行状全体を信じなくなり、肝腎の先師の「大節大義」までも虚偽ではないかと疑われるに至るだろうと考えていた。それ故、醜事を記さぬことによって、「先師ノ為ニ侮リヲ禦《フセ》」ごうとするより、寧ろ、「区区タル世俗ノ譏《ソシ》リヲ懼レ」ることなく、「知己ヲ千載ノ後ニ待」つべきであり、徒らに「人ノ先師ノ行ヲ議スルヲ懼」れるのは、大体、「先師（その人）モ屑《イサギヨ》シトセザル也」。

……

しかし、鰐水はこの二度目の手紙に対しては、もう答えなかったようである。それは見解の相違というより仕方ないものであったし、それに節斎の文章は、余りにも激情的であり、殆んど漫罵に類するような調子をさえ交えていたからだろう。

それに、この節斎の非難の裏には、どうも山陽の弟子たちの先輩、後輩の対立が潜んでいたように思える。

山陽の死の床には、彼の最晩年の弟子たちが集まっていた。彼等は山陽の親友であった篠《しの》崎小竹《ざきしょうちく》、又、山陽の最初の弟子であり、後に小竹の婿となった後藤松陰、を中心として、京都の頼家の後事を処置し、遺稿の編集なども行った。この遺稿集に附するために鰐水の「行状」も撰せられたのである。そして、従って鰐水は末期の弟子たちの総意によって、山陽の伝記を作ることを依頼されたと見てよいだろう。

それに対して、既に業を終えて、山陽の塾を去っていた先輩たちは、そういう小竹、松陰をかついで専権的に事を運んでいる後輩たちに、快い感じを持っていなかった。また自分たちよりも先生をよく知っていない若者たちに、尊敬する先生を横取りされるような淋しさをも抱いていたのだろう。

そうした感情の爆発が、この節斎の痛烈な弾劾文となった。節斎にとっては、鰐水そのものは真の敵ではなかった。それ故、鰐水がもう答えないと知ると、今度は敵陣営の中心人物であり、また『遺稿』に序を署してもいる小竹その人に向けて、直接、攻撃の筆を執ることになる。

それはやはり猛烈を極めたものであった。たとえば小竹の『山陽遺稿』の序が前著、『山陽詩鈔』の序に比べて、全く手を抜いたものになったのは、もう山陽に読まれる心配がないからであろう。しかし「夫レ死生ヲ以テ、其ノ心ヲ異ニスル者ハ、君子ノ交ニ非ズ。」——そういった激しい調子のものだった。

温厚な小竹も、この質問状というよりは弾劾状には憤慨し、珍しく激越な語調の返書を作った。

小竹は反駁する。——節斎は元来、「漫《ミダリ》ニ冷語ヲ下ス」性質の男であり、このような論争を仕向けるのは、「名ヲ好ムノ嫌ヒ」(売名的行為)たるを免れぬものだ。

それに、汝は山陽を濫りに「先師」などと呼んでいるが、

「兄、山陽ヲ称シテ先師ト曰フハ、則チ従ツテ業ヲ受クル也。兄ノ受クル所、僕未ダ何ノ業タルヲ知ラズ。山陽、既ニ曰ク、徳行ニ非ザレバ則チ以テ道ニ進ムナシト。」

ところが汝の来書を読むに、汝は先師の友人（小竹）の文章を、まるで「戯場ノ脚色」でも観るように、自分の好悪によって勝手に変改させようとしている。

それは甚だしく徳行に外れた行為である。汝は「一二詩文ノ正ヲ請ウ」ただけで、まるで先生の道を伝え受けてもいないのに、そのように弟子の振りをする。それは山陽が名士になったので、「ソノ威ヲ仮リテ、以テ後輩ヲ畏レシメント欲ス」る所業で、茶人がちょっと千家の門を潜っただけで、すぐ「直弟」などと称するのたぐいである。

もし山陽の真の弟子となろうと思ったら、「扼腕大声、人ノ非ヲ駁シ、以テ悦ビトナス」というような軽佻な癖はやめるべきである。それにもともと、同門の士同士が、師恩を思ったら、「相ヒ共ニ輯睦輔助」すべきであって、秀吉歿後の豊臣氏の諸臣のように「語言紛争」を事とするのは以ての外のことである。……

節斎はしかし負けていなかった。この小竹の叱責の手紙に、彼は更に答書を書いた。また小竹の婿で、多分、『山陽遺稿』の選者であった松陰にも、攻撃を加えた。

そうして、節斎は故郷の大和に、意気揚々として引き揚げると、直ちに先輩の谷三山を訪い、この論争の報告を行った。

谷三山はまだ四十歳の半ばだったが、幼時から聾だったので、会話は筆談によらなければならなかった。おかげで、この時の節斎の意気込みを、その筆談のノートの残存によって、今日でも、生まなましく見ることができる。

そのノートの冒頭に、節斎は書いている。

「第一御礼可二申上一ハ、小竹与《ト》レ僕之筆戦天下属レ目。老兄ノタスケヲ得テ先勝利之カタチ、多謝多謝。」

この論争の節斎の背後には、博学な三山が控えていたらしい。

節斎は続ける。

「僕毎レ下レ坂（大坂）小竹設二酒肴一欲三与レ僕結二忘年之交一、且対レ人以レ僕為レ可レ畏。彼亦一箇之姦雄、僕豈陥二其術中一乎。」

それに対して三山は簡単にこう答えている。

「小竹只是俗儒、焉《イヅクンゾ、》能《ヨク》籠二罩得賢契一。」

節斎は又、「小竹ハ美男子ナレドモ町人風也」などと、軽蔑している。

小竹が町人風なら、節斎は壮士風というべきだろうが、久々に来坂した旧知を、宴席に招いたことまで、取り入って味方につけようとしたなどと猜せられては、都会人の小竹もやり切れなかったろう。

三山自身も、この節斎の善罵癖に対しては「賢契性タルコト峻急、好デ人ヲ罵ル、人多不レ能レ堪、往々避而遠レ之」という評判だから、特に酒を呑んで人の悪口をいうのは慎んだ方がいいと、忠告の手紙を書いている。——

ところでこうした論争は当時は公開的な意味を持っていた。従って、このために鰐水も節斎も、非常に有名になったようである。

この論争は後に『頼山陽先生品行論』（上下二巻）という表題のもとにまとめられ、問題の鰐水の「行状」も小竹の「遺稿序」もその本のなかに収められている。

——しかし、実はこの論争は、山陽の脱奔だけを論じたのでなく、他の私行も、また学術上の系統論というような重大な問題も取り上げられている。従って、後でまた何回か、私はこの『品行論』に戻って行くだろう。

三　病気その後

頼山陽は寛政十二年（一八〇〇）十一月、脱奔以来二カ月後から、広島の父の邸内の座敷牢に幽居することになる。

この幽閉が解かれたのは、満三年後の享和三年（一八〇三）の年末だった。

ところで、この監禁中の山陽の病気はどうなっていたのか。判っているのは、この間に彼はその生涯の事業であった『日本外史』の下書を完成していることである。それは大変な勉強ぶりで、そのような努力の継続が可能だったというのには、彼の精神が極めて平穏を保っていたということが前提となるだろう。

私はこの間の彼の心の状態をこう想像する。――第一に廃嫡となったことで、頼家の後嗣という重い責任から解放されたこと。つまり、勉強は無理にする必要がなくなったから、したいだけ、したいようにすればよい。専ら内的要求だけに従ってやればよくなったこと。

第二に、厳重に監禁されている以上、発作が起きても、どこかへでかけてしまうとか、甚だしきは家出をするとか、そういう可能性が全くなくなったこと。つまり、己れの意に反した狂態を演じることが不可能になったために、必ずしも発作を恐れなくても済むこと。

第三に、病気であることが周囲に承認されたために、病状に対して人格的な責任を負わなくてもいいようになったこと。

第四に、母、静子と別れて暮すようになったこと。母に甘えたり、又、母のために気を遣ったりできなくなったこと。病気の原因のひとつが母に対する複合的感情であるとすれば、母の顔を見ないということは、それだけで病気に対していいだろう。しかも、母に会わないことが自分の意志でなく、外部からの強制であることは、彼には心の安まることであったろう。

以上の四つの要因は、彼の心に突然、おこりが落ちたような平静な状態を生んだものと思われる。

ここに、彼の内部の可能性の数々の殆んどが奪われたことで、逆に気持が落ちつくという、奇妙なことが起った。――

そうした、夢から醒めたような具合になり、時間だけは無限に与えられているということになった時、山陽は内外の史書を、できるかぎり読み尽くそうという計画をたてた。

私は、それが理論的哲学的な書物（経書）でなく、事実の記録（史書）であったという点に興味がある。興味があるというより、私自身思い当るところが少くない。それも猛烈な勉強振りであって、一刻も精神を他に転じないように意識を本に釘付けにしていたようである。何もしないでいれば、不安の発作が起るだろう。病気にとって、精神を遊ばせておくのは非常に有害である。注意を絶えず、自分の外のものに集中させておく必要がある。古人の事業は「自分の外のもの」の最たるものである。項羽や韓信、足利氏や新田氏の運命は、読者とは何の関係もないし、またそれらのとうに死んでしまった人々の人生は、今、どう思ってもやり直させるわけにはいかない。これほど安心して読める本はないわけである。

山陽は読むだけでなく、自分でも書きたくなった。それは日本の武家政治の、事実を主とした歴史であった。——後年、『日本外史』は維新の世代の革命的精神にとっての理論的根拠のひとつとなった。しかし、山陽が例の「外史氏曰ク」という書き出しによる論賛の部、批評的部分（歴史哲学の部分）を書き加えたのは、後年、四十歳に近くなってからであり、座敷牢のなかで、毎日、書き継いでいたプレ・オリジナルは、ひたすら、事実の羅列であって政治思想には触れなかった。

だから、山陽の幽居当時の情熱は、専ら話術と文体とに集中していたのである。つまり、完全に無思想な文学的なエグゼルシスであったのである。

私には、この長篇執筆の仕事も、一種の回復期の作業療法のように見える。単調な同じようなことの繰り返しのうえに、長い期間、注意を集めておくことで、心の乱れを防ぐという仕事である。

（ただ、私に気になるのは、この三年間のあいだ、狭い一室で彼は身体の運動をどのようにしていたのだろう、という一点である。恐らく、何か工夫があったに相違ないのだが。尤も「狭い」といっても、本居宣長の鈴屋の書斎に比べれば、玄関も次の間もあり、中庭も備わっていて、大藩の高級官吏と、町医者との階級的隔絶の深刻さを、この山陽の「幽室」——原爆以後は復元——は今に語ってはいるが。）

この自らに課した史書への没頭と武家政治史の執筆の仕事は、享和三年（一八〇三）に至って、自由を回復したあとまで続く。彼は父の家で、部屋住みの閑な身を、牢中での日課の継続に捧げる。それが思想的にどのような結果を生み、それがまた父春水の思想とどのような対立を見せることになって行ったかは後述に俟ちたい。

しかし性格の上に、この三年間の歴史への専念がどのような結果を生んだかといえば、彼は世間的な意味での成長が、この間、停止してしまっていた。従って、牢から出た二十五歳の山陽は、妙に子供らしいところが残ってしまった。三十歳になっても、彼は未だ少年のようで、彼を引きとって自分の学校の教師にした菅茶山を、その点で閉口させることになる。「年すでに三十一、すこし流行におくれたをのこ、二十前後の人の様に候。はやく年よれかしと奉ㇾ存候。」と、茶山は江戸の伊沢蘭軒に報告している。

この子供らしさ、永遠の青年のような態度は、三年間、世間と全く隔離して暮した結果でもあるが、一方でまた彼の病気そのものが、いわば精神の状態を外部と調和させないものであり、そして病気の原因がもし幼時の欲求不満にあるとすれば、病気そのものが彼の精神を幼時期の方から絶えず引っぱっていて、成長させなかったのだとも言える。彼の子供らしさは、病気の結果であるのみならず、原因でもあった。この病気は大人の世界への適応の不器用さ、また大人になりたくないという秘かな願望にも基づいていた筈である。

特に、その「子供らしさ」は母親に対して発揮されていたように思える。それもまた「大人になりたくない願望」の潜在を証拠だてているのではないだろうか。

山陽が茶山の塾に引き取られた時、母静子は茶山あての手紙のなかに、「子供らしき事も御座候故、私共はたへず子供しかり候様にしかり申候」とわざわざ断り、遠慮なく「きびしく」叱りつけてくれるように頼んでいる。この母の手紙のなかの口ぶりは、母と息子との間に、一種の甘美なじゃれつくような感情がまつわりついていることを憶測させないだろうか。

——

さて、出牢後、暫くは部屋住みの生活を、殊勝にしていた山陽は、やがて又もや、猛烈な放蕩生活を始めることになる。しかも、今回は彼ひとりでなく、彼の家で彼に代って家を継ぐことになっていた従弟の景譲（春風嫡子）と棒組みになってであった。

春水は、山陽を「大豚」、景譲を「小豚」と呼んで、閉口しきっている。彼等の「冶情と狂態」とは、「浪華町家少年輩之情態」そのものだ、と苦りきってもいる。

春水は青年時代、大坂の片山北海の混沌社に籍を置いて、尾藤二洲、古賀精里らと、勉学に勤めたのであるが、その頃、都会の町家の不良少年どもの狂態をつぶさに見聞して、嫌悪を禁じ得なかった。そうした不良少年的生活に、今、自分の実子と養子とが一緒になって落ちこんで行くのを見せられては、春水は家庭生活において、心の息《やす》まる時のない思いをしたことだろう。（浪華の非行少年の情態については、春水の大坂留学時代の回想記『在津紀事』中に、伏見の船で彼等と乗り合わせた記事がある。）

ところで、春水もまた弟春風（景譲の実父）も、景譲が放蕩者になったのは、年長の山陽の誘惑によるものであると信じていた。

しかし、実は二十一歳の景譲が、毎日、家を留守に遊び歩くようになったのには、勿論、そうした素質があったことは否み得ないとしても、青年らしい苦悩も関係していた。それは山陽の妻淳が、離婚後に生んで、祖母静子によって育てられていた、山陽の長子聿庵という者が存在していて、当時、十歳となっていたからである。若い景譲は本家に入って、広島の頼家を継ぐように親共に決められてはいたものの、山陽に深い同情を持っていたろうし、又、山陽がもう一度、嗣子の座に戻れないなら、山陽の直接の血を引く聿庵こそが後を襲えばいいので、そのためには自分の存在が邪魔になると思いつめたらしい。その幽悶が彼を連日の冶遊に誘ったという事情があるようである。それればかりでなく、その狂態が続けば自分も廃嫡されて、問題が片付くとさえ信じていたかも知れない。

その頃の山陽が友人に出した手紙によると、自分の放蕩の理由をふたつ挙げている。

第一は、景譲が繁々と「茶屋ばいり」などをはじめたので、それを改めさせようとして、遊蕩の方では先輩である彼が一緒に遊んでやっている内に、自分まで「面白く」なってしまった、という正直な動機。

第二は、しかし、そうやって二人で遊んでいる間に、「小子（山陽）心底、権次郎（景譲）を悪人に致、自身独よき顔をして、再び家督をと心懸候ナドト悪評」を世間から受けるようになる。「それが口惜くて、一倍しれてもかまわぬ気トナリ」、遊蕩に精を出している、という、こちらの方は、どうも甚だ意志薄弱な遊蕩児らしい、遊ぶ理由を他人に押しつける常套的な理屈である。

しかし、結局は、出牢しても「鬱陶無聊」の生活が続いていて「前途に望も無レ之故」というのが、本当の理由であったろう。――

これは父親春水としても、同情せざるを得ない理由である。長子に生まれながら、病気だといっても、肉体的には健康であり、しかも学問に熱中できるだけの精神的能力もあり、それなのに、一生を部屋住みで朽ちさせるのは、春水としても耐えがたいところであったろう。やけ気味の山陽は「士人には飽中候」などと「放言」か「妄語」を言い出す始末であったし、又、もう少し真面目な時にも、隠者として一生を著述に捧げたい、と父にも語っていた。

そこへ、春水の親友、菅茶山が自分の塾の代講として引き取りたいと言って来た。頼家では喜んで、茶山の差し伸ばした手にすがった。山陽自身も、この一世の大詩人を尊敬していただけでなく、実はいったん、家を離れてしまえば、「三都遊寓」の手蔓もできるだろうと計算してもいた。茶山の廉塾《れんじゅく》のある神辺《かんなべ》は隣国とはいえ、広島に比べれば、幾分なりとも、三都に近付いているわけでもあった。

そうした心掛けであったから、山陽は茶山の塾にも尻が落ちつかず、やがて茶山に迷惑を掛けることにもなるのだった。

――出牢後のこの放蕩生活が、彼の「病気」とどのような関係があったかに、私は関心を持つ。

座敷牢の生活は一種の入院のようなものであった。そして、出牢ということが、ひとつの大きな将来の希望になっていた。しかし、実際に牢から出ると、幽居中に想像していたようには、家庭生活は愉しいことばかりではなかったろう。元来、もう彼は廃嫡されて、広島の頼家には、用のない人間になっていた。この時代に嫡子でない部屋住みの人間が、どのように肩身の狭い不自由な生活をしなければならなかったかは、多く知られているところである。しかも、外出すれば、世間の眼は刑余の人を見るように冷たい。少くとも好奇の眼を避けることはできない。

この不自由とこの煩わしさとが、彼の病気に良い影響を与える筈はない。彼は何度も小発作を起して、家人を心配させたに相違ない。

そして、病気の再発を最も惧れていたのは、当人の山陽であったのは勿論である。彼の遊蕩というのも、その惧れを心のなかから追い払おうという努力と関係がなかったとはいえまい。

山陽自身は、病気をたしかに恐れていた。しかし、どこまでが病気のせいかは、神経症においては、到底、決定できるものではなく、時には病気の発作を自己弁護に利用することもあったし、又、逆に、彼自身、病気を否定するのが都合のいい場合は、仮病だと申したててもいた。神経症においては他人から見れば、病気だと本人に言われれば、そうとも見えるし、うそだと開き直られれば、そうであったか、ということにもなるだろう。

現に、山陽は出牢の翌年に、茶山にあてて、「私病気と申は、非二真病一、託以逃レ世謝レ事、閑為二著述一ならんと申事に御座候。」

と書き送っている。

私はこの山陽の言葉は、随分、安易な嘘言だと思う。畏敬する茶山に、よく思われようとして、このようなことを書き送ったのだと思う。或いは、父春水に対して影響力の強い茶山を抱きこもうとさえ、していたのかも知れない。——しかし、一生を通じて、このような、その場その場の嘘と出まかせ、少くとも言い過ぎ、あるいは大袈裟な表現は、山陽について廻っている。それを嘘だと断定するのは失礼かも知れない。むしろ、一時的に、少くとも、それを口にし筆にしている間は、自分でもそれを信じていて、しかし後の行動がそれに伴わない、という結果が生じたのであろう。

また、同時に、彼の気質のなかに、特に他人に好意を持たれたいという傾向が強く、文通の相手に対して容易に心を開いてみせ、相手を蕩《たら》しこむような表現をする、ということもあった。それが言い過ぎとなる、ということにもなったのだろう。そこで、受信者の異る幾つかの同時期の書簡を並べて読むと、甚だ矛盾した精神状態がそこに出現する。それを計画的な嘘言と取るより、神経症的気質の現われと見る方が正当だろう。「他人に好意を持たれたい」という性癖は、たしかに山陽の場合、一種の不安と緊密に結びついているのだから。それは生活上の不安であると同時に他人の心を支えとしたいという不安でもある。（これは、その女性関係においても、明らかに見られる。それについても改めて考えてみることになるだろう。）

一度、にせ病だと断言した山陽は、同じ茶山に対して、今度は後に仕官をすすめられた時には、その病気を盾に辞退している。

「襄（山陽）天質多病ニシテ、疎放、習ヒヲナシ、衣裳ヲ整フル能ハズ、久坐スル能ハズ、屈伸スル能ハズ、起臥ヲ時ニスル能ハズ、従ウテ入リ従ウテ出ヅル能ハズ、……」

しかし又、仕官しないためには病気は立派な理由になった筈なのに、その後、彼が茶山の塾から出て京都で暮そうという計画を立てて、周囲からそれは病気の気紛れが言わせたのだろう、病気のためには茶山の塾に留め置くのが最上だろうという反対が出ると、「十年来、自身ニ病気之柁《かぢ》ヲ取覚候テ、十代之時分とは、大ニ違申候心地ニて」決して心配はいらない、と抗弁している。

病気はその場の都合によって、重くもなり軽くもなるのである。しかし、こうした卑怯さのようなものも、神経症の患者に多く見られるところである。気分の変動に従って、快活な時には病気は存在しないような気持になり、陰鬱に陥ると病気は不治のもののように感じられるようになる。そうした患者と病気との関係に、更に外部の事情への病的な判断が加わって、自分の病気を、自ら軽くも言い重くも言うということにもなる。それは病気のなかへ逃げこみたいという無意識な反応と、自己保全の防禦本能との絡み合った、特殊な状態である。

山陽は茶山の塾に代講として暮していた一年ほどの間に、それではどのような生活態度を取っていたのだろうか。新しい環境——広島とは異って周囲の眼を意識しないで済む環境、また神辺という静かな山村の環境は、彼の神経の亢奮に、家族の願っていたような好結果をもたらしたものだろうか。

森田思軒はこの時期の山陽に「二個の互に相矛盾せる山陽」を発見している。

「一個は誘惑に従がひ肉慾に徇し只だ目下の小快楽を知りて寸前の大損失を慮はざる山陽即ち不平と放縦との間を循環往反する境遇的山陽」――他の「一個は勉強刻苦精を励まし己れに克ち現在の小安懐を唾棄して将来の大名誉を志望する山陽即ち一藩一隅に囿《いう》せらるゝを否みて大に天下に伸びむことを欲する天生的山陽。」

そして私はこの矛盾する二個の山陽を繋ぐものとして、その病気の消長があると推測する。

茶山は山陽の才能を愛していた。「文章は無双也」と、茶山は賞讃している。当時の茶山の文章には山陽の代筆にかかるものも少くなく、しかも「自作より宜候」とまで吹聴している。そして遂には出版を目前にひかえた自分の詩集『黄葉夕陽村舎詩《こうようせきようそんしゃし》』に評語を書き入れることをさえ許している。菅茶山は青年山陽を学藝のうえで己れの後継者とまで信頼していた。だから彼を結婚させて神辺に落ちつかせ、己れの仕える福山藩に出仕させよう。傍ら塾の支配も任せ、自分は隠居しよう。――そういう心づもりになった。

ところが、山陽は神辺の田舎で一生を送るつもりはなかった。だから、やがて、強引に茶山の許しを得て、京都へ出てしまった。

茶山は一応は山陽の出遊を許した形になった。しかし、それは山陽の巧妙、かつ、執拗な強制に根負けして屈したか、自分の方で厭気がさしてそうなったかであって、決して快く許したのではなかった。

だから彼の出京後になると、山陽の在塾中の行跡に対する悪い記憶ばかりが、日に日に強まる。

「此漢、蹤跡詭秘《しょうせききひ》、何をするやらしれ不ㇾ申候」というような冷評を茶山は知人に言い触らすようになった。が、特に「御覧後御火中」と特記して茶山が伊沢蘭軒に送った山陽行状の報告は、個条書きの入念なもので、その内容は確かに驚くに足るものである。

第一は、山陽はかつて脱奔する際、「藝州公府之贋手形」を作った。

第二は、「士家之妻か、後家かを姦通いたし、其絵すがたをかけ物にいたし、自身、詩にて賛をし、こゝかしこもちありき候よし。」

第三は、「備前某と云豪家へ、金をかりに遣し、これも贋状ニ而取出し候よし。」

「この類ハ、処々ニ而多候事ニ御座候。」

しかも、第二の事件で、またもや官裁にかかりそうになったところを、茶山は危く引き取って救ってやったのに、「来ると三月もたゝず、晋帥《しんすい》（茶山）をおとし入レンと計り候。」

「私も、あれほどニあらふとハ、夢にも不ㇾ存候ひき。」

茶山が悪口を言い触らしていることは山陽も知っていた。

「茶叟は、僕を得留《とめえ》なんだと云て、藩中より不評。それを云訣《いひわけ》せんとて極ㇾ口譏《そしる》ㇾ僕と云事なり。」

これは山陽の例の自己弁護で、勿論、茶山は当時、口が悪いので有名な人物ではあったが、彼が全くの虚報を諸方に伝えていたのではないだろう。

山陽が上京すると、待ち受けていたのは悪い評判ばかりで、彼自身も「悪事千里」と閉口している。春水夫婦の仲人であった中井履軒《りけん》のような老儒は、山陽を玄関払いしているし、親戚の越智高洲も交際することを断った。しかも、国もとなどでは、上京した山陽が忽ち「冶遊」をはじめたという噂が拡がるという始末だった。

そして、その噂は百五十年後の今日まで、まだ消えずに残っているのである。

これは確かに山陽自身の言動に責任があるに違いない。——

四　遊蕩と禁欲

木崎好尚の日譜には、この頃から山陽の病気についての記述は消えている。病気は少くともその後は、ある期間、彼の活動を不可能にするほどの長期の再発は見せなかったように思われる。

もちろん、日によっては、それは頭を擡《もた》げる徴候を見せたり、そうした時には山陽は原因不明の不機嫌におちいり、あるいは無理な癇癪を起し、といったようなことはあったろう。しかし、そうした日常生活のなかの小さな精神の乱れを、彼はいちいち「宿疾暴発」というように周囲に知らせることもなかったろうから、誰にも知られずにまた病気は精神の奥へ沈んでいったのだろう。それに彼はそうした発作を予感すると、それを巧妙に脇へ外らせる術にも熟達してきていた。また、京都の自由な生活がおのずから、発作そのものを遠ざけることにもなったのだろう。

日譜のなかに、「病気」に代って頻発するのは「遊蕩」の記録である。

病気に対する——あるいは病気と人格と仕事との絡まり合いに対する——深い関心からこの研究をはじめた私は、ここで元来は、病気への対抗手段として始まったはずの彼の遊蕩の、その後の経過を追跡しなくてはならない。

山陽が異常に強い性欲の所有者であったことは、すでに森田思軒が指摘している。思軒は性欲に対する彼の態度の変化して行く過程のなかに、山陽の成熟を見ようという試みを行っている。

そして実際、神経症の病状の消長と、患者の性的欲望の関係は、また、病人の自分の欲望の自覚と、その処理の手段との関係は、その人物の内生活を照明するひとつの拠点となるだろう。

山陽は文化八年（一八一一）、三十二歳の時に、茶山の塾を離れて、京都へ移る。

そうして三年後の文化十一年（一八一四）の春には妾を家に納《い》れている。その同棲の前月に彼は友人に、

「香川景樹の社中、大に私の放蕩を申立候よし、如何の手よりしれ候事にや。」

と書く。

景樹は山陽の母、静子の歌の先生であったから、その塾で彼の放蕩の評判が立つのは、彼には甚だ迷惑だった。しかし、「如何の手よりしれ候事にや」という山陽の口調には、事実無根という感じはない。無根の噂を立てられて困るというのでなく、噂が立ったことが閉口だという感じである。

しかしその半年後（つまり同棲の後）には、祇園に行くことを誘われたのに「とんと行気にならず候」という心境で、「ケ様《かやう》のこと止《やめ》になり候は、如何の事哉と、自《みづから》恠《あやしみ》候也」と、自分の放蕩心が収まってしまったことに、自分で気味悪くなっている。

だが上京以来の数年間は、京都の儒者たちも仲間に入れてくれず、自分でささやかな塾を開業したものの、ほとんど無名ではあり、生活にも甚だ苦しかったはずである。そのなかを、多分、借金政策によって、遊びを強行していたものと見える。また山陽の陽気で、人の眼を気にしない派手なやり方が、実際以上に、彼の行動を目覚ましいものに見せていて、又、その方面で名を挙げることにもなっていたのだろう。

同棲の前年（文化十年）、彼がはじめて、一生の恋人となることになった江馬《えま》細香《さいこう》に、美濃の彼女の家で出会った時、細香の父蘭斎はいきなり山陽に向って、

「君は皆川同様だという世間の噂だから、青楼曲のようなものを書いて評判になると良い。」

と、冗談を言っている。皆川は京儒、皆川淇園。彼は天明寛政期に儒者としての名声と、遊蕩児としての名声とが匹敵していた人物である。その淇園に擬せられたのだから、細香にひと目惚れして結婚を申しこもうとまで思いつめた山陽にとっては、彼女の父の自分に対するそのような評価は甚だ具合のよくないことだった。

同じ頃、山陽の友人の武元登々庵《とうとうあん》から菅茶山への手紙のなかにも、

「山陽先生、無事。近来、東の方遠《とほざ》かり候様子、少々嚢中空《むなし》き故かと奉レ存候。」

というような文句が見えている。「東の方」とは祇園のことで、友人たちの間でも、少しでも彼が遊蕩の場所に姿を見せないと、もう不思議がられるような状態であったらしい。

翌年（文化十一年）の春、この登々庵に対する弟、北林《ほくりん》からの手紙も、やはり、山陽の『日本外史』の稿本を自分の藩の学校が買い入れたということを知らせた次手に、その代金

を支払う掛りの役人が「是に而《て》（山陽の）青楼金を助け候は、つらい物じゃ」と、北林に愚痴を言ったと伝えている。登々庵、北林、の兄弟は山陽に非常に好意を持っていた。だから、この山陽の遊蕩にも、悪感情を抱いていたわけではない。そうした友人たちの間でさえ、彼の冶遊は山陽の名が出ると必ず話題になるほどのものであった。

しかし、噂というものは事実が終っても、まだ後をひくもので、実際は次第に彼の激しい遊びぶりも衰えて行ったように見える。いや、衰えて行ったというより、遊び振りが次第に風流になり、上品になって行ったように、つまり性欲の解放という端的なものから、文人風の雅遊に変化して行ったように思える。

少くとも、妾、りえを家に入れた当初は、遊蕩が止んだ。その直後の手紙にも、家にそうした女性がいる以上、「もはや足をくくられ候様」であって、「世にある人の得《え》遊《あそば》ぬを思当候」と言っている。山陽はそれまでは世間の連中が、細君共に睨まれて、遊びに誘っても出てこないことを軽蔑していたのである。——彼はこの女性に子供ができると両親の許可を得て、正式の妻とするのであるが、同棲直後の彼のりえに対する熱情が猛烈なものであったらしいことは、友人たちへの手紙によっても知られる。それは愛情というより痴情であって、自分から遊蕩心が収ってしまったのを不気味に感じたというのもこの頃である。

「東方（祇園町）へは流し目も不レ致候。」

とも書いているし、父の春水も「浮蕩の事も無レ之」ということを、山陽の友人から聞かされて喜んでいる。

彼はりえを家に納れてから、一時、全くこの女性に夢中になって、遊蕩を忘れたのである。

「朝雲一小片、所レ謂掌中軽など云べきもの、其痴憨《ちかん》可レ笑」……

朝雲は銭塘の名妓で蘇東坡の愛妾であった。山陽は内縁の妻おりえさんを、梨影と中国風に洒落て呼び、更に彼女を東坡の思い者に擬したわけである。そうして、また「贏得青楼薄倖名」と歌って揚州に浮名を流した晩唐の風流詩人、杜牧に倣って、おりえさんを愛撫しながら、「楚腰繊細、掌中軽シ」と口ずさんでいる、というわけである。

そうしている間に、突然に父の死に遭う。

そして、山陽伝中のやはり大きな論点のひとつである、あの長い禁欲の期間がはじまる。

文化十三年（一八一六）二月、頼春水は広島の自邸に歿した。知らせを受けて京都から急行した山陽は、神辺に寄り茶山の備えつけの駕籠を借りて駆けつけたが、臨終に間に合わなかった。

傷心の山陽は京に戻って、百日の喪に服する。そうして、その喪が明けると、まず月代《さかやき》と外出とだけは自分に許して、喪服も脱いだ。つまり外見からは喪に服している様子は見せないで、心の中だけで、喪を続けることにする。

三年の喪という中国の古制は、当時のわが国では従うものが稀であった。それを、山陽はひとつには一生心労をかけつづけた父への謝罪の意味もあり、また、儒者としてあえて古礼を復活させようという意図もあって、心喪三年の決意を固めたわけである。

彼は親友篠崎小竹に向って、その内容について報告を行っている。心喪とは、「酒肉、閨房」を絶つ意味である。それ以上厳格に儒礼を守って、外出なども取りやめるとなると、「宿疾大発」ノイローゼがまた起る危険がある。だから、できる程度の予定をはじめからたてて、それを厳守しようというのである。

しかし親戚の凝り固まった道学者、越智高洲などは、やはり山陽を自分が見ていた通りの怪しからん人物で、百日の喪が明けたら、たちまち出歩いている、と言って軽蔑するだろう、と山陽は書いている。――形式に捉われることなく、しかし、精神としては守るという、このやり方に、私は山陽らしい自由人の心の働かせ方を見る。

果して、形式主義者、越智高洲は、同じ京都に住みながら、山陽を遊蕩児扱いして交際を拒否していたほどの固苦しい人物であったから、その後、文政九年(一八二六)に至って、自分の母が死ぬと、『礼記』の規定どおりの「先王喪制」に従い、「溢米、塩」ばかりの生活を続けること二カ月にして、心身の衰弱によって急逝してしまった。

山陽はその時、この高洲の服喪による死を、「不慈不孝之至」だと酷評している。親の喪に服するからといって、親から与えられた身体を傷《そこな》うのは、形式の孝行が実質には不孝になるというのである。

江木《えぎ》鰐水《がくすい》の「行状」中には、この山陽の古制による三年の服喪は、やはり「文政元年戊寅二月、春水先生大祥忌、帰展于広島、喪除」とだけ記されている。つまり、三回忌が済んで喪を脱した、とだけ註しているわけである。

これがまた森田節斎には気に入らなかった。これでは、先生は俗礼に従ったのか、古礼を行ったのか判らないではないか。これでは先生の「大義」の跡が埋もれてしまう。「先師独リ流俗ノ中ニ奮ヒ、卓然トシテ能ク古礼ヲ行ヒ、春水先生ノ喪ニ居ルコト三年、其間酒肉ヲ御セザリシニ論ナク、敢テ宴会ニ赴カズ、敢テ言笑ヲ妄リニセズ。ソノ操行ノ堅キ、人或ハソノ矯情ニ出デシカヲ疑フニ至ル。」……

この山陽像は、大分、節斎好みに引きつけてあるようである。山陽自身は表面は俗礼に従いながら、人の目につかないところで古礼を通そうとした。それが「心喪」ということであった。偏屈人の自己顕示欲のようなものから、目立った突飛な服喪振りをこれみよがしにするというのは、山陽の本意ではなかっただろう。

その上、節斎の語調には、自分は当時の先生の傍らにいて、実情を知っていた。汝のような後輩には何も判っていないのだ、という高飛車な口吻がうかがえる。

温厚な鰐水は、それをごくやんわりと受け流してしまった。

「僕実ニ知ラズ、諸友亦為ニ言フ者ナシ。足下ノ言ニ非ズンバ、僕終《ツヒ》ニ知ラザリシナリ。」

行状を書く時に、誰も周囲の人間は、その三年服喪の内容について教えてくれるものがなかった。（ということは小竹にせよ松陰にせよ、そのことをそれほど山陽の生涯の大事件と考えていなかったということになる。）だから、脱奔の件は、「知而不レ記」だったけれども、今の件は本当に知らなかったのである。——鰐水は言外に、どうして貴兄だけが、それほど先生の行動の形式にこだわるのかと、揶揄しているようにも感じられる。

　だから、教えてくれたことを節斎に感謝して「請フ、謹ンデ之ヲ状中ニ補ハン」と言ったのに直ぐ続けて、

「独リ恠《アヤシ》ムベキハ、春水先生ノ死、文化丙子（一八一六）二月ニ在リ。先師丙子ノ詩鈔ニ、石山旗亭ニ題ス、将ニ北山ニ遊バントシテ斎中ニ小酌ス、ナドノ詩アリ。少シク足下ノ言フ所ト齟齬スルニ似タリ。」

と、「不御酒肉」「不敢赴宴会」などの節斎の教示と、実際の山陽の行動とが異っている点を指摘している。鰐水にとっては、山陽の父を追悼する心そのものが大事だったので、喪中であろうと、多少の遊行など一向、差し支えないではないか、というわけだったのだろう。節斎のように力むのは、むしろ山陽の本旨にたがい、越智高洲の愚に近い、ということにもなるのではないか。

　――しかし、強情者の節斎は負けていなかった。

　彼はこの鰐水のさりげないながらも証拠を挙げての反論を受けると、さっそく、同門の友人たちに、この間の事情、服喪中の先師の行状と、『詩鈔』に載せている事実との矛盾について問い合わせた。そうして有力な反証をひとつ得ることができた。彼はさっそく、鰐水に報告する。

「秋吉雲桂《うんけい》ハ先師ノ旧門人也。僕ノタメニ道《イ》フ。先師三年ノ中、喪服ヲ脱セズ、戸外ニ出デズ、決シテ遊行ノ事ナシ。其ノ詩鈔ト齟齬スル者、必ズヤ編次ノ誤也ト。此ノ言、実ヲ得ル

ニ似タリ。」

しかし、喪服を脱し、外出しているというのには、先にも記したように山陽自身の証言がある。古い門人たちはどうしても先生を、超人間的な聖人に仕立てたがっているように見える。節斎はひとりではなかったのである。

だが、山陽自身の編集になる詩集（編年体）を「編次之誤」だと決めつけてまで、自分たちの意見を通そうとするのは、やはり無理というものである。

文化十四年（一八一七）、春水の一周忌の過ぎた頃から、「少々魚物などを用申候」と、山陽自身、はっきり書いている。酒も少々、宴席にも少々、という具合だったのだろう。従来のように目立った遊蕩振りは慎み、ただ親しい珍しい友人などが、遠国から上って来た時など、あえて旗亭に席を設けることなどは避けず、要するに自然に任せていたものと思う。そして、そうした席には、弟子中の最古参の後藤松陰がしばしば陪席していたし、『詩鈔』の原稿の整理を手伝ったのも松陰だった。

節斎にせよ雲桂にせよ、儒学ひと筋に生きた硬派の弟子たちと、小竹や松陰などの都会人との間には、どうも気質のうえでうまく折り合いがついていなかったという事実があるように見える。山陽在世中は、彼のなかにある田舎者と都会人との二面性によって、（あるいは父と母との両種の遺伝によって――私は京都暮しによって、生活の自由を獲得した時、それまで彼の中に眠っていた母方の都会人的遺伝要素が顕在しはじめたのだろうと推測している。）この二種の弟子たちを巧く調和させながら御していたのだろうが、ひと度、先生がいなくなると、彼等は、まったく小竹の言うとおりに、太閤歿後の豊臣家の家臣たちのように分裂してしまったのだろう。

(だから、節斎たちにとっては、松陰の息のかかった『詩鈔』にせよ『遺稿』にせよ、その編集の結果など、少しも尊重する気にはなれなかったのだろう。)

酒肉の方は段々、禁を緩めて行った。しかし、「閨房は三年禁絶」という点は、ひどく厳密に実行している。しかも、「それにて別《べっし》て気分もよろしく候」と、友人に報告もしている。文政元年(一八一八)二月、春水の三年祭によって、その服喪の期間は満了した。広島で大祥に列席した山陽は、その足で九州旅行に出掛ける。

そうして、帰途、広島を通過するに際して、母を誘いだして、京都へ戻ったのは、翌年の三月で、一年間、家を留守にしていたわけだった。

その旅の一年間も服喪中に続いて、山陽は禁欲生活を続けている、と自ら書いている。長崎では、丸山遊廓に遊んだが、それも清人江芸閣《こううんかく》の狎妓《こうぎ》であった袖笑《そでさき》に会うためであって、案内してくれた土地の人々が、袖笑と遊んだらどうかと勧めてくれた時も、

未能茗椀換舡船　何復繊腰伴酔眠　家有縞衣待吾返　孤衾如水已三年

(未ダ能ク茗椀《メイワン》ヲ舡船《カウセン》ニ換《カ》ヘズ。何ゾ復《マタ》、繊腰《センエウ》ヲ酔眠ニ伴ハシメン。家ニ縞衣《カウイ》ノ吾ガ返

ルヲ待ツアリ。孤衾《コキン》水ノ如ク已ニ三年。）

という詩を作って断っている。

（この時の経緯については、田能村竹田《たのむらちくでん》の『卜夜快語』中にも記事があり、袖笑と枕席を与《とも》にすることを断った山陽は、それではというので他の妓を更に勧められたが、それも断って「遂ニ宿セズシテ還ル」とある。）

『詩鈔』に収めるに際して、山陽はこの詩に「碕人（長崎の人）狭斜ヲ以テ命トス。余ガ詩ニ、時ニ綺語ヲツクルヲ見テ、認メテ以テ真トシ、往々勾誘《コウイウ》セントス」という説明をつけている。

山陽は長崎で『長碕謡十解《ながさきのうたじつかい》』というような竹枝体の艶詩を作った。しかし、それらは空想の産物であって、実際は家で待つおりえさんのために「孤衾」を守りつづけたのだというのである。

叔父の杏坪は、『詩鈔』中のこの詩の頭評に「時ニ綺語ヲツクルハ、疑ヒヲ受クル所以ナリ。作ラザルヲ可トス。」と記して、山陽の浮華を叱っている。この叔父さんは、あるいは山陽の孤衾を奇麗事だと疑っていて、皮肉を言ったのかも知れない。

また、旅行中の年末に、山陽は京都の鳩居堂へ手紙で近況を報告し、

「円山などへは、足踏もせぬ位に候也。其段、拙妻ども参候はゞ、よろしく被ニ仰聞ニ可レ被

レ下候。」
と、やはり禁欲を宣伝している。

この禁欲生活については、世間では信用しない向きも多かった。京都では、山陽は九州へ沈没して帰ってこないらしいという噂さえ流れている。後世の芥川龍之介なども、長崎で山陽が遊ばなかったという説を笑殺して「孤衾三年」という言葉も、大概の旅行中の亭主たちの留守宅向けの放送同様に受けとっていた。

しかし、それほど誤解を受けるもととなった「綺語」といっても、たとえば『長碕謡十解』というような詩も、艶麗な風俗詩に過ぎない。

「十解」の七、

捧茗添香頤指中　双々眼語意何窮　洞房不用煩伝訳　自有霊犀一点通
（茗《メイ》ヲ捧ゲ、香ヲ添フ、頤指《イシ》中、双々眼語意何ゾ窮《キハマ》ラン。洞房用ヒズ伝訳ヲ煩《ワツラ》ハスヲ、自ラ霊犀《レイサイ》一点ノ通ズルアリ。）

長崎は国際港であったから、外人の客が多く遊廓に遊んだ。しかし、客と遊女のあいだには心を通わせるに通訳の必要はない。眼顔で充分だ。――といった程度の詩である。

一体に、山陽のこの旅中の詩は、未知の土地の風俗に対する好奇心に満ちていて、しかも表現が甚だ山陽流に直截であるから、刺戟的ではあったが、それが彼自身の遊蕩の証拠になるかどうか。

現に山陽自身、この「十解」(制作時には十二解あった)に註をつけて、「余、鬢《ビン》、巳ニ二毛、情況、復《マタ》昔日ニ非ズ。強ヒテ綺語ヲ為シ、徒ラニ口業ヲ造ル。亦、聊《イササ》カ風俗ヲ紀シ、它《タ》日ノ観玩ニ供スノミ。読者幸ヒニ認メテ揚州小杜ト為スナカレ。」と弁解している。長崎から鹿児島に移ると、やはり『薩摩詞』という十首の連作を作った。そのなかには、

一枕仙遊万斛珠　賺他王子伴華胥　中山応有龍陽泣　唯愛扶桑五色魚
(一枕仙遊万斛《バンコク》ノ珠、他ノ王子ヲ賺《スカ》シテ華胥《クワシヨ》ニ伴フ。中山マサニ龍陽ノ泣クアルベシ。唯ダ愛ス扶桑ノ五色魚。)

というようなものもある。これはこの地方の男色の習慣を詠じたもので、薩摩の士が琉球に出掛けて行くと、向うの王子を口説いて枕を交すことがある。それが帰ってくると、向うでは捨てられた少年(龍陽は『戦国策』中の美少年である)が泣いているのに、彼はもう日本の五色魚(いと鯛)ばかりを賞味している(いと鯛は美少年を譬えたもの)。——というような意味らしい。露骨といえば露骨であるが、だから山陽自身が雞姦を好んだともいえないだろう。

しかし、山陽自身が、とかく誤解を受けるようなことを、自分の口から言い触らしていたということはあるので、帰京後、長崎から女手の手紙などが来ると、塾にいる弟子たちは、それそれ先生のところへ恋文が、ということで、色めきたったりもしたらしい。が、それ

もそれらしいことがさもありそうに山陽が弟子たちに自慢していたからなのだろう。

彼は帰ってから、よく、西遊中に得た三絶として、三つのものを賞揚していた。風景では耶馬渓、人物では中島子玉（米華）、そこまではいい。もうひとつは長崎の娼女で、それは「廉価」だから珍重するに足る、というのである。貧書生の身で、京都の女の値の高価なのに閉口していた山陽は、長崎では情緒の濃いわりに、値段が安く遊べると言って喜んでいたわけで、そう聞かされた連中は、それでなくとも例の山陽であるから、さぞいい思いをして帰って来たのだと信じたのだろう。

山陽はこの旅行中も各所で、冷眼に出会った。親不孝と放蕩者との批判が、遠く九州まで拡がっていたからである。だから久留米で父春水の友人の樺島石梁を訪問した時も、石梁はその地の誰にも紹介しなかった。福岡藩では山陽放逐運動が起り、佐賀では招飲の席上で藩の諸儒から口頭試問のような目に遭わされて嘲弄された。また、豊後の日田に、広瀬淡窓をたずねた時、初対面の淡窓は山陽の評判通りの才人振りに感服したけれども、その人間的欠点には目を閉じることはできなかった。

淡窓は後にその『儒林評』のなかで、「（山陽）海西ニ遊ビシ時ハ、年四十ニ近カリシモ、至ル処人ニ悪《ニク》マレ、其地ヲ逐ハレザルハナシ」と記している。四十歳の男が「才ヲ恃《タノ》ミテ傲慢」「貪ツテ礼ナキ」未熟な態度によって、各地から追い出されるようにして旅行して歩いていた、というのである。温厚な君子であった淡窓だから、その放縦の故に、真価を認められない山陽のために惜んでいるのである。

山陽にとっての西遊三絶の一である米華中島子玉は、当時、淡窓の咸宜《かんぎ》園《えん》に在塾していて、師命によってもっぱら山陽の接待に当った。山陽は米華に肩をもませたりしながら雑談しているうちに、彼の才に感じた。米華の方でも山陽を慕って、後に上京して彼の門に入った。――この頃、米華はわずか十八歳で、咸宜園の都講をしていたのである。――要するに各地の大家たちを顰蹙させた簡傲無礼な山陽の態度は、青年たちには痛快にも真率にも感じられたということだろう。

ただ、私は山陽がこれほど九州各地で冷遇されたのは、そこに一種の世代の対立のような事情も介在していたと想像している。九州は三都に比べて新風の興るのが遅れていた。そして、山陽は新しい文学的世代の代表者で、九州諸藩の旧派の儒者たちとは、生活態度も、感覚も異っていた、ということがある。だから一方でやはり、今や江戸や京都で隆盛を迎えようとしていた、次の文藝思潮――それは現われのひとつとして、儒学からの文藝の独立を示している――のなかに乗り入れようとしていた田能村竹田のような人物は、かえって山陽とこの旅中に親交を結ぶに至っている。九州旅行中に山陽の逢った人物を、味方と敵とに分けて表を作ってみたなら、私のこの想像はより確実な証明を得るだろう。

――いずれにせよ、事実としては、山陽はこの期間、禁欲を守ったものと思われる。後年、鳩居堂の主人の健康を心配した手紙のなかで、山陽はこう書いているのだから。

「拙、一身備㆓百病㆒、弱質無㆓比類㆒候へども、先年、先人喪に、三歳絶㆓閨房㆒候より、精力取直し、相応に根気も復し、今迄は生き申候事に候。」

まさか、友人へ摂養上の忠告をするのに、偽の経験を引き合いに出す必要はないからである。

森田思軒は山陽の遊蕩を、広島の父母の桎梏の裡にあって「進退殆ど一として其の意の如くなる者無き」環境での産物としている。

「肉慾常に超えたる渠は往々肉慾に趨りて以て其の悶々を忘れむと欲せり。」

だから「山陽は京都に入りてより其の心身の自由を復し其の往々已むを得ず肉慾に趨りたる所以の事情の除き去らるると同時に幡然一変して大節慾大克己の人となれり。」

というのである。

また、山陽の弟子の宮原節庵も、山陽の品行が中年以前と以後とで豹変している事実を詳論するのを計画したことがあったと、例の論争の際に、森田節斎に報告している。

が、その「大節慾」も、やはり山陽風であって、文化文政期の都会の文人らしい雅遊を禁じるほどのストイックなものではなかったことは、彼の詩文から容易に察することができる。

現に九州旅行の帰りに母を伴って帰京した山陽は、派手好みで遊興好きの母静子を、あるいは花見に、あるいは芝居に案内し、遂には太夫の道中で賑わっていた島原の三文字屋に登楼して、花魁を総挙げする盛大な遊宴を開いた。

母は大変この遊びが気に入って、四つの燭台に灯の入った大部屋で、太夫たちが「気高くえんにみゆる。げいこ、舞子、仲居二三人出で、とりもつ」と、御機嫌だった。

日頃はけちな山陽も、母の接待には、産を傾けてもいい位いの心意気で、連日、遊びに遊んでいる。その頃の書簡には、「頼子成が一代の労費」と言い、「一代の物入」とも言っている。

この豪遊は後々までも、山陽には美しい想い出として、心のなかを去来した。講義のあとの晩酌の時などには、その光景を生きいきと弟子たちに語ってきかせた。

それが江木鰐水の「行状」中に、次のような文章となって残った。

「先生既ニ客居、家ヲ治ムルニ倹素、妄ニ一銭ヲ費サズ。然レドモソノ母夫人ヲ迎ヘテハ有無ヲ問ハズ、務メテ懽心《クワンシン》ヲ奉ズ。一日、島原ニ侍游シ、一大酒楼ニ登リ、妓楽ヲ召シテ酒ヲ侑《スス》メシム。朱觥銀盤、其ノ豊美ヲ尽ス。従行セル婢、之ヲ見テ愕然トシテ、窃《ヒソ》カニ先生ノ袖ヲ引イテ曰ク、阿主嚢中《ナウチユウ》ノ物、以テ之ヲ償フニ足ラン乎ト。……」

遊藝好きの母親と一緒になって、花魁どもに取り巻かれながら、踊ったり三味線を弾いたりしている山陽の姿が目に見えるような描写である。その山陽の袖を後ろから引っぱって、この勘定をどうしますかと囁いている女中を点綴しているところなど、甚だ小説的でもある。

しかし、肝腎の服喪の件などは、僅か二三字でやり過し、こんな母子で遊女屋に登楼した記事などを、麗々しくいい気持の名文調で書いているのを見た森田節斎が激怒したのも、無理はないかも知れない。

「僕読ンデ此ニ至リ、覚エズ巻ヲ廃シテ、痛哭流涕《ツウコクリウテイ》、慷慨扼腕《カウガイヤクワン》。」

と、節斎は言っている。

喜んで遊廓へ出掛けて行く春水未亡人も、またそんなところへ案内する山陽も、節斎には我慢ならなかった。しかし、静子や山陽をあからさまに非難できないので、その飛《と》ばっ尻《ちり》が記述者の鰐水に行ったのだろう。

節斎はこう言っている。

「夫レ島原ノ酒楼ハ親ヲ享スルノ地ニ非ズ。先師、其驩心《クワンシン》ヲ奉ゼント欲スルノ余、過ツテ此ニ至レル耳《ノミ》。」

それなのに、「朱觥銀盤」がどうしたとか何とか、筆の滑りにも程があるというわけである。

もし母親への孝行の挿話を「行状」中に書き加えたいなら、もっと上品で差しさわりのないものがある。——と、節斎は教える。

それは母が京都に再遊した時であるが、吉野の一目千本桜の満開を見て、「今ニシテ吾ガ願ヒ足ル矣」と母が喜んだのに対して、先生は「阿母ノ一言ヲ得テ、宰相ト為ルニ勝《マサ》ル矣」と、「喜ビ顔面ニ溢レテ」叫んだという。この挿話なら、決して先生を恥かしめない。

節斎は未だ腹が癒えない。彼はこうした記述を喜ぶのは、鰐水の下素の根性のなすところだと攻撃を続ける。

先生は母夫人に対して、「粉骨砕身」して孝行を尽そうとした。

「アニ区々タル飲食ヲ以テ、以テ之ニ報ユルニ足ルト為サンヤ。」

もし、宴会をするのが親孝行なら、「世之富人」は尽く孝行だということになる。

だから、この記述は「足下妄リニ己ガ意ヲ以テ、之ヲ臆断シ、以テ先師ヲ誣《シ》フル也」ということになる。

鰐水は苦笑いをしながら、これに答えた。

「飲食ノ奉養ハ身ノ為ニ之ヲ謀レバ甚ダ陋《ロウ》、親ノ為ニ之ヲ謀レバ、陋トスル可カラズ。」

それから自分の意見だけでは、この強情な先輩を説得できないことを惧れて、鰐水は『札記』にある文王の逸事、『晋書』にある王延の挿話を物質的孝行の実例にあげ、貴兄はこれらの古典を読んでも、こういう個所に至ると「扼腕流涕」して口惜しがりますかとからかった。

もともと、この島原事件は事実なのであり、それに「先師、親《シタシ》ク話ス所」なのである。しかし、不謹慎とあらば「島原」の二字は刪《けず》ってもよろしい。――鰐水としては、ことを荒立てたくなかったから、最後にはそう折れている。

小竹も節斎のこの攻撃に手を焼いて、こう述べている。

「山陽、不孝之人ニアラザルハ固《モトヨ》リ也。然レドモ其ノ孝ト称スルモノハ、兄ノ言フ所ノ如キヲ得ザル也。」

山陽の孝行振りが、汝の孝行と趣味が異っていても、文句を言うな、というわけである。鰐水も全く同感だったろう。また、鰐水のこの島原の挿話の記述のお蔭で、私たちは当時の山陽の生きた姿に接することもできるのである。

しかし、とにかく、派手な親孝行をしたものである。いや、私はこの山陽の母に対する底抜けの歓待振りに、母に対する「孝」というような儒教倫理的なものよりも、より本能的な母への甘え、母と遊ぶことの痴情に近い喜びを見る。――ほとんど、元来、大坂生まれの遊び好きの都会人であった母を、厳格一方の、母が煙草を喫むことさえ禁じた父春水のもとから奪い返したいという、エディプス・コンプレックス的な衝動さえ、山陽の無意識の世界を支配していたように感じられる。

少くとも、母と息子とは、あのうるさい親父様が永遠にあの世へ出張して行ってしまった後で思いきり命の洗濯をして愉しんでいるという風情である。母の静子も三十五年振りの故郷の空気のなかで、実際、文字通り連日、名所旧跡を訪ね、神社に詣り、文学仲間に会い、劇場に出入りし、藝人を招いて音曲を聴き、そして買物をし、その途中で疲れれば、茶屋に上って小酌、という按配である。その間五十日、祇園の彼岸桜の見物にはじまって、宇治の蛍狩に終った。山陽の狭い家は静子の買物癖のために、土産物で足の踏場もなくなって、彼に悲鳴をあげさせている。

それは若い蕩子の行状に似ていると言ってもいい。また、それは広島の頼家での、儒者の妻としての、息の詰まるような生活と、全く対照的な「陽気な後家さん《メリー・ウィドウ》」振りだと言ってもいい。

時は文政二年（一八一九）、山陽はちょうど、四十歳だった。これから彼の文運も生活も上昇の一途を辿る。そうして相変らず遊蕩児としての評判は消えなかった。

文政六年（一八二三）の頃には、彼自身、

「社友抔《など》、遊候ニ、有二頼生一則憚不レ呼二歌妓一ト申様ニ御坐候、時節も有レ之ものに候。」と記すようになっていた。友人たちは山陽の同席の場には藝者を呼ぶことを遠慮するようになった。変れば変る世の中、というわけである。

文政八年（一八二五）にも、同じように、

「私も、揚州夢未レ醒時に御座候ハヾ、致方も可レ有レ之処、只今の鬢糸《びんし》禅榻《ぜんたふ》、アチラにも不レ好事にて、如レ此之冷淡、伊せ屋抔も胆を潰し申候。」

というように、花柳趣味からは遠ざかっていた。

しかし、老茶山などは、相変らず辺鄙な山村の神辺から、繁華な都住いをしている山陽の行状に、うさん臭さを嗅ぎつけていた。

文政六年（一八二三）、新たに移った水西荘で、山陽は次のような転宅の詩を作った。

移宅鳧川第一湾　占来半野半城間　成鄰嫌接笙歌市　対岸欣看紫翠山
玩世心何別喧寂　売文身正雑忙閑　東軒客散斜陽在　目送遥林倦鳥還

（宅ヲ移ス鴨川ノ第一湾、占来ス、半野半城ノ間、隣ヲナシ接スルヲ嫌フ笙歌ノ市、岸ニ対シ看ルヲ欣ブ紫翠ノ山。世ヲ玩スル心ナンゾ喧寂ヲ別タン。文ヲ売ル身、正ニ忙閑ヲ雑フ。東軒、客散ジテ斜陽アリ、目送ス、遥カナル林ニ倦鳥ノ還ルヲ。）

それを読んだ茶山は、さっそく、喜んで悪謔を弄した。——第三句の「成鄰嫌接笙歌市」

は、新居のある東三本木南町というのが、花柳界に接していたので、山陽も引越しの前に、茶山宛の手紙で、

「其処歌吹海に御座候て、如何と申人も御座候へ共」

と、予防線を張っていたのだったが、茶山は容赦しなかった。彼はこの句の嫌の字は悦の字の間違いだろうと言った。狭斜の巷に隣り合っているので、悦に入っているのだろうと笑ったわけである。

それから結句の「目送遥林倦鳥還」は、「是レ先生岑寂《シンセキ》ノ時カ否カ」と揶揄した。客が帰ったあと、遥かな空を眺めているのは、たぶん肌淋しくなって遊興の心が生じているからではないか、というような意味だろう。

実際、この水西荘の環境は、後にその地内に有名な山紫水明処という小書斎を建て増しして、ここが山陽の終焉の場所となったわけであるが、弟子の小野招月が同じ文政六年に、その塾の景況を詠んだ絶句の結句で「飽聴潺湲帯舎声」と歌った時も、茶山老人は「飽聴三弦徹暁声」の間違いではないかと皮肉を言ったくらい、なかなか、なまめいた空気が漂っていた。

そうした環境に居を定めて、「咿唔《いご》の声（読書の声）に絃歌のひゞきを打消しつつ」（木崎好尚『百年記念頼山陽先生』）日を送ったというところにも、山陽の生活感覚がうかがわれる。遊蕩心は衰えたといっても、全くの閑寂たる郊外に引き籠ることなどは、彼には出来なかった。

そうしたところからも、彼に一生、放逸の気が脱けなかったという評判がついて廻ったのだろう。……

一生？――そうである。山陽は天保三年（一八三二）に死んだ。だから、彼の「放蕩者」としてのイメージは一生のものになった。

しかし、ここにひとつの重大な隠れた事実がある。あるいは、彼にとっての別の人生の可能性が。その可能性がもし実現していれば、山陽の遊蕩児としての人生というイメージは、後世まで残らなかったかも知れない。

山陽は死の年、天保三年（一八三二）の正月そうそう、急に江戸行きを言いだした。青年時代に遊学して、惨々の不義理と悪評を残して来て以来、一度も足を踏み入れなかった江戸である。

出府の理由は、彼の「飲伴」（飲み友達）である大窪詩仏が死なないうちに、ぜひ、もう一度、会っておきたくなった、というのである。が、それはいかにも態《わざ》とらしい、軽々しい理由である。山陽が江戸に出るという以上、江戸の学界と対決する位いの意気込みを当人も世間も感じる筈であるのに、ことさらに詩仏の名を出すところは、却って作為を思わせる。由来、山陽は嘘のうまい人間ではなかった。

その秘密の理由というのは、彼を昌平黌の教壇に立たせようという動きが出て来て、彼自身も父春水の後を継いで、儒者の最高の名誉である昌平黌の教授たろうという望みを起したということらしい。

父春水の親友であった、博士古賀精里の家は、その子侗庵《とうあん》も父に次いで、既に早く文化六年（一八〇九）に幕府に召され、儒員に列していた。そして、父子同番は稀有のことであるとして、学界の佳話となった。（古賀家は精里が昌平黌教授に任命された時、それまでの佐賀藩の儒員の職は長子の穀堂が継いだ。侗庵は第三子である。）

山陽もまた昌平黌の教官となれば、親子二代に亙っての名誉ということになり、脱藩による不孝の名は、一挙にそそがれることになる。

しかし、この人事は特に機密を要しただろう。従って、殆んど事実としての証拠が残っていない。未然に事がもれると、各所から妨害のあることは容易に想像のつくところである。第一には、山陽の人格についての疑いがあるし、第二は昌平黌内の抵抗があったかも知れない。それで、在野の詩人である詩仏がかくれ蓑に使われたわけである。

この山陽の官学入りの運動はどのあたりから発したのだろう。

昌平黌が確立したのは寛政の三博士の力であった。そして、この博士たちは山陽の父春水と前後して世を去っていた。その後三十年、異学の禁の反動もあって、大学の空気は弾力を欠いた閉鎖的なものとなっていたように見える。

『柳営補任』は三博士の後の人事が、天保までどういうわけか空白になっているが、恐らく古賀侗庵を中心として、精里の弟子である野村篁園や増島蘭園などが協力して、保守的な無難な学風を作りあげていたのだろう。

しかし、学長である林述斎は必ずしもこの現状に満足していなかったかも知れない。述斎の直弟子であり、彼の学政の補佐役でもあった佐藤一斎と松崎慊堂《こうどう》とは、度々、述斎に進言して、昌平黌の人事を改革しようと考えていた形跡がある。

慊堂は寛政時代の活潑さを学内に取り戻すために、より気骨と柔軟性とを併せ持った大物を大学の中心に据えたかっただろうし、一斎は程朱学だけに統一されたことで学界が沈滞したことを憂えて、自由な学風の人物を迎えたく思っていた。(一斎は林家の学頭として朱子学を講じていたが、一方で自宅では陽明学の研究を発表していた。)

慊堂、一斎のふたりの要望の合致点を求めると、そこに山陽の姿が浮び上ってくるだろう。山陽は単なる学者でなく、後進を指導し激励することのできる人物である。その学風は父の春水のそれを継いでいるといっても、より自由な立場をとっている。

慊堂のもとには、山陽の若き弟子である塩谷宕陰《しおのやとういん》が、当時身を寄せていた。慊堂は宕陰の才識をきわめて高く評価し、述斎にすすめて、将来、昌平黌の中心となるべき人物であることを強調していた。宕陰は慊堂の命を受けて、山陽乗り出しの意向を打診したことだろう。

また、山陽の江戸住いの準備には、前年、江戸に出て来た山陽の長男、聿庵が当っていた。聿庵は結局、広島の頼家を継いだのだったが、藝藩の文学として出府するに際して、京都で山陽と打合せを済ませていた。公私共に、山陽の昌平黌入りの準備は着々と進んでいた。

そして遂に慊堂は山陽の名を述斎のもとに持ち出した。しかし、林祭酒は、山陽の学識と才華とは充分に認めながら、その性行が官学の教官には適わしくないとして難色を示した。

官僚であり貴族であった述斎は、野人山陽に対して、人間的に反撥していたのかも知れない。（この述斎の心理的反応については、別の解釈も可能である。それについては山陽と江戸との関係について触れる際に、改めて考えてみたい。）

慊堂は一時、計画を延期することを余儀なくされた。密書が京都に飛び、山陽の出府は突然に中止となる。そして、その年の九月下旬、山陽自身が死を迎えて、この慎重な運動は流れてしまう。

昌平黌の改革は、述斎の隠居によって、一斎自身が教壇に立つことで、幾分の成果をあげることになったかも知れない。しかし、慊堂の夢をも含めて完全に実現したのは、それから更に三十年後の文久年間に至り、塩谷宕陰、安井息軒、芳野金陵の三人が鼎立して、学政を観るに至った時であったろう。

——山陽の最後の飛躍を拒もうとしたのは、結局、彼自身が長年にわたって撒きつづけた遊蕩児という噂だった。

ここにまた、人の死はその可能性の束の中断であるという、先程の問題が出てくる。もし、山陽が天保三年（一八三二）に死なずに、もっと生き続けたら、別の山陽が実現しただろう。それは天下の浪人としての山陽でなく、父の忠実な後継者としてのアカデミシアン山陽である。そしてもし、その山陽が実現したのなら、後世の山陽像は一変していたことだろう。

現体制の最有力者であった松平定信に『日本外史』の序文を乞うた山陽、そして、幕府のアカデミーの人となった山陽。それはもはや、反体制の先頭に立つ放蕩無頼な革命思想家ではなく、謹厳で俊敏な上からの改革者新井白石の後継者である。

そのような、今日あるのと正反対な山陽像は、天保三年には、危うく実現しそうになっていたのである。それが実現しなかったのは、死という偶然によってであって、山陽自身の意志とは関係がない。——

放蕩はたしかに、京都の自由な生活の現われのひとつであった。それは内面的な自由を獲得するための生き方から、必然的に導き出されて来たものだった。放蕩は、彼を縛る古い因習と厄介な病気からの解放のための手段だった。

後に章を改めて分析することになるが、彼の詩文のあの当時には類のない、無遠慮なレアリスムは、感覚の解放と日常的道徳の無視のうえにのみ成立する種類のものだった。

ところが、そうした生活態度と完全に矛盾する、禁欲という克己主義が、彼の放蕩のさなかから、立ち現われてきた。これはどのような意味を持つか。——

私は山陽にとっては、この「三年禁欲」というのは、ひとつの新しい生活上の実験となったのだと思う。最初は亡父の喪に服するために始めたこの禁欲が、やがて彼の精神を自由にすることが判った時、彼は自分を支配する術を、もうひとつ覚えたことを喜んだろう。

彼は「宿疾」に対する新たな対抗手段を発見したのである。克己という危険な試みが、病気を暴発させずに成功したのである。

彼はこの経験以後、猛烈な勉強を持続するのに、もう病気を遠慮することがなくなった。

九州から帰って後の山陽の後半生は、超人的な努力を学藝に傾注する生活である。それは死に至るまで——文字通り、死の床においてさえ、一刻も読書執筆を廃さないという徹底したものであった。彼が最後の筆をおいたのは、死の数分前である。

江木鰐水は、山陽が執筆用の眼鏡をかけたまま死んで行ったと「行状」に記した。それに対して森田節斎は、山陽夫人や臨終の床に侍した弟子牧百峯の証言を得て、その事実がないと、またこだわっている。しかし、もし眼鏡を外したとしても、それもやはり永眠の数分前であったろう。(鰐水は、やはり病床に看護していた別の門人、関藤藤陰《せきふじとういん》、当時の称、石川君達がたしかにそれは見たのだから、藤陰に問い合わせるがよかろうと、節斎に反駁している。——とにかく慌だしい臨終の席で、実見者の説が二つに分れることなど、常にあるところであって、節斎のこだわりは子供らしいというべきだろう。)

放蕩は彼を文人、つまり、感覚の人である詩文家、たらしめた。それに次いで彼の内部から現われた克己は、今度は彼をもう一度、儒者の道へ引き戻すように働きはじめた。——そういう風に考えることも可能だろう。

遊蕩と文人、禁欲と学者、この二つの矛盾する組合せが、晩年の山陽のなかで戦っていた。そして克己による内面的自由の確保の道が、遂に実現へ一歩を踏み出した時、彼の寿命が尽きた。その結果、彼は「遊蕩児山陽」の面影を後世に残すことになってしまった。

藉《か》すに僅か数年の歳月を以てすれば、私たちが受けとったのは、案外、松崎慊堂と佐藤一斎との中間に立つ、厳格なアカデミシアン、昌平黌教官山陽の姿であったかも知れない。

そして、後者の姿でなく、前者の姿を残させたのは、全くの偶然としての死である。その死は二十年前に彼を訪れたとすれば、春水の不肖の子、廃嫡された不良青年、ということになり、さらにそれよりも十年早く訪れれば、春水の後継者として属目されながら、惜しくも夭折した天才少年であったろう。……

マラルメが歌ったように、死は正に、

「彼自身に、遂に、永遠が彼を変貌させる時……」

である。

五　女弟子たち

京都生活における精神の自由のあらわれのひとつとして、放蕩の他に「女弟子」というものがある。

女弟子を周囲に集めて喜んだので有名だったのは、山陽と同時代の清の袁枚《えんばい》だった。袁枚には『随園女弟子《ずいえんじよていし》詩《し》選《せん》』なるアンソロジーもあり、この『詩選』によって「女弟子」という言葉が当時、新鮮な魅力を以って我国の詩人たちの耳にも響いていた筈である。『随園女弟子詩選』は、約三十人の袁枚の女弟子たちの詩を集めたもので、小倉山房《しょうそうさんぼう》における師弟唱和の華やかさを想像させるのに足る。

ところで、袁枚はその頃の日本の詩人たちに最も人気のあった同時代の人物で、戦争前のエリオットとか、リルケとか、また戦争直後のエリュアールやアラゴンの我国での名声に匹敵するものがあった。

山陽は滞府中の茶山に江戸の文壇の消息を探ねる手紙のなかで、「ヤハリ随園を金科玉条に仕候や」と書いている。——袁枚、字は子才、号随園は、中国の伝統的な詩に、独自な思想感情を盛ることを提唱した詩人である。彼の清新体、いわゆる性霊派の詩はわが国の詩風を、明朝の七子の鼓吹した盛唐詩風模倣（格調派）の退屈さから解放して、詩人の個性を歌う近代的なものにするのに、大いに役立った（拙著『雲のゆき来』参照）。彼の詩話も詩集も、わが国では大いに読まれ、特に市河寛斎一派の江戸の新詩のエコールには、決定的な影響を与えた。

袁枚はまた作品のみならず、生活における清新さによっても、当時の新しい詩人たちに感銘を与えた。彼は中国の多くの詩人と異り、若くして官吏の経歴を放擲し、自由人として暮した。（近年、アーサー・ウェイリーが、彼の興味ある評伝を書いた。）

山陽もまた、わが国の袁枚を気取っていた。少くとも同時代人からはそう見られていた。谷三山はやはりその筆談のなかで「山陽、袁子才ヲ以テ自ラ居ル」と記しているし、また山陽歿後に出版された『浙西六家《せっせいろっか》詩評《しひょう》』の序で篠崎小竹も、山陽を「亦近世ノ随園也」と評している。

その散文や詩に、形式は中国古典の伝統に従いながら、己れの内心を自由に吐露し、観察の奇警と表現の犀利とによって一代に抜んでた、という点で、山陽は甚だ随園に似ている。また、積極的に随園の仕事を学んだに相違ない。

面白いことは、山陽は常に随園を酷評していた。

天保二年（一八三一）、山陽は翌年の死を前にして、山陽道の旅に出た。そして旅中、携帯の『浙西六家詩鈔』の頁に、読むに従って頭評を加えて行った。（浙西六家とは、清の乾隆帝の時代の浙江銭塘《せっこうせんとう》のあたりで活躍していた、厲樊榭《れいはんしゃ》、厳海珊《げんかいさん》、王穀原《おうこくげん》、銭擇石《せんたくせき》、袁随園、呉穀人《ごこくじん》である。）

その山陽書入れ本は、後に嘉永二年（一八四九）に至って、弟子後藤松陰の手により、山陽の頭評のある詩だけを選んだ詩選が作られ、前述の『詩評』として出版された。

やはり先に記した小竹の序は冒頭に、「山陽清人ノ詩文ヲ評スルニ、抑アリ揚アリ。随園ニ至ツテ則チ之ヲ抑スル殊ニ甚シ。」と指摘している。

そしてその理由として、

「予、ソノ意ヲ察スルニ、随園ヲ悪《ニク》ムニ非ザル也。亦、随園ノ為ニスル也。」山陽は随園の才学を認めなかったのではない。しかし、その自ら高しとする態度を喜ばなかった、というのである。そのために、

「因テソノ疵瑕ヲ索《モト》メ、指摘シテ遺《ノコ》サズ、随園ヲシテ権ヲ藝圃《ゲイホ》ニ専ラニスルヲ得ザラシメントス。」

小竹は巧妙に弁護している。しかし、要するに同じような型の才能同士の反撥であったろう。

実際に『詩評』の頭評を見ると、なかなか、手きびしいものがある。

「子才ノ長篇、皆、狡獪ヲ弄シテ、凡目ヲ欺ク者」とか、「前聯粗俗極レリ矣」とか、「語多ク重複、結処軽鬆《ケイショウ》、此ノ類集中少カラズ」とかいった調子である。（しかし、この程度の評語に神経をとがらして弁護するのは、小竹が気が弱すぎるのかも知れない。批評家としての山陽の表現はいつも鋭どすぎていて、特に随園に対してのみ酷であるというわけでもないような気もする。ただ、小竹は六家中、随園を特別扱いしていて、それは当時の文壇常識の反映であったかも知れない。）

——序でに山陽の読書ノート（『山陽先生書後』）のなかから、もう少し彼の袁枚評を見てみよう。

『随園詩話』については、山陽は少年時代に読んで感心しなかったと言う。それが京都へ出てみて「則チ家家争ツテ之ヲ誦ス」という流行ぶりにあきれた。袁枚があの厖大な『詩話』を書いたのは、同時代の沈徳潜《しんとくせん》（帰愚）に対抗意識を起したのである。沈の『別裁集』というやはり厖大な詩華集の向うを張るために書いたのであって、「四方ノ吟詠ヲ罔羅《マウラ》スル耳。話ニ非ザル也。」（徒らに多くの人の詩を集めて本にしたのであって、真正の「詩話」とは言われない。）「沈ハ甚ダ奇ナル無シト雖モ、自ラ是レ大雅、後学ノ範タルニ足ル。袁ハ乃チ軽薄浮蕩ヲ以テ、儳《ザン》ヲ鼓シ而シテ之ヲ奪フ。其ノ毒、延《ヒ》イテ海外ニ及ブ。甚シイ哉。」

また、『詩話』中の王士《おうし》禛《しん》（漁洋）評を見ると、随園は「一良家ノ女、五官端正、襲フニ錦綺ヲ以テシ、薫ズルニ名香ヲ以テシ、一時ヲ傾動スルガ如シ。天仙ノ化人、一見魂ヲ消ス者ノ比ニ非ズ」と述べているが、袁枚自身は「暗ニ天仙ヲ以テ自ラ居ル」つもりらしい。しかし自分（山陽）に言わせれば、漁洋が良家の娘なら、随園は「一點妓《カツギ》、甚ダ姿色無キト雖モ、善ク媚態百出ヲ為シテ少年ヲ眩惑スル如シ」であって、「之ヲ諦視スレバ、其ノ醜ニ耐ヘザル也」。

また、『倉山詩鈔』の読後感としては、市河寛斎が袁枚の詩を、詩話に似ず「硬」であると言ったが「余ハ一字ヲ加ヘテ曰ク、粗。更ニ一字ヲ加ヘテ曰ク、俗」。

また、『倉山文鈔』の読後感としては、わが国では彼の詩ばかりが「譁称」されているが、実は、その文の方が偉れている。序記論の類は「時習」を免れていないが、碑伝書東に至っては「其ノ叙写弁駁、皆、生色アリ」。ところで不思議なのは、当時の名流が悉く袁枚に碑伝を書かせている、という事実である。が、後に『王蘭泉詩話』を見ると、彼は頼まれもしないのに、勝手に自分から書いたのだそうである。「ソノ文ハ佳ナリト雖モ、其ノ人、薄スベキコト此ノ如シ。」

結局、やはり悪口になって終っている。そうして、その悪口がほとんど一字も改変しないで、そのまま山陽自身に適応できそうなところが、はなはだ皮肉な面白さとなっている。

ところで、私が「女弟子」の存在を、山陽の「精神の自由」の現われのひとつと見ようというのはなぜか。——それは自由というものが、先ず当時の封建的道徳秩序からのそれであるとすれば、男女関係において、最も鮮かにその自由さが露出するだろうと思うからである。のみならず、「遊蕩」というものが、専ら当人だけの感覚の解放に属するとすれば、女性を「他者」として認識するということは、さらに大きな自由であるだろう。『随園女弟子詩選』を欣賞叢書中に収めた民国の匡亜明は、その序文のなかで、二つの点を注意している。

第一は、もし詩というものが袁枚説のように性情の自然を表現すべきものならば、女性こそ詩人たるに適わしいのではないか。袁枚自身「情ノ最モ先ンズル所、婦女ニ若《シ》クハ莫シ」（『答葺園論詩書』）と言い、『詩経』に既に、女子の詩が現われていることを指摘している（『詩話補遺巻一』）。

第二は「男尊女卑」という封建的観念との関係である。匡亜明は袁枚の『愛物説』のなかに「一段謊謬絶倫的言論」を認めて、彼が「陋見」のとりことなっていたと述べている。しかし、この第二の点においては、私の結論は逆である。女性のなかに精神的産物の生産者を認めること、女性を学藝の人として遇することは、女性を婢妾扱いすることとは両立しないだろう。あえて「女弟子」の存在を誇示するということは、時代の捉われた女性観に対する挑戦である。

私は山陽がたとえ袁枚を気取ったにせよ、女性との交際において、単にそこに肉の対象だけを見出していなかったことに、彼の自由な女性観を見ようとするものである。既に森鷗外は渋江抽斎と彼の妻になった女性五百《いお》との間に、自由で自覚的な男女の関係を発見し、当時においては「絶て無くして僅に有る」ものだと言っている。

しかし、こうした「醒覚せる二人」は、その同時代に私には他にも幾組か見付けることが出来そうに思う。現に「絶無僅有」と言った鷗外自身、その『伊沢蘭軒』のなかで、少くとも二組の恋愛結婚を紹介している。第一は伊沢の患家であった木挽町の藝妓梅女と、榛軒との縁組である。藝妓お梅は伊沢家に納るに際して志保と名を改めた。第二は榛軒の弟柏軒で、彼は黒田家の奥女中をしていた狩谷棭斎の娘で、才女の名をほしいままにしていた俊女に口説かれて結婚するに至ったのである。

あるいは、その亡妻の回想記『追思録』を書いた広瀬旭荘の夫妻のあいだもそうした猛烈な一例だったのではないだろうか。旭荘の妻は、書斎で勉強している夫の姿に、毎日、廊下に坐って見とれていたそうである。又、よく生まれ故郷の九州から遥ばる江戸まで出て来たものだと女中に不思議がられた時に、彼女は平然として惚れた男の後を何百里でも追いかけるのが女というものだと答えたそうである。ここに見られる夫婦関係は、寧ろ恋愛というに適わしいものだろう。

また、梁川星巌《やながわせいがん》と張紅蘭《ちょうこうらん》とのあいだにも、似たような関係が見出せそうである。紅蘭は星巌の妻である。しかし詩人としては彼女は敢て夫の姓を名乗らなかった。星巌は若妻を「藝妓」のように着飾らして、どこへでも連れて歩いていた。当時の保守的な習慣では、夫婦が肩を並べて外出することさえ、不行儀と目されていたのである。

そうして頼山陽が京都へ出て来て、第二の、自分の意志による結婚を考えた時、彼の脳裏にあった妻の理想像も、やはり精神的に対等の交際のできる女性であった。

彼は文化十年（一八一三）、宿命の女性であった江馬細香に出会う直前、篠崎小竹宛に、「意中の新妻」の斡旋を依頼し、その条件として、文墨趣味を解することを挙げている。夫が竹を写している時、傍らで妻が蘭を写している。そういう家庭生活を彼は空想している。美男好みで、金の好きな女、衣服を作ったり芝居を観せたりしなければ満足できない女は、自分には不向きであると彼は書いた。「いそがぬ事なれば、一貞静、まをとこせぬ様の白物《しろもの》、捜出申度、ちと御心付られ可レ被レ下候……」

さて、そうした女性の最初の人、また彼の「女弟子」の始めての人は、尾道の平田玉蘊《ぎょくうん》であった。

文化四年(一八〇七)、山陽は座敷牢から解放され、未だ茶山の塾に引き取られる前であったが、父春水、叔父杏坪に従い、従弟の景譲も一緒に、竹原の叔父春風のところへ行った。頼家の主だった人々が集まったわけであるが、そこの舟遊びの際に、山陽ははじめて玉蘊を見た。

それは小説的な才子佳人の出会いであった。

山陽は舟のなかで眠っていた。食事が出来たという声に眼をこすりながら起き直ってみると、

「舟内ノ人、初メヨリ倍セルガ如シ。淡粧素服、風神超凡ナルハ、玉蘊ナリ。」

彼女は山陽が来ていると聞いて、帰郷を一日延期して、春風につれられてやって来たのだという。玉蘊は春風の儒学の弟子であり、また、花卉を描くのにも長じていた。そして、相会うよりも前に、お互いの噂は知っていた。

玉蘊は山陽を見るに及んで、忘れられなくなった。そして、山陽の後を追って上京し、友人の武元登々庵に頼んで、婚約しようとした。しかし、事がうまく運ばなかったので、国へ帰ると、二度と上京しなかった、という。

山陽と玉蘊との情話は、広く知られていた。

文化十二年（一八一五）になって、もう妻帯していた山陽のところへ、親友の古賀穀堂（精里長子）が玉蘊女史筆の牡丹図を持って来て見せたが、それに穀堂の絶句が題してあった。そのなかに「何ゾ姚魏家ニ植移セザル」の句があった。――姚、魏、両家の牡丹はその尤美を以て聞えていた。穀堂はどうして、玉蘊の牡丹を山陽の庭に移植しないのか、とからかったわけである。それに対して、山陽は、「此牡丹已《スデ》ニ一雨ヲ経《ヘ》、臙脂狼藉看ニ入ラズ候」と言っている。

「一雨ヲ経」――玉蘊は山陽に失恋した後で、伊賀の俳人某と仲良くなり、後には三原の某氏に嫁してもいる。

その頃、或る人が岡山の小《お》原梅坡《はらばいは》あての手紙のなかで、玉蘊の噂を書き記し、彼女の結婚を「文人の歌妓、店をひき申候」と述べている。極めて華やかな恋愛生活をした女性らしく、文学藝妓扱いである。

『卜夜快語』のなかに、竹田が山陽に彼女の噂を持ちだした時、山陽は「信ニ憫《アハレ》ムベキ也。吾、実ニ負《ソム》キ了《ヲハ》レリ。」と答えたと記されている。

「負いた」というのは、ただ拒絶したというのか、それとも一度は受け入れて、やがて突き離したというのか。「已経一雨」という言い方には、いくらか恨んでいるニュアンスもないではない。とにかく初対面では、山陽の方もかなり心が惹かれた様子なのである。あるいは玉蘊が婚約を迫ったのは、時期的に悪かったのではないだろうか。山陽は上京直後で、結婚どころではなかった。しかし、彼が漸く所帯を持とうという気を起した時、既に玉蘊の方は「蕉門の美男子」に心を移していたということだろう。

山陽と玉蘊との交情は続いていたように見える。遠くからでも、彼は彼女を見守っていたらしい。

文化十二年（一八一五）には、「女画史の夫婿、又々帰縁のよし。狂蝶浪蜂、狼ニ藉花房一、可レ憐事に候」と書いている。玉蘊は何度も結婚に失敗しているようである。

文政二年（一八一九）には、彼は九州の帰りに、尾道に女史を訪問し、彼女の蔵する古鏡に寄せて、次の七絶を詠じた。

背文緑鏽雑珠斑　猶覚銅光照胆寒　一段傷心誰得識　凝塵影裡舞孤鸞

（背文ノ緑鏽、珠斑ヲ雑《マジ》フ。猶ホ覚ユ、銅光、胆ヲ照シテ寒キヲ。一段ノ傷心、誰カ識リ得ン。凝塵影裡ニ孤鸞《コラン》ヲ舞ハスヲ。）

淋しく一羽の鸞鳥が舞う文様の鏡を、日夜、覗いている人の、「一段ノ傷心、誰カ識リ得ン」と歌った山陽は、未だ玉蘊に対して冷静ではいなかったのだろう。

この古鏡には、当時の名流たちの題詠がある。山陽の叔父さんの杏坪なども「独リ古鏡ヲ撫シテ潔行ヲ持ス」と詠じている。もっともそれは、いかにも杏坪好みの女史像で、彼女は「持潔行」どころか自由に恋愛生活を行っていたのである。（しかし、また、私は、彼女の心の底には、その男性遍歴にもかかわらず、若き日の「広島の才子」の面影が一生、生きつづけていたのだろうとも想像する。)

彼女の才能は多くの人に愛されていた。茶山も彼女の絵を、江戸の人々に贈ったりして、贔屓にしている。

「女弟子」の第二は江馬細香である。

山陽は文化十年(一八一三)、秋、親友の篠崎小竹に「嘉耦《かぐう》」の物色を依頼した直後、尾張美濃方面の遊歴に出発する。

そして大垣に藩医江馬蘭斎を訪ね、その娘の細香と相見えた。彼は直ちに京都の小石樫園《ていえん》(元瑞《げんずい》)へ宛てて、縁談の話は中止してほしい、こちらに「一奇事」が出態したから、と報じている。花嫁捜しを頼まれていたのは、小竹ばかりでなく元瑞もだった。それは当然のことで、この二人が山陽の京都住いの世話を一切、看ていたのだったから。

「一奇事」とは、山陽の細香に対するひとめ惚れであった。彼は細香の父と同じ蘭医である元瑞を通して、細香との結婚の実現を計ろうとする。

山陽は細香の方でも、自分に恋心を燃しはじめたことを疑わなかった。父親の目が光っているから、「琴心《きんしん》挑むにも及」び得なかったが、「両情心目の間に相許す所は、的確に御座候。」細香は日頃から、「生涯無偶にて、尼になりしてくれと言事のよし。」だから、他にも有力な候補者はないはず。

彼女の印象は「淡粧素服、風韻《ふういん》清秀、大に歌笛者（藝者）之比には非ず候。才情掬す可き也。」

「淡粧素服」は先年、竹原の舟遊びで、はじめて平田玉蘊に会った時も使った形容である。薄化粧で地味な着物を着た女が山陽の好みであった。彼は藝者のような厚化粧のエロチックな女より、精神性の高い女性に惹かれる性質だった。

「来春は、右の佳人上京と申事。其節は宜敷御引廻頼存候など申居候。詩などは、以来添削頼候と申事なれども、其全身添削仕度候もの也。」

細香は年が改まったら、山陽を追って上京してくる手筈になっていた。江馬家は京都にも屋敷を持っていたから、娘がひとりで出て来ても、滞京の便はあったわけである。

山陽はこの縁談の成就を切望していたが、江馬家のような「大医」と、自分のような「宿這入儒」（借家住いの儒者）とは「提灯に釣鐘」だと先方に思われはしないか、また、自分の放蕩の評判を、蘭斎がよく知っているので、「ケ様の聞へありては、大事な閨愛」を手放すかどうか、非常に心懸りでもあった。

蘭斎は娘の詩稿を山陽に送って、雌黄を加えることを乞うた。山陽は一読して「才情驚入候。越前蘭女（片山九畹《きゅうえん》）などよりは、柔婉の趣有レ之、其感吟仕候。」という返書を送っている。九畹は男まさりのような女性であったらしいから、細香の詩に「柔婉」を感じたのは、お世辞ではなかったろう。

蘭斎はたしかに山陽の才識は評価していた。しかし、結局、娘の結婚の相手としては認めなかった。

　山陽は正月匆々、細香あてに、「去歳の邂逅」が忘れられないと述べ「別離悵然《ちやうぜん》」だと言い、仲春に出京するなら、是非、長楽寺、嵐山、御室、平野の桜に間に合うようにと、「早々御首途」を催促している。

　そのくせ、一方で、「塾には乱頭蓬鬢《ほうびん》の書生輩を逐出し、痛汎掃して蓄二一小鬟《せうくわん》、一老媼《らうあう》には飯をたかせ、鬟には硯を捧させ候。頗《すこぶる》佳適に候」ということになっている。細香の上京を目前にして、山陽は梨影を家に納れたのである。小石元瑞の世話であった。山陽は蘭斎に断られると、さっそく、元瑞の方の話を蒸し返させたものか。

　細香が上京すると、山陽は友人武元登々庵と共に嵐山に案内し、渡月橋の旗亭に一泊して「燭ヲ呼ビ渓亭ニ水声ヲ聴」いている。

　この時の水声は、晩年に至るまで、細香の耳許で鳴っていた。

天保元年（一八三〇）に山陽は梁川星巌や妻子と共に細香を伴って、同じ嵐山に遊んだ。

細香は「十五年前同酔ノ地、一渓猶ホ作《ナ》ス旧時ノ声」と、昔と同じ水声に懐かしさを感じ、さらに「即チ今、鬢上《ビンジヤウ》ニ多クノ緑無シ、却ツテ憶フ渓亭閑夢ノ時」と詠じた。

　細君の眼のまえで「あの時結んだ夢が忘れられない」と言いだされた山陽は、流石に閉口したらしい。「閉夢二字、恐ラク外人ノ疑ヒヲ来サン」と、彼は註している。細香としては、長い恋仇のおりえさんの妬心を掻きたてるつもりだったかも知れない。

　それはまた、初めて山陽と共に嵐山へ遊んだ翌々日、頼家を訪問して、りえの存在に気がついた時の、細香の受けた衝撃の、長い執念の果のお返しだったかも知れない。

山陽と細香との交情は山陽の死に至るまで、絶えることがなかった。その間、十八年、独身のままの細香は、七回にわたって滞京した。

山陽の細香に対する愛情は並々ならぬもので、旅先でも欠かさず恋文を送っている。

たとえば、その一通に彼の記した有名な詩がある。

露葉烟条想淡粧　誇人幾度眩行嚢　京城絳帳多閨秀　最愛風流馬細香

（露葉烟条、淡粧ヲ想フ。人ニ誇ル、幾度カ行嚢《カウナウ》眩シ。京城ノ絳帳《カウチヤウ》、閨秀多シ、最モ愛スベキハ風流、馬細香。）

彼は旅の風物に彼女を想い出し、そして行く先々で、のろけを聞かせている気配である。また、「去々冬、去春の合離共存出、闇然銷魂候」というような青年じみたひたむきな表現もあるし、「独不ㇾ得二一解事之姫妾一、是のみ長嘆に候」とか「唯閑談の伴侶無ㇾ之を歎候也」とかいうような、聞き方によっては妻梨影に対しては不満であるような、本当は細香の方を妻としたかったような気持を述べている句もある。

細香の詩稿を送られ、

「楼窓、朝涼、披閲《ヒエツヲハ》了ル。恍トシテ面ヲ観ルガ如シ。」

というような感想も記している。彼は細香に対して、その恋心を少しも匿そうとしていない。

文政七年（一八二四）、四十五歳の山陽は、その年の春に細香が上京して来なかったために、一緒に花見ができなかったことを歎いて、桜の押花を態々、人に托して送ったりする。

天保元年（一八三〇）、山陽の死の前々年、細香が上京して花見に行くことになった（先に紹介した閑夢の詩を細香が詠じた）その前の晩、山陽は彼女と明日嵐山へ行く愉しさのために眠れなくなって、軒端から何度も、早く夜が明けないかと空を覗いている。

将欲看花君恰来　相携明日即佳期　満懐喜気眠難著　起見春星帯屋垂

（マサニ花ヲ看ント欲シテ、君、アタカモ来ル。相ヒタヅサヘテ明日、即チ佳期。満懐ノ喜気、眠リ著《ツ》キガタシ。起キテ見ル、春星ノ屋ニ帯シテ垂ルルヲ。）

細香の方も恋心の激しさでは山陽に負けていない。彼女の死後出版された詩集『湘夢遺稿』のなかの、どの詩にも濃厚な閨情が立ちこめているのである。細香という女性は、山陽の愛情が男らしく無邪気に奔放な噴出を見せるのに対して、執念ぶかく、溶ろけるような、陰に籠った愛情の所有者だったらしい。そういう点で甚だ女性的に見える。

『遺稿』の冒頭の詩は初めて山陽と嵐山に遊んだ時のものである。続いては山陽宅訪問の詩、つまり、初めて梨影の存在を見た時のものである。詩には表立ってはおりえさんは登場しない。ただ恐ろしく濃密な艶情が漂っている。

雨歇春園滴未乾　翠炉烟冷夜香残　暫雲礙月花梢暗　倩燭簷頭自在看
（雨ヤミ、春園、滴、イマダ乾カズ。翠炉烟冷エテ夜香残ル。暫雲月ヲ礙《サヘギ》リテ花梢暗ク、燭ヲ倩《カ》リテ簷頭《エントウ》ニ自在ニ看ル。）

彼女の無意識の奥の方では、この春の園は彼女の心であり、まだ乾かない雨の滴は涙であり、冷えて行く夜香は彼女の想いであり、月を遮った雲は梨影であり、軒端を照してくれた燭は山陽への恋情であったかも知れない。
「燈下、名媛詩帰ヲ読ム」という詩の転結に、

才人薄命何如此　多半空閨恨外詩
（才人ノ薄命、何ゾカクノ如キヤ。多半ハ空閨、外ヲ恨ムノ詩。）

とあるが、「空閨、外ヲ恨ム」はやはり彼女の気持の正直な告白だろう。

ある年、山陽と別れて大垣へ帰りついた日の詩。――滞京中は「遊ビニ耽リテ、未ダ寒時ノ計アラズ」。それが帰途で脚が「霜露」に侵されたので、はじめて冬が思いがけなくも近付いていたのに気付かされ、「先ヅ繡床ヲ掃イテ熟衣ヲ裁ス」。しかし、綿入れの着物を縫う細香の手は、しばしば激しく胸中を往来する恋の想い出に滞った筈である。

「蓮子ヲ拈シテ鴛鴦ヲ打ツ」
双浮双浴緑波微　不解人間有別離　戯取蓮子擲池上　分飛要汝暫相思
（双ツ浮キ、双ツ浴ス緑波微カナリ。解セズ、人間《ジン》ニ別離アルヲ。戯レニ蓮子ヲ取リテ池上ニ擲《ナゲウ》ツ。分チ飛べバ、汝ニ要《モト》ム、暫《シバラ》クノ相思ヲ。）

池に浮いている夫婦のおし鳥の仲のいいのを見ても、彼女は苛れて蓮の果をぶつけている。おまえたちには、人間に別れというものがあるのが解っていないのね。……

「別後、人ニ贈ル」
一点愁燈夢屢驚　耳辺所触総関情　尋常蕉雨曾聞慣　不似今宵滴々声
（一点ノ愁燈、夢、屢《シバ》シバ驚ク。耳辺触ルル所、総テ情ニ関ス。尋常ノ蕉雨、曾《カツ》テ聞キ慣ルルニ、似ズ今宵ノ滴々ノ声。）

別れて来て、耳に聞えるものは、全てあの人を想わすことばかり、今夜の雨の声はどうしていつもと違うのだろう。……
また、やるせなさの余り、ひとりで焼け酒をあおって、翌日は二日酔いで起きられないこともある。その時の心が灰のように冷えて行く索漠とした気分「酒ニ中《アタ》ル情懐ハ冷ヤカニシテ灰ニ似ル」。

また、年と共に楽しいことは減り、鬢には白髪が混ってくる。そして、酒量ばかりが増えてゆく。

頻々取酔君休怪　暫擬情懐似少時

（頻々《ヒンピン》、酔ヲ取ル、君、怪シムヲヤメヨ、暫ク情懐ヲ少時ニ似セント擬ス。）

なぜ、年中、酔ってばかりいると言うのですか。その間だけは若い気持のなかに涵《ひた》っていられるのに。……

――別れたあとで、大槻磐渓に、「別来不解人千里、毎憶昨遊猶望京」（別レ来テ解セズ、人千里。昨遊ヲ憶フゴトニ、猶ホ京ヲ望ム。）

昨遊を憶うごとに懐かしがられているのは、自分ではないということを磐渓は知っていた。彼は大いに当てられて、苦笑いしたことだろう。

文政十年（一八二七）二月、磐渓は江戸から京都へ向った。旅行の詳細はその著『西遊紀程』に窺うことができる。たとえば三月四日の項を見ると、彼は名古屋の宿でオランダ語学者吉雄《よしお》南皐《なんこう》から顕微鏡を借り出し、小虫や布を覗き、遂にはヴァレリーのいわゆる「ほぼ恋愛の本質をなすもの」の一滴を塾生から請い受けて観察している。「無数ノ羸形《ラケイ》、活潑蠢動《シュンドウ》、或ハ走リ或ハ躍ル。行住定ラズ、群蟻ノ争ヒ聚《アツマ》ルガ如ク、蛣蟩《キッケツ》ノ浮遊スルガ如シ。……」

彼が京都に入ったのは三月十六日であった。そして、二十七日には山陽を訪ねるに先立って、細香をその「寓居」に問い、彼女の案内で水西荘へ出掛けている。翌二十八日に、磐渓は山陽及び適《たま》ま滞京中の杏坪に伴われて平野の夜桜見物に出掛けたが、その一行中にも細香がいた。

そういう間柄であったから「昨遊」の想い出の相手に磐渓が選ばれたのであった。その「昨遊」の中には、次のように濃艶な想い出もあった。

好在東郊売酒亭　秋残疎雨撲簾旌　市燈未点長堤暗　同傘帰来此際情

（好《ヨ》シアリ、東郊ノ売酒亭。秋残ノ疎雨、簾旌《レンセイ》ヲ撲《ウ》ツ。市燈イマダ点ゼズ、長堤暗ク、傘ヲ同ジウシテ帰リ来タル、コノ際ノ情。）

郊外の散歩。酒を酌み交し、夕方になって街へ戻ってくる。まだ街には燈火がつかない黄昏時、長堤を歩く足許は暗い。その歩き難い足をもつれさせながら、相合傘で帰ってくる、その時の気持……足をもつれさせているのは酒の残りか、かわたれ時の薄闇か、それとも心のなかに蕩揺している複雑な想いか？

――「冬夜」

ひとつの燈火のしたで、老父と娘とが向い合って読書している。父はオランダ語の本、娘は唐宋の詩集である。父は八十歳になって、まだ休むことを知らない。かえって娘の方が飽きて「栗芋ヲ思フ」。そういう詩である。しかし老嬢である娘が読書の途中で思い出したのは、食物のことではないだろう。そうして、冬の夜に、もし自分の眼前に端坐している老人が邪魔しなければ、自分の前に坐っている人は異っていた筈だと思ったのだろう。そう思うと、この八十歳にして未だ「眼ニ霧ナキ」壮健な父親に対して、恨みがましい感情も起ってくるのを圧《おさ》えられなかったろう。

天保元年（一八三〇）に、細香は山陽に辛崎の松のところまで送ってもらって別れた。それが永訣となった。山陽は虫が知らせたのか、京都と美濃とは遠い道ではないが「老来、転《ウタ》タ覚ユ、数《シバ》シバ逢フコトノ難キヲ」と送別の詩で歌っているし、細香の方も、自分だけ船から上って岸に立ち、遠ざかって行く船中の山陽の姿が、いつまでもまなかいを去らなかった。「二十年中七度別、未有此別尤難説」（二十年中、七度ノ別レ、未ダアラズ、コレ別レノ尤モ説キ難キコト。）……

天保三年（一八三二）、山陽の死の知らせが大垣に到いた。細香は早速、挽詩を作る。その中に、

列媛詩選今在箱　研朱題贈短文章
（列媛詩選、今、箱ニアリ。朱ヲ研セシ、題贈ノ短文章。）

とある。『列媛詩選』というのは、当時、新たに大窪詩仏によって刊行された例の『随園女弟子詩選』であり、その本を細香に贈るに際して、山陽は扉に朱書して自分と彼女との関係

を、随園とその女弟子金逸とのそれになぞらえたのである。

この挽詩は、自分で哭詩も作ろうとせず、他人の哭山陽詩を読むことも避けていた田能村竹田をして、涙を流させるに至った。

その後も細香は京都へ上るごとに、山陽との想い出の跡を徨《さまよ》っては、「撿来旬半秋遊袂、涕泪痕多於酒痕」（撿《ケン》シ来《キタ》ル、旬半ノ秋遊ノ袂。涕泪《テイルイ》ノ痕ハ酒ノ痕ヨリ多シ。）というような思いを続けた。

安政三年（一八五六）、山陽歿後二十五年冬、当時、七十歳の老嫗となっていた細香は、突然に喀血して重態に陥った。その病いの床で、彼女はけなげにもこう詠じている。「嘔血歳残憑枕時、只憐病状似先師」（嘔血《オウケツ》、歳残、枕ニヨル時、タダ憐レム、病状ノ先師ニ似タルヲ。）先生と同じ病気で死ねたら、嬉しいというわけである。これは、彼女の最後ののろけとなった。

——それでは細香は山陽の生活のなかで、どのような位置を占めていたというべきだろうか。

山陽の京都での生活には二面があった。私生活と公生活である。その私生活の部分、子供の養育とか家庭の維持とか、そういう面は、彼は妻の梨影に受け持たせた。しかし、公生活、つまり家から出て学者や藝術家たちとの交際のホステスを勤めるには、りえは教養が足りなかった。その面を彼は細香に任せたように見える。そうしたことで、彼は細香の自尊心を救ったといえるだろう。

だから、外で山陽に接する人々は、先に大槻磐渓の場合でも見たように、細香を殆んど山陽の妻同様に思ってもい、そう扱ってもいた。

また、細香自身、そういう心構えでもあり、そのように振舞ってもいた。そこで当時から山陽と細香との関係は情人のそれであると、多くの人々に暗黙に了解されていた。

この二人の私的な関係はどうであったのか。二人のあいだに強い恋愛感情が継続してあったことは当人たちが公然と筆にしているのだから疑う余地はない。しかし、それが感情の段階でとどまっていたかというと、それは現在でも正反対の二説があるのは、大槻の山陽行状の場合と変らない。

坂本箕山は「細香が愛情の凝塊を身に宿し、誰にも知れぬやう、密に山陽の落胤を産み、名古屋に預けて成長せしめた」と明記している。そしてその子供と母との連絡係りは、書店主の岡安というものであったと述べている。

一方、小田夕月は山陽が細香に詩集の出版を勧めた書簡のなかの「別《べつし》て是迄被レ全ニ清操一候事、無瑕白玉、老夫も大慶の儀に候。」という一句を引いて、そういう関係の二人のあいだに存在したことを、きっぱり否定している。

しかし、疑えばきりのないことで、坂本説も証拠を明示しているわけではなく、小田説も山陽以外の男に許さなかったという事実を示しているに過ぎないかも知れない。

ただ、細香は先にも推定したように、かなり執念深い女性であり、濃厚な技巧も弄して、少くとも他人の眼には、二人の関係を誇示したらしく思われるし、山陽宛の手紙にも自分の名を「頼細香」と書き、宛名を「江馬山陽先生」と記したものがあったという。その手簡も疑えば後世の偽作かも知れないが、いかにも細香女史のやりそうな小細工であり、貰った山陽も喜びそうなやり口である。

細香の存在に最も悩まされたのは、もちろん、何も知らないで嫁にきたおりえさんである。彼女としても山陽が放蕩者だという噂は聞いていたろうし、彼女を納れる直前に、「新宮」という女を、二両出して縁を切ったということくらいまでは知っていたろう。しかし、細香という、自分よりも大分、段の上の強敵が存在することは知らされなかっただろう。

山陽は教養ある女性を妻に迎えるつもりであった。そうすれば公私の両方に役に立つだろうから。しかし、細香との結婚話がうまく行かなくて、その代りに家に納れたりえには、間もなく子供ができたので、両親とも相談して、結局、彼女を妻とした。その際、子供だけを引き取って、りえは家から出そうかという案も考えられた。(それまで梨影は、表面的には「女中」ということになっていた。)しかし、広島ではりえを出して、別に乳母を傭うのは余計な物入りだから、というような考え方に落ちついた。その間、梨影としては自分を嫁として認めてもらうために、広島の方へ対しても様々の了解工作を行ったはずである。そして、山陽自身、彼女に執着していた。

そういう訳で、山陽には内外二人の妻が出来たような形になってしまったが、梨影は家庭を守る女としては、理想的な世話女房であったようである。徳富蘇峰は彼女を、「米国流の細君にあらずして、独逸流の細君たりしが如し」と述べている。また、女中上りだったゲーテの妻と比較した人もある。

市島春城は頼家の台所を預かる女性としては、梨影こそ正に適任であった、と述べている。そしてもし細香が妻となっていたら、門生や客や親戚やの世話は一切、婢僕任せというようなことになり、家の治まりはつかなかったろう、と想像している。梁川星巌夫妻のように、「月に一回位は箪笥を持出す様な」派手な夫婦喧嘩を演じていたことだろう、とも言っている。

山陽はその詩のなかに、しばしば、妻を登場させているが、それは例えば「細君拮据髪蓬麻」である。彼女は身なりも構わず家事に精を出していた。また例えば「紛々帳簿婦当家」である。彼女は出納簿などを几帳面につける女性であった。「不問計簿余幾許」、山陽は家計のことは妻に一切、任せていて心配する必要がなかった。文政六年（一八二三）の除夜の詩に、

妻償旧債了　児著新衣成（中略）
合家相喚坐　煖杯聊相傾（下略）
（妻ハ旧債ヲ償ヒ了シ、児ハ新衣ヲ著シ成ル。
合家アヒ喚《ヨ》ビテ坐リ、杯ヲ煖《アタタ》メテ聊《イササ》カアヒ傾ケリ。）

とあるが、りえのお陰で、貧しくとも安穏な正月を迎えることができたことを、山陽は喜んでいるのである。

しかしこの世話女房にとって、一生の執念は、細香に追いつき、彼女を追い払うことではなかったろうか。そうして公生活の面でも山陽の妻として認められる、ということではなかったろうか。細香は才色兼備の女で、酒席などの周旋は堂に入ったものであった。その美貌は美濃での詩会「白鷗社」の同人の写生画によって、今に伝えられている。その詩才の証明には艶麗無比の『湘夢遺稿』一巻が残っている。一方、梨影はその容貌については同時代人も口を箝《かん》して語っていない。無筆であったことも知られている。その梨影が大きなハンディキャップを克服するのは、大変な努力であったろう。

しかし、文政九年（一八二六）、梨影三十歳（結婚以来、十二年目）の頃には、山陽は友人の留別宴に梨影を伴って出席し、「席上、内子作レ蘭」というところまで進歩している。その詩の一句に「夫作崢嶸妻作蘭」と、山陽は山水画を描き、傍らで梨影は蘭を描いていた。つまり独身時代の山陽が夢想していた、理想的な夫妻の図が、ここにとにかく実現したわけである。

山陽のりえに対する愛は、最初は情痴に類するものであった。九州旅行中に、「遥憶香閨燈下夢」と彼女を懐かしんだ詩を詠じた時には、茶山は早速「子成四十、情痴未レ醒」と野次っている。

しかし、彼女のまめまめしい働き、夫や自分の母親、叔父、一族に対する行き届いた世話、また、塾生たちの面倒などを落ち度なく勤める真心に、山陽は愛と共に、憐れみの気持を持つようになって行った。

当時、京都の花柳界で歌われた流行歌のなかにも、山陽の「駱駝《らくだ》」ということが歌いこまれている。その頃、渡来した駱駝は番《つが》いであったので、つまり夫妻同行の外出である。山陽は人前に出るのになるべく妻を伴うようになっていった。それによって梨影を公式に世間に妻として押し出そうとしたわけだし、また、それによって細香に対する嫉妬を解消させようともしたのだろう。

そうして彼は死に臨んで、至れり尽せりの遺言状を妻に残した。それは未亡人となるりえが生活を立てて行くための、三種に分けて預金してある金の使用法にはじまり、再婚しないようにとの注意にまで及んでいた。(再婚したら山陽まで笑われるから、というのである。)その遺言の懇切なことは、改めて妻を感激させた。彼女は山陽歿後、友人への手紙のなかで、次のように述べている。

「私も、十九年が間、そばにおり候。誠にふつつか、ぶちようほうに候へども、あとの所、ゆいごん、何も何も私にいたし置くれられ、私に、おきまして、誠に〳〵有りがたく、十九年の間に候へども、あのくらいな人を、おつとにもち、其所存、なか〳〵でけぬ事と、有りがたく存候。」……

りえは山陽歿後も、遺児三人を成人させるために、以前にも増して「鬼のようになり候て」がんばり続けた。

その行状は女子の亀鑑であるということになり、弘化三年（一八四六）、京都町奉行伊奈遠江守の褒贈を受けるに至った。

同じ頃、また京都へ出て来た細香は、

履歯春泥歩々遅　天街細雨散軽糸（中略）
花片白粘油傘雪　柳条翠展美人眉（後略）
（履歯《リシ》、春泥ニ歩々遅シ。天街ノ細雨、軽糸ヲ散ラス。花片白ク粘ズ、油傘ノ雪、柳条翠ニ展《ヒラ》ク美人ノ眉。）

などと、相変らずの艶冶の文字を弄していた。

「女弟子」の三は、筑前秋月の原古処の娘、采蘋《さいひん》である。

山陽は文政八年（一八二五）、彼女の上京の節、雲華《うんげ》上人と共に、観蓮の席をもうけた。

山陽は彼女について、「肥笨《ヒホン》ニシテ、頗ル乃翁《ダイヲウ》（古処）ノ骨アリ」と述べている。彼女は美人ではなかったようである。

しかし、詩画に亙る才能は非凡であって、亀井昭陽の娘、少琴と共に「鎮西二女史」と称せられた。

なお、少琴の方には山陽は文政元年（一八一八）の九州遊歴中、昭陽のもとで会っている。少琴はある青年に対して、「九州第一ノ梅、今夜君ノタメニ開ク……」という誘いの詩を詠じたことで、当時の多感の文学青年たちの間に、絶大の人気のあった女性である。

采蘋は文政十一年（一八二八）にも、また上京し、山陽に詩稿を見てもらっている。彼女はこの時、広島の杏坪の子、采真あてにその状を報告し、「山陽先生、益御勇健、滞京中、時々罷出、拙稿抔御高評被レ下、不レ絶二欣然一候。五月晦、入京。六月初旬より梁川君之僑居え寄宿仕候。」と言っている。星巌の家へ居候をしていたのである。

采蘋は美人でないためか、独身で女儒者として立とうと思っていた。翌、文政十二年（一八二九）には、江戸に上って、当時の一流の儒者、松崎慊堂をその羽沢《はねざわ》の山荘に訪問した。そうして身上相談を持ちかけた。慊堂は随園の詩集を貸したりして歓迎したが、女儒となって江戸で開塾するという計画には難色を示した。

老慊堂は女が遠く故郷を離れて独身で暮していれば、いかに身を正しく守っていても、到底「浮名」を免れることを得ない。それより「宮仕五六年」を辛抱して、その間に「脂粉俸」（化粧料）を積み立て、その金で母親を国から迎えるようにすべきだと忠告した。しかし「渠《カレ》猶似二未レ肯者一」と、慊堂はその日歴中に記している。とにかく男まさりの、そして縁遠い才女であったようである。

「女弟子」の第四は片山九畹である。

彼女は福井の豪商の娘で、三人姉妹のひとり。三人とも才女であって「風流三女史」と称せられたという。何か一族の間の感情上の不和があり、上京して文墨を愉しみに暮していた。そしてやがて小石元瑞の媒妁で村瀬栲亭《こうてい》社中の梅辻春樵《しゅんしょう》の許に嫁した。彼女は山陽門の村瀬藤城と旧識だったので、その縁で山陽に詩の添削を乞うようになった。一時、山陽は盛んに彼女を伴って遠出している。（彼女は山陽よりも年長だった。）細香と知り合う前は、山陽の社交において彼女が細香の役割を演じていたようにも見える。

文化十二年（一八一五）、茶山から京都の文壇の噂を聞かせてほしいとの命令に対して、山陽の答えた手紙のなかに、

「近来梅辻春樵と云詩家、流行申候。（中略）春樵は娶レ妻、収下其所二帯来一之金上。而後出レ之候人に候。」

の句がある。

春樵は九畹女史の持参金だけを捲き上げて離縁したというのである。

事実の有無は判らない。ただ九畹の実家は裕福であったし、彼女自身は男のように雄勁な字を書く闊達な女性であった。それに対して春樵は中島棕隠《そういん》などと共に、王朝の和歌を連想させるような艶麗な詩風の詩人であった。夫婦のあいだの調和が取れなかったのかも知れない。いわゆる「性格の相違」が離婚のもとになったものか。——あるいは、逆に山陽との交情が春樵を不機嫌にし、それに九畹が反撥した、というドラマが裏に隠れているかも知れない。

とにかく、この頃の山陽は、栲亭門下の連中から仲間外れにされており、京儒のなかで孤立していた。（山陽は、同じ茶山宛ての手紙のなかで、棕隠の『鴨東四時雑詞』のような、当時のエポック・メイキングな新風に対しても、「猥褻瑣細」をきわめたものだと罵倒しているくらいである。）

この山陽対京儒の対抗意識が、この離婚問題に対する、山陽の猛烈な非難の理由になったことは確実だろう。

もっとも春樵自身、世間的因習道徳を無視するアウト・サイダー的生活を送っていて、世俗的な連中の眉をひそめさせていたことはあった。（しかし、これは山陽も似たようなものである。）儒者摩島松南が死んだ時、弟子たちは師の親友である春樵に遺稿の整理を依頼した。ところが松南の未亡人は春樵が、日頃、連日のように夫を書斎から連れだして悪い遊びに誘ったということで、彼に悪意を抱いていて、夫の原稿を春樵に渡そうとしなかった。

謹厳な儒者であった松南は、自分と全く生活態度の異るこの放逸な詩人と、かえってうまが合っていたのだろう。しかし、細君にとっては、そういう夫の友人は、家庭の敵であった。

春樵は松南の『晩翠堂遺稿』の序を、「豈ニ此ノ稿ヲシテ和田氏（未亡人）ノ手裏ニ蠹《ムシ》バミ尽サシムベケン耶」という痛烈な言葉で終えている。

しかし、このトラブルに懲りたのか、遺稿の続篇の編集は、今度は春樵には任せられずに、より硬派の仁科白谷《にしなはくこく》に委ねられた。多分、白谷の方が未亡人の信用があったのだろう。（もっとも、山陽は白谷ともひどく仲が悪かったようである。）

山陽と九畹との交遊は、彼女が国へ帰っても続いている。山陽はある時は彼女に詩稿の出版をすすめ、ある時は、「チト御上京、共ニ一杯ニ可レ仕候。僕家常有ニ伊丹醸大樽一。女人の量不レ足レ畏候。呵々。」と誘っている。彼女も細香同様、やはり酒好きだったようである。また、ある時は、彼女から送られた国産の縑《きぬ》の礼に、山陽は珍らしく上機嫌で和歌を作っている。

故郷にかへるにしきにかえよとて
　おくりこしけむ越《こし》の白絹

山陽の祖父亨翁は小沢蘆庵門であり、母の梅颸も香川景樹に歌を習っていたし、また、叔父杏坪にも『唐桃集』という歌集がある。そういう家に育って山陽は、しかし、滅多に和歌は作らず、たまに作ると、景樹などの酷評を招いている。

文政十年（一八二七）、母と叔父杏坪と共に湖南を遊覧した時、山陽が瀬田で、

おやも子も老の波よる志賀の山

云々と詠んだのを、景樹は、
「これ田舎漢母子、並びに面の皺だらけの者、傴僂《うる》相挈《あいたづさ》へたるなり、醜とすべし。」

と、その表現の稚拙なるを冷やかしている。そして上の句は、「たらちねのは、と打つれ」とでも直せば初めて梅颸山陽の面影が彷彿とするであろうと忠告している。これは山陽の無遠慮な写実主義と景樹の桂園派風の優雅な趣味との衝突と解釈すれば、一段と興味がある。

さて、山陽のこれらの「女弟子」たちとの関係で面白いのは、彼がそれらの女性に関心を次つぎと移して行った、というのでなく、同時に全ての相手に関心を繋いでいた、という点である。

たとえば山陽四十一歳の春から夏にかけての日譜を繰って行くと、三月に例の玉蘊の古鏡に寄せた詩を、わざわざ友人に向って写して送っているし、細香には頻々として近況報告を書き、また彼女の詩稿を、訪ねて来た元瑞に示して話題にし、七月には福井の九畹に宛てて上京を促す手紙を出す、といった具合である。

私はそこに、もちろん、彼の社交的趣味を見るものであるが、その奥に、ひとりの対象に心が集まることを拒否する、神経症的な感情の動機をも秘かに嗅ぎつけたくなる。

――が、そうしたこと以上に、これは当時における新しい男女関係を現わしていると見るのが妥当だろう。

そして、その「新しさ」は彼の個人生活における「自由」というものの広さが、どこまで拡がって行ったかを示すものである。

彼の内部に生まれていた、この自由への渇望は、最初に神経症となって爆発し、それから放蕩生活という形でヒステリックに出口を求め、最後に女性たちとの対等の交際という形のなかで実現を見た。

そして、「女弟子」との交際のなかには、彼のこの自由への渇望の経路が、それぞれ反映しているといえるのではないか。——今、述べた通り、ひとりの対象に関心が固着しなかったのは、神経症の名残りであろうし、多くの女性との交遊のなかにフラーティションの要素を見せているのは、遊蕩的心理の残存でもあるだろう。そういう風に遠い彼の精神的経歴を内に含んでいる、という意味からも、この「女弟子」の問題は面白い。

ところで、この対等の男女関係という問題は、さらに「世代」の共通課題として、発展させて行く必要がある。

また、彼の獲得した自由が、次の革命的世代のなかで、どのように変貌して行ったか。また、明治維新以後において、薩長の「田舎漢」たちの遅れた男女関係の意識が、新しい支配階級のものとして、時代の道徳を指導するに至って、もう一度、大幅に後退して行ったことが、後生、山陽を「遊蕩児」と見ることに、大いに役立ったであろうことの事情についても。

——

第二部　山陽の一族

まえがき

頼山陽は彼の家系のなかに忽然として現われ出た突然変異的人物ではない。彼の前には、父春水、叔父春風及び杏坪《きょうへい》、彼の後には三人の子、聿庵《いつあん》、支峯《しほう》、鴨厓《おうがい》があり、世人はこれらの人々を山陽と共に「七頼」と称して賞揚した。山陽はそうした家庭的雰囲気のなかに自ら成長した。それは果樹が年毎に実を持つのに似た自然の成行きのように見える。この頼家に生まれた久太郎は、ほっておいても山陽たらざるを得なかった、と言えるだろう。

また山陽という人物の性行と業績とを理解する上で、この頼家の人々をひとわたり眺めて見ることが、極めて有益でもあり、又、不可欠だとも言える。人物像は本来の背景の前に置かれる時、愈々生きた姿を獲得するからである。

一　父春水

まず父、春水（一七四六―一八一六）、名は惟完、字は千秋、通称弥太郎なる人物は、どういう人間であったか。

彼は藝州竹原の一商家の子に生まれ、大坂に出て片山北海のもとで儒学を学び、また多くの益友を得た。北海門の混沌社という詩社に参じて詩文の才を伸すと共に、早くから宋学（程朱学）に興味を示し、後に寛政の三博士と称せられた友人、古賀精里、尾藤二洲、柴野栗山らを、古学から程朱学へ転向させた。そしてこの小さなグループの学術研究の新しい方向がやがて、学界全体の新風として時代を支配するようになって行った。

そのようになって行ったについては、春水自身の政治的手腕が大いに働いた。彼は当時の政界の実力者である白河侯松平定信に接近し、定信が幕府の執政となると共に、その権力を動かして程朱学を官許の学問たらしめたのである。そして、その運動の中心にするために、従来は林家の私学であった昌平黌を官学たらしめ、その教授に友人の栗山、精里、二洲を送りこんだ。

春水の業績中の最大なるものは、詩文でもなく学術でもなく、実にその文教政策にあったと言えるだろう。己れの信ずる学問の流派を学界の中心に持ちこみ、そして、「異学の禁」を幕府に実行させて、他の学派を弾圧することで、その信念を徹底的に実現するところまで持っていったのは、単なる学者の仕事ではなく、綿密な現実政治家の感覚である。しかもこの細心な計略家は、陰微な寝技師のようなやり方で、計画を実現させて行ったように思える。裏からの策動家という暗い面が、彼の行動には貼りついている。

松平定信と秘密裡に話を進めたのは彼でありながら、昌平黌の改革が完成した時は、彼の名前は教授のリストからは消えていた。（その改革の基礎が固まったあとで、はじめて彼は同志たちと並んで、非常勤講師となった。）

これは彼の郷国の殿様であった浅野家によって、一庶民の彼が儒官に取りたてられたことの恩義のために、今また卒然として藝藩から幕府の直臣に籍を移すことを憚ったという律義さが、彼の行動を縛ったと考えられないこともないが（昌平黌教官となることは、藩籍を離脱して直参となることを伴う）、しかし彼はどうも局面の中心に坐るよりも裏にいて御膳立てをするというのが、好みに合っていたように思える。

徳富蘇峰の批評によれば、春水は「世を渡る上に於ても、身を処する上に於ても、何ら間違なく、何等危気も無く、実に安全第一の紳士的学者」であった。

彼は藝藩の儒官にとりたてられた時、藩公の支援によって、まず藩の学風を程朱学に統一する事業にとりかかり、その成功を見て、それを今度は幕府の手で全国へ拡大しようとしたのである。しかし、今度は彼は多分、自分が正面に立って向い風を一身に引き受ける危険は願わなかったのだろう。

果せるかな、異学の禁は学界を挙げての論争を惹き起し、春水の親友であった中国鴨方の西山拙斎は、反対派の赤穂の儒員赤松滄洲《そうしゅう》に反駁文を書いたり、又、続いて江戸の冢田大峯《つかだたいほう》が老中松平定信に上書建言をして、思想弾圧が学問の進歩を妨げることを説いた。そうしたやり取りの中心に坐って、嵐を全身に受けていたのは、柴野栗山であった。

春水は巧みに嵐を避けながら、栗山が直臣となったために空席となった阿波侯の儒官の席に、拙斎を押しこんで、更に自派の勢力を固めようと裏面工作を行った。（しかし隠者的一面のあった拙斎は、遂にその手に乗らなかったようである。そればかりか、水戸の儒員、立原翠軒の証言によれば、春水は拙斎を昌平黌に送りこむことまで策動したらしい。事は『逢原記聞』中に見えている。）

春水の大坂時代の友人、篠崎三島《さんとう》（山陽の親友である小竹の養父）が、頼兄弟を評して「春水は四角、春風は円く、杏坪は三角だ」と言ったのは有名であったが、この四角四面の春水は、家庭の私生活においても謹厳を極め、たとえば食卓においても、菜に箸をつける順序さえ決っていたと伝えられている。

この謹厳、細心、老獪、はいずれも全く子供の山陽の所有しない性格であった。山陽はこの父に反逆するために、父と正反対な性格に自己形成した、そうすることによって自由を獲得したと言えるだろう。

又、その父の圧力から自分を解放するということが、山陽の前半生の病気や放蕩やの、あの混乱を極めた時期を現出することになったと言えるだろう。

そうして、この山陽の精神的独立の過程で、母の静子とのあいだに、深い同盟関係が生じたのも当然であった。静子もまた、夫、春水の厳格な性格の支配のもとで、屢々息詰まる思いをしながら、何とかして息子だけには自由の空気を呼吸させてやりたいと念じていたのだろうから。

――春水は享楽都市大坂でお嬢さん育ちをした妻静子の社交的性格、流行好き、遊び好き、には常に不信と警戒の念を以て対していた。春水は或る年の出府の際に、妻に留守中の心得を書き残しているが、そのなかには「近所其外共、出入之者に相馴々敷無レ之様に可レ致候事」というような条がある。日頃からお静さんが周囲の人々に愛想のよすぎることが、この固物《かたぶつ》には気に入らなかったのである。必ずしも焼きもちからではないだろう。あるいはまた「烟草、禁候事」という条がある。大坂では当時、若い女性のあいだにも喫煙の風があり、それは広島の武家屋敷においては不しだらに見えたのだろう。しかし、その習慣を、嫁入ってからも夫の目を盗んで平然と持続していたこの女性も、なかなか強い自己主張のある人だということになる。

更にまた春水は「衣類其外」「母子新製物好」を禁じている。静子は都会的感覚で、とかく自分にも息子にも、洒落た着物を作ったり、その他の持物にも垢抜けたところが自然と見えるようだったのだろう。そうして、それは全て春水にとっては、要らぬ贅沢に見えたに違いない。静子に言わせれば、夫が想像しているほど、それは金がかかっているわけではなく、生活感覚の洗練の自然な発露に過ぎないので、それを咎めだてするのは野暮だ、というところだったろうが、春水には妻が自分自身の趣味を持っているということ自体が愉快ではなかったに違いない。――しかし、静子のこの都会的感覚は、実は社交的センスの欠けていた春水と、広島の人々とのあいだの融和に大いに内助の功を発揮したことだろうし、また一生を通じて、その気質は遂に春水の圧力のもとに消滅してしまうということはなかった。だから、春水の死と同時に彼女は陽気で華やかな未亡人振りを発揮するに至るのである。

春水は文化十三年（一八一六）の仲春、広島の官邸に歿した。享年七十一。母からの急報によって駆けつけた山陽は、遂に父の臨終に間に合わなかった。

天寿を全うし、また人生の理想を略々《ほぼ》実現した幸運な春水にとって、最後まで気がかりだったのは、廃嫡した息子山陽のことであった。

広島在住中は放蕩に日も足りない状態だった「大豚」は、今や京都の町儒者暮しの生活困難から、絶えず地方に出かけては潤筆料を稼ぐという「旅猿」の境涯におちこんでいる。――父、春水の胸中に往来していた山陽像はそのようなものであった。

しかし豚から猿に進化していた山陽は、半生のあいだ頭を押えつけていたこの重苦しい偉大な父親に世を去られてみると、今更のように我が身の不孝を痛感した。――あるいは、今や彼自身の自己実現の道を、前途に遮るものなしに驀進しつつあった山陽は、安んじて亡父を追悼し、回憶する精神的余裕を生じた、といってもいいのかも知れない。

春水は一代に鳴らした儒者であった。その名声は江戸昌平黌の三博士に匹敵した。しかし、彼は生前、ただ一冊の著書も刊行していなかった。

山陽は頼家の人びとと共に、父の遺稿の整理出版を計画する。そして、やがて『春水遺稿』八冊十五巻が世に出たのは、文政十一年(一八二八)、春水歿後十三年であった。出版費用は春水の弟の杏坪が藩公に願いでて、補助を仰いだ。

今、この『春水遺稿』(十一巻、別録三巻、付録一巻)を開いてみて、何より感心することは、編輯者山陽の驚嘆すべき「小説家的才能」である。これほどうまく出来た遺稿集というものは稀である。山陽はこの八冊の書物によって、父春水の内面生活と外面生活とを同時に彷彿させることに見事に成功している。

先ず巻頭には、春水の親友であった隣国神辺の詩人菅茶山の序を掲げている。三博士でなく茶山に序を依頼したというところにも、私は山陽の或る種の巧妙な計算を感じる。——世間には春水は寛政の学制改革の陰の演出家という面が強く印象づけられている。しかし、文政も末のこの頃になっては、そして朱子学と異学との深刻な対立が、次の世代のなかで融和の方向に向いつつある現状では、春水のそのような面は、必ずしも次の世代の注意を惹くとは思われない。寧ろ、不利な先入観念となっている。

そこで山陽としては、そのような春水像を打破するために、遺稿集の大部分の頁を詩に割いた。そして春水の詩は、案外にも、親友たる茶山と同じような新しい詩風に属していたし、その詩の新しさは多分、彼の学者としての名声に覆われて、世間では余り注目していなかったのだろう。今、その注目を呼ぶために、山陽は当時の新世代の文学者たちの最大の先達として敬意を集めていた茶山に序を依嘱したのではなかったろうか。

茶山は遺稿を一覧すると直ちに序を草した。彼は春水を目して「尋常詩人」でなく「尋常文人」でなく「尋常経生」でないとする所以《ゆえん》を簡潔に分析してみせた。その序の成ったのは文政九年（一八二六）で、その翌年、この遺稿の出版を見ずに茶山は世を去っている。そして茶山もこの遺稿の編纂振りの見事さに感銘していたのだろう。山陽に遺言して自分の遺稿もその手で整理して世に問うことを頼んでいる。（これは天保三年（一八三二）に実現した。『黄葉夕陽村舎詩遺稿』詩二冊、文二冊がそれである。）

『春水遺稿』は次に山陽自身の親友である篠崎小竹の「後序」を載せている。これは専ら編纂者山陽についての弁護論である。春水先生の遺徳を慕うものも、その不肖の子山陽の行状については眉を顰めている向きも少くなかった。甚だしきは、春水は忠孝の道を説いたが、我が子の教育にさえ失敗したのだから、彼の言説は「空言」であると非難しているものもあった。

そこで小竹は、山陽が形式的には父の後を襲わなかったが、実質的には立派に父の志を継いだのである、と述べて大いに解嘲に力を尽している。

次に、古賀精里による春水の「墓碑銘」を載せ、それから八巻にわたって詩が制作年代順に配列されている。

春水の詩は大部分、即事詩《ヴエル・ド・シルコンスタンス》であるし、応酬の詩の場合は、これも普通の詩集には滅多に見られないところであるが、必ず相手の詩も附載してある。

だから、この八巻を読み進めて行くと、頼春水という人物の一生が、パノラマのように展開して行くのが判るような仕組みになっている。

詩のあとに、文集三巻が続く。記、序、論説、祭文、紀伝、題跋《だいばつ》、書牘《しょとく》、頌《しょう》、賛、銘の類である。それらは主として短文であるが、そこに春水の思想のその時々の反映が鮮かに見られる。忠君愛国の念に一生燃えつづけて、疑うことを知らなかった幸福な固物という姿である。

それから別録三巻が来る。内容は『在津紀事』上下と『師友志』である。いずれも春水の交友録的回想記であって、彼の生活の雰囲気、また同時代の空気が、これらのメモワールによって更に一層、濃厚に私たちに伝わってくる。本文によって浮び出て来た春水像は、この別録によって、時代的背景のまえに立たされる、といった仕組みである。私がこの遺稿の編纂に山陽の「小説家」的才能が発揮されていると言ったのは、そうした構成を指すのである。山陽は父の書き残した詩や散文の断章を、ひとつの意図のもとに整理配列することによって、私たちが卒然として個々の作物に目を通したのでは捉えることができない、頼春水という人物の生きた姿を、統一的に再現してみせてくれたのである。

だからこの書物は、普通の意味の「遺稿集」というのでなく、「部分」の集積によって、新たな「全体」を空中に描き出している。

(附録一巻は、叔父春風の子で、廃嫡された山陽に代って広島の頼家に入り、山陽の残した子、余一聿庵の存在に遠慮しながら、放蕩と煩悶とに短い一生を終えた、「小豚」権二郎景譲の遺稿である。それを父春水の遺稿に附載したというのは、山陽のこの従弟に対する愛惜の念、また自分の我儘の犠牲になった若者への謝罪の念の現われと見るべきだろう。山陽は京都住いになった後も、たえず景譲の身を案じ、度々、彼の父春風に手紙を送って、養生法などの忠告をしている。）

それでは春水の遺稿の詩を少し覗いてみよう。（八巻全部では五百首以上ある。）

最初はその大坂時代。――江戸堀の家を彼は「春水南軒」と名付けていた。それに因んで二人の弟も、それぞれの住居を「春風館」「春草堂」と命名したので、頼家にとってはこの寓居の名は懐かしいものであった。そこで編者の山陽は「南軒吾ガ愛スル所」という、この家の景況を歌った詩を巻頭に掲げたわけである。そのうちの一首、

南軒吾所愛　枕上水潈々　已識朝暉至　漣漪上紙窓

（南軒、ワガ愛スルトコロ、枕上ノ水、潈々《ソウソウ》タリ。已ニシテ識ル、朝暉《テウキ》ノ至ルヲ。漣漪《レンイ》紙《シ》窓《サウ》ニ上ル。）

寝ている枕もとにひと晩中流れの音が鳴っている。もう朝日が昇ってきたらしい。細波の影が障子のうえに戯れはじめている。……

「除夕」――おおみそかの晩の感慨、

連年未得卜帰期　此夕寒燈転自悲　二弟聯吟応徹暁　篇々多是憶兄詩

（連年イマダ帰期ヲト《ボク》スルヲ得ズ。此ノ夕べ寒燈ウタタ自ラ悲シム。二弟聯吟《レンギン》シテマサ

ニ暁ヲ徹スベシ。篇々多クハコレ兄ヲ憶フノ詩ナラン。）

大坂へ勉強に来ている春水は、普段は家郷のことを忘れていても、大みそかの晩ともなれば、ああ、今年もまた国へ帰らなかった、と思う。侘しい燈火をひとり眺めていると、故郷で今頃、二人の弟、春風と杏坪が、夜を徹して詩を作りあっている姿が浮んでくる。その詩は大概、兄である自分を想っているものに違いない。……

頼家の比類の少い卓れた兄弟たちのあいだの美しい愛情が惻々として伝わってくる。

――帰省の途中で、風に阻げられて船が繋泊したまま、空しく旅行の日程が遅れて行くのを、苛立っている時の詩のうちの一首、

数歳出郷家浪華　省親帰去怕期差　誰知阻雨篷窓夢　半在郷園半在家

（数歳、郷ヲ出デテ浪華ニ家ス。省親帰去、期ノ差《タガ》フヲ怕《オソ》ル。誰カ知ラン阻雨篷窓《ホウサウ》ノ夢、半バハ郷園ニアリ、半バハ家ニ在ルヲ。）

ようやく決心して、郷里の親もとへ帰ってみようとして、船でやって来たのに、あいにくの大風で船は途中の港に入ったまま幾日も動こうとしない。船窓を衝《う》つ雨の音を聴きながら眠りに入ると、夢のなかで自分はもう郷里の庭を歩いているかと思えば、また大坂の家のなかに坐っている。……

それから数年して、今度は静子と新婚旅行を兼ねての帰郷。

裨海何須畏　扁舟載夢行　枕頭鶏犬近　時聞卸帆声

（裨《ヒ》海《カイ》何ゾ畏ルルヲ須《モチ》ヒン。扁舟夢ヲ載セテ行ク。枕頭、鶏犬近ク、時ニ帆ヲ卸《オロ》ス声ヲ聞ク。）

私の帰郷の喜びにくらべれば、こんな小さな海は問題ではない。小舟は私の眠っているあいだに走りに走り、もう枕もとには、鶏の鳴く声、犬の吠える声が聞えてくる。岸は近いのだ。舟は碇泊の準備にとりかかりはじめた。……

植杖有花処　投宿有花家　春風三十日　日日不離花

（杖ヲ植《トド》ム花アル処、宿ヲ投《ト》ル花アル家、春風三十日、日々花ヲ離レズ。）

春の旅の長閑さを、唯美的遊戯的に歌っている。この調子は春水が青年時代に席を置いた、大坂の片山北海門の混沌社の詩風だろう。そうして、青春時のこの逸楽的な感覚が、謹厳な儒者のなかに時々、間歇的に浮びでてくるのは、人間というものの複雑さを示していて、甚だ興味深い。もし彼が広島藩の儒員に挙げられることなく、大坂江戸堀で一生を町儒者として送ったならば、妻のお静さん共ども、随分と現実の春水とは異った洒落者になっていたかも知れない。

――一方で高山彦九郎のような勤王の士とも交際し、彼が全国を廻って「傑士」を求める間に、毎年、皇居を拝するために入洛する毎に、会飲して「倶ニ志ヲ論ジ」ている。この詩の結句は「大丈夫、マサニ細カニ書ヲ読ムベシ」と、高山に一層の研学を薦めているが、春水の内部に、その歴史好きと共に存在していた勤王思想には注目する必要があるだろう。そのいずれもが山陽にそのまま伝えられているからである。（山陽の勤王思想の内容については、いずれ彼の学術と思想とを分析する際に、検討してみることになろう。）

――「懐《オモ》ヒヲ書ス」という題の詩では、「家児八歳ヤヤ字ヲ知リ」丁寧な手紙を江戸まで送って来て、大刀を欲しがっている、息子山陽の成長ぶりを無邪気に喜んでいる親父さん振りが鮮かに見えている。やがてはその息子との間に、激しい対立が生じなければならなかったことを、彼は全く予想だにもしていなかったに違いない。

――帰藩の途中、甲州路の属目、

山駅蚕為業　無家不種桑　憐看襤褸女　績織為誰忙
（山駅蚕ヲ業トシ、家トシテ桑ヲ種《ウ》エザルナシ。憐レミ看ル襤褸《ランル》ノ女。績織《セキシヨク》、誰ノタメニ忙シキヤ。）

春水は彼自身、庶民の出であり、民衆生活の実情についても敏感だった。代々の貴族的な武士とは生活感覚が異っている。それが白河侯に接近し、彼の「新政」について期待するところが多かった理由のひとつとなっていよう。定信に対しては、異学の禁だけを願っていたわけではない。

明朝是重五　雨宿野人家　点々菖蒲滴　羈窓感歳華

（明朝ハ是レ重五、雨ニ宿ル野人ノ家。点々菖蒲ノ滴、羈窓《キサウ》ニ歳華ヲ感ズ。）

五月五日の節句の前日、彼は雨に降りこめられて民宿し、菖蒲から落ちる水滴の音を聴きながら、歳月の移り行くのを感じている。（明日の端午の節句に家で父が江戸から土産を持って帰ってくるのを待ちかねている幼い山陽を想っているのだろうか。……）

――秋の末、江戸行きの途中、

「野性忽チ官ニ就キ、掣肘《セイチウ》何ゾ耐フベキ。独リコノ于役《ウエキ》アリ、還ツテ山水ノ愛ヲ恣《ホシイママ》ニス。」という書き出しの長詩。又「吾レモト藝東ノ民、褐ヲ釈《ト》イテ、誤ツテ儒生。」と歎く詩。いずれも春水のなかに生きていた「反春水」というべきもの。弟春風のように官に仕えずに、野に隠れて平穏な一生を過したかったという気持は、やはり微かな筋を彼の生涯のうえに残している。（そうした痕跡を伝えるのが「即事詩」というものの面白さである。）

――しかし、この年（寛政三年）在府の勤めが終っての帰国の途次の詩には「駅夫能ク令ニ従ヒ、頤指《イシ》スルコト家人ノ如シ。見ルヲ得タリ、維新ノ政、人トシテ自ラ新タナラザル無シ。」というような松平定信の新政が、春水の期待した効果をあげ、街道の風儀も一変して来たのを目撃して喜ぶ、本来の春水の面目を伝える詩句が見えている。「馬夫輿卒《ヨソツ》新令ニ従ヒ、行人ニ向ツテ半銭ヲモ丐《コ》ハズ。」馬方や籠かきも、以前のように規定の料金以外の不当な酒代《チップ》を要求することはなくなったのである。

前代、十代将軍家治時代の執政田沼氏のブルジョワ的開明政策は、経済と文化との急速な発展を齎したけれども、一方でその政策と幕藩体制の矛盾とが、賄賂の横行、幕吏の腐敗、士道の頽廃というような悪しき副作用をひき起し、民衆の生活にも道徳的弛緩が極端なまでに一般化していた。新将軍家斉の就任と共にはじまった松平氏の新政は、民風の一新を実現させたわけである。定信のブレインの一員であった春水は、今、旅中にその実績の一斑を見聞することで、湧きあがる喜びを禁じ得なかったのだろう。

――春水五十歳、暁の夢に亡母を見て、胸が痛んでいる。

一夢分明見母親　呑声不語涙沾巾　覚来屈指空相憶　吾是五旬君七旬

（一夢、分明ニ母親ヲ見ル。声ヲ呑ンデ語ラズ、涙、巾ヲ沾《ウルホ》ス。覚メ来リテ、指ヲ屈シ、空シク相ヒ憶フ。吾ハ是レ五旬、君ハ七旬。）

この遺稿集には収められていないが、春水は青年時代（明和七年）に父亭翁の伴をして東北旅行を行い『東遊負剣録』なる一巻の紀行を著している。（これは遅く昭和に入ってから

『崇文叢書』中に収められた。）それは茶山が指摘しているように春水独特の「叙事明暢」で、イメージの鮮明さと語調の自由さとによって、読むものを愉快にしてくれる作品であるが、この紀行の最後の頁に至って、突然に、それまで一度も言及されていなかった亡母の面影が生まなましく出現して、読者の胸を衝つ。

春水の心の底には、一生の間若く死んだ母親が生きていて、老年に至っても消えることがなかった。それは幾つになっても母に甘えることしか知らなかった我が子、山陽を眺める時、無意識のうちに複雑な感情を味わわせることになったに相違ない。春水の山陽に対する厳しさの底には、この「複合的感情《コンプレックス》」が介在していなかったとは断言できないだろう。

「花月歌」
月来月下歌　花開花下酔　有斯月与花　不知老将至
（月来タリ月下ニ歌ヒ、花開キ花下ニ酔フ。コノ月ト花ト有リテ、老イノマサニ至ラントスルヲ知ラズ。）

寛政八年（一七九六）、五十歳を過ぎた春水は、広島の妻子のもとで正月を過し、二月になって息子を連れて寺町へ花見に行った。そしてこのようにいい御機嫌で家へ戻って来た。しかし、それから二カ月後には山陽は例の持病を起して発狂状態になり、加うるに山陽の弟大二郎が疱瘡で死に、妹の十《とお》も感染し、春風も竹原から駆けつけるという大騒動がはじまる。

後世の私たちはそれを知って、この閑雅な短詩を読む時、人生というものについて、畏怖に満ちた感慨を持たないではいられない。

——その翌年、やや病いの収まった山陽は、叔父杏坪の江戸上番に従って、昌平黌遊学が決る。恐らくその送別の席上だろう、春水はこういう詩を詠んでいる。

多雨園林春易闌　候晴日暮倚欄干　残紅墜粉催人老　却欲殷勤執燭看
（雨多ク、園林ニ春闌《タ》ケ易シ。晴ヲ候《コウ》シテ日暮ニ欄干ニ倚《ヨ》ル。残紅墜粉、人ヲシテ老ヲ催サシメ、却ツテ殷勤ニ燭ヲ執ツテ看ント欲ス。）

明日の天気を心配して夕空を眺めているうちに、落ち散る夜桜に老年の迫るのを感じなければならなかった春水は、自己及び山陽の将来に、どのような重い予感を胸に抱いていたことだろう。果せるかな、春水の心配していたように、杏坪一行は出発匆々、暴風雨に襲われ、諸川溢水、交通杜絶という、暗い前途を想わせることになっている。しかし、彼は沈着に書斎に坐って、黙って運命を受け入れている。

蕭然坐雨読書亭　香鼎茶炉酒一瓶　晤語不知天已晩　棕櫚花散満階庭
（蕭然トシテ雨ニ坐ス読書亭。香鼎《カウテイ》茶炉酒一瓶。晤語《ゴゴ》ハ知ラズ天已《スデ》ニ晩ナルヲ。棕櫚、花散ジテ階庭ニ満ツ。）

――享和元年（一八〇一）四月、帰国の藩公に従って、東海道を西に向う。

「路上」

乍雨乍晴羈旅情　松林幾処有鳩鳴　籃輿羞我懶尤甚　独続前宵残夢行

（乍《タチマ》チ雨フリ、乍チ晴ル、羈旅《キリヨ》ノ情。松林幾処、鳩ノ鳴ク有リ。籃輿《ランヨ》、我ガ懶ノ尤モ甚ダシキヲ羞ヅ。独リ前宵ノ残夢ヲ続ケテ行クナリ。）

籠に揺られながら、昨夜の続きの夢のなかに現われてくるのは、広島の「幽室」に監禁されていた山陽の姿だったろうか、それとも今回の在府中に交りを深めた塙保己《はなわほき》一《いち》らとの国史に対する会談の想い出だったろうか。その頃、山陽は座敷牢のなかで、あたかも結局、実現しなかった春水の国史執筆の志を継ぐかのように『日本外史』の初稿を日課として書き続けていた。

――文化二年（一八〇五）、六十歳に達した春水は、山陽廃嫡後に、弟春風の子、元鼎（景譲）を入れて嗣となした。その頃の感慨、

憶曾津上読書廬　対雪南窓夜読書　歳月蹉跎吾老矣　囲炉擁褐竟何如

（憶フ、曾テノ津上ノ読書ノ廬。雪ニ対シテ南窓ニ夜、書ヲ読ミキ。歳月ハ蹉跎トシテ

吾レ老イタリ。炉ヲ囲ミ褐ヲ擁シテ竟《ツヒ》ニイカンセン。）

炉にかがみこんで、じっと残んの火を眺めている時、現在の老衰した自分を嘲るように、若き日の大坂の堀に臨んだ家での、自分の元気な姿が眼底に浮び出てくる。人生のことは百事皆、志に違い、そして空しい老境に沈んで行くように感じられる。……

その翌年も、長い宮仕えで広島と江戸とを慌しく往来して過した日々を想い「宦情一路夷険ニ随ヒ、世味、半生、苦甘ヲ嘗《ナ》ム」と歌い、そして軒に凭《よ》って夕風に鬢をなぶらせて、白髪が「毿毿《サンサン》」と長く乱れるのに任せている。

文化五年（一八〇八）には盟友柴野栗山の訃に接して、愈々前途に心細さを感じたけれども、一方で藩主が遊猟の途中で竹原の弟春風宅を訪問するという名誉をも味わった。

「酒帘《レン》飄《ヒルガエ》ル処、鳥アヒ喚《ヨ》ビ、魚市散ズル時、風マタ腥《ナマグサ》シ」

というような処へ、君侯の行列が停ったのである。この詩には早速、春風が和韻し、又、杏坪も同韻の賀詩を贈っている。

――しかし人生の陽は次第に傾いて行く。

旧友、三島の子、若い篠崎小竹が大坂から挨拶の詩を贈ってくると、

「方《マサ》ニマサニ今日、官情、累ナラントシ、ヒトヘニ当年ノ隠趣ノ長キヲ憶フ」と青年時代の彼の夢想の実現しなかった方向に対する憧憬を想い出し、郊外に散歩に行っては「イマダ羈絆ヲ脱セズトイヘドモ、暫クココニ逍遥ヲ得ル」と、一時の閑寂の境地を喜んでいる。

――文化六年（一八〇九）、春風六十四歳、「偶作」「衰残、世塵ノ煩ニ耐ヘズ。家事ノ紛綸《フンリン》ハ細君ニ属ス。」も、だから老春水の本音なのであろう。そして五十歳になった静子夫人は、まだその腰付きに若々しさを見せて、家のなかを朗らかに動きまわっていたのだろう。「児ニ写字ヲ課シ聊カ懶ヲ医ス。」その「児」は山陽が実家へ捨てて行った、孫余一（聿庵）であったろう。そして「独リ愛ス、西山ノ松一樹、窓ニアタリテ秀色、層雲ヲ出ヅ。」……

――江戸から諸名家が詩を寄書して送って来た。それに対して彼は旧友、尾藤、古賀両博士に答えている。

「東都ニ別レテヨリ、未ダ十年ナラズシテ、詩家ハ繊巧、篇ヲ成スヲ競フ。」

わずか十年のあいだに、文壇の風潮は変り、いわば藝術至上的、文化至上的な「繊巧」の詩風が生じていることが「諸名家」の詩から察せられて、彼はそれらの詩に、志を失って軽薄になろうとしている時代を感じて歎いているのである。（そして、その風潮を押し進めるもののチャンピオンのひとりとして、若き山陽が頭を擡げようとしているのを、老春水は気付いていただろうか。当時の山陽の詩風は菅茶山によって「女郎詩」、お嬢さんの詩、とからかわれていた。）しかし、広島の田舎に住んで、天下の文運を左右することは彼にはできない。「万里ノ廻《クワイ》瀾《ラン》ハ我ガ力ニアラズ。」が、「風騒ハアニ風教ニ関ハラザランヤ。」文藝は思想教育と無関係ではない。だから、「木鐸ハ君ニアリ、君、勉旃《ベンセン》セヨ。」彼は江都の二博士に向って、一段の奮起を促しているのである。老年の迫ると共に、彼の（或いは彼のグループの）一代の事業が、うやむやになって行くのを見るのは、彼には耐えられなかった。そして、それを、世代にはそれぞれの別の使命があり、今や寛政の世代の事業は終って、新しい文化文政の、より文化的な、文藝の儒学からの独立を任務として自覚している世代が登場しつつある、という風に寛大な理解をする能力は、春水にはなかった。だから次第に新しい世代の中心人物になって行こうとしている息子山陽も、彼の目から見れば、不肖の子、一個の不良青年に過ぎなかった。春水は続いて来る若い世代を理解出来なかったことにより、己れの晩年を、より不幸にしていたと言える。

しかし、柴野栗山の世を去ったあとの昌平黌では、この春水の激励の詩を読んでも、古賀精里は「廻瀾、望ムヲ休《ヤ》メヨ、病ヒ衰年」と、やはり気の弱い返事をするより仕方なかった。精里自身、息子の穀堂の新しい思想や感情を、気心の知れないものとして、失望と不安とで眺めていたのである。

――丁度、弟、春風が江戸から帰って来て、新しい東都の噂を知らせてよこした。春水はその手紙を手にしながら、「往昔ヲ思ツテ」、「霞関邸舎、瓜ヲ熟スノ秋」を懐かしんでいる。広島藩の上屋敷は霞ヶ関にあり、出府の度に春水はそこに住み、庭の風景にも馴染んでいたのである。

そうした日々のなかで、彼にとって唯一の愉しみは自然にあった。

「東郊ニ遊ビ、帰路、舟ニ上ル、即事」

潮水不波星彩澄　帰舟一棹夜寒増　過橋識得城闉近　両岸人声明市燈
（潮水、波タタズ、星彩澄ミ、帰舟一棹《タウ》、夜寒増ス。橋ヲ過ギテ識リ得タリ、城闉《ジヤウイン》ノ近キヲ。両岸ノ人声、市燈明ルシ。）

星の光りの波のうえに澄んでいるあいだを、小舟に乗って城下に戻って来る途中で、今、舟が橋をくぐると、急に両岸の人声は賑やかになり、町の明りが華やいでくる。もう城門が近付いてきたのだ。……

こういう詩には、春水の心の細かな襞が清朗な表現をとって現われていて、彼の詩人としての最良の部分がここにあることを想わせる。

翌年にも、同じ東遊を繰り返す。今度はあいにくの雨天であった。しかし、彼の愉快さには変りはない。

城東酔帰路　照雨市燈明　新泥深未尺　童肩載吾行
（城東、酔ウテノ帰ル路、雨ヲ照シテ市燈明ルシ。新泥ハ深サイマダ尺ナラズシテ、童肩、吾ヲ載セテ行ク。）

雨のための泥濘の道も、まだ足を踏みこめぬほどにはなっていない。下僕の肩におぶさって、酔眼に光る雨脚を眺めながら、邸に帰ってくるのは、日常の労苦を忘れる一刻であったろう。
その頃、彼は曾て、「植杖有花処、投宿有花家……」という、先に紹介した詩を詠んだ播州路の一駅を通過し、この詩を想い出して、次のような詩を作る。

憶昔有花処　投宿且停輿　花亦知吾否　白頭非故吾
（憶フ、昔ノ花有ル処、宿ニ投ジ、シバラク輿ヲ停メニキ。花マタ吾ヲ知ルヤ否ヤ。白頭、モトノ吾ニアラザルヲ。）

同じく、

播路春無恙　一村家有花　花埋不知処　必有曾宿家
（播路、春ツツガナク、一村、家イヘニ花アリ。花ハ埋ミテ処ヲ知ラズ。必ズヤ曾テ宿リシ家アランニ。）

――文化十一年（一八一四）、京都では山陽が新妻のおりえさんがありながら、江馬細香と浮名を流しはじめている頃、七十歳を真近かにした老春水は亡母の忌日を迎える。
「吾レ母親ヲ喪ウテヨリ、五十又余ノ春。風樹ノ感、逾《イヨ》イヨ切ニシテ、蓼莪《リクガ》ノ情、毎《ツネ》ニ新シ。」

彼は五十年のあいだ、死んだ母を懐かしんで過していた。樹に鳴る風の音は彼の想いをいよいよ哀切なものにし、そして孝行してあげられなかった母への愛惜の念は、日々、新たである。しかし「老イタリ、今ニシテ後、能ク幾忌辰ニカ逢ハム。」

彼自身の生を終える日も、遠くはないのである。

「夏日雑咏」
柴戸無人夏日長　北窓間却読書牀　山妻多事駆童子　為養魏蚕条魯桑
（柴戸、人ナク、夏日長ク、北窓ニ間却ス読書ノ牀。山妻、多事、童子ヲ駆リ、魏蚕《ギサン》ヲ養ヒ、魯桑ヲ条《エダ》スヲ為ス。）

老人の身には暑さはこたえる。涼しい北窓で、つい懶けて昼寝をしてしまう。そうした昼日中、相変らずお静さんは下男らを指図して養蚕にいそしんでいるのである。（こうした「山妻」の登場のさせ方にも、春水がいつのまにか、新しい写実的な詩風——細部における日常的なレアリスム——に影響されているのが窺われて興味深い。）

子供たちもまた暑さにめげていない。「童子ハ知ラズ、炎暑ノ烈シキヲ。東膠《カウ》ニ競起ス、読書ノ声。」

東膠は周代の学舎の名。春水の邸には塾生の校舎があったのだろう。校長さんが昼寝している間に、生徒たちは一斉に声を張りあげて教科書を読んでいるのである。

そのうちに秋が来る。

夕陰暗覚暑気消　池館凭欄坐寂寥　荷葉触風聞露瀉　燈光落水見魚跳
（夕陰、暗ニメザメテ、暑気消エ、池館、欄ニ凭《モタ》レテ、寂寥ニ坐ス。荷葉、風ニ触レテ露ノソソグヲ聞キ、燈光、水ニ落チテ、魚ノ跳《ハ》ヌルヲ見ル。）

各句、純粋の叙景であるが、そこには老年の侘しさと季節の淋しさとが調和して、逆に一種の懐かしさに似た静かな詩境が現出している。

その間にも、旧友の訃報は、相ついで来る。今度は大坂の篠崎三島である。三島は「文章、産ヲ破リ、還ツテ産ヲ成ス」という幸運な人物であった。「訃、伝ハリテヒトタビ哀シミ、マタ且ツ慰ム。児アリテ、タダニ遺編ヲ護ルノミニアラザレバ。」篠崎家はその独自の貨殖の才によって「儒ノ鴻池」といわれたほどの裕福な家になっていた。そして嗣子小竹は父にも増して、一般的な名声のある流行学者になろうとしていた。春水は我が子山陽とひき比べて、羨ましく感じていたのだろう。

――文化十二年（一八一五）、春水七十歳。養嗣子であった景譲が竹原で死んだ。それは老年の春水には最後の打撃であった。彼は几帳面な日記の筆も絶ってしまう。後には景譲の碑文のなかで、春水の代作をした山陽は、景譲の心事を次のように述べている。

「元鼎（景譲）、常ニソノ（山陽ノ子、聿庵ノ）長ズルヲ竣《マ》ツテ、コレ（頼家ノ家督）ヲ譲ラント欲シ、病篤キニ及ビ、眷々《ケンケン》トシテ、コレヲ言ヘリ。……」

わずか二十六年の短い生涯を、頼家の存続の犠牲となって、苦しみつづけて死んで行った景譲は、山陽の一生のあいだ心の重荷となりつづけた。

山陽は孤独となった老父の身の上を思い、一時は広島へ引きあげようとまで想った。春水もまた藩の重役、築山氏へ態々「無用之御内話」という註を付した手紙を送って、改めて山陽のことを取り済《な》している。春水も「豚児」が家に戻ってくることを願うようになっていたのだろうか。

しかし、藩では「特典」を以て、景譲のあとを山陽の子、聿庵に継がせてくれた。頼家は存続した。――そして、山陽自身は、これでまた、帰国しても坐る場所がないようになった。そこで三十六歳の山陽は、愈々京都で一家を樹立しようという決心を固めざるを得なくなる。友人たちも、藩の山陽に対する風当りを考え、春水や聿庵への影響も思い合わせると、山陽の広島への引きあげには賛成できなかった。

春水もまた結局、あれこれと考え合わせた結果、息子の帰郷の決意を思いとどまらせようとし、それを在京の山陽の友人たち（登々庵と元瑞）に頼むより仕方なかった。「癇症」の山陽の「帰藩」を阻止させることは、老春水の気力に余ることと思われたからである。春水は山陽が自分の意志の通らない時、必ずヒステリーを起して正気を失うということをいやというほど知っていた。

しかし山陽は広島の聿庵から、父春水の老病による衰弱の知らせが来ると、とうとう我慢できなくなって、友人たちの制止をも振り切って帰省してしまう。帰ってくるなと強いことを言っていた春水も、喜んで「雨窓ノ情話、今夕ヲ憐ム」と詠んでいる。山陽と夜を徹して語り合ったのは、春水若年の大坂での生活、偉れた友人たちの想い出であった。――その日の春水の日記、「久太郎、飄然而至、及二深更一」。

そして、その翌年、春水は七十一年の生涯を広島の官邸内に閉じる。

詩集の最後には隣国神辺の老友、茶山の哭詩が掲げられている。

時賢相継北邙塵　知己乾坤余一人　玉樹今朝又凋落　此身雖在有誰親

（時賢相ヒ継イデ北邙《ホクバウ》ノ塵トナリ、知己、乾坤《ケンコン》ニ一人ヲ余スノミ。玉樹、今朝、マタ凋落ス。コノ身アルトイヘドモ、誰アリテカ親シマン。）


茶山の序文に始ったこの遺詩集は、同じ人の哀詩によって終る。ここで読者は最終頁から、再び第一頁へ戻りたいような気持にさせられる。山陽の編集上の用意には、並々ならぬものがあった。

詩集八巻の後には文集二巻が来る。

文のなかで最も重要なのは、春水が一生の事業として成しとげた、思想統一、程朱学を正学とし、他の学派を異学として排するという運動に関するものである。

『正学指掌序』『学統論』『学統説送赤崎彦礼』——しかし、これらの文章はいずれも短文であり、論理も単純すぎるように、今日の私たちには感じられる。

「風俗ノ漸ク靡薄《ビハク》」となったのは「道ノ明カナラザルニ由《ヨ》」るのである。そして道の明らかならざるのは「学ノ正シカラザルニ由《ヨ》」るのである。つまり世の学問が無数の流派に分れ、それぞれ勝手な説を主張しているところから、「道」が行方不明となり、その結果、世道人心が頽廃している、という論理で、従って「正学」を振起し、「異学」を排除すれば、世のなかの人情道徳も正されるだろうということになる。

こうした精神主義は、たとえば昭和になってからの、マルクス主義という異学に対しても「国体明徴」というような形で起った議論に見られたが、いずれも時代の危機を、政治経済の面から、或いは社会機構の矛盾の面から捉えようとせずに、専ら「精神」の面だけで問題としようとしているところが共通の弱点である。

それよりも、異学の禁に反対して、柴野栗山に勧告書を送った赤穂の儒官、赤松滄洲の意見の方が、今日から見て遥かに説得力がある。

滄洲の説によれば、正学と異学との相異は、要するに程朱の学に賛同するか否かということである。しかし、どの学派といえども「仲尼《チユウヂ》（孔子）ノ教」を奉じていることは同じことであって、宋学だけを「正」といい、他の学派を「邪」とするは間違っている。……

又、江戸の冢田大峯は、やはり書を松平執政に上《たてまつ》って、思想弾圧に反対し、武術においても医術においても、各流派が並び行われていることによって、その技も進歩し、それぞれ世の役に立っている。学問だけを一流派に統一しようとするのは、その進歩を阻止するものである。しかも、執政の地位にあるものがみだりに一学派を指して「正学」などと言えば、世の学者は政府に諂諛《てんゆ》して本心を曲げてまで程朱学を説くことになるかも知れない。これは学問の根本までも腐敗させてしまう。……

この大峯説は、滄洲説よりも更に徹底していて、見事なものである。大峯の意見によれば、新政権は前代田沼氏執政下の「貨財ノ賄賂」の弊風を廃止したけれども、今度は思想の賄賂の弊風を起そうとしているのである。

思想弾圧は、官許の学派そのものの発達をも妨げ、更に学問の精神を中核から崩してしまうという指摘は、まことに鋭い。

大体、冢田大峯は、松平定信の新政の最初から反対者であった。彼は執政の政治が細部に拘泥しすぎて、消極的になること、形式的な倹約政策が国家経済に悪影響を与えることを憂え、『滑川談《なめりかわだん》』という一書を著して世に問うた。

それを偶たま読んだ定信は、自分の政策が露骨に非難されているにも係らず、「尤モナルコト多ク、志深切ナリ」と評した。この批評が世に伝わるに及んで、『滑川談』はベスト・セラーとなり、その印税収入で著者は書庫を新設することができた。

しかし定信は喜んで他人の批判を受け入れる雅量があったけれども、自分の方針を変更するつもりはなかった。だから、彼はやりすぎて間もなく幕閣から退場せざるを得なくなっても、後任の松平信明が、定信の方針を踏襲して異学の禁を更に徹底させて行った。寛政七年(一七九五)、幕府は程朱学にあらざる全官吏の出仕を停止させる法令を発した。

『先哲叢談』の年表のこの年の項によれば「異学ノ禁制ヨリ世ノ士大夫ミナ旧習ヲ改メ、大ニ正学ニ向フ。文藝ヲ業トスル者トイヘドモ、多ク皆ソノ家学ヲ改メ、以テ宋学(朱子学)ヲ奉崇シ、江戸ノ学、之ガ為ニ一変スト云フ。」

冢田大峯伝の著者高瀬代次郎氏は、この情況を論じて言う。「栗山二洲等幕儒の得意想ふべきなり。而も是れ学識徳望の自由競争によりて得たる勝利にあらずして、不自然の勝利也。官権を濫用したる一時の勝利也。彼等は社会の進歩と分化の法則を無視し、目的と手段と、風俗問題と学術問題と、普通教育と専門教育とを混同したり。」

ここに奇妙なのは定信自身の本心は必ずしも朱子学一辺倒でなかったらしいことである。「文学の流義何にても宜敷候。馬鹿のせんさくはす可らざる事なり。朱子の流を汲む者は偏屈に陥り、理が過ぎ申候。徂徠の学は文過ぎて惰弱に候。」(『修身録』)

恐らく異学の禁の厲行《れいこう》は時の勢いだったのである。前代の田沼時代の悪弊を一掃するための過激な手段だったのである。しかし、そのために一世の碩儒たる江戸の亀田鵬斎や九州の亀井南溟やの異学者は、不当な逆境に沈淪しなければならなかった。

だが、又、春水がその生涯をかけて程朱学を擁護し異学の禁圧を願ったのには、一庶民の眼で社会の矛盾を眺め、それを学問の力によって現実に救いたいという悲願が、根本にあったことは疑えない。ただその信念が、思想弾圧という結果になり、弊害の方が大きくなって来た時、若い世代は徐々にこの禁令に、事実によって反撃を加えてくるようになる。寛政四年（一七九二）、幕命によって林家を継いで祭酒となった大給《おぎゅう》松平の公子述斎は、既にこの禁令に心服していなかったし、彼の腹心の弟子であった佐藤一斎は家塾において秘かに陽明学を講じてはばからなかった。いや、春水の『学統弁』に後に跋を書いた山陽自身、「世或ヒハ襄ノ家学ニ背キ、甚ダ洛閩《ラクビン》（朱子学）ヲ信ゼザルヲ謂フ。襄曰ク、唯甚ダ信ズ。故ニ甚ダ信ゼザル所アリ。其ノ甚ダ信ゼザル所アルヲ以テ、其ノ甚ダ信ズル所ノ私ニアラザルヲ知ルベキナリ」というディアレクチックによって、朱子学を超越してしまっている。

そういう訳で、春水の文のうちでは、今日から読み返して、相変らず新鮮なのは、思想とは関係のない、風景描写に終始した『菜花亭記』とか、『春秋園記』とか、『遊須磨記』とかいった小文で、そこでは詩人である春水、詩魂と詩法とを併せ持ち、且つ、明晰な文体と典雅な形式感覚との所有者であった彼の美質が、遺憾なく発揮されていて、読むに快い。

ただし、いわゆる春水らしいものということになれば、『天野屋利兵衛伝』というような、赤穂浪士の義挙を救けるために、敢て刑獄の苦しみを避けようとしなかった、忠勇義烈の士の賞揚の文に、その面目が見られるのかも知れない。

それから、『先府君亭翁行状』という文章の末に附せられた「先府君遺事」という、亡父の逸話のなかに、春水自身の人生観をのぞかせているのも、又、興味があるかも知れない。

たとえば、亨翁は妻の死後、三人の息子だけに満足して再婚しなかった。又、妻の残して行った「旧政」があるから、台所を治めるために新しい女は必要ないと言ったというようなこと。また食事の分量が四季によって変らなかったこと。また日常の茶碗類には「十銭以上之物」は用いなかったというようなこと。そうしたことへの感心の仕方そのものに、春水の日頃の心掛けが反映している。(そうした固苦しい心掛けが、山陽母子には苦のたねとなったのである。)

二　春水の知友

『遺稿別録』巻一、二、は『在津紀事』である。

春水は晩年になって、青年時代の大坂滞在中の想い出を、屢々「児輩」に語ってきかせた。そして思い付いて、それを序でに記録してみた。それがこの『在津紀事』で、主として片山北海門の混沌社における学友について語られている。

「社友相ヒ会スルニ交際、甚ダ昵《ジツ》、浪華ノ俗、酒饌極メテ豊カナリ。韻ヲ拈《ネン》シ詩ヲ賦スニ杯盤交錯ノ間ニオイテス。」

特に春水が親しんだのは、葛子琴《かつしきん》（一七三九―一七八四）、号は蠹《と》庵、通称、橋本貞元である。彼等は社内の最も若いグループに属したので、昼夜をおかず往来し、春水が出掛けて行くと、もう予感があったかのように子琴が用意して待っているというようなことが度々だった。それはいつの時代にも見られる二十歳の青年同士の友情である。

子琴は混沌社内でも特に優れた詩人として名があった。彼は嘗て「本朝人ノ詩文集」を開けてみようとせず、また作詩に際して韻書を検索することもしなかった。徹底的な詩の技術家だったことが判る。

それではその作風はどのようなものであったかというと、彼の詩集は公刊されたものがないらしいので、僅かに私は長谷川昆渓が安政七年（一八六〇）に編輯した『近世名家詩鈔』

において、数首の見本にお目にかかることができた。

そこでは例えば「病妓」というような、大変に意気な主題のものがある。「異質連句、洗《セン》梳《ソ》ヲ廃シ、独リ鴛衾《エンキン》ヲ擁シテ、膚、雪ト冷ユ」というような美人の病気の姿で、「巷柳蕭条トシテ客ノ折ルナク、燈前、秋ニ恨ム、書ヲ裁スルニ懶キヲ」という風情である。あるいは「豆腐」という題の奇抜な詠物詩がある。そうした主題は新風といえるが、内容は理に堕ちていて面白くない。

もっとも真面目なものとしては、

「春杪北郊口占」

蹊開麦緑菜黄間　多少都人帯酔還　一担花枝何処折　斜陽背指紫雲山

（蹊ハ開ク、麦ノ緑ト菜ノ黄トノアヒダ、多少ノ都人、酔ヒヲ帯ビテ還ル。一担ノ花枝、何処ニテ折リシ、斜陽ヲ背ニシテ指ス、紫雲ノ山。）

別にどうということのない、寧ろ凡庸で個性のない詩風である。しかし、詩人をアントロジーによって判断することの危険は、私は熟知しているから、蠹庵の詩才については、判断を保留する。

それでは、社主、片山北海（一七二三―一七九〇）、名は猷、字は孝秩という人は、どのような人物であったか。

「尾藤志尹（二洲）予州ヨリ来リ、北海ニ寓ス。侍坐ス。偶《タマタ》マ南郭（服部）ノ文二三句ヲ挙ゲテ之ヲ議ス。北海、烟ヲ吹イテ答ヘズ。志尹問ウテ止マズ。北海曰ハク、以テ為ス勿レ。此レヲ議スルハ烟ヲ吹クニ如カズ。」

面倒な文学論よりも、煙草をふかしている方が気持が楽だ、と平然と言う先生であった。この気軽で自由な先生のもとで、（そして大坂というブルジョワ的環境のなかで）一時に文藝が花咲いたのも怪しむに足りない。

そうした環境を代表する人物は、木世粛（一七三六―一八〇二）、号、蒹葭堂《けんかどう》、通称壺井屋吉右衛門、家業は酒屋である。彼については芥川龍之介も論じたことがあるが、一世のアマトゥール、ディレッタントであり、また一個のコレクターであった。彼は学藝に関する凡ゆる書籍、凡ゆる標本、凡ゆる器物をその邸に集め、その妻妾もまた教養豊かで、客席に侍して客と対等の交際ができたことを、春水は感慨深げに記している。又、世粛の蔵する顕微鏡の模造品を作った油屋某は、その「容貌動作」が世粛そっくりであったので、世人は彼を「狗《いぬ》蒹葭堂」と渾名した、というようなゴシップめいたことも、春水は懐かしげに思い出している。

世粛は後に家の番頭が法令に触れることがあって、財産を没収されて、大坂を追放された。しかし彼は田舎に引退しながらも、一向にその趣味への情熱の衰えることなく、退隠の地に薬草園を作って、新種の植物の研究に没頭していた。

この植物園の相談相手となった京都の蘭医小石元俊（一七四三―一八〇八）についても、

春水は言及している。

元俊は一時、春水の塾に寄寓して、『通鑑綱目』の研究をしていたことがあるが、その生活態度は「味爽《マイサウ》、必ズ起キ、几案《キアン》ヲ払拭シ、正坐シテ読書琅々《ラウラウ》、夜、初更《シヨカウ》後、必ズ寝ニ就ク。」彼もまた春水好みの人物であった。その子の元瑞が春水の子の山陽と親友となったのには、古い因縁があったのである。

服部南郭の詩文について、うるさく野暮な質問をして先生を苦しめた、生真面目な尾藤二洲（一七四五—一八一三）、名は孝肇、字は志尹については、やはり彼の面目をうかがわせるような逸話が記されている。

春水の塾生が或る晩、外出から帰って、二洲の家の辺りが火事だと知らせた。春水は塾生二三人を連れて駆けつけた。「至レバ則チ、其ノ火、甚ダ遠ク、志尹孤坐シテ燈下ニ在リ、書ヲ攤《ヒラ》ク。」そこで春水は塾生らを先に帰すと、坐りこんで二洲と『中庸』についての議論をはじめ、夜、遅くなってやっと引きあげた。

古賀精里（一七五〇—一八一七）、名は樸、字は淳風との交情も細やかで、二洲、春水は精里のところで、「討論疑義、燈ヲ剪リテ、或ハ天明ニ到ル」ということも屢々だった。

当時、精里は脚を病んでいた。或る弟子が献身的に看護したので、精里は弟子の余りの忠実さが健康に衛ることを心配し、「佯リ怒ツテ以テ其ノ意ヲ安ンゼントス」。しかし弟子は精里に内緒で春水と二洲に相談して、治療の方法を講じた。その時に弟子は、自分が先生のことにこれほど熱心なのは「師ノタメ、国ノタメ、学ノ為メ」である。「だから自分は先生の代りに死んでもかまわない」と述べたという。

それから、独身の貧書生であった春水が、友人たちの好意によって、家財を整え、妻を貰うことができた有様を回想している項もある。「余、冬日、炉セザルコト已ニ久シ。子原(今井重憲)家人ノタメニ一炉ヲ送ル。此《ココ》ニオイテ始メテ、炉アリ、女僕アリ。」その結婚の時、仲人となってくれた中井竹山《ちくざん》(一七三〇—一八〇四)、名は積善、字は子慶の賀詩『合巹《ごうきん》頌《しょう》』は都下の評判となった。……

息子に負《そむ》かれ、衰残の身で炉の傍らに終日、坐って、回想に耽っている老春水の瞼のうらに、青春の日々は何と明るく甘美で、そして賑やかな光景として甦って来たことだろう。

『遺稿別録』の巻三は『師友志』である。

これは青年時代の大坂や、仕官してからの江戸在府中に知り合った師友たちひとりずつについて、列伝体に記したものである。それは回想と批評との混り合ったもので、やはり老人になってからの春水の、知友が次つぎと世を去って行く淋しさと、また自分の一生についての懐かしさとの反映した美しい文章である。

ここにも葛子琴が登場する。彼は代々の大坂人で、「人トナリ恬澹楽易《テンタンラクイ》、人ニ接スルニ甚ダ謙、而シテ詩名最モ高シ。都下、賞会ニ子琴ナクンバ楽マズ。世人、皆、交ヲ納メテ栄トナス。」「浪華ノ俗、遊冶ヲ常トナシ、軽薄ヲ風トナス。子琴、笑謔遊衍《イウエン》、人、ソノ俗ニ近キヲ疑フ。」「子琴、詩ヲ作ルニ苦学者ニ似ズ。人ト古今ノ詩ヲ評スルヲ欲セズ。詩友相ヒ会ヘバ、動《ヤヤ》モスレバ輒《スナハ》チ議論蠭起《ホウキ》ス。子琴、一語モ交ヘズ。」

典型的な都会人で、社交的でユーモアの感覚に富み、粋な人柄であったように見える。辛苦力行の田舎漢だった春水には、憬れの人物であったのだろう。彼自身、正に「交ヲ納メテ栄トナス」第一人者であったのだろう。

篠崎三島（一七三七―一八一三）、名は応道、字は安道、通称は長兵衛もまた、代々の大坂人で、「人トナリ闊達、事ヲ処スルニ明快。」子がなかったので養子をとったが、その養子弼、字は承弼（号小竹）は「学識超勝、優レテ父ノ蠱《コ》ヲ幹ス。」春水は我が子山陽の不出来に比べて、出来のいい養子を迎えた三島を羨んでいるのである。しかし小竹自身は自分が単なる秀才に過ぎず、山陽の天才とは比べものにならないことを知っていたし、それを公言することもはばからなかった。小竹は一生の間、山陽の友人であることを誇りともし、それを自分の存在理由ともしていた。

盟友柴野栗山（一七三六―一八〇七）、名は邦彦の項には、特別の敬意と親愛とが籠っている。栗山は異学の禁の中心人物となって一身に風当りを受けた。反対者の或る者は刀を揮って先生の室内に乱入さえした。しかし先生は泰然として動じなかった。「老後ノ詩文、往々率易狂放、然レドモ其ノ辞ヲ遣《ヤ》ルヤ、自在曲尽、心事少シノ遺憾モ無シ、亦、人ノ及バザル所也。」

春水が昌平黌で講義をした時は、栗山は友人の教授振りを視に来たりして、その批評を述べたらしい。

栗山は客好きで、風流であったが、話柄が「節義」に渉ると、途端に「音詞激烈、風雨ノ如シ」というようになった。

その豪傑であることは、或日、冗談に自分が政権を執ったら、清国に攻めこんで占領すると豪語したことでも知られる。中国の人は皆「読書人」であるのに、目下は「胡虜ニ北面」している。「豈《ア》ニ、ソノ本志ナランヤ。」だから自分は激論して「諸聖賢哲ノ裔」を説得して、解放運動を起すのだ。

またその声の大きいのも有名だった。昌平黌で朝鮮の使節をどう待遇するかの会議があった時、栗山があまり高声で弁じるので林祭酒はもう少し声を小さくしてほしいと頼んだ。すると栗山は「朝鮮まで聞えはしないから、安心なさい」と答えて、一座は大笑いとなった。

しかし、この豪放な栗山は学問そのものについては極めて謙遜で、春水が彼に何故、著述をしないのかと訊いた時、「著書というものは人を益さなければならないが、自分のような迂腐の儒の書いたものは、人の心目を損する惧れがあるから著述はしない」と答えたという。

『師友志』は未完のままで、山陽に補修を托して春水は死んで行った。

二洲、精里、茶山というような大事な人物は、いずれも山陽によって「補遺」の項に掲げられることになった。春水はこれらの知名な友人たちを慎重に後廻しにしておいたのだろうが、栗山ひとりを書いたところで、筆力が萎えてしまったのである。

山陽の「補遺」は尾藤二洲から始まる。

二洲は山陽にとっては母の妹の夫、つまりは叔父であり、昌平黌在学中は山陽の寄宿舎の二階が先生の官舎になっていたので、彼は一年ほどのあいだ二洲と起臥を共にしたのであった。

二洲は「喜ンデ本邦群雄ノ事跡ヲ談ジ」た。山陽と趣味を同じくしたわけである。この叔父と甥は、先生の書斎で毎晩のように夜の更けるのを忘れて、足利氏がどうとか織田氏がどうとか論じていて、キリがなかった。

とうとう業を煮やした二洲夫人は、部屋へ闖入《ちんにゅう》してきて、「少しは叔父様の身体のことも考えなさい」と、長尻の甥を叱りつけるというようなこともあった。

古賀精里は、尾藤二洲とは正反対の性格であった。「二洲翁、恬淡簡易ニシテ、先生（精里）ハ則チ厳密寡黙」――山陽は精里が苦手だったらしい。精里の方も春水の馬鹿息子については、露骨に嫌悪の感情を示していた。山陽が幽室から釈放され、未だ茶山のもとに引き取られて尻の落ちつかない思いをしていた中途半端な時期に、朝鮮の信使応接のことがあり、林述斎が正使、精里が副使として対馬に出張することになった。精里は助手として草場佩川《くさばはいせん》を任用し、述斎は松崎慊堂を伴うことになった。山陽は佩川からでもこのニュースを知ったのだろう、早速、二洲を通して精里に随従を願い出た。しかし、精里は春水、二洲などの証言によると、もう山陽は悔い改めたそうであるが、「其著述等之沙汰承候処、一向外馳いたし候而《て》、悔懲内省之意、絶而不ニ相見一候。則、亀井父子（南溟、昭陽）之所為ニも、格別不ㇾ異候」というわけで、にべもなく、この旧友の息子の願いを退けてしまった。そればかりではなく、長子穀堂に向って「人の才を愛するも、程之知レたる事」であるから、絶対に交際を続けてはいけないと、厳重に申し送った。「頼久太郎、到レ今段々不埒、第一申候儀共、朝夕変易いたし候。」その通りではあったろうが、折角、向上心の起った青年の出端《でばな》を冷淡に叩いてしまうようなところが、この先生にはあった。

しかし息子の穀堂の方は、父の堅い申し渡しにもかかわらず、一生、山陽に対する友情は衰えなかった。この「補遺」のなかでも、山陽は穀堂のことを「風流洒落、襄ト善シ」と記している。

三先生の出揃ったところで、春水山陽の記述から離れて、この寛政の三博士の気質の相違について、その詩の方面から眺めてみるのも興味があるだろう。

精里の詩は『文鈔』初集、二集に、それぞれ載せられている。それらはいかにも厳酷な学者らしい観念的な詩で、今日の私たちが理解する詩というものとは異っている。見本を書き写すまでもないが、気軽に詠んだ五言絶句などに、僅かに詩情らしいものが感じられる。

秋色嵐皴裏　林梢夕照移　数椽茅舎影　同漾碧漣漪

（秋色、嵐皴《ランシュン》ノウチ、林梢、夕照ウツル。数椽《テン》、茅舎ノ影、同ジク漾《タダヨ》フ、碧漣漪《ヘキレンイ》ニ。）

しかしこういう即興的な短詩は彼の本領ではなく、『文鈔』中にも、少ししか収められていない。

次は栗山であるが、あいにくとその『文集』五巻のなかには、詩は外されているので、各種のアントロジーから拾ってみる。

比較的多く採録されているのは、幕府の納戸頭《なんどがしら》であった好学の官吏、羽倉簡堂の編んだ『従吾所好《じゅうごしょこう》』中である。この本には簡堂の日頃から愛誦する八家の詩が収められている。拙斎、栗山、二洲、茶山、杏坪、慊堂、山陽、淡窓――。この選択から見ると、編者の好みはかなり純粋に詩的《ポエチツク》であることが判る。（簡堂の学問の師は精里であったが、精里の詩は収められていないというところにも、逆に精里の詩の性質が暗示されていないだろうか。）

その序文によると、栗山には「登叡百韻」というような大作があったらしいが、それは採録されていない。

栗山の詩は多くは、隠逸生活への憬れを述べたもので、たとえば有名な長詩「松ヲ植ウ」の結末も、

辜負十余歳　塵務日相従　誤此半生身　遥愧南鄰翁

（辜負《コフ》、十余歳、塵務、日ニ相ヒ従フ。誤チタリ此《コ》コニ半生ノ身、遥カニ南鄰《ナンリン》ノ翁ニ愧《ハ》ヅ。）

昌平黌において天下の学政を執ったのは、彼にとっては辜負、本心に違うものだったのである。

「歳末」の詩にも、「閑儒、閑ヲ得ズ。自ラ咲《ワラ》ヒテ、亦、営々」と自嘲しているし、二洲に呼びかけた詩でも、他日、挂冠《けいかん》のあかつきは、河を夾んで茅屋を結び、相対して侘住いをしたいと願っている。

あるいは「無才無徳ノ老書生」が宮仕えの行列に入って歩いているのを見て「旧渓」の猿や鶴が笑うといけないから、先触れの声も小さくしてくれ、と頼んでいる詩もある。

彼の詩のもうひとつの特色は、語調が旋律的で快活な点にあるようである。

六如上人に和した詩、

酒人吟客類相従　各各春情各各濃　昨日西山相笑別　東山今日咲相逢

（酒人、吟客、類アヒ従ヒ、各々ノ春情、各々ニ濃《コマヤ》カナリ。昨日、西山ニ相ヒ笑ヒテ別レ、東山ニ今日、咲《ワラ》ヒテ相ヒ逢フ。）

又、「梅」

故人写示一株梅　忽憶山窓手自栽　短簟風微簾影動　暗香疑是故園来

（故人写シ示ス、一株ノ梅、忽チ憶フ、山窓ニ手自ラ栽ヱシヲ。短簟《テン》ニ風微カニシテ、簾影動《テツカ》ク、暗香、疑フハ是レ、故園ヨリ来ルカト。）

稲毛屋山が文化五年（一八〇八）に刊行した『采風集』は、山本北山、大窪詩仏、菊池五山らが序を草しているところからも、当時の新派の詩風を定着させようとの意図を以て編まれたことが判るが、当時の――つまり中国で起った宋詩復興に伴う清新体、性情派の――美学からして栗山の詩が評価されたということは、彼の詩が単なる学者のそれでないことが判るだろう。

『采風集』中の栗山の詩は、いずれも唯美的色彩の濃い、婉なものである。

又、それから半世紀後の安政七年（一八六〇）に、この『采風集』や柏木如亭《かしわぎじょてい》の『海内才子詩』の志を継いで出版された長谷川昆渓編の『近世名家詩鈔』（大沼枕山の序あり）は、栗山の詩数篇を巻頭に掲げている。つまり彼は一流の詩人として遇されるようになっている。

しかし彼自身は、詩人を以て自ら居るものではなかった。彼の詩に、

欲書旧草問諸君　旧草風吹散作雲　君去試看清洛上　風花雲月是吾文
（旧草ヲ書シテ諸君ニ問ハント欲スレバ、旧草ハ風吹キテ、散ジテ雲トナル。君、去ツテ試ミニ看ヨ、清洛ノ上、風花雲月ハ是レワガ文。）

というものがあるが、それは引によれば「余ガ性、拙ニシテ百モ能クスル所ナシ。ソノ韻語ニオケルヤ尤モ解スル所ニ非ズ。適マ《タマタ》物ニ感ジ、口ヲ銜イテ意ヲ発ス。一時ノ漫興、在スルニ足ラザル也。是ヲ以テ家ニ稿ヲ留メズ。」

彼は歌い捨てにして詩稿を保存さえしていなかったらしい。だから作品を見せてほしいと頼まれた時、この詩を作って断ったわけである。

また別の人から、「咏松旧作」を書いてほしいと望まれた時も、それは先に私の引用した「辜負、十余歳」の詩だったろうが、「老去、旧稿、皆、已ニ忘ル」という絶句を作って逃げている。

それは謙遜というより、彼が儒学をやはり正業と考えていて、詩の如きは余技に過ぎないとして卑しめていたからではないだろうか。

だから在府中の春水のところへ少年山陽が詩を送って来た時、春水が親馬鹿ぶりを発揮して、自慢しながら吹喋《ふいちょう》していると、栗山は「君は息子を詞人にするつもりか」と春水を叱った。詩人や文士を思想家学者の下に見るという点で、正に栗山は寛政の世代の時代思潮を代表していたと言うことができる。

栗山はやがて山陽が江戸へ出て来て昌平黌に入学すると、呼びつけて峻厳な口頭試問をし、山陽の読書傾向を調べた。どうやら、結果は栗山の気に入らぬほどではなかったらしいが、これに懲りたのか、山陽は在学中、栗山先生を敬遠していたらしい。

三博士のうち、最も詩人的素質に富み、また詩を作るということに拘《こだわ》らなかったのは尾藤二洲である。『従吾所好』中の二三の詩を摘んでみよう。

「高瀬ヲ下ル」
微雨春宵晴　野航穿菜花　菜花香断処　知是近人家
（微雨、春宵晴レ、野航、菜花ヲ穿ツ。菜花、香断スル処、知《シ》ンヌ是レ人家ニ近キヲ。）

舟で川を下って行って、両岸の菜の花の匂いに包まれている情景である。

「画ニ題ス」
探尽山中勝　杳然信馬還　従今静夜夢　常迷在此間
（山中ノ勝ヲ探ネ尽シテ、杳《エウ》然トシテ馬ニ信《マカ》セテ還ル。今ヨリ静夜ノ夢、常ニ迷フハコノ間ニアラン。）

二洲は青年時代から、読書や雑談のあいだに思いつくことがあると、机辺の小紙片にその思いつきを記録しておく習慣があった。そして、生涯のあいだに三度、そのフラグマンを整理配列して書物を作った。『素餐録』『静寄余筆』『冬読書余』がそれである。四十歳の時に纏めた『静寄余筆』には特に、詩人と作詩とについて語っている断片が多い。それは精里とも栗山とも異って、自ら詩人であることを愉しんでいるような趣きである。彼は、「詩というものは無理に作らなくてもいいが、作っていけないことはない」と述べている。作詩に耽って事業を廃するようになっては困るが、感興は詩によってしか写し出されないのだ。……

又、詩は「遊戯三昧」であるけれども、詩を学ぶ以上、まず「唐ヲ以テ法ト為ス」べきである。「宋人ノ詩ハ、本ヨリ模範トナスベカラズ」。しかし彼は一方で、宋詩に新しい感覚のあることを充分理解していて、陳腐にならないために時に、宋詩を読むことをすすめている。ただ「宋人ハ縦横ニ字ヲ下シ、雅俗ヲ択《エラ》バズ」であるから、無理に真似をすると、「閭巷俚談」になって詩の態をなさなくなる。

彼は新しい性霊派の詩風の遠い先駆者であった明の袁中郎についても、その「古」なる要素と「俗」なる要素との混在に、「後進ノ指南」たるには危険だと感じていた。

二洲においては詩的感興と退隠の心とは、栗山におけるよりも更に強く結び付いており、彼は最も昌平黌教官たる身分に、居心地悪さを感じつづけていた。

既に赴任の日に、西山拙斎から陶潜の帰去来を描いた絵を示されて、その絵に詩を書くように頼まれた。それに対して二洲は次のような詩を詠んでいる。（拙斎は春水のグループのなかで、生涯、出仕しなかった唯一の人物で、従って二洲の江戸赴任についても彼は批判的だったのかも知れない。そして、この絵を示すことで早く辞任するようにと諷したのかも知れない。）

衡宇蕭然垂柳深　孤舟軽颺入涼陰　何思乍作迷途客　惆悵題詩負素心

（衡宇、蕭然トシテ垂柳深ク、孤舟、軽ク颺《アガ》リテ、涼陰ニ入ル。何ゾ思ハン、乍《タチマ》チ途ヲ迷フノ客トナリテ、惆悵《チウチヤウ》トシテ詩ヲ題シテ素心ニ負《ソム》クヲ。）

『静寄余筆』中には「靖節《セイセツ》ノ詩ヲ愛サザル者ハ、是レソノ人、必ズ俗物。」の語がある。靖節、は陶潜の諡《おくりな》。

又、寛政中に編集された『冬読書余』のなかでは、二洲はこう述懐している。「余ガ性、世用ニ堪ヘズ。又、他ニ嗜好無シ。只、酒ヲ飲ムヲ喜ブ。亦、多キヲ能ハズ。偶マ中州集（元好問編の金代の詩のアントロジー）ヲ読ムニ、白髪書生伎倆《ギリヤウ》ナク、満窓紅日酔ウテ泥ノ如《ゴト》シノ句アリ。是レ実ニ余ノ真ヲ写ス也。是ノ若クシテ諸子ノ後ニ従ヒ、列シテ教官ニアリ。禄ヲ窃《ヌス》ムノ罪、何ヲ以テカ之ヲ謝セン。」

同じ主題の詩、

「酔後漫成」

病夫須自養　微醺以支離　身已落塵網　未能与世移

塵網豈素願　文字誤生涯　昨非今未是　帰去来何時

（病夫、スベカラク自ラ養フベシ。微醺《ビクン》以テ支離。身ハ已ニ塵網ニ落チ、未ダ世ト移ル能ハズ。塵網アニ素願ナランヤ。文字、生涯ヲ誤ツ。昨非ハ今イマダ是ナラズ、帰去来ハ何《イツ》ノ時ゾ。）

これは拙斎との別れの日を想い出して詠んだのかも知れない。素心と言い、素願と言う、いずれも煙霞の癖を指しているのだろう。

二洲はもと脚疾があった。そのために通学の不便を察せられて、特に校内に官舎をたまわっていた。又、「中年多病」とも言っている。そうした身体で「務メテ義理ヲ講ズル」ような生活は、息苦しく感じられたのかも知れない。冢田大峯が異学の禁に反対する声明を出した時、二洲の門人たちのなかには動揺するものが少くなかったと伝えられるが、それは先生自身に、権力によって学問を統一しようというようなことを忌む気風があったからではなかろうか。

また、こういう詩もある。以て二洲の内心を知るべきである。

我嘗出山山約我　山嘗送我我約山　我不負山山乃負　何折吾輪不得還
城上春風濠上月　心在水声山色間　春風秋月催人老　徒歎白髪掩蒼顔
汝能知我須憐我　山霊推我落塵寰

（我レカツテ山ヲ出ヅルニ山、我ニ約ス。山カツテ我ヲ送ルニ、我山ニ約ス。我レ山ニ負《ソム》カズ、山乃チ負ク。何ゾ吾ガ輪ヲ折リテ還ルヲエザルヤ。城上ノ春風、濠上ノ月。心ハ水声山色ノ間ニ在リ。春風、秋月、人ノ老イヲ催ス。徒ラニ歎ク、白髪ノ蒼顔ヲ掩フヲ。汝ヨク我ヲ知ラバ、スベカラク我ヲ憐ムベシ。山霊、我ヲ推シテ塵寰《ヂンクワン》ニ落シタルナリ。）

田舎から出てくる時に、私は山に向って間もなく帰ると約束した。山も私をやがて呼び戻そうと約束した。しかるに私は今もって山を想っているのに、一向に退隠に至らない。これは私が約束をやぶったのでなく、山がやぶったのだ。山の霊が私を「塵寰」に堕したままにしているのだ。……

彼は己れの心に任せない境涯を、故郷の山に向ってじれてぶつけているのである。

山陽の『師友志』補遺は三博士に次いで、菅茶山（一七四八―一八二七）に及ぶ。茶山と山陽とのあいだには、詩文において特に師弟の交りがあっただけでなく、茶山の廉塾を周ってこの二人のあいだには、甚だ厄介な心理的葛藤があった。そのしこりは山陽の一生を通じて、度合は異っても完全に消えることはなかった。茶山は山陽の才を認めれば認めるほど、一方で人格的な不信感が心のなかに糸を引いて残った。

しかし『師友志』の記述は、さりげなく茶山を賞讃して深入りはしないままに終っている。茶山は青年時代に西山拙斎と共に入京して勉学した。そして大坂で春水と知った。それ以来のつき合いで、春水は山陽道を公務で上り下りする毎に、必ず神辺に寄ることを愉しみにしていた。

神辺は福山藩の管内にあった。ある時藩侯が林大学頭と話していて、「方今、海内ノ詩、当ニ太中（茶山の通称）ノ右ニ出ル者ナシトスベシ」と聞いた。藩侯は「太中、何処ノ人」

と述斎に問い「神辺」と答えられて愕然となった。そこで直ぐ役人に、茶山を召させた。茶山は病気を理由に出仕を断った。藩侯はそこで、神辺に居住するままで茶山に俸給を与え、またその塾を官立にした。

菅茶山は寛政以後の随一の詩人である。彼の文学史上の位置は、小説の西鶴とか俳諧の芭蕉とか戯曲の近松とかを継ぐものである。

遅れて発達した「漢詩」というジャンルは、茶山の出現によってはじめて近代的な意味での「詩」となったといってもいい。

十八世紀の初め、荻生徂徠の一門（いわゆる蘐園派《けんえんは》）に諸大家が輩出し、彼等は詩においては専ら李攀龍《りはんりよう》、王世貞《おうせいてい》らのいわゆる明の七子の「格調説」を採用して唐詩の模倣に努めた。その詩風は一世を風靡し、パルナス的華麗を競ったけれども、それは現実生活から離れて文字通りの「模擬」となり、個性のない千篇一律のものに堕した。

その詩風が天明頃を境として、今度はより個性的な実際生活を歌うものに変ってくる。その刺戟となったものは清の袁枚らの「性霊説」であり、その先頭に立ったものが六如上人や茶山であった。彼等によって、日本の詩風は一変し、詩にレアリスムが導入された。……

茶山の詩は『黄葉夕陽村舎詩』八巻（文化七年刊）、『後篇』八巻（文政六年刊）、『遺稿』七巻（天保三年刊）に集められている。ほぼ二千三百首。『後篇』は主として北条霞亭、『遺稿』は頼山陽が校正その他、出版の業務に当った。

茶山の詩業を全般的に眺め、その真価を知るためには、これらの詩集（大体、年代順に詩が配列されている）を読み通し、その詩風の変遷、詩境の成熟、の過程を辿らなければならないだろう。しかし、それをするには、慎重な準備と厖大な紙面とを要するから、残念ながら此処は適当な場所ではない。

ただここに、山陽の弟子の村瀬太乙《たいいつ》によって嘉永六年（一八五三）に編集刊行された『茶山詩鈔』なる小冊子があって、百七十首ほどの詩を集めてある。今はそれによって、二三の詩を抄出し、茶山の詩の独自性を読者に認識してもらうことにとどめたいと思う。（太乙の世代になると、清新だった茶山の日常的レアリスムは、時に「俗調」と感じられるようになって来た。そこで太乙は「先師山陽翁ノ称スル所ト雖モ、余ノ眼力ノ及バザル者ハ亦、取ラザル也」ということで、茶山の詩風のなかで、比較的おだやかなものだけがそこには採られているようである。）

客代篙師暫刺舟　青菰汀過緑蘋洲　忽逢来帆相回避　水浅泥深不自由

（客、篙師《カウシ》ニ代リテ、暫ク舟ヲ刺ス。青菰《セイコ》ノ汀ハ過ギテ緑蘋《リヨクヒン》ノ洲。忽チ来ル帆ニ逢ヘバ、相ヒ回避ス。水浅ク泥深クシテ自由ナラズ。）

船頭に頼んで遊客が竿を持たせてもらって舟を行《や》る様を、生きいきと描写したもの。

「日問即事」

午路尋涼処　松根暫箕踞　題詩展小箋　忽被風吹去

（午路、涼ヲ尋ヌル処、松根ニ暫ク箕踞《キキョ》ス。詩ヲ題シテ小箋ヲ展ズレバ、忽チ風ニ吹キ去ラル。）

散歩中のスケッチ。このように軽い詩風も前代の知らなかったところだろう。

「病中、暑甚ダシク旧事ヲ憶フ」

沙村栽柳緑陰多　坐待江天午熱過　晩伴漁童看撒網　半湾蒲葉戦軽波

（沙村、柳ヲ栽《ウ》エテ緑陰多ク、坐シテ待《ヲノノ》ツ江天ニ午熱ノ過ギルヲ。晩ニ漁童ヲ伴ヒテ網ヲ撒クヲ看レバ、半湾ノ蒲葉、軽波ニ戦ク。）

こういう印象派風の描写のほかに、感慨の詩においても、茶山はそのリアルな感覚の鋭さを示している。

「亡母ノ十七回忌」

旧夢茫々十七春　梅花細雨復芳辰　墳前稽顙頭全白　曾是懐中索乳人

（旧夢、茫々十七春。梅花、細雨、マタ芳辰。墳前ニ稽顙《ケイサウ》スルニ頭、全ク白シ。曾《カツ》テコレ懐中ニ乳ヲ索《サグ》リシ人。）

「感アリ」

偶然臨鏡鬢如糸　千里知君亦老衰　却幸多年違会面　夢中仍見旧時姿

（偶然、鏡ニ臨メバ、鬢《ビン》、糸ノ如シ。千里、知ル君モ亦老イ衰ヘシナラン。却ツテ幸ヒトセン、多年、会面ニ違フヲ。夢中ニシバシバ見ルハ旧時ノ姿。）……

茶山の詩は採りだしたらきりがないのでここらでやめておく。

ここで序でに、茶山の青年時代の学友であり、三博士や春水の親友として、また異学の禁の立役者として何度も顔を出した西山拙斎（一七三五―一七九八）、名は正、字は士雅の内面生活を覗いておくのも意味があるだろう。

羽倉簡堂選の例の『従吾所好』の巻頭には拙斎の詩が掲げられている。それによってみると、彼が執拗に頑固に名声を逃げまわっていることが判る。その隠者癖は殆んど寒山拾得《かんざんじつとく》を想わせるほど徹底しているといえるだろう。そうした人物が、一方で何故、異学の禁などという学界政治に首を入れたのか不思議になる。

藩は彼の多年の地方教育の功績を賞するために、或る年の新春に彼の子を役所に呼び出した。その時の詩、

高臥山陽称逸民　年豊且遇泰平新　朝来奉檄児曹走　莫是虚名累老身

（山陽ニ高臥シテ逸民ヲ称シ、年豊カニシテカツ泰平ノ新タナルニ遇フ。朝来、檄ヲ奉ジテ児曹《ジサウ》走ルモ、コノ虚名ヲシテ老身ヲ累スル莫レ。）

阿波藩の使者が春水の紹介で彼を儒員に迎えようとして、やって来て幾日か交渉を続け、遂に諦めて帰って行ったあとの詩、

隠概嘗逃名利関　江山花月好怡顔　華門忽有侯門聘　忙了先生幾日閑

（隠概、嘗テ名利ノ関ヲ逃ゲ、江山花月、怡顔《イガン》ヨカリキ。蓽門《ヒツモン》、忽チ侯門ノ聘アリ、忙了ス、先生ノ幾日ノ閑。）

拙斎は勧誘を断るのに、気忙しい思いをさせられたことに不平を言っているのである。一方、

元識熊魚難並兼　労心何似養心恬　朱門避聘好題目　贏得自今詩料添

（元ヨリ識ル、熊魚ノ並ビ兼ネ難キヲ、心ヲ労スルハ何ゾ心ヲ養フノ恬タルニ似ン。朱門、聘ヲ避クルハ好題目、贏《カ》チ得タリ、今ヨリ詩料ノ添フコトヲ。）

これからは就職を断るという粋なテーマで詩が書けるといって、拙斎は皮肉な喜びを感じ

ている。こういう始末の悪い人物を口説き落すことは至難の業である。寝業師の春水も、遂に諦めざるを得なかった所以だろう。（春水は栗山の依頼を受けて、この時も拙斎に仕官を勧める手紙を出していたが、拙斎は「遠いが花、聞ての千両、見ての一両」と戯れて相手にしなかった。）

そうした拙斎に、深草の元政上人の「清貧詩」に次韻したものが見られるのは、当然といえよう（拙著『雲のゆき来』参看）。

拙斎の散文には『遊松山記』というような紀行文があり、それは極めて生き生きとした叙述に満ちていて、殆んど痛快といっていい趣きがあるが、彼の散文の奇才を窺うべきは『間《かん》窓《そう》瑣《さ》言《げん》』という面白い逸話集である。

彼は或る年、妻の分娩のために落ちつかなくなって、庭へ出て余り長く草のうえに坐っていて、とうとう冷えこんで病気になった。そして、その病床の徒然に、大名や学者や近隣の無名の人々のゴシップを集めて書いたのが、この珍書である。

たとえば、二人の馬方が二十年振りで会って大いに飲み、お互いに気が付かずに相手の馬に乗ってしまったので、馬は馴れた自分の家に戻り、そこに見知らない女がいると言って、両方の馬方が夫ぞれ、友達の家で怒りだし、迎えに行った子供を摑えて今度は何故、知らぬうちに引っ越したのかと言って、くだをまいた、という話。

あるいは、大坂の或る坊主が好きな妓を身受けしようとしたら、妓は恋人と駆け落ちし、楼主も身代金を返してくれないので、「実は姪が落魄していたのを救って結婚させてやりたかったのだ」と嘘をついて奉行所に訴え出たら、その判決は恋人同士結婚させてやれ、それが貴僧の初志にもかなうだろう、と坊主の嘘を逆手にとられたものであったという話。

又、林羅山は「博綜究メザル所ナシ」という学者であったが、「性、スコブル迂遠」で、ある時、客が急に羅山に向って「木旁《へん》に木は何という字ですか」と訊くと、「先生、眉ヲ蹙メテ、ヤヤ久シクシテ曰ク、亦コレ奇字、経史中、未ダアラザル所」と不思議がって、それが自分の姓であることに遂に気付かなかったという話。

又、或る書生に向って、室鳩巣が近頃は役所が忙しくて学問が出来ないと愚痴を言うと、その書生が「謂ハユル学トハ、日用常行ノ外ニ在ル乎」と先生をやりこめた。鳩巣は急いで自分の「失言」を謝ったという話。

あるいは、或るたちの悪い美青年が、自分の首を売ろうと触れ歩いているのを、或る人が呼び留めて言い価《ね》を払うと、懐《ふところ》から人形の首を出してよこした。買手が怒ると、本物の首は「招象《かんばん》」に過ぎないのだと言い返したという話。

又、或る人妻が夫の友から附文を貰ったのを夫に告白し、その相手の名を言おうとすると夫が大急ぎでそれを留め、そして恋文を読みもしないで火中にしてしまったという話。

そうした話が、何十となく集められていて、拙斎の好奇心と諧謔心と、そして自由な精神と文体とを味わうことを可能にしてくれる。

このメタフィジカルな朱子学者は、一方で恐ろしく現実への興味の旺盛な、生活慾に溢れた人物のように見える。しかもそうした心の弾みは世間的な立身を毛嫌いすることにも通じていた。

山陽は父執たちのなかでは、実はこの拙斎に最も共鳴するものを感じていたかも知れない。拙斎の遺稿の整理をしたのも山陽である。

『春水遺稿附録』は「新甫遺詩」つまり頼権次郎、元鼎景譲の詩集である。この不遇のうちに若く死んだ人物は、しかし学藝のうえでは、頼家の家学に特に加えるところのなかった人物のようである。父春水の遺稿の後ろに景譲の詩集を附けたのは、山陽の私情である。

――「美人、浴ヲ出ヅ」というような詩は、彼の「小豚」時代の記念でもあろうか。

出水亭々白玉姿　侍児新薦碧衫衣　趁涼漫向池辺去　皓月満身不自知

（水ヲ出デテ亭々、白玉ノ姿。侍児新タニ薦《スス》ム、碧衫衣《ヘキサンイ》。涼ヲ趁《オ》ウテホシイママニ池辺ニ向ツテ去ルモ、皓月満身、自ラハ知ラズ。）


多分、藝妓が風呂から出て、手伝いの少女に新しい紺の浴衣を着せられ、池の畔《ほと》りへそぞろ歩きに出かける艶姿である。

しかし一方で彼は、「耿々《カウカウ》タル斯《コ》ノ心、与《トモ》ニ語ルナク、一燈、永夜ヲ独リ相ヒ親ム」というような孤独な思いも、人知れず嚙みしめていた。

あの放蕩とこの孤独とが、彼の若い生命を奪ったのであろう。

三　山陽の叔父たち

山陽の父、春水には二人の弟があった。春風と杏坪とである。

春風（一七五三―一八二五）、名は惟彊、字は千齢、通称は松三郎。兄と弟とが藝藩に儒官として出仕したのに、彼は故郷竹原で父の家を継いで、傍ら家塾を開き、又、医者を業とした。晩年には藩医として召しだされたこともあるけれども、大体は村夫子然として隠者の生活を愉しんだ。

青年時代は、兄弟三人、大坂に学んだ。その頃、彼等の詩風を、春水の「方」、杏坪の「三角」に対して、春風のそれは「円」であるという当時の戯評があった、とは前にも述べたが、春風の死後に出版された『春風館詩鈔』二巻の序で、篠崎小竹はその「円」が単に詩風だけではないことを述べて次のように言っている。

第一は志において円であった。彼は兄弟の出世を傍目で見ながら、悠々として故郷に老いて行ったからである。

第二は業において円であった。彼は家産を守り、家業の商売の方も発展させた。彼の年収は兄弟の俸禄よりも多かった。

第三は徳において円であった。つまり人格円満であった。

その三つが渾然としてまた円をなしていた。そうして「ソノ円ヤ、蓋シ方ト三角トヨリ難キモノアランカ。」

またこの『詩鈔』の末尾に、尾藤二洲が「爽気楼記」という文を書いている。爽気楼は春風が竹原に作った別荘であるが、その風景を叙して、自《おのずか》ら春風の人物論ともなっている。その文中に二洲は大坂時代に、春風と机を並べて勉強し、枕を並べて寝たと言っている。又、三兄弟のなかで、最も親しかったのは春風であったとも述べている。

二洲は春風の生き方に共感をもっており、そして自分が官学の教授となったことを、幾分、後悔しているのである。

『春風館詩鈔』は「夜、葛子琴至ル」という詩で始まる。歴然とした旧詩風（格調派）であり、兄春水に比べて、詩学の上で甚だ保守的であったことが判る。つまり、勤勉に詩法を学び、従順に格式に従うというやり方であったので、強く個性を主張するという反逆的態度は、彼のものではなかった。（だから、その詩は近代的文学観からすれば、面白さがない、ということになる。）

そうした穏やかすぎ、型にはまりすぎた詩風から、次第に彼自身らしいものが微かに現われてくる、という経過を、この詩集は示してくれている。

「楓亭ニ人ヲ送ル」

丹霞一簇夕暉残　開遍軒窓仔細看　明日葉飛人去後　満林風雨不堪寒

(丹霞一簇《ソウ》、夕暉《セッキ》残リ、軒窓ヲ開遍シテ、仔細ニ看ル。明日、葉飛ビ人去リテ後、満林ノ風雨、寒ニ堪ヘザラン。)

断続渓橋上下亭　落英浮水繞園庭　花顚難約重来輿　葉底残紅如暁星

(断続ス渓橋上下ノ亭、落英、水ニ浮ンデ園庭ヲ繞《メグ》ル。花顚《クワテン》ハ約シ難シ、重来ノ輿ヲ。葉底ノ残紅、暁星ノ如シ。) 落英は落花、花顚は花きちがい。

「背溝ニ泊ル」

雲開夕照射波斜　霧合俄然雨若麻　岸近夜来人語聒　推篷星彩乱平沙

(雲開キ、夕照波ニ射シテ斜メナリ。霧合サッテ俄然、雨、麻ノゴトシ。岸近ク夜来、人語カマビスシク、篷ヲ推セバ、星彩、平沙ヲ乱ス。)

港に停っている船のなかでの詩である。気候の急変、夕陽が出て、その後、急に雨が降り、また星空になるという情景。「篷ヲ推ス」とは篷窓、船の窓を推し開けるという意味だろう。

「須磨ヲ過グ、口占」

軽轎雨過山水都　黒雲頭上一詩無　四囲油幕瞑然坐　満耳松声也勝区

(軽轎《ケイケウ》、雨ハ過グ、山水ノ都、黒雲、頭上、一詩モ無シ。四《ヨモ》ニ油幕ヲ囲《メグ》ラシテ、瞑然トシテ坐セバ、満耳ノ松声、マタ勝区。）

せっかく景色を愉しみにしていた須磨で、豪雨のために籠には油紙をかぶせたまま過ぎなければならない。しかし、目を閉じて揺られて行く耳に、松風の声が聞えてきて、その風情はやはり名勝である。……

春風の詩は、風景や旅を主題としたものが、つまりおとなしく主観を心の奥へ退かせているものが、読んで愉しい。人柄であろう。

しかし、そうした叙景詩も晩年になるに及んで、ようやく詩風が新時代のもの――リアルなスケッチ――になってくる。

紫豆花残看菊花　沿流村巷一蹊斜　山家風味殊淳朴　晒柿窓前売椀茶

（紫豆花残《スガ》レ、菊花ヲ看ル。流レニ沿ヒテ村巷、一蹊斜メナリ。山家ノ風味、コトニ淳朴。柿ヲサラス窓前ニ椀茶ヲ売ル。）

一方で、より直截に感慨を述べた詩を二三抽いてみると、

平生吐語語尤遒　送別無詩有意不　君言何若一杯酒　酒自解愁詩説愁

（平生、語ヲ吐クニ語モツトモ遒《セマ》ル。送別ニ詩ナキハ意アルヤアラズヤ。君ノ言、何ゾ

シカン一杯ノ酒ニ。酒ハオノヅカラ愁ヒヲ解キ、詩ハ愁ヒヲ説ク。）

――ある年の新年に、老の目ざとい寝覚めの床で、広島に出仕している弟、杏坪を想って、兄弟共に老年になったことを歎じている。「吾レマサニ汝ヲ思フ、汝ハ思フヤ否ヤ。昨夜、池塘《チトウ》ニ春草、生ズ。」

またその後の最晩年の元日に、

餽歳交朋老更親　寒厨暴富尽時新　回青橙子曾経臘　肥白麵魚初入春
穉子先斟今日酒　懶奴不掃去年塵　何妨残喘余齢減　養拙守愚全我真

（餽歳《キサイ》ノ交朋ハ老イテ更ニ親シ。寒厨ノ暴富、尽ク時新ナリ。回青ノ橙子ハ曾テ臘《ラフ》ヲ経《ヘ》、肥白ノ麵魚《メンギヨ》ハ初メテ春ニ入ル。穉子《チシ》ハ先ヅ斟《ク》ム、今日ノ酒。懶奴ハ掃カズ、去年ノ塵。何ゾ妨ゲン残喘、余齢ノ減ズルヲ。拙ヲ養ヒ、愚ヲ守リテ、我ガ真ヲ全ウス。）

歳暮の贈物が台所に満ちて、急に物も心も豊かになったと、幾分のユーモアを以て歌い、結局、自分の本性に従って生きた一生を肯定しながら、静かに余生を一日一日と味わっている。……

七頼の第三は春水、春風の弟、杏坪である。

頼杏坪（一七五六―一八三四）、名は惟柔、字は千祺、通称は万四郎であった。

彼は二兄に従って大坂で勉学し、また江戸へ出て服部栗斎の教えを受けた。兄たちはこの弟をどのようにして身を立てさせようかと苦心したらしい。どこか都会で塾でも開かせるか、あるいは故郷の竹原に呼び戻して、春風のそばで暮させるか、いずれにしても三男坊の生活を立てさせることには、色々と頼家の人々は頭を悩ませた。本人の性格からして町家の家風には従わせられないし、そうかといってなかなか仕官の口はなし、いつまでも兄の世話になって遊んでいられては、世間の聞えも悪いしというところだった。

しかし、春水は遂に藩侯を動かして、自分の助手という名目で、杏坪を広島藩の儒員とすることに成功した。

彼は兄ともども藩侯の信用を得るようになり、後、春水が侍講をしながら、徹底的な教育を施した世子が封を襲《つ》ぐに及んで、杏坪は郡奉行を兼ね、吏務にも敏腕を振うようになった。庶民の子であった彼は、百姓の心を知ることが、他の役人たちよりも遥かにすぐれており、地方官としての彼の声望は、学者詩人としての名声に匹敵するに至った。

彼は七十歳を過ぎても、吏務に精励し、傍ら藩志の撰述にも従事し、そして公務の余暇には詩や和歌をせっせと作っていた。非常な精力家である。

菅茶山は杏坪が儒官から地方官になったと聞いて、必ず実務の方では失敗を演じるだろうと心配し、やがて彼が着々と治績を挙げはじめたと聞くと、今度は詩文の方が駄目になってしまうことを憂えた。ところが両方ともを見事にやりおおせるのを見て、驚嘆しないではいられなかった。

杏坪は自分の詩を生前、自ら年代順に編纂して、その稿本を一巻に纏《まとめ》るごとに茶山、山陽、小竹、松陰らのところに廻して、批評を書き入れさせた。

それはやがて『纂評春草堂詩鈔』八巻となって刊行された。

その第一巻の巻末で、茶山が杏坪の詩を総評して、次のようにいっている。

「千祺ノ詩、既ニ前輩の大声壮語ニ非ズ。又、今時ノ骩《キ》骳《ヒ》軽俳ト異ル。特ニソノ遭フトコロヲ述ベテ、意至り、筆随フ。民艱吏情、曲《ツブ》サニ肯綮ニ丁《アタ》ル、伝奇小説ト雖ドモ、言ヒ易カラザル所、然シテ諸《コレ》ヲ詩律ニ入レテ、優游余綽、語、近ニシテ俚ナラズ。意、深ウシテ鑿《サク》セズ。……」

また、茶山は杏坪の詩風を、南宋の楊万里（号誠斎）や、方岳（号秋厓）に比べている。彼等の詩も杏坪の詩も「善ク瑣事ヲ言フ」点で共通しているというのである。そして、誠斎や秋厓は、文化ごろから起りはじめていた新しい詩風の人々にとって、最も大きな目標であり先達であったのだから、彼等に比べられているということは、杏坪の詩が新しい詩のエコールに属している、ということを傍証していることにもなる。——頼兄弟のうちで、最も詩風の古いのは仲兄春風であり、最も新しいのは杏坪である。そして、山陽が杏坪と最も心を通わせ合っていたという事実は、この二十歳以上も齢の開きのある叔父甥のあいだに、学風においても趣味においても、藝術的感受性においても、極めて共通のものがあったということを示しているだろう。

たとえば「詠史」、歴史的事件を詠じた詩において、江戸時代の最大の詩人は頼山陽であるというのが定評になっている。が、杏坪もまたこのジャンルにおいて、その詩的才能を発揮しており、詩集中にも詠史の数は多い。

私は山陽が史詩の大家となったについては、明らかに杏坪の身近な影響が大きいものと見ている。(彼の詩学の先生であった茶山は、その方面では見るべきものを残していないのだから、尚更である。茶山は日常生活の細部のレアリストとして、いわば現実に対して微視的であった。それに対して詠史というジャンルは、巨視的な眼を必要とする。つまり一本の樹にあたる風を見る時、その葉のそよぎそのものを表現しようという態度と、そこに歴史的過去の情景の再現を空想するという態度の相違である。)

実際に杏坪の詩を見て行くと、或る詩の頭註で茶山が言っているように「大声疾呼、発露ヲ妨ゲズ」というような調子、また別の詩の頭註では「議論正大、語句雄健、真ニ是レ男子ノ語」というようなものが多い。(なお、この『春草堂詩鈔』に収められている詩は、作者五十代の半ば、文化年間以後のもので、青年時代のものは見ることができない。)

「病床ニ偶《タマタ》マ書ス」

看書倦時暫仮寝　肱不巻袖曲為枕　覚見衣皺印満腕　乱篆縦横巧鏤鋟

揃之一時未全銷　始疑遍身帯水飲　老来微恙亦関心　違和如食失烹飪
因憶江都御殿岡　花底展紙潑墨瀋　又憶海晏楓林晩　酔臥霜葉満地錦
壮遊屈指十五年　居然衰病嘆薄稟　遂却魚酒親麦粥　姑作寒林病鶴噤
壁上巾杖欲生塵　何日尋春携婦嬸

（書ヲ看テ倦キル時、暫ク仮寝ス。肱ニ袖ヲ巻カズ、曲ゲテ枕トナス。覚メテ見ル、衣ノ皺ノ満腕ニ印スルヲ。乱篆、縦横、巧ミニ鏤鋟《ロウシン》ス。之ヲ揃《ナ》ヅルコト一時、未ダ全ク銷《キ》エズ。始メテ疑フ、遍身、水飲ヲ帯ブルヲ。老来、微恙《ビヤウ》モ亦《ノ》、心ニ関ス。違和、食モ烹飪《ハウジン》ヲ失ヘルガ如シ。因ツテ憶フ、江都ノ御殿岡、花底ニ紙ヲ展べ、墨瀋《ボクシン》ヲ潑セシヲ。又、憶フ、海晏《カイアン》楓林ノ晩、酔ウテ臥セバ、霜葉満地ノ錦ナリシヲ。壮遊、指ヲ屈スレバ十五年。居然、衰病、薄稟《ハクリン》ヲ嘆キ、遂ニ魚酒ヲ却ケテ麦粥《バクシュク》ニ親ム。姑《シバラ》ク作《ナ》ス、寒林病鶴ノ噤。壁上ノ巾杖、塵ヲ生ゼント欲ス。イヅレノ日カ春ヲ尋ヌルニ婦嬸《フシン》ヲ携ヘン。）

昼寝から覚めてみると、腕に着物の皺のあとが篆字のように一面についている。（この観察の細かさが、新風の特徴である。）手で撫でてもなかなかその跡が消えない。そこで全身にむくみが来ているのではないか、と心配になる。年だから直ぐそうしたことが気になるのである。食物の味も変ってしまっている。そこで壮年時の江戸での生活が色々と回想に浮んでくる。品川御殿山の雅遊、鮫洲海晏寺の楓林会……（今日では流行の地名改正が「御殿山」を地上から抹殺してしまった。そして海晏寺の境内は、京浜国道と京浜急行との貫通により分断され、あまつさえ、維新の元勲、岩倉公の塋域《えいいき》が丘の頂上を占領して、一台の大砲が品川沖を目指して鎮坐していることによって、その殺風景を完璧なものにしている。）そして、杏坪はそれらの回想のあとで、いつまた家の女たちをつれて郊外へ散歩に行けるだろうか、と嘆じているわけである。

又、「戯レニ柚味噌ヲ咏ズ」というような、題材の奇抜な、そして表現がおそろしく衒学的な戯詩がある。

茶山はこのような杏坪の学者的な遊びを評して、田能村竹田にこう、笑いながら語ったという。

「万四郎は馬鹿にてござる。此頃は蚊の歌百首を作る。又此比《このごろ》はいつもの六ケ《むづか》しき詩を寄せ示す。其中にさんずいにくそといふ字までも作りてござる。……」（『屠赤瑣々録』——巻二）

あるいは寛斎、詩仏、五山らと交遊し、あるいは栗山、精里らを訪ねて、詩を賦しているのが判る。

つまり後者のグループは寛政以来の厳格な学者たちであり、前者のグループは後者の側からは蔑視され嫌悪されていた文士たちである。この仲間の頭領であった市河寛斎は寛政の改革によって昌平黌の教壇を追われた人物である。そして、やがて山陽に極めて同情的になり、山陽自身も喜んで接近して行く同志である。

この相い対立する両方に、杏坪の交際範囲が重なっていたということは、甚だ興味がある。彼は時代思潮の移り行きの中途に位置した人物だと言えるだろうし、また細事に拘泥しない、自由な行動をとった人物だった、という風にも考えられる。

「春ノ村」
桃花臨水鴨媒驕　竹裡一村通小橋　門外時過売魚媼　家々相戒繋児猫
（桃花、水ニ臨ミテ鴨媒驕リ、竹裡ノ一村小橋ヲ通ズ。門外、時ニ過グ、売魚ノ媼《アウ》、家々相ヒ戒メテ児猫ヲ繋ゲリ。）

この詩には山陽の弟子の後藤松陰が「竹枝ニ似ル」と評をつけている。竹枝《ちくし》とは唐の劉禹《りゆうう》錫《しやく》（夢得）に始まった歌詞の一体で、男女の情事とか土地の風俗などを詠ずるものである。（竹枝体は寛斎門下の人々、先にあげた第一のグループの間で大いに流行し、それが謹厳な旧世代の眉を顰めさせるようになって行った。）こうした一面も、杏坪にあったことは面白い。川岸の桃の花を美人に見立て、鳴き騒いでいる鴨を、その美人を売っている遣手婆《やりてばば》にたとえたのは、実に奇抜である。また魚の行商が通りかかると、家々で慌てて猫を繋ぐというのもユーモアのある情景で、長閑な空気がよく出ている詩である。
山陽の最初の「女弟子」であった平田玉蘊の「古名鏡」に寄せた詩も、ここに挙げられている。その中で杏坪は、平田家が一時に没落したのは、彼女の画技を伸すための天の配剤であったと述べている。つまり母を養うために、彼女は技を售《う》らなければならなくなったからである。しかし彼女のことを、母に仕えて温情を勤むとか、「秀異、却ツテ恨ム、伉儷《カウレイ》ノ乏シキヲ」とか、「冰人《ヒヨウジン》孰《タ》レカ能ク婚娉《コンペイ》ヲ謀ラン」とか、嫁入口の心配までしているのは、文学藝妓と渾名《あだな》を取った多情な彼女の生活振りを知っている私たちには、奇妙に感じられる。杏坪は豪邁な気性であったが、女性の内面的消息を知ることは不得意であったのだろう。或いは、出来そこないの甥が、これほどの才色兼備な女性を裏切ったことで、恐縮していたのかも知れない。また、才能のある女性は、自ら貞潔である、というような楽天的な先入観念の所有者でもあったのだろう。

「春風橋」某氏の別荘の景色

板橋原多趣　何必人跡霜　春風落花夕　歩々踏幽香

（板橋モト多趣、何ゾ必ズシモ人跡ノ霜ヲヤ。春風落花ノ夕べ、歩々、幽香ヲ踏ム。）

「摂西、駄酒牛ヲ見ル」

絡繹酒千駄　亦向燕都地　燕都百万家　能支幾日酔

（絡繹《ラクエキ》、酒千駄、亦タ燕都ノ地ニ向フ。燕都ノ百万家、能ク幾日ノ酔ヲ支フヤ。）

ぞろぞろ繋がって大坂へ向って行く、酒を載んだ牛の列。これだけ大量の酒が、さてあの大都会では幾日保《も》つか。……

大坂人の小竹は「諷意躍然」と頭評して嬉しがっている。

——巻三。この巻から杏坪の地方官としての勤務振りをうかがわせる詩が出てくる。

文化九年（一八一二）、彼は五十七歳にして初めて督郡となって恵蘇郡に赴任する。そして郡の民七十歳以上のもの百二十名を山王社に集めて酒を飲ませ、民情に触れようとした。

この土地は由来、「磽确《こうかく》」（石の多い痩地）で、飢饉の年には餓えるものが多かった。藩はそのために「耕種ノ糧」を貸したり、「牛犢ノ価」を給したりの特別の処置をしていたのだが、それでもなかなか、うまく行かなかったので、特に杏坪を起用して郡政に当らせたのである。

彼はまた別の詩で「えそ郡」という地名に、古人が恵蘇という字を当てたのは、「恵ミニ非ザレバ民、蘇セズ」という寓意があったのだろうと、善謔を弄している。

しかし、この郡の代々の代官は、「三月、木未ダ葉セズ」「八月、霜早ク降ル」というようなこの土地柄を無視して、盛んに「税租ヲ催シ」、そのために農民は一揆を起したり、逃亡したりして、収拾のつかない状態になっていた。そこへ特命を帯びて乗りこんだ杏坪のこの冗談には、だから無責任な前任者たちに対する怒りが籠っている。

彼はこの新しい任務に献身した。しかし時々、「自ラ笑フ、書生、旧態ヲ余《アマ》シ、半バハ民ノ苦ヲ思ヒ、半バハ詩ヲ思フヲ」と、長年の儒者としての気持の脱けきれないでいることを自嘲したりもしている。

――文化十二年（一八一五）には、今度は彼は藩命によって漂流民の受け取りに長崎に出張することになる。彼は中国語の会話に熟達していたからである。

この出張では、老杏坪は大いに新しい見聞を愉しんでいる。瓊浦《けいほ》では西洋の大砲（「仏郎機《フランキ》」）を見学したり、「高鼻長身、紫色ノ瞳、窄衣《サクイ》、袂ナク、髪毛紅シ」という崑崙《こんろん》の黒人を見たりした。その詩には山陽は「面貌、黒キコト漆《ウルシ》ノ如シ」という杏坪の形容に反対して、自分の観察によれば漆色でなく「羊羹色」であったと註している。こうした評にも、叔父甥の遠慮のない親しさが窺われる。

また中国演劇を観に出掛けて、その音楽のあまりの賑やかさに「満場ノ観者、竟《ツヒ》ニ聾ニ帰ス」とあきれたり、前夜、唐人街に呼ばれて行った藝妓たちが、朝帰りの途中で、街の出口のところで「復《マタ》、門吏ノ衣裳ヲ撿スルニ遭フ」という、身体検査の憂目にあっている情景を詠じたりしている。役人は外国品の密輸入を懼れていたのである。

漂泊民の受け取りに際しては、救出して連れて来てくれた唐商に感謝の詩を作って贈った。漁民たちは「四海一家ノ仁」というものを知ったろう。ただ「恨ムラクハ、他《カレ》ノ眼裡ニ一丁字ナク、呉越、徒ラニ過グ、勝地ノ春」。せっかく中国本土を踏むという、当時の日本人には禁じられている経験を、無学な彼等は充分に生かし得なかったのが残念である。

また、唐人館へ招待されて中国料理の御馳走を受けたり、滞在中の中国人の文人趣味の連中と交歓し合ったりしている。

――長崎から戻り、また地方官に復帰する。

「御調郡ニ訟ヲ聴ク」

人散訟庭将夕陰　獄情疑処自相尋　牆頭偶見秋山好　復使詩心奪吏心

（人散ジテ、訟庭、マサニ夕陰ナラントシ、獄情、疑ハシキ処、自ラアヒ尋ヌ。牆頭《シヤウトウ》偶《タマ》マ秋山ノ好キヲ見、マタ詩心ヲシテ吏心ヲ奪ハシメントス。）

しかし、時々はまた「嗟乎《アア》、吾老イタリ矣。如何ニシテ壮者ニ及バン。願クバ好キ代人ヲ得テ、老ヲ告ゲ驕馬ヲ返サン。」という慨きも見せている。

この巻の終りに、山陽は近ごろの詩人たちが一般に「風気日ニ澆弱《ゲウジヤク》」になり「嘔心鏤骨《オウシンルコツ》」して律詩や絶句のような短詩形を完璧に作ろうとばかりしているのに、杏坪がその大勢のなかで気力の溢れた長詩を作っているのを賞讃し、「此レ一家ノ私評ニ非ザル也」と述べている。

――巻四

杏坪七十歳、従来の三次《みよし》、恵蘇二郡に加えて、新たに奴可《ぬか》、三上二郡の郡宰を命ぜられる。四郡とも山陰に隣る寒冷の地である。藩では郡吏としての杏坪の才能を愈々高く評価し、彼によって一挙に積年の辺地問題を解決しようとしているように見える。

「吏卜作《ナ》ルモ、要《カナラ》ズ郡県トナルナカレ。民病ヲ聞クゴトニ涙縦横」と、彼は悲鳴をあげながら、奔走にいとまがない。

彼はまた代々の郡宰に「汙吏《ヲリ》」の多かったことを憤り、「頻年、山部ハ半バハ荒邨《ソン》」と歎いている。そうして当局に対しては「頻リニ封章ヲ上セテ減租ヲ論」じ、「流民」を耕地に戻すことに尽力する。あるいは一揆を取りしずめ、あるいは痩地に柿を植えることをすすめる。

そうした努力の結果、郡庁の政務も大分、ゆるやかになる日も訪れる。盗賊もなく、訴訟もないので、「近日、庭沙、膝痕《シッコン》少ク、閑カニ聴ク、闘雀ノ秋叢《シウソウ》ニ訟スルヲ」。訴えてくるのは雀共ばかりである。

――巻五になると、ようやく杏坪は閑を得て、詩は風雅に、あるいは殆んど艶麗の趣きすら添えるようになる。老人は激務から解放されて、長年のあいだ抑圧されていた詩心が、一時に花開いたという有様である。

「首夏小斎」

南鄰蹴鞠北鄰棋　一架青緗与我知　且読且眠無限楽　日長新筍晩花時

（南隣ハ蹴鞠《シウキク》、北隣ハ棋。一架ノ青緗《セイシヤウ》、我トトモニ知ル。カツ読ミ、カツ眠ル、無限ノ楽。日ハ長シ新筍《シンシユン》、晩花ノ時。）青緗は青絹、書物の帙である。

新篁気浄小庵居　阿買在傍宵読書　狂走下階縁底事　風蛍三両度莎渠
（新篁、気浄ナル小庵居。阿買、傍ラニアリテ宵ニ書ヲ読ム。狂走シテ階ヲ下ルハ、ナニゴトニヨル、風蛍、三両、莎《サ》渠《キヨ》ヲ度ル。）

爽やかな竹林のなかの書斎で、閑かに読書をしていると、そばに坐っていた小間使が駆け出て行ったので、何事ならんと顔をあげてみると、蛍が堀割のうえを飛んでいたのだった。……

「雨後」
一雨門前山栗花　南窓復熟野枇杷　閑眠半日無詩句　覚見満墻銀篆蝸
（一雨、門前、山栗ノ花。南窓ニマタ熟ス野枇杷。閑眠半日、詩句ナク、覚メテ見ル満《マン》墻《シヤウ》、銀篆蝸《ギンテンクワ》。）

半日、怠けて居眠りをして、眼が覚めてみたら、自分の代りに蝸牛が塀に銀色に詩をのたくらせてくれていた。……

雨養青苔掩砌沙　新筍補鏬蔽東家　喚醒午夢知何物　満院香風金橘花

(雨、青苔ヲ養ヒテ砌沙《セイサ》を掩《オホ》ヒ、新筠《キン》、罅《カ》ヲ補ヒテ東家ヲ蔽フ。午夢ヲ喚ビ醒スハ、知ル何物ゾ。満院ノ香風、金橘《キンキツ》ノ花。) 新筠は新しい竹。

そうした閑居のつれづれに、胸裡に浮んでくるのは、江戸の亡師友たちの面影である。駿河台の望岳台に住む柴野栗山も、今は「回首人間幾灰堆」で、往年の先生の豪快な面影を見ようとすれば「三峯、旧ニ依ツテ雲ヲ出デテ来」るだろう。

尾藤二洲は「車馬ハ維《ツナ》ガズ、門前ノ柳。官ニアリテ猶ホ、山ニアル時ニ似タリ。」脚疾にもかかわらず煙霞の癖の強かった二洲の面目。

古賀精里は「重キヲ負ヒテ遠行スルハ、君、独リアリ。世間、復、万斤ノ牛ナシ。」栗山は日頃、肥大漢であった精里を「万斤牛」とからかっていたのである。

岡田寒泉は「一門ノ弟子、胡瑗《コエン》ニ模シ、二郡ノ蒼生、寇恂《コウジュン》ヲ借ル。」杏坪の自註によると「先生ノ門人、言語容貌、ホボ先生ニ類ス。後、常州某ノ郡令トナリ、争訟、頗ル簡。老ヲ告ゲテ職ヲ辞スルニ、郡民上書シテ留官ヲ乞ヒ、之ヲ允《ユル》サル。」

三博士と共に幕府儒員に列した寒泉は、その「満胸ノ風月、好精神」によって、弟子たちに慕われただけでなく、出でて常陸の代官となってからも、また郡民に敬愛された。寒泉は丁度、杏坪自身のように、学才だけでなく吏才にも長けていたのである。

杏坪は功績を認められて官位を進められ、徒卒格から騎士となる。そこで「少壮未ダ嘗テ馬ニ騎シテ行カズ、但ダ聞ク鄰廐《リンキウ》ニ草ヲ嚙ム声」という具合であったのに、今や自分で馬を飼う身分となった。しかし、老らくの身には、寧ろ痩馬が適わしい、その方が飼料もたすかるから。それに「烏《イツ》クンゾ知ランヤ款段《クワンダン》ノ吟翁ニ宜シキヲ、春泥、閑《シツ》カニ踏ム、落花ノ紅」。歩みののろい馬の方が風流なのだ。……

杏坪は休暇を賜わって上京する。山陽の母静子をはじめとする一族をひきつれての大旅行であった（文政十年）。途上、神辺駅に茶山を訪う。

駅門下馬已斜暉　認得垂楊樹裡扉　一見先忻叟無恙　朱顔鶴髪白蕉衣

（駅門、馬ヲ下レバ已ニ斜暉《シャキ》、認メ得タリ垂楊樹裡ノ扉。一見先ヅ忻《ヨロコ》ブ、叟《ソウ》ノ恙《ツツガ》ナキヲ、朱顔鶴髪、白蕉衣。）

京に入れば、山陽、小竹、元瑞らが喜び迎え、至れり尽せりの歓待を受けた。山陽の註記に「大人、歯牙堅強、江魚ヲ食スルニ頭骨ヲ併ス。襄、篠子（小竹）ト丹醸ヲ携フ……」杏坪は若き世代に取り巻かれて幸福の酒に酔いながらも、醒めぎわには、三島、子琴らの亡友を想い出して悵然となるのだった。

杏坪は青年たちを伴につれて、嵐山に行き、吉野に行き、高尾に行き、滋賀にまで足を伸し、また日野亜相や京都守護職（浜松侯水野忠邦）やの名流の招宴に臨んだりして、それは一生の想い出となった。

——巻六

杏坪上京遊楽の翌年、文政十一年（一八二八）、四郡の郡宰の職を免ぜられ、「四郡巡察」の官に新たに任ぜられた。常駐は免ぜられたが、危急の際は現地に赴けるように、藩当局はこの貴重な人材をプールしておいたのである。しかし三次郡に一揆の気配の起るに及んで結局、彼はその地にとどまることになってしまった。

杏坪は伊豆韮山の代官江川訥斎《とつさい》の「運甓《うんぺき》」という字を書いた額を所持していた。運甓とは、晋の陶侃《とうかん》が体力を養うために朝晩、甓《しきがわら》を運んだ故事をいう。三次の邑宰《ゆうさい》職は武備を兼ねるというので、そこの官舎に、杏坪はこの訥斎の額を掲げた。

この巻の詠は殆んど、この運甓居において作られたものである。

そのひとつ、

僻郷誰是弄書琴　多暇唯吾賞古音　国雅或時摸万葉　医方亦試読千金
余齢有幾謀前路　帰計無期違素心　独喜庭林来野鳥　晨昏好語和閑吟

（僻郷、タレカコレ書琴ヲ弄サン。多暇、タダ吾、古音ヲ賞ス。国雅、アルヒハ時ニ万葉ヲ摸シ、医方、マタ試ミニ千金ヲ読ム。余齢イクバクカアラン、前路ヲ謀リ、帰計期ナク、素心ニ違フ。ヒトリ喜ブ、庭林ニ野鳥ノ来リ、晨昏《シンコン》、好語シテ閑吟ニ和スルヲ。）

杏坪は僻遠の地で文雅の友もなく、退屈まぎれに万葉ぶりの和歌を詠んでみたり、青年時代以来学んでいた医術の勉強のし直しをしながら、もう長くもない余生を、「素心」に違うて吏務につながれている自分を憐んでいる。

又、

短髪鬅鬙小地仙　衰躬底事此升遷　公差偶値優恩日　山邑且同帰隠年
垂老残鶯須歇語　自凋晩筍豈争先　閑庁商略無多事　半日吟詩半日眠

(短髪鬅鬙《ホウソウ》、小地仙《セウチセン》、衰躬ナニゴトゾコノ昇遷。公差タマタマ値《ア》フ、優恩ノ日。山邑マタ同ジ帰隠ノ年。垂老ノ残鶯スベカラク語ルヲヤムベシ、自ラ凋《シボ》ム晩筍《ジュン》トアニ先ヲ争ハンヤ。閑庁ニ商略ス多事ナケンヲ。半日ハ詩ヲ吟ジ、半日ハ眠ル。)

老いて髪の手入れもしないで、この寒冷の地で仙人同然の身に、突然に藩公から親書が届いて激励された。いよいよ、杏坪は退官願いを出しづらくなる。しかし、実は願うのはもう隠退のことばかりである。彼はこの異境の山里の暮しを、隠居同然だと考えて諦めようかとさえしはじめている。

春には、「一場ノ蝶夢、已ニ残春、又惜シム、年華ノ老身ヲ辞スルヲ。」「空シク渓亭ニ坐シテ春ノ晩ヲ惜シム、落花寂々、閑舟ニ満ツ。」

夏には、「誰カ知ラン、老涙ノ孤枕ヲ沾《ヌラ》スヲ。一憂ヲ贍《アマ》シ得テ終ニ未ダ除カズ。」

秋には、「悲秋、客思、誰ニ向ヒテ開カン。園物、涼ヲ迎ヘテ、破眼シ来ル。」「孤坐マタ楽事ナキニアラズ、漫《ミダ》リニ口占ヲ将《モ》ツテ、炉灰ニ画《エガ》ク。」

しかし、秋はまた収穫の季節である。地方官としての彼の任務は忙しくなる。「微吟行キテ聴ク、農夫ノ語、マタ豊凶ヲ問ヒテ飽飢ヲ察ス。」「郡、政績ナク初志ニ違ヒ、国、災傷アリテ、老心ヲ痛マシム。」

そして、寒冷の地に、冬がやってくる。「里門雪三尺、市屋氷百条。」「四檐ニ雪ノ墜ツル声、聴クニ習ヒテ肯テ驚カズ。」しかし、「枕上ニ詩ヲ書セント欲シテ、凍硯《トウケン》ニ筆、槊《ホコ》ノ如シ。」

また、春が巡り来る。「客去リ、西窓ニ夜、マサニ半バナラントシ、一炉ノ官炭、春烘《シュンコウ》ヲ惜シム。」炭を用いることは、三月一杯で終るという藩の規則は、この寒い三次の地にも機械的に適用されていたのである。

そしてまた夏、「錯《アヤマ》リテ人ニ循吏ト呼ビ做《ナ》サレ、身、凋郡に知《チ》シテ、二十余秋。」彼の地方官の生活は、もう二十年に垂《なんな》んとしていた。

ここでちょっと、「国雅或時摸万葉」と詠じた、その万葉ぶりの和歌がどのようなものであったか、その著『唐桃集』のなかから、二三の見本を抜いてみよう。

「夜梅」と題して、

物いひし少女は夢となりもせで
色香まがはぬ梅の一もと

「鹿」と題して、

小男鹿に恋忘れ草はませなん
紅葉に燃ゆる想ひ消せとて

「冬夜」と題して、

のこりなく木の葉は散りて大空に
茂るは星の林なりけり

「別恋」と題して、

暁に別れし妹がかたみとや
櫛形残す有明の月

「菅晋帥《かんときのり》が墓をとふらひて」

古塚を問ひくれば日の夕顔の
　花動かして秋風ぞ吹く

杏坪は和歌において、漢詩におけるより遥かに艶麗な風を見せている。多数の恋歌もまことに実感のこもったもので、この先生の伝記を作る者は、その方面にも照明を与えないと、片寄った像が出来上るかも知れない。

この叔父さんの血のなかには、豊かな地方の商家に屢々見られる放逸のたぎりがあったのかも知れず、従って甥山陽の生活態度にも最も同情を寄せることができたのではなかろうか。

さてまた『詩鈔』に戻って、巻七、

その年、文政十二年（一八二九）には、嬉しいことがあった。この辺地まで甥の山陽が、わざわざ伊丹の酒を土産にして慰問に来てくれたのだった。

山陽は次の詩を詠んだ。

巒容攅地脊　水勢赴山陰　吾叔衰遅久　斯郷瘴癘深
遥携一尊酒　欲慰七旬心　対酔春燈底　雪明檐外林

（巒容《ランヨウ》、地脊ニ攅《アツマ》リ、水勢、山陰ニ赴ク。吾ガ叔、衰遅久シク、コノ郷、瘴癘《シヤウレイ》深シ。遥カニ一尊酒ヲ携《タツサ》ヘ、七旬ノ心ヲ慰メント欲ス。対酔、春燈ノ底、雪ハ明ルシ、檐《エン》外ノ林。）

それに対して、杏坪は次韻してこう喜びを述べた。

山河護旧府　喬木幾団陰　痴叔無人問　阿咸思我深
春寒千里路　夜話半宵心　対酔還同睡　星懸雪後林
（山河、旧府ヲ護リ、喬木、幾団クラシ。痴叔、人ノ問フナク、阿咸《アカン》、我ヲ思フコト深シ。春寒千里ノ路、夜話半宵ノ心、対酔マタ同睡、星ハ懸ル雪後ノ林。）

その頃、杏坪は吏務に加うるに、更に本藩の地志の作製を命ぜられていた。それが完成し、藩主から賜物を受けると、その報告のために先祖の墓参りに故郷竹原へ出掛けた。

「夜雨、双白堂ニ宿ス。堂、竹原ニ在リ。春風兄、嘗ミテ以テ春水兄ヲ迎フル所。故ニ双白堂ト曰《イ》フ。今、二兄倶《トモ》ニ亡シ。愴然トシテ作アリ。」

四檐点滴転凄然　剪尽燈花難就眠　双白堂空人不見　雨声只似対床年
（四檐《シエン》ノ点滴、ウタタ凄然。燈花ヲ剪リ尽シテ、眠リニ就キ《キ》ガタシ。双白堂ハ空シク、人見エズ。雨声ハタダ似ル、対床ノ年ニ。）

一世に聞えた頼氏の三兄弟は、今は余すところは杏坪だけであった。
その杏坪も、いよいよ老衰を深く感じるようになって来た。「縦《タト》ヒ飲酒ニ縁ツテ咎無キヲ咎ムルモ、亡金ノ為ニ疑不《ナ》キヲ疑フコト莫《ナカ》レ。」酒に酔って無実の人を叱ったりするような、老耄状態を自ら意識するようになる。

「冬朝即事」

老病怯寒疎嬾増　楮幬瓦鼎似残僧　日高始覚梅花夢　砕落南櫩一角氷

（老病ハ寒ヲ怯《オソ》レ、疎嬾《ソラン》増シ、楮幬瓦鼎《チヨチウグワテイ》、残僧ニ似ル。日高クシテ始メテ覚ム、梅花ノ夢。砕落ス、南櫩《エン》ニ一角ノ氷。）

三次の寒さは老いの身にはこたえ、寒さを防ぐために、帳を吊って中に入り、そして炬燵にかじりついていた。
しかし、この寒冷の地は、又、夏は暑さが並外れていた。

六七月間如熱何　衰躬当暑所愁多　屢駆不去座間蚤　一救復来燈下蛾
水涸前川苦船筏　土乾後圃乏瓜茄　豈唯老子労眠食　豊歉関心早晩禾

（六七月間、熱ヲイカン。衰躬、暑ニアタリテ愁フル所多シ。屢《シバ》シバ駆レドモ去ラズ座間ノ蚤。一タビ救ヒテマタ来ル燈下ノ蛾。水カレテ前川ハ船筏ヲ苦シメ、土カワキテ後圃ハ瓜茄《クワカ》ニ乏シ。アニ唯ニ老子ハ眠食ニ労スルノミナランヤ。豊歉《ホウケン》、心ニ関ス早晩ノ禾《イネ》。）

そうして、遂に致仕を官に請うこととなる。

人生有命莫依違　私計従来拋是非　一穂寒燈郷夢切　数茎残髪宦情微
辞枝蠹葉無風墜　出岫閑雲不雨帰　独有寸丹銷不尽　時々西向涙沾衣

（人生、命アリ、依違スル莫《ナカ》レ。私計ハ従来、是非ヲ拋ツ。一穂ノ寒燈、郷夢切《シキリ》ニ、数茎ノ残髪、宦情微ナリ。枝ヲ辞スル蠹《ト》葉《エフ》ハ風ナクシテ墜チ、岫《シウ》ヲ出ヅル閑雲ハ雨フラズシテ帰ル。ヒトリ寸丹ノ銷《キ》エ尽キザルアリ。時々西ニ向ヒテ涙、衣ヲ沾《ウルホ》ス。）

漸く官の許しが出て、杏坪は広島へ戻ることができた。それからの数年は、はじめて静かな日々が彼に訪れた。そうして、彼が世を去ったのは、天保五年（一八三四）、享年七十九、甥の山陽の死に遅れること二年である。

三人の頼兄弟のうち、杏坪は最も早く、この無頼の甥のなかに天才を発見していて、山陽の生涯の運命が底をついた日々においても、陰に陽に彼を庇護し、或いは彼を伴って湯治に出掛け、或いは江戸に伴って勉学させた。

そして山陽が歿年前後に、にわかに名声の天下に拡がるのをつぶさに眺めて、自分の眼に狂いのなかったのを確かめることができた。杏坪の満足はいかばかりであったろう。

杏坪は家族たちとピクニックを愉しんだりしながら、悠々と老いて行く。「身ハ痩セテ蝨《シツ》ヲ生ゼズ、耳ハ鳴リテ常ニ蟬ヲ聴ク。」又、「優游世ヲ終ハル、誰カ良伴、タダ西隣ニ犢《トク》ヲ叱ル翁アリ。」……

『詩鈔』巻八には、巻末に詩余《しよ》数十闋《けつ》が附せられている。

杏坪の塡詞《てんし》については神田喜一郎博士の『日本塡詞史話』中に章を立てて論じてある。それは多くが詠史の作であることに特徴があるようで、そうして本来知性に訴えるべき詠史を、詩余のような艶体に盛ろうとしたところが、いかにも杏坪らしいそうである。そして博士は、これらの詠史の詩余に山陽の『日本楽府』の先蹤を見ておられる。

なお、この『春草堂詩鈔』に附せられた山陽の頭評は、叔父に対する愛情と敬意とに満ち、それ自身、読むに快いものであるが、しかし実際に、杏坪の詩に山陽は感心ばかりしていたのだろうか。人前では賞めちぎっていたとしても、内心ではどうだったのか。——

文政四年（一八二一）、山陽は茶山に宛てた手紙のなかで、こう書いている。

「杏坪叔より、古詩二冊程見セ来候。小生ナドの眼にては、唐人ニハ遠き所ある様に存申候。詩ト難レ申詞も多御座候。先生評、韓蘇も却歩ト被レ仰候。過誉ニハ無レ之候哉」……

山陽は杏坪の詩の或る部分、恐らく過度のペダンチスムと、それからまた逆に推敲を経ずに余りに勝手に詩句を並べて行くことに、危惧を感じたのかも知れない。山陽自身は、草稿に対して何度でも手を入れることを辞さない執念深さを持っていたのだから。

四　山陽の三子

七頼の第四は山陽自身である。

そして七頼の五以下は、山陽の子供たち、聿庵、支峯、鴨厓である。

頼聿庵《いつあん》（一八〇一―一八五六）、名は元協、字は承緒、通称は余一。

彼の一生は不幸な影に包まれている。

彼が母の実家で生まれた時、父山陽は座敷牢で暮していたし、母淳子は離婚して家に戻っていたのである。しかも、彼は生まれおちると直ぐ、母の胸から引き離されて頼家に渡され、その養育は専ら山陽の母、静子の手に委ねられた。

しかも父山陽は廃嫡の身であり、やがて監禁から解放されると、家を出て行ってしまったまま、一年のあいだ旅行者としてしか、広島の家には戻らなかった。

しかも京都において父山陽は再婚し、二人の男子を生み、それによって彼は父親からは捨てられたも同然となった。

そうして、広島の頼家は山陽を追い出したあとで、春水の弟春風の子、景譲を入れて後継ぎとしたけれども、景譲もまた若く死んだ。景譲は同じ家に育ちつつある孤児聿庵のことを考え、早く自分が身を退いて、頼家の後をこの少年に譲ろうとばかりしていたから、そうした父の従兄の心遣いは少年の聿庵の心を痛めずにはいなかった筈である。景譲の若き死に対して、彼自身、責任のようなもの、罪悪感のようなものを感じながら成長した筈である。

聿庵は景譲に替って、祖父春水の嫡子となった。そして父（実は祖父）と並んで藝藩の学問所の教官となり、又、江戸に出張して藩公の侍読を勤めたりした。

だから、彼の後半生は、寧ろ月並な儒官の生活であり、格別に不幸とも言えないようにも思える。

しかし、私の胸中にいつのまにか住みついた聿庵の像は、志を伸す道を予め閉されて、地方で悶々の不平な生活を送った知識人の姿である。近代にもそうした、故郷に足枷をつけられて、空しく中央を望みながら、一生を埋もらせてしまった人物が無数にいる筈である。

もし伝えられるように、彼が父山陽の資質を濃厚に受け継いでいたとしたら、いかばかり彼は父の山陽や異母弟たちの境涯を羨ましく感じたことだろう。しかも彼は、勝手に家を出て行った無情な父の代りに、一生を広島に釘付けにされる運命にあったのである。祖父母たちも山陽に懲りて、この少年を厳重に監視したろうし、また老いた祖父母の歎きを想像すれば、凡ゆる勝手は許されないと諦めていただろう。

天保二年（一八三一）、三十一歳の聿庵は江戸勤番の行に上った。

途中の京都では山陽は首を長くして待っていた。梨影の生んだ支峯も、異母兄との初対面を愉しみにして、迎えに行くために着る羽織の新調を母にねだっていた。（支峯はまだ九歳、弟の鴨厓は七歳だった。）この羽織については、支峯は「ちりめん」が欲しいと言い、山陽がと言いだし、山陽は「岸縞《きしじま》」

贅沢だと叱ると、梨影はせめて「七子紗綾《ななこさや》」で作ってやりたいと言いだし、山陽は「岸縞《きしじま》」ぐらいにしておけと言い返した。水西荘の茶の間は昂奮の極に達していたのである。

聿庵は旅中の禁酒を祖母静子から厳重に申し渡されていた。あるいは酒癖が悪かったのかも知れない。しかし、山陽の家では禁を解いて、父子丹醸を酌み交した。丁度、知人の雲華《うんげ》上人（東本願寺学僧）が来合わせて、「こゝのおやぢの安心の為に、今日は少々、飲め」と薦めたせいである、と山陽は広島の母へ弁解の手紙を送っている。

山陽の塾生たちは、聿庵が「若旦那様」然としていて、「快活温秀」で、父親とは似ずに「肝積持」ではなさそうだと蔭口をきいていた。

山陽は聿庵が若し自分に似て、我儘で怒り易い性質であったら、勤めをしくじるだろうと心配していたのだから、その様子に安心した。

しかし、やはり伝えられるところによると、残念ながら聿庵は「肝積持」の点でも父に似ていたらしい。しかも自由人の身分の山陽とは異って、窮屈な宮仕えの身であったから、外で我慢しなければならぬことが一段と多く、それだけ家庭では爆発しやすかったようである。

山陽歿後、一時、聿庵は広島に弟支峯を引き取って、膝下で教育しようとしたが、その間、脇で見ていた祖母静子は、はらはらしづめだった。聿庵は、弟を山陽の後継者に適わしい人物に仕立て上げるために一生懸命だったのだろう。しかし、その態度は、祖母の眼には厳格を通りこして、残忍にさえ見えた。

天保十二年（一八四一）、山陽歿後十年の七月一日の梅颸日記に、「又二郎（支峯）、掃除仕

用あしく、主人（聿庵）大いかり、京へ早々帰れと云。おのれ（静子）も、ことわりそへ、漸く居合《をりあふ》。朔日なるにかく暴怒し、あまりのこと也」とある。

尤も、支峯も京都から母に別れて広島の田舎へ引きとられ、淋しさのせいもあってか、門前を通る女の子に石を投げるとか、聿庵の門人どもと絶えず喧嘩をするとか、相当、手を焼かせるような所業があった。しかし、聿庵と支峯とは兄弟とはいえ、二十歳以上の齢の開きもあり、父の生前には一緒に暮したこともなかったのだから、——それに亡父の記憶について、二人の異母兄弟のあいだには、極めて複雑な行き違いがあったであろうことは想像できるのだから——聿庵は支峯と山陽との間を秘かに嫉妬していたかも知れないし、また支峯の母に対しては、他人の言葉に動かされやすい頼りない女性として不信感をも抱いていた。

それに支峯の広島在塾中には、若く死んだ景譲権二郎の遺児、達堂三千三も同居しており、この人物が何か事件を起して、山陽の二の舞で座敷牢へ入るというようなこともあった。

自ら望んだのでもないのに、頼家の主人として、こうした複雑な家族関係を裁かなければならなかった聿庵は、生来の神経質が愈々昂じて病的になっていたのかも知れない。

天保二年（一八三一）、出府の途次、水西荘で山陽と語り合った聿庵は、江戸へ到《つ》いたら父山陽の江戸移転の準備をして、父を待つという固い約束をした。

この密議にもとづき、聿庵は生まれてはじめて父と同じ屋根の下に暮せるという愉しい予想に胸を膨らませながら、江戸に下り、着府匆々、実際に彼は「廨舎《カイシャ》ヲ修メテ以テ之ヲ俟《マ》テリ」（星巌）。そして、京からの待った便りは、父の出発の知らせではなく、父の死の知らせだった。その知らせを受けとった瞬間、恐らく彼自身の心のなかの、最も大事なものが死んだに違いない。三十二歳にして、聿庵の人生は終ってしまったのかも知れない。後は余生に過ぎなくなってしまったのだろう。そしてその余生は、前途に望みもない、不平満々たるものであると同時に気苦労に満ちたものでもあった。

聿庵の内面生活を知るためには、彼の書き残した詩文の類いが必要である。しかし、私は彼の詩文の刊行されたものを知らない。わずかに私の見ることのできたのは、安政五年（一八五八）に、関重弘、藤田亀の共輯による『近世名家詩鈔』下巻に収録された数首の詩である。

彼は父山陽に倣って詠史の詩が多かったといわれる。

「楠公祠堂ニ謁ス」

竜馭蒙塵向海荒　曾無臣子唱勤王　一旗忽掲黄花影　九殿重開白日光

扈蹕叡山紆画策　殲躬湊水見肝腸　遺墳誰不灑双涙　枯木寒鴉幾夕陽

（竜馭、蒙塵《モウジン》シ海荒ニ向フ。曾テ臣子ノ勤王ヲ唱フルナシ。一旗、忽チ掲グ黄花ノ影。九殿重ネテ開ク白日ノ光。叡山ニ扈蹕《コヒツ》シテ画策ヲ紆《メグ》ラシ、湊水ニ殲躬《センキユウ》シテ、肝腸《カンチヤウ》ヲ見《アラ》ハス。遺墳誰カ双涙ヲ灑《ソソ》ガザランヤ、枯木寒鴉《カンア》、幾タビ夕陽。）

南朝の天子を支持する者を「勤王」と決めたのは、江戸においては水戸の徳川光圀以来であろうが、それは詩人のロマンチスムを刺戟し、山陽の門下は特にその傾向が強かった。藤井竹外の「芳野懐古」は人口に膾炙した。

古陵松柏吼天飆　山寺尋春春寂寥　眉雪老僧時輟帚　落花深処説南朝

（古陵ノ松柏、天飆《テンペウ》ニ吼エ、山寺、春ヲ尋ヌレバ、春、寂寥タリ。眉雪ノ老僧、時ニ帚クコトヲ輟《ヤ》メ、落花深キトコロニ南朝ヲ説ク。）

が、それである。

聿庵の楠公頌詩もこの系統に属している。

そしてそれは山陽の『日本外史』の根本主題ともなっていた。しかし、南北朝いずれを正統とするかは、詩人のロマンチスムを超えて、学者のあいだではより精密な思考が要求されていた。

現に死の床にある山陽を見舞った経学者、猪飼敬所は、歴史の論理からして現王朝の祖である北朝を支持すべきを力説して、瀕死の山陽と大論争になったくらいである。敬所はその問題を、慷慨家の気分に任せるべき、詩的な空想の領域のこととして処理するのは好まなかったのである。（山陽は敬所の辞し去った後、急に思いたって正統論の執筆に夜を徹する。これは彼の遺稿となった。）

「江戸邸ニ瓶中ノ水仙ヲ詠ズ」

凡桃俗李一春風　独水仙花格不同　祇合氷壺蔵玉骨　出門十丈軟塵紅

(凡桃俗李一春風、ヒトリ水仙花、格、同ジカラズ。タダマサニ氷壺《ヒヨウコ》ニ玉骨ヲ蔵《カク》スベシ、門ヲ出ヅレバ十丈ノ軟塵紅ヰナリ。)

聿庵は自分を凡俗の春の花々から離れた水仙花に擬している。(父山陽もまた水仙を酷愛していたことは、山陽歿後の梨影の手紙のなかにも現われている。)彼は孤高を以て自ら持していたのであろう。

孤高家は不平家である。

「酒醒」

酒醒閑聴春雨声　楼台処々落花情　涓埃未得報家国　悔向人間伝酔名

(酒サメテ閑《シツ》カニ聴ク、春雨ノ声。楼台処々、落花ノ情。涓埃《ワヅカ》ニスライマダ得ズ、家国ニ報ズルヲ。悔ムラク、人間《ジンカン》ニ向《オ》イテ酔名ヲ伝ヘシヲ。)

己れの才能を発揮すべき機会を持たなかった彼は、徒らに酒徒としてのみ名を成していた。やはり彼は酒に乱れたのであろう。その乱れは、己れの生涯の思うに任せぬという口惜しさの募ると共に、昂じるばかりであった。

聿庵が広島の藩邸に歿したのは、安政三年（一八五六）、五十六歳であった。弟鴨厓が大獄によって国事犯となるという厄介事に出会わずに済んだのは、まだしものことであった。もしもう三年も生き長らえたなら、彼は辞表の呈出を考えなければならなかったろうから。

七頼の第六は山陽の第二子、頼支峯（一八二三―一八八九）、名は復、字は士剛、通称は復二郎（又二郎）であった。

彼の運命は兄聿庵と対照的に幸福なものである。

そもそも、彼は母の胎内に宿ったことからして、母に好運を齎すという、めでたい宿命であった。支峯の出産によって、母梨影はそれまでの女中（妾）という身分から、正式に山陽の妻としての待遇を受けることができるようになったのである。

森鷗外は『伊沢蘭軒』のなかで、梨影の証言と通説とのあいだに夫婦生活の年限に一年間のずれのあることを考証し、「女が夫を持つた年を誤ると云ふことは殆無からう」として、通説に対して疑問を挿んでいる。

しかし、梨影の「わたくしも十九年が間そばにをり候」は、文字通り「そばに」いた年月で、通説は翌年、彼女が正式に頼家の妻女となった時を以て婚嫁の年としているのであるから、両説それぞれ正しく、矛盾はないのである。つまり、今日の言い方ですれば、支峯の出産届と同時に、梨影の入籍が行われたわけである。

母に正妻の地位を贈物として持って生まれて来た支峯は、山陽の死に至るまで父母の膝下で育ち、しかも父の門下生たちからも愛され、父の死後は広島に預けられた期間を除いては、父晩年の弟子牧百峯の教育を受けた。（百峯は梨影の里方の小石家の娘と、丁度結婚したばかりであって、一族も同然だった。）

やがて、支峯は江戸へ遊学する。江戸にはやはり山陽晩年の弟子たち、一家同様の門田朴《もんでんぼく》斎《さい》や、関藤藤陰《せきふじとういん》らがおり、世話を引き受けてくれた。

帰洛後は父の後を継いで家塾を開き、年々拡がって行く山陽の名声のお蔭によって、精神的にも物質的にも平和に暮すことができた。

安政五六年の大獄の際は、弟鴨厓の刑死というような悲運に遭って「心緒錯乱」の想いを味わったが、それも町儒者であった支峯には身分上の変動というようなこともなく、鴨厓の死罪も、やがて京都宮廷からの幕府当局者への干渉によって取消しということになり（文久二年）、弟の墓を作ることも許された。

彼は悠々と維新の後まで生き、晩年には、父の『日本外史』の標註本を作ったり、山陽五十年祭（明治十四年）を主催したり、又、弟の鴨厓の二十五年祭も取り行ったりした（明治十五年）。彼が世を去ったのは明治も二十二年（一八八九）、六十七歳の長寿であった。『支峯詩鈔』が養子庫山によって出版されたのは、明治三十二年（一八九九）であった。

その序に友人、谷大湖はこう述べている。

「予ガ始メテ支峯兄弟ト交ヲ結ビシハ四十年前ニアリ。……支峯、毎《ツネ》ニ云フ、吾ガ学、適用ヲ主トシ、詩文ヲ作ルニモ、亦、叙実ヲ務メテ、虚設ヲ事トセズ。一ニ先子ノ遺訓ニ従ヘリト。」

又、「当時、予、亦、山陽先生ニ私淑シ、因テ支峯兄弟ト、深ク相ヒ得テ砥礪《シレイ》シ、以テ共ニ天下ニ為ス所アランコトヲ欲セリ。子春（鴨厓）ノ禍ニ罹リテ死スルニ及ビ、支峯、深クソノ迹《アト》ヲ戢《ヲサ》メテ、遂ニ隠処シテ身ヲ終ルニ至ル。而シテ自賛ノ詞ハ虚シカラザルナリ。」

自賛の詞というのは、自分の肖像に、支峯が「山水徜徉《シャウヤウ》、以テ我ガ性ヲ適《ヤ》リ、傲骨自持、以テ我ガ真ヲ養フ」と書していたことをいう。

山陽の弟子たちは、時勢に従って、国事に奔走したものが多かった。現に弟鴨厓はそのために死んだ。支峯も青年時代には、二つの可能性のあいだで大いに揺れていた筈である。しかし、或る時期から（あるいはそれは安政の大獄の頃からか）彼のなかの「天下ニ為ス所アラン」というような野心は衰え、専ら「山水徜徉」の方へ退いて行った。そのために長寿を保つこともできた。

『支峯詩鈔』に収められている詩の大部分はそうした後者の傾向を伝えている。

しかし、彼の詩が最初に発表された『安政三十二家絶句』を見ると、彼のなかの二つの正反対の可能性が分裂したまま現われていて興味深い。それは大獄に先立つ期間に作られた詩であるからである。

たとえば「桔梗ヶ原ヲ過グ」

戦血消来霜葉殷　茫々往事白雲間　竜争虎闘都無迹　雲外依然甲斐山

（戦血、消シ来リテ、霜葉殷《シゲ》ク、茫々タル往事、白雲間ナリ。竜争虎闘、都《スベ》テ迹《アト》ナク、雲外依然タリ甲斐ノ山。）

ここに見られるのは豪快を装った姿勢である。

しかし、たとえば「梅ヲ尋ヌ」

茅屋枕流三両扉　梅花香冷帯残暉　橋頭竢待黄昏月　歩自横斜影裏帰

（茅屋、流レニ枕ス三両扉、梅花香冷ヤカニ残暉ヲ帯ブ。橋頭ニ竢待《シタイ》ス、黄昏ノ月、歩シテ横斜影裏ヨリ帰ル。）

ここにあるのはパステル・カラー風の淡彩の趣きであり、山水徜徉への憧れである。おそらくこの時期の支峯の内部では、頼家の伝統の圧力と、彼自身の優しく小成に安んずる心とが争っていたのである。

それが明治の初めに出版された『今世名家詩鈔』中の彼の諸篇を見ると、前に見られた二つの傾向への分裂は、二十年の後にひとつに融合し、沈んだ落ちついたものとなって、新しい境地に抜け出ているように見える。

「途上書懐」

自別芙蓉二十秋　曾遊回首迹悠々　莫言風景長無恙　人与名山共白頭

（芙蓉ニ別レテヨリ、二十秋。曾遊、首ヲ回ラセバ迹、悠々。言フ莫レ、風景長《トコ》シへニ恙《ツツガ》ナシト、人ト名山ト共ニ白頭。）

明治維新に際会した時、支峯は四十代の半ばに達していた。そしてそれまで野に隠れていた彼は、車駕東幸にあたって擢《ぬ》かれて扈従することになり、そして新都に上京するや大学教授に任ぜられた。

しかし、彼は新時代に必ずしも調子を合わせて生きて行く野心はなかった。既に二十年前に世に為す所あらんとする気力は銷尽してしまっていたのだろう。二三年にして職を辞して京都に戻ってしまう。

「東京ノ諸子ニ留別ス」

多病居官不奏功　回頭三歳去匆々　別愁撩乱説難尽　寄在鶯声花影中

（多病、官ニ居シテ功ヲ奏セズ。頭ヲ回ラセバ三歳、去ルコト匆々《ソウソウ》。別レノ愁ハ撩乱トシテ説イテ尽シガタク、寄セテ鶯声花影中ニアリ。）

結句中に仄見える艶なる趣きが、支峯の青年時代以来の都会人らしい快楽主義の残像であろう。

彼は若い頃には次のような詩風を得意とする一面もあったのである。

「美人梅花ヲ折ル図」

裙影揺風月満身　軽々攀折一枝春　玉肌氷骨争清艶　孰是梅花孰美人

（裙影《クンエイ》、風ニ揺レ、月ハ身ニ満ツ、軽々、攀折《タヲ》ル一枝ノ春。玉肌氷骨、清艶ヲ争フハ、孰《イツ》レカコレ梅花、孰レカ美人。）

父、山陽は一生のあいだ広島育ちの田舎者の気風が脱けず、それが京儒たちに立ち混って劣等感となり反撥心となって、孤立していた。それがまた彼の学藝への精進の推進力として働いたのである。

しかし、二代目の支峯は生まれながらの都会人であり、山陽歿後は京都人の母梨影や、大坂人の後藤松陰などに愛育されたから、山陽風の劣等感とは無縁であったろうし、又、逆にそのために父親のような勇猛心もなく、平和な生活と優しい快楽主義とを愛したのだろう。彼の境遇もまたそれを可能とした。

支峯の快楽主義は唯美的趣味的なものであり、山陽の肉欲的放蕩とは全く趣きを異にしている。春水先生以来の三代目の面目、見るべしであろう。

そうしたエピキュリアニズムの作品を序《つい》でにもう一首、

「春雨」
雨気空濛籠短檠　繞檐点滴一声々　関心明日尋花路　三尺新泥不可行
（雨気空濛、短檠《タンケイ》ヲ籠メ、檐《ノキ》ヲ繞《メグ》ツテ点滴一声々。心ニ関スルハ明日、花ヲ尋ヌルノ路、三尺ノ新泥、行クベカラザルヲ。）

晩年の自選にかかる（と言ってもよさそうな）『支峯詩鈔』は、恐らく彼の最後に行きついた境地から見て、己れの好みにかなった作品だけが集められているように見える。その数首を抜くことで、彼の内面の消息を知りたいと思う。ここにはもう、若気の至りの、父親譲りの慷慨調の詠史の作などは殆んど影を潜め、おだやかで淡泊な詩風が主導調をなしている。

「金雪至ル、共ニ智恩院ニ遊ブ」
霜葉紅深染冷烟　寺門秋老夕陽天　記曾呼酒桜花下　一別春風已八年
（霜葉、紅深ク、冷烟ヲ染メ、寺門、秋老イテ夕陽ノ天。記ス、曾テ酒ヲ呼ビシ桜花ノ下、一別、春風、スデニ八年。）

「駿台寓居雑詩」
家住茶谿第一湾　夜雲罩樹両崖間　櫓声咿軋隔林樾　知是遊人載月還
（家ハ住ム茶谿《ケイ》第一湾、夜雲、樹ヲ罩《コ》ムル両崖ノ間。櫓声咿軋《イアツ》。林樾《リンエツ》ヲ隔ツ。知リヌ是レ遊人、月ヲ載セテ還ルヲ。）

前の詩は古都の、後の詩は新都での生活である。東京では彼は駿河台に住んで、お茶の水を見下していたのである。

「月ヶ瀬ニ遊ブ」

暗香引我入山家　穿竹一蹊沿水斜　月上林梢天宇白　不知是月是梅花

（暗香、我ヲ引イテ山家ニ入ラシム。竹ヲ穿ツ一蹊、水ニ沿ツテ斜メナリ。月ハ林梢ニ上リテ天宇白ク、知ラズ是レ月カ、是レ梅花カ。）

支峯は匆々に官を辞して帰洛すると、気儘に隠居生活を愉しんでいる。大和の月ヶ瀬は当時、梅の名所として、文人たちの好んで遊ぶところであった。

また、頼家の出身地であった竹原からは、時には本家を守っている葦汀《いてい》が詩を送って、安否を問うて来たりした。

秋風吹鬢々華斑　聯榻何時共解顔　憶得竹原旧書屋　飽収爽気対西山

（秋風鬢《ビン》ヲ吹イテ、鬢華斑《マダ》ラナリ。榻《タフ》ヲツラネテ、イツノ時カ共ニ顔ヲ解カン。憶ヒ得タリ、竹原ノ旧書屋、飽クマデ爽気ヲ収メテ西山ニ対セシヲ。）

再従兄の葦汀は己れの書屋を西山爽気楼と名付けていた。
水西荘には相変らずの閑かな時間が流れていた。

面々青山夕照開　楼中留客共銜杯　霞炎褪尽鴉帰去　遠寺鐘声渡水来

（面々、青山、夕照開キ、楼中ニ客ヲ留メテ共ニ杯ヲ銜《フク》ム。霞炎褪《ア》セ尽シテ、鴉《ア》ハ帰去シ、遠寺ノ鐘声ハ水ヲ渡リテ来ル。）

ここには父山陽が同じ情況を詠じた際の、蕩児の感傷に似た心の動揺は見られない。茶山といえども、この詩に対しては悪謔を弄することはできないだろう。文峯の聴いた遠寺の鐘の音には、近隣の絃歌の声は立ち混っては聞えてこないのである。
詩集の最後の詩は、弟鴨厓の忌辰に墓詣りをした時の感慨である。

長楽鐘声秋老辰　音容一別最悲辛　斜陽紅葉同游地　今日翻為展墓人

（長楽ノ鐘声、秋老ユルノトキ、音容一別、モットモ悲辛ナリ。斜陽紅葉、同游ノ地、今日、カヘツテ墓ヲ展スル人トナル。）

そこには国事に死んだ弟の運命に対する怒り、更には弟をして死地に追いつめさせた時代への憤りのようなものは見られない。あるのは、若年の頃の、兄弟、共にした散策の甘美な思い出だけである。

支峯は兄聿庵のように、悶々のうちに一生を朽ちさせた人でもなく、弟鴨厓のように激しい情熱によって短い生涯を燃えつきさせた人でもなかった。

その詩に別才の湧出の見られないところも、彼の心のあり方を推測させるに充分である。この平凡で控え目の詩を作った人は、同じ態度で人生に対処した人であった。彼を愚者と見るか、賢者と見るかは、見る人の人生観によるだろう。しかし、私は山陽の三子のうち誰と交際するかと問われたら、この人を選ぶ。


七頼の最後は、山陽の第三子鴨厓《おうがい》（一八二五―一八五九）、名は醇、字は子春、通称は三樹三郎（あるいは三樹、三樹八郎など）である。

鴨厓は父山陽の志を継ぐものであると自認していた。そして性情においても、青年時代の父に肖《に》ていた。従って晩年の父とは正反対であり、山陽が死に臨んで最も心配していたのは、この末子の行く末であった。

山陽は江戸留学を短期間で切りあげたけれども、昌平黌を「退学処分」されたわけではなかった。藩法に触れたけれども死は免れた。それだけ幸運だったのかも知れず、或いは「病気」が彼の素行の弁解となったのかも知れない。

しかし鴨厓は昌平黌からは退学になるし、国法に触れて死刑になった。

若き山陽は危機に陥った時、或いは狂乱し、或いは心神喪失状態になり、いずれにせよ当人の人格的な責任は免れるだけの、動物的な自己保全の本能が発達していた。いわば死んだ真似のうまい昆虫のようなところがあった。

しかし、若き鴨厓は、ことさらに自分の責任を誇示し、困難を買ってでるようなところがあった。しかも、それを「父祖相伝の家訓」であるとして、常に昂然たる態度を失わなかった。

彼の死命を制した安政の大獄においても、同時に判決を受けた他の三人は、いずれも「追放」という微罪であり、それはその三人が訊問中、甚だ態度が恭謙であったからだと言われている。鴨厓ひとり、その裁判を自己の思想の宣伝の場たらしめ、果敢な法廷闘争を行ったことが、幕吏を刺戟して、殆んど無法な死刑の判決となった。

山陽の死に臨んでの危惧は最悪の的中を見たのである。

その判決文は次のようなものであった。

「外夷海防筋之義、猥りに浪人儒者梅田源次郎と申合せ、国家重大の御政事向、梁川星巌と談合入説いたし、天下の攪乱を醸し、公儀を不㆑憚始末不届に付、死罪申附。」

判決直前の予想では、精々「遠島」くらいであろうと思われていた。現に当日、山陽の弟子の江木鰐水は衣服金品を用意して、伝馬町の獄に向ったくらいである。それが急に死刑となったのは、最終段階において井伊大老自身が介入し、自ら筆をとって判決の最後を書き直したのだと言われている。

驚愕した鰐水も、又、藤陰も、「狼狽失錯」、死体引取りの手続きをとることさえできなかった。阿部家の家臣である二人は下手に動いて、累が藩に及ぶことを恐れたのである。それを聞いて義俠的に手続きをとり、後始末をしてくれたのは、大橋訥庵であった。更にそれを聞いた幕府の官僚羽倉簡堂は、訥庵を今までつまらぬ男と思っていたが見直した、と言った。

鴨厓の生涯については、やはり木崎好尚（『頼山陽全伝』の著者）による『頼三樹伝』（附日譜）がある。

それによって見ると、この山陽の末子は、生まれた時から既に、父親を慌てさせている。おりえさんは産後「臥ながら差図のみ致し居り候」。そのために「面倒の世話、おやじ（山陽）も拠《よんどこ》ろなくウロタへ申候」（山陽より母への書簡）。

鴨厓は生来の「わんぱく」で、兄支峯が学校へ行っている留守も母親の手を焼かせていた。天保三年（一八三二）秋、山陽が臨終の床にあった時、当時八歳だった鴨厓は、その日、父の門人児玉旗山の塾から呼び返されていたのに、表へ抜け出して遊んでいて、とうとう父の死に立ち会うことができなかった。

山陽の歿後、やはり旗山塾へ通っていたが、旗山は同窓の関藤藤陰（当時、引きつづき頼家に残って塾生の世話やら、先師の遺稿の整理やらをしていた）に宛てて、こう手紙を書いているという。

「扨《さて》、三木三郎君事、昼後は必ず日々、あとくり之れ有り候様、公より御加鞭下され候様、希《ね》がひ奉り候。後室よりは申されても、聞かざる者に御座候。此儀御面倒ながら煩はし奉り候。」

鴨厓は母がいくら叱っても、その日の授業の復習（後繰り）をしようとしなかったのである。

また同じ頃、梨影が北条霞亭の未亡人へ宛てて出した手紙のなかでも、

「三木三郎が、誠に〳〵わんぱく、いけ申さず、とかく遊び……」

更に、梨影から山陽の門人村瀬藤城へ、二人の遺児の始末の報告のなかで、支峯は広島へ送り、鴨厓は家に置いておくと述べた文面のあとへ、「もかしなく（もどかしき）ものにて、此春（十歳）かきそめさし、一枚見て御やり下され、なか〳〵ならひ申さず、いけ申されず候」。

鴨厓は旗山が若くして死んだあと、大坂へ下って、後藤松陰の塾に入り、従って松陰の舅である篠崎小竹の監督のもとに置かれたわけである。

天保十四年（一八四三）、幕府の納戸頭で好学の士であった羽倉簡堂が、老中水野忠邦の推挙によって御用金徴募のため下坂した。そして大坂滞在中、篠崎小竹と往来している間に、山陽の遺児のことが問題になり、遂に簡堂は鴨厓を自分が江戸へ連れて行こうと言いだした。

小竹の「頼子厚（鴨厓）ヲ送ル序」中に、

「羽倉君ノ士ヲ愛スルハ、啻《タダ》ニ好事ノ古器書画ニ於ケルガゴトクナルノミナラズ。余ハ、君ニ浪華ノ旅館ニ謁シテ、談、故頼山陽ノ事ニ及ビ、因ツテソノ季子子厚ガ遊学ノ志アリ、孤

ニシテ資ニ乏シキヲ以テ果サザルコトヲ語レリ。君、召見シテソノオアルヲ喜ビ、従ヘテ江都ニユクコトヲ許サル。」

小竹はこの挙を全て簡堂の親切に帰している。しかし、彼自身も簡堂に向って大いに鴨厓の前途有望なのを説いてやまなかったのだろう。母の梨影はこの末っ子を勉学させたいという気持は充分にありながら、一方でひとりで江戸にやるのは心配で仕方なかったのだろうと思う。夫の山陽も同じ年齢で昌平黌遊学中、甚だ香ばしからざる行状によって、叔父たちを困らせたのだったから。そうした未亡人の心配に対しても、小竹は幕府の高官羽倉氏の世話になるのだから安心である、と説得したものと思う。梨影は鴨厓を送り出したあとで、また霞亭未亡人へあてて「(鴨厓は)ようよう十九歳にて、いかがと気づかひ候、若いものにて、あぶないものにて、朝夕、どうぞといのりまゐらせ候。」と、不安を訴えている。

山陽の母、静子にせよ、鴨厓の母、梨影にせよ、男の子をいつまでも子供扱いして甘やかしたり神経質に心配したりする点で、頼家は代々、似たような嫁を持ったということになる。そして、そのためにその母と子との愛情関係には他人の窺い知ることのできない甘美な感情が発生していたろう点も、山陽と鴨厓とは似ている。

鴨厓は簡堂に従って江戸に入り、やがて親戚の尾藤家を訪問して、その世話で昌平黌へ入学の手続きをとったものと思う。尾藤家は山陽の叔父二洲の歿後、その子の水竹が当主になっていた。

——鴨厓の短い生涯を眺める時、私は三つの頂点があったと考える。

その第一は昌平黌在学であり、その第二は北海道滞在であり、その第三は勿論、晩年の政治活動である。

鴨厓は昌平黌を二年ほどで退学になる。この二年間の彼の行動は或いは父、山陽のそれに輪をかけたものであったかも知れない。母、梨影の心配は杞憂ではなかったのである。

山陽の場合は、二人の叔父杏坪と二洲との庇護があった。鴨厓の場合は簡堂があった。しかし、簡堂は帰府と同時に職を奪われて、小普請入りを命ぜられた。彼の上司、水野越前守が開港論を唱えて失脚したからである。又、二洲の子の水竹は父の一生の願いであった隠遁主義を、夙に実行して世間の交りを絶っていた。いずれも鴨厓の勇み足を取り繕ってくれるには、力が及ばなかったろう。

水野氏に替って幕閣の中心となったのは、若き福山藩主阿部伊勢守正弘であった。そして先に山陽の塾の塾頭だった関藤藤陰は、今や新内閣主班たる阿部侯の秘書役として多忙を極めることになった。鴨厓の世話をしたくても、到底、細かい面倒を看る暇はなかったろう。老中主席の阿部正弘は周知のように、鎖国以来最大の国際的難局を切り抜けるための重責を双肩に担うことになっていたのだから。

(私は山陽の門下から、藤井竹外のような観念的革命詩人、村瀬藤城のような現実的農民運動家、関藤藤陰のような開明的官吏、村瀬太乙のような風狂人、と多彩な人材の出たことに興味をおぼえる。山陽は『日本外史』の著者として、単に専ら、尊攘派のイデオローグであったわけではない。

あるいは山陽の思想は、それほど一方的に明快に反幕的であったとは言えないということになる。）

又、阿部家の儒官、門田朴斎も在府中であった。しかし、北条霞亭の歿後、彼のあとを継いで、一時、茶山の養子となっていた朴斎は、やがて京都に上って山陽の門に入ったのだったが、私はこの人物は人のうえに立って人を指導するよりは、優しく人を世話することの方が得意だったのではないかと想像している。鴨厓の小遣の心配はできても、彼の行動を掣肘するのは、荷が勝ちすぎていたのではないだろうか。

曾て山陽の江戸での行動が限度に来たと見極めた叔父杏坪は、直ちに彼を退学させた。それは杏坪の政治的判断だろう。しかし、不幸にして鴨厓の近辺には、この「政治的判断」の能力のある人物が欠けていた。そして、日に日に募る鴨厓の突飛な行動を、どこで円満に打ち切らすかということに乗り出す人もないままに退学処分という破局を迎えてしまった。恐らく昌平黌からの退学処分は、鴨厓の将来に、官途へ付く道を予め閉ざしたことになるだろう。

退学の理由が彼の「疎狂沙汰」であったことは明らかである。その疎狂というのは、たとえば、白昼、泥酔して上野の山に登り、葵の紋のついた石燈を押し倒して廻った、というようなことである。彼は忽ち寛永寺の僧たちに捕えられ、しかもなお、酔いに任せて、「幕府の驕僭」を罵ってやまなかった。この時は、丁度、寺へ用事で来ていた、曾ての茶山の弟子の牧野黙庵が直ぐ尾藤水竹と連絡を取って、釈放運動をはじめた。近くの本郷丸山の阿部家の藩邸からも、朴斎か誰かが飛んで行って、老中の威光を藉りて圧力を掛け、身許保証というような形で鴨厓を引き取るように尽力したらしい。結局、最後は寛永寺法親王まで介入して、解決したという説もある。

事は書生の酔余の悪戯としても、不敬罪として処断しようとすれば出来るような状況であった。

この事件によって鴨厓の名は忽ち江戸中に評判になった。父山陽の昌平黌時代の行状の再現を見る想いのした老人たちもいたことだろう。最も新しい尊攘思想を育てはじめていた青年たちは喝采し、老中阿部侯はその小事件に時勢の輿論の小さな反映を知ろうとし、そして思想警察は大急ぎで要注意者の表のなかに鴨厓の名を書きこんだことだろう。

私はこの二十歳の青年の非常識な行動を、その年齢の学生にありがちなことであると思う。半ば生理的な精力の暴発であると思う。しかし、この昌平黌時代は鴨厓にとって、もうひとつの更に重要な経験を与えた。それは斎藤竹堂との交遊である。

斎藤竹堂（一八一五―一八五二）、名は馨、字は子徳、通称は順治、仙台の人である。竹堂は鴨厓より十歳上であり、鴨厓が入学した弘化元年（一八四四）には彼は昌平黌の舎長となっていた。従って鴨厓はこの秀才の名の高い先輩から、学問上でも生活上でも非常に多くの世話を受けることになった。

竹堂は既に文章家として知られ、現に三年前から昌平黌では詩文掛をしていた。彼はその頃、幾つかの旅行をし、夫ぞれ『鍼盲録』とか『上毛紀勝』とか『報桑録』とかいう紀行文にその見聞を纏めている。（これはその大部分が、明治に入ってから『竹堂游記』という二巻本に纏められた。)

これらの紀行文は、実に要領よく具体的に、地理、歴史、交友、風物などを、眼に見えるように鮮明、精密に、そして几帳面に描いている。そこには漢文の紀行文の持ちがちな余計なあり来りの形容による曖昧さというようなものは見られない。漢文というものを平易明快な事実の記述の道具としているのである。

学生の作文指導には最も適任な才能であったことが判る。

竹堂の詩は死後、『村居三十律』が先ず出版され、やがて『詩鈔』上下が出た。

『三十律』においては「昇平ノ世界、自由ノ身」という退隠生活を愉しむ気持と、しかし世に出て成すあらんとする野心とが、矛盾したまま併存している。「心ハ期ス千古ノ英雄ノ上、家ハ任ス尋常ノ百姓ノ間。」

彼の中には静かに学藝に一生を注ぎたい願いと、又、時勢がそれを許さないという焦躁感とが混在していて、どのように身を処したらいいのか迷っているように見える。外国の情勢にも敏感な触手を動かしていて、若くして清国のアヘン戦争についての著述もある(『鴉片始末』)。彼は、一方で仙台藩の学館の教員に任命された時は、それを辞して田舎へ引っこんでいる。

結局は江戸へ戻って下谷に私塾を開き、田舎から母を迎えて小さな幸福を求めるが、それも束の間で世を去る。三十八歳である。

その行状は一般の憂国の士とは異っている。寧ろ、世の紛乱から眼を外らせて、好きな文藝に専心したいという衝動が強かったのだろう。しかし、そうするには一方で、余りに彼の認識力も認識欲も強力で、眼は閉じられず、そうかといって行動家となるには、一方で聡明すぎたのだろう。

『詩鈔』で目立つのは、実に艶体の詩が多いことである。

たとえば「手毬詞」

綵毬抛地微有声　一上一下応手軽　微風細細羅衣颺　揺動宝釵頭上瓔
口唱一二三四五　唱到千百不知数　花影満簾春日長　粉汗余香湿如雨
困極一身難自持　恰似前宵中酒時

（綵毬《サイキウ》地ニ抛《ナゲウ》チ、カスカニ声アリ、一上一下、手ニ応ジテ軽シ。微風細々、羅衣颺《アガ》リ、揺動ス、宝釵《ホウサイ》、頭上ノ瓔《ヤウ》。口ニ唱《トナ》フ、一二三四五、唱ヘテ千百ニ到リ、数ヲ知ラズ。花影ハ簾ニ満チテ、春日長ク、粉汗余香、湿リテ雨ノ如シ。困極シテ一身、自ラ持シガタク、恰《アタカ》モ似ル、前宵、酒ニ中《アタ》ルノ時。）

多分、藝妓だろう。裾を翻し、簪《かんざし》を揺らめかせながら、手毬で遊んでいて、遂には立っていられないほどになり、二日酔いに似たていたらくである。……

或いは雛妓が長い帯を引きずりながら、目かくし鬼（「迷蔵」）に夢中になっているような光景も歌っている。

それは天保時代の繊細で快楽的な都会人の感覚の氾濫である。浮世絵や洒落本の世界である。詩もまた遊びの表現であり、作詩の行為そのものが、ひとつの愉しい遊戯なのである。このような感覚主義者は、時勢の変動に従って政治のなかへ乗りだして行くということは考えられないし、聡明な彼は、自分がそうした実際行動は不適任であることも見抜いていただろう。だからといって、時代に目を閉じてしまうことは、敏感な彼のなし得ないところだった。この矛盾が彼の生命を縮めたのかも知れない。或いはまた、彼の兄が二人とも昌平黌に在学中に二十歳位で客死しているところを見ると、彼自身も結核か何かで病身であったのであり、病いを養うということが、彼の行動を予め掣肘していたとも考えられる。

『詩鈔』の下巻で目立つのは、「竹枝」である。そこに見られるのは、一種のエキゾチスムで、その題材は、あるいは琉球、あるいは蝦夷、そして遂には和蘭《オランダ》に及んでいる。琉球では「碧紗窓外ニ芭蕉ヲ織ル」とか、「家々門巷、甘藷ヲ種《ウ》ウ」とかの南国風景を詠じ、蝦夷では「紅脣《コウシン》ニ箇ノ花千片アリ、傍人、半点モ嘗《ナ》ムルヲ許サズ」とか、「又、余光ヲ倩《カリ》テ木皮ヲ織ル」とかのアイヌ風俗を描き、オランダではこれはヨーロッパの風景ではなく長崎の出島の生活を歌って、「逕《コミチ》ニ沿ツテ閑カニ看ル薬圃《ヤクホ》花《カ》」というようなスケッチをしている。

この外国趣味は、遂には地上には存在しない異郷にまで伸びて、「睡郷竹枝」、眠りの国にまで行く。そして、「華胥」の国で国王となる。

この詩集中で、また珍らしいのは「外国詠史」の一群である。そこでは、ノア、バビロニア、アレキサンドル大王、アリストテレス、コンスタンチノープル、マルコ・ポーロからナポレオンやワシントンまで、詩題としている。国論が開港と攘夷とに割れようとし、外国の事情の吸収に為政者や知識人が非常に熱心になって来つつあった時期に、この若い秀才は私たちの予想以上に、西洋のことを知っているのが、これらの詩で判る。それらの詩には自註が附せられていて、外国の歴史に精しくない読者の便をはかっている。

たとえばノアの箱船の詩では、「疏導《ソダウ》、恨ムラクハ神禹《シンウ》ノ術ナキヲ」と歌って、堯舜二帝に仕えた禹が洪水対策において、箱船を作って逃げ出したノアよりも偉れていたとしている。ローマ法皇の詩では「夜院、却ツテ憐レム、伴宿ナキヲ。孤眠、夢ニ和シテ編簫ヲ聴ク」と詠じ、「伯多禄《ペテロ》ヨリ相ヒ継イデ千余年、皆、婚娶《コンシュ》セズ。」という註によって、法皇が寝室で孤り眠っていると、水中に仕掛けをしてある楽器の音が夢のなかに流れ入る様を喚起している。竹堂は我が国の当時の僧侶の世俗的生活に対する諷刺を意図していたのかも知れない。

また、こういう詩がある。

不与文王擬作倫　也曾羑里鎖斯身　侍臣自有宜生術　只把金銀去賺人

（文王ト倫ヲナスヲ擬セズ、マタカツテ羑里《ユウリ》ニコノ身ヲ鎖ス。侍臣自ラ宜生《ギセイ》ノ術アリ、タダ金銀ヲモツテ去《ユ》キテ人ヲスカス。）

謎のような詩である。意味は、昔、殷の紂王が周の文王を羑里というところに幽閉したことがあるが、その文王と比べようとは思わない。家来は文王の臣の散宜生のように、王を救け出そうとして、金銀を出して相手をなだめようとした、というわけであるが、その文王に比べられなかった人物というのは一体誰なのだろう。

　脚註を読むと、はじめて釈然とする。

「孛露《ベルー》王、亜答抜里抜《アタワルパ》、伊斯把你亜《イスパニヤ》ノタメニ、擒《キン》トナル。土人、請ヒテ赦サレントス。伊斯把你亜、曰ク、ヨロシク金ヲ以テ幽室ヲ満スベシ。因ツテソノ言ノゴトクス。又、曰ク、ヨロシク更ニ銀ヲ以テ之ヲ満スベシ。室、長サ二丈二尺、広サ一丈七尺。」

つまり、スペインのコンキスタドールたちが南米のインカ帝国に攻め入った時の挿話を、詠じていたのである。

　大沼枕山がこの詩に頭評を附して、こう言っている。

「紂王ハ妃嬪ノ美ヲ要シテ、金銀ノ美ヲ要セズ。其ノ勢、弱シト雖《イヘド》モ、伊斯把你亜ノ鄙《イヤ》シキニ類セザル也。」

　殷の紂王は文王を釈放する条件に、美女を要求して、金銀は要求しなかった。紂王は惰弱かも知れない、しかし、スペイン人のように下劣ではなかった、というのである。枕山のこの価値観は、当時の知識人の或る人々のそれを代表しているだろう。今日の人間は同感するかどうか。

　また、こういう詩がある。

欲掛滄溟万里帆　微行到処試酸鹹　此心未必求良弼　也把生涯抵傅巖
（滄溟万里ノ帆ヲ掛ケント欲シテ、微行イタルトコロニ酸鹹《サンカン》ヲ試ム。コノ心イマダ必ズシモ良弼《ヒツ》ヲ求メズ、マタ生涯ヲ把《カ》ケテ傅巖《フガン》ニイタル。）

これはロシアのピョートル大帝の事蹟を詠じたものである。彼は遠洋航海の技術を獲得しようとして、身をやつして各地へ行って苦労した。良い大臣を登用するというよりも、自ら生涯をかけて、どこまでも出掛けて行った、という意味だろう。傅巖は、殷の賢臣の傅説《フエツ》という男が匿れていた岩穴のことである。

この時代の日本人にとっては、十八世紀に、後進国のロシアを急速に近代化しようとして努力したピョートルは、注目すべき手本だったのである。現に徳川氏最後の将軍だった慶喜も、自ら日本のピョートルたらんという志のあったことは、パリー留学中の弟、徳川民部大輔に送った手紙によって、明らかである。

ワシントンの詩では、「北亜墨利加《アメリカ》」を独立させたこと、そのために「州人ヲ訓練シ、以テ之ト戦ヒ、屢《シバ》シバ克《カ》チ」、遂に「我ガ天明四年（一七八四）」に英国の「覇《ハ》管ヲ去」ったこと、そして、「盟主トナリテ、共和政事ヲ議定」したこと、更には「猜忌、従ヒ起ル」に及んで「脱然トシテ位ヲ去リ、田里ニ帰隠シテ、優游、歳ヲ閲」して死に至ったことが賞讃されている。アメリカの独立戦争は、日本の攘夷論者には、アメリカ人の攘夷運動として捉えられていた。そして、攘夷は国際的な趨勢だという考えであった（佐久間象山）。今日の言葉で言えば、だから「攘夷」とは「民族独立運動」なのである。(攘夷は反動的狂信主義というより、イデオロギーとしては、国内的には、封建制度を打破して、日本をひとつの国とするという、進歩的な国家統一の考え方であり、対外的には独立という考え方である。だからワシントンの行動は、日本の新しい世代にとっては、最も勇気を与えてくれるものであった。そして、「共和政事」も複雑な倒幕のプログラムのなかに、可能性のひとつとしてやがて登場してくる。)

『竹堂詩鈔』は、当時の都会的知識人の精神と感覚とを多彩な表現によって私たちに知らせてくれる。詩人としての竹堂は、当代第一の才人といえるだろう。

しかし、私が鴨厓について述べながら、その叙述を一時、中絶してまで竹堂に深入りしているのは、必ずしも彼が「才人」であったからではない。才人竹堂は粗暴な鴨厓を感覚的に洗練させるのに役立っただろう、また秀才竹堂は鴨厓に論理的な訓練を与えることに有益だったろう。

だが、私は『読史贅議』という二冊の歴史哲学の書物によって、竹堂が単なる秀才から、端倪すべからざる天才の域に達していると信じている。又、その天才の影響によって鴨厓を情緒的慷慨家から、実践的な革命家へと脱皮させるに至ったものと信じている。私が竹堂について、ここで論説しているのは、この『読史贅議』のためなのである。

『読史贅議』は日本の歴史上の人物に対する批評を集めたものである。上下二十一人ずつ、四十二人の人物論が、甚だ俊鋭であり、人を驚かせる。この時代には日本固有の歴史に対する反省が知識人たちの間に行き亙り、中井竹山の『逸史』とか、亀井昭陽の『蒙史』とか、それらに対する対抗意識から生まれたといってもいい山陽の『日本外史』とか、の通史が書かれたあとで、歴史を動かした人物たちについての肖像《ポルトレ》的批評が盛んになっていた。現にこの『読史贅議』に序文を書いている幕府の儒官安積艮斎《あさかごんさい》にも『史論』上下二巻の著述があり、三十人ほどの人物が論ぜられている。恐らく竹堂はこの艮斎の書を読んで、同じ試みをしたくなったのだろう。

しかし、艮斎の書物は徹底的に伝統的な儒学思想によってその批評が貫かれ、甚だ現実感覚に乏しいものである。たとえば聖徳太子は君である崇峻帝の意向に従わなかったから不忠の臣である、といった論法で、そこには何らの歴史的思考は働いていない。つまり歴史を、儒学の倫理だけで割り切っているのである。

それに対して、竹堂は人物の行動を個人倫理から引き離し、その時代の歴史的進行のなかで、歴史的論理によって捉える。

たとえば日本武尊の歴史的意味は軍事的能力にあるのではなく、政治的能力にあるとする。尊は日本の統一のために、まず力の弱い西部の鎮圧を行い、後方を固めた上で東国の征服を行った。それは単なる武勇ではなく、政治的支配に対する卓れた感覚を示すものである。また野見宿禰《のみのすくね》は倫理的には二つの矛盾した行動を行っている。第一は埴輪を作ることによって殉死の弊風を断った。これは「人ヲ生カス」行為で、つまり「仁」である。第二は当麻《たいまの》蹶《け》速《はや》を角力において蹴り殺した。これは「人ヲ殺ス」行為で、つまり「不仁」である。しかし、竹堂によれば、それは矛盾ではなかった。蹶速を殺すことは、殉死の禁止と同じ、一貫した政治的行為であり、その見地から見れば、倫理的矛盾は解消する、というのである。良斎によれば「不忠ノ臣」であった廐戸皇子(聖徳太子)は、竹堂によれば、暗殺政治のなかでの一方の党派の人であり、味方の側の暗殺行為は正義であるとし、敵の側の同じ行為は不正であると判断した、現実政治家なのである。排仏派の崇峻帝が蘇我馬子を排除しようとした時、それを防いだ太子は、逆に馬子が帝を攻撃した時、同じ崇仏派の陣営の人間として、秘かに馬子を支持した、というのである。太子の行動を支配しているのは、竹堂によれば倫理ではなく、政治的論理である。

一方、神功皇后に従い、幼帝を擁して朝廷を守り、七十年間、大臣の職にあった武内宿禰《たけのうちのすくね》は、通説によれば「忠臣」であるが、竹堂は弟の讒言を招いた宿禰を「功ヲ貪《ムサボ》ルノ心」によって政治を私にしたものであると論じている。つまり弟の讒言という事件に、個人的動機をではなく、宿禰の政府への批判を発見しているのである。

和気清麻呂はどうか。竹堂は清麻呂を、やはり忠義の観点からでなく、政治的手腕によって評価している。つまり、僧道鏡を非難するのに無効な個人的直接攻撃を行う代りに、有効な神託を利用して輿論を喚起するというやり方をした点が、清麻呂の功績なのである。政治的には、無効な忠義は無意味なのである。

一方、当時最大の知識人であった遣唐留学生たる吉備真備《きびのまきび》は、その新しい国際的知識によって「儒雅の政」を行ったとして世間から賞讃されている。しかし、彼の属していた政権は、「荒乱」な僧玄昉《げんぼう》、「驕横」な藤原仲麻呂、「僭越」な弓削道鏡という三人の反逆者を、次々と出している。真備はこの三人の下に、次々と喜んで協力していたのである。従って彼の儒教政治というものは、要するに中国の「一二ノ礼典ヲ儀容形迹ノ間」に適用しただけで、彼は学者としても政治家としても失格である、とする。

しかし又、鎌足以降、彼に匹敵すべき政治的能力の所有者であった藤原保則は、政権を掌握すべき機会を失ったために、その才能を証明することができなかった、と竹堂は指摘する。保則に比べれば二人の同時代者菅原道真は政略において劣り、三善清行は度量において欠けるところがある。しかし保則は歴史上の功績としては、ほとんど讃岐守としての善政だけが知られているに過ぎず、時平政権下で短期間、中央政府に大臣として列った時期の業績は知られていない。(讃岐守としての業績は、後任者菅原道真と比較すれば歴然たるものがある。——保則について、歴史学者が真面目に検討をはじめたのは、ごく最近になってからだろう。だから、この竹堂の指摘は、注目に価いすると思う。いや、保則を歴史の埋没から救うことになった竹堂の史観と、それから発した探究の方法そのものが、注目すべきであるというのが正しいだろうが。)

源頼朝が弟義経を追った行為は、甚だ不評判である。そのために頼朝は不人情であるとか冷酷であるとかの非難を受けつづけている。しかし、竹堂にとっては、「義経ハタダ平氏ヲ討チテ、父祖ノ宿怨ヲ報ジ、法皇ノ蓄怒ヲ散ズルヲ知ルノミ。天下ノ形勢ハ固ヨリ知ル所ニ非ズ」。頼朝はただ「天下ノ形勢」のために、政治的行動として、有害な義経を排除したに過ぎない。「即チ、義経ノ存亡ハ何ゾ天下ニ係ランヤ」。それは藤原氏が道真を逐ったのと同じことである。

同様にして、北条時政が、将軍実朝を廃して源朝雅を立てようとしたのは、通説によれば自分の孫を捨て、娘婿を採ろうとしたのが、時政が若い後妻に騙されたので、つまりは耄碌したのだということになっている。しかし竹堂は、そのような個人的な解釈を退けて、そこに時政の政治的論理の一貫性を見る。彼は政権を握りつづけるために、将軍頼家を殺した。競争者の比企能員や畠山重忠を殺した。それらの行動の継続に過ぎないのである。そうした政治の論理のなかに、どうして若い妻妾などが介入する余地があろうか。

北畠親房は、その思想と行動との間に矛盾がある点を非難される。親房は南朝正統の理論的指導者であった。その論理からすれば、足利直義や直冬、つまり尊氏の弟や子供が、尊氏に叛いて投降して来た時、それを喜んで受け入れた行為は、彼の思想に反する筈である。何故なら、親房の思想によれば、何よりも孝悌の道理が優先しなければならず、たとえ尊氏が逆臣であるとしても、その弟や子が反対の陣営に移ることは、彼の思想からは許されない筈である、と竹堂は論じる。

これらの人物論に一貫している竹堂の思想は、何よりも人物の行動を歴史的条件のなかに捉えるということであり、個人的な、あるいは家庭の事情的な、感傷的解釈を排するということであった。

『読史贅議』は出版に際して、検閲を慮って数篇が除かれた。それらは後に、明治になってから『逸編』と題して世に出されたが、そのなかの天智天皇論は注目すべきである。

天皇は封建制を廃して郡県制を布いた。それは「変ヘザルヲ得ザルノ勢」、歴史的必然に従ったのである。「シカリト雖モ、我ノ郡県ハ鎌倉室町ヲ経テ漸ク変ジテ今日ニ至リ、則チ封建ニ一定ス」。つまり、同じ歴史的必然が、千年の間に我が政治組織をもう一度、郡県制から封建制へ戻したのである。「天下ヲ公ケニスルノ心ヲ行フ、其ノ迹、(天智)帝ト相反スト雖モ、シカモソノ心、未ダカツテ同ジカラザルニアラザル也。」(第二次大戦後の今日においては、封建制よりも郡県制の方が、より民主的であるとして疑う者はいない。しかし竹堂の前の世代の雨森芳洲などは、中国や朝鮮の郡県制と我が国の封建制とを、比較政治学的分析によって批判し、封建制の方が、我が国情に合致していると結論している。)

当時の空想的政治論者は、とかくアプリオリに王制が正しく、武家政治は間違っているというような論を立てていた。しかし、竹堂によれば、当時の政論家たちが理想の天子として尊崇していた天智帝も、歴史的必然に従ったのであり、今日の徳川幕府といえども同じ必然によって生まれたのである。そして「天下ヲ公ケニスルノ心」を、その政治形態が失うに至って、「変ヘザルヲ得ザルノ勢」が発生するのである。

竹堂は軽々には幕藩体制を否定していない。しかし、彼の論理は社会的現実の変化に従って、容易に現体制を否定する方向にも進みうるものである。こうした強固な論理の方が、空想的王政復古論者よりも、幕府にとっては遥かに強敵であったろう。

武家政治を否定するのは、十九世紀前半の流行であった。『日本外史』などは、専らその主題を展開しているものとして喜ばれたのである。しかし、竹堂は後鳥羽帝を論じて、この問題に触れ、極めて冷静にこう裁断する。

「中世ノ天子ハ皆、人主ノ何ノ職タルカヲ知ラズ。民ヲ養ヒ下ヲ撫スルノ政ハ、之ヲ置キテ問ハズ。是ニオイテ、武人ノ将帥、代ツテ撫養ヲ兵馬ノ余ニ施ス。是レ人主、イタヅラニ人主ノ名アリ。而シテ人主ノ実ヲ行フ者ハ人臣也。」
王政は統治の資格を失って、政権は有資格者の武家に移った、と竹堂は断定しているのである。

これらの論評は、竹堂が単に我が歴史に精しかったということから生まれたものではない。それは却って彼が、自分の生きている社会の現実と、その歴史の進行の方向とを実に鋭い眼で眺めていた、というところから生まれてきたものであることを推測させるに充分である。鴨厓はこの先輩と日夜議論することで、はじめて思想と現実との具体的関係について眼覚めたに相違ない。もし竹堂を知らなかったら、彼は相変らず感傷的に南朝の衰亡を嘆じたり、幕府の専横を憤ったりして、大言壮語する不平家として終ってしまったかも知れない。

鴨厓が昌平黌を突然退学になった時、竹堂は既に帰郷していた。もし彼が舎長の地位にいてくれたら、鴨厓は退学されずに済んだだろう。

鴨厓は退学と同時に、湯島から本郷通りを丸山の福山藩邸へ駆けこみ、優しい叔父さん格の門田朴斎に金を無心すると、谷中善光寺坂の尾藤水竹宅へ居候に上りこんだ。

鴨厓は寮の払いや月謝なども未納のままだったので、その始末をつけようとして、借金の手紙を水戸藩邸の友人にも送っている。「先生の窮も固《もと》より存じ居りナガラ、甚だ以て厚面皮と思し召され候半成共……諸払致し兼候はゞ、天下媿態《キタイ》極ル、何卒々々宜敷御酌取……」

それから鴨厓は北海道旅行に出発する。先年以来、ロシアの船艦が出入りしている松前港を、自分の眼で見て、国際問題についての認識を深めようという目的だった。勿論、その途中には、仙台に斎藤竹堂を訪ねるという、愉快な予定も含まれていた。

鴨厓は予定通り竹堂に逢って旧交を暖めた。その時の詩の一節、「三秋、見ズシテ、遥夢ヲ費シ、一事成ルナクシテ、故人ニ慙《ハ》ヅ。」

竹堂は送別の文を贈った。「頼子春……マサニ此レヨリシテ、北、松前ニ至リ、蝦夷毛人ガ荒漠絶遠ノ境ニ至リテ、後、已《ヤ》マントス。」「子春ノ家、世ヨ、天下ニ名アリ。譬ヘバ園池ノ勝ノゴトクニシテ、固《モト》ヨリ自ラ名ヲ一時擅《ホシイママ》ニス。而モ子春ハ慨然トシテ、更ニ千里ノ外ニ於テス。是レ乃《スナハ》チ家園ノ勝ニ自足セズシテ、遍《アマネ》ク山水ヲ探リ、以テ快ヲナサンコトヲ必スルモノナリ。……他日、ソノ業、或ヒハ且《マサ》ニ父祖ニ駕シテコレニ上ラン。」

竹堂は嘉永五年（一八五二）に江戸で歿した。従って鴨厓が安政年間に京都で政治的活動をするのを見聞することはできなかった。しかし、後年、鴨厓は慌だしい活動のあいだも、時に、この竹堂の激励の言葉を想い出しては、勇気付けられたことだろう。

鴨厓の詩文は、先ず安政の大獄の際に没収され、僅かに残ったものも元治元年（一八六四）の蛤御門の変の時の罹災によって散逸させられてしまった。従って今日、見ることは容易でない。しかし、この北海道旅行中のものは、幸いに現地に残っていて、『北溟遺珠』の名のもとに一本に纏められている。又、江刺の雲石楼で試みた一日百詩の詠も上梓されていて、当時の彼の感懐をうかがうことができる。

松前に上陸して最初に眼にした光景は、

南望海水闊如天　万里白雲意惘然　鉄艫長檣満三港　問来不見五畿船

（南望スレバ、海水闊《ヒロ》キコト天ノゴトク、万里ノ白雲、意《ココロ》、惘然《バウゼン》タリ。鉄艫長檣《テツロクチヤウシヤウ》、三港ニ満ツレドモ、問ヒ来ルニ五畿ノ船ヲ見ズ。）

港に長いマストを林立させているのは、全て外国船ばかりで、日本の船の姿はなかったのである。我が国の造船技術は圧倒的に後れをとっていた。

「江刺竹枝」

情郎辛苦入辺夷　及此青魚春孕時　黙念帰期如隔世　一帆風雪暗神崎

（情郎、辛苦シテ辺夷ニ入リ、ココニ青魚ノ、春、孕ム時ニ及ブ。黙念ス、帰期ハ隔世ノ如ク、一帆ノ風雪、神崎ニ暗キヲ。）

神崎は神威《かむい》崎、ここから北へは女子は立ち入らなかったと言われている。

この竹枝は江差追分の、

忍路《おしよろ》、高島、及びもないが、
　　せめて歌棄《うたすつ》、磯矢まで

の俚謡を下敷にしたのだそうである。

「江差雑詩」
蒼茫雲冷月微明　沙際寒潮凍不生　人道前津渡舟絶　三冬駄馬踏氷行
（蒼茫、雲、冷ヤカニ、月、微明。沙際ノ寒潮、凍ツテ生ゼズ。人ハイフ、前津、渡舟絶エ、三冬、駄馬、氷ヲ踏ンデ行クト。）

鴨厓は知人の別荘、十適園のために文章を作った。そこでは前半でその主人がその園で閑適な時間を過すであろうことを祝福したあとで、一転して、「伯交（園主）ハ松前ノ藩臣トシテ、今、江刺ノ令椽《レイテン》ニ補セラル。江刺ハ西北、蝦夷ニ界《サカヒ》ス、是レ松前ノ要衝、即チ神州北門ノ鎖鑰《サヤク》タル者ナリ。況ンヤ、外虜、仏郎機《フランス》、暗咿利《イギリス》、四垂ニ出没シ、警声、歳ドシ聞ユルヲヤ。……」として、大いに園主の奮起を促している。

その頃、この園主、伯交の役宅で、鴨厓は伊勢の松浦武四郎と行き合わせた。そして愉しく夜を徹して語り合っている間に、暁方になり、酔余の興に、主人が眼前即事の題を提出する端から、松浦は篆刻を、鴨厓は五言絶句を即製して、百に及ぼうということになった。それが後に『鴨厓頼先生一日百詩』という題で出版された。

そのなかには、たとえば「肝胆一古剣」

十歳蔵霊剣　風塵老燕城　長嘆雷雨夜　彼亦鞘中鳴

(十歳、霊剣ヲ蔵シ、風塵、燕城ニ老イヌ。長嘆ス、雷雨ノ夜、彼モ亦、鞘中ニ鳴ラン。) 燕城は江戸。

又、「天、吾ガ嬾ヲ縦《ユル》ス」

生出太平時　疎狂幸不仕　売文得酒銭　酔入名山水

(生マレ出ヅ太平ノ時、疎狂、幸ヒニ仕ヘズ。文ヲ売ツテ酒銭ヲ得、酔ウテハ入ル、名山水。)

ここに見られるのは、やはり浪漫的な隠者的知識人の慷慨癖のようなもので、それは彼の一生を覆っている。しかしその下に、もうひとつ別の鴨厓が成長しつつあったので、それが彼の第三の時期の京都における政治的活動となって行く。

鴨厓は帰京すると、父山陽の弟子たちのうちの硬派ともいうべき、高槻藩の鉄砲奉行の藤井竹外とか、倉敷に家塾を開いて勤王思想を鼓吹していた森田節斎らと交りを深めた。また節斎の弟子であった吉田松陰とも話し合ったりした。

山陽の硬派の弟子たちは、病弱で気の優しい支峯が後藤松陰を中心とする軟派の弟子たちに取り巻かれて、山陽の遺稿の整理などにかまけ、山陽自身の遺志の宣揚をないがしろにしていると歯がゆがっていたわけだろう。だから青年時代の山陽の再来ともいうべき鴨厓が帰京して来たのを喜び迎えたに違いない。

しかし晩年の山陽は、祭酒林述斎とか執政松平定信とかに積極的に接近を計って、体制内の人間としての一生の上《あが》り方の工夫をしていたし、恐らく彼の最後の希望は、古賀侗庵などと並んで昌平黌の教壇に立つことにあったろう。従って処世的進退には慎重を尽し、経済的処置も細心を極め、弟子たちの行動も不羈にわたるのを厳重に戒めていた。

山陽の遺産はかなりの額に上っているが、それは三つに分けて増殖を計っており、しかも遺族といえども、濫りに手のつけられないように、普通預金の外に定期預金をしたり貸付信託に投資したりして、至れり尽せりの配慮を示している。

山陽の晩年の心くばりの最も鮮かな実例は、彼の古い弟子である村瀬藤城が美濃の総庄屋として、農民を代表しての訴訟事件で、当時、江戸に出て折衝していた際の忠言に見られる。山陽は、死の床でこの弟子の身の上を案じ、たとえ自分の方に理があるにせよ、訴訟は負けてもいいから、「以レ身為二標的一」ようなことはやめよと手紙を送っている。「腰抜と云れたる事、大事なき事也。」

実際に郷村の大事として、死を決して事に当っていた藤城は、先生のこの奇怪なまでの事なかれ主義をどう感じたろうか。先生の温情には感泣したかも知れないが、一方で先生の昔の主義思想はどこへ消えてしまったのかと疑わないではいられなかったろう。もし、その手紙が森田節斎あたりの手に入ったら、どのような波紋を惹きおこしたろう。

とにかく昔の硬派の弟子たちは、小竹、松陰、支峯を中心とする晩年の弟子たちのグループに対して強い批判を抱いており、だから鴨厓のなかに、希望の回生を見ていたのである。

嘉永年間、英米仏露の艦隊は次つぎと我が国を訪れ、幕府は開国の方針を押しすすめ、野にあるものは「尊王攘夷」の合言葉のもとに、次第に結集する勢を示しはじめた。国論は現実政治家と改革派とのあいだで、二分する形勢を露骨にして行きつつあった。

鴨厓はこの国論の二分を憂慮していた。事態は壮士の大言壮語によって打開できるようなものではないことを知っており、また一方で幕府の無原則な妥協による外交政策にも不満であった。

同憂の士は、梁川星巖を中心として、次第に強固に団結して、行動を開始する。

同志は、当時「海防僧」と渾名された周防の僧侶月性《げっしょう》、若狭の儒者梅田雲浜《うんぴん》、京儒の池内陶所《とうしょ》などであり、江戸の藤森弘庵とも気脈を通じていた。

当時の彦根藩の公用方から井伊侯の顧問役の長野主膳への報告書中には、星巖、鴨厓、陶所、雲浜の四人は「反逆の四天王」と自称していると記されている。しかし、この歴史的時点、安政年間において彼等の「反逆」は何に向けられていたか。正確には必ずしも幕府そのものというより、幕府のなかの井伊派に向けられていたと解釈するのが正当だろう。

だから彼等の運動の中心点のひとつは、越前侯松平慶永《よしなが》を主力として、反井伊派を結集し、新将軍に水戸烈公の子の一橋慶喜を擁立するというプログラムにあったわけである。（この慶喜擁立問題は、大獄の裁判中でも、追求されている。）

もうひとつ鴨厓の熱心に奔走したのは、開国による物価騰貴の結果、深刻な米不足の起ることを予想し、京都市民のために米穀蓄積の策を建てたことであった。この計画は彼の奔走にも拘らず幕府によって抑えられてしまう。

彼が特に接近を計った老中堀田備中守が江戸帰任と同時に井伊大老によって粛清されたことが、この計画の挫折と関係があるのかも知れない。

将軍継嗣問題は予想に反して、紀州の徳川慶福（家茂）と決った。そして井伊侯は蘭露英仏との条約を専断調印する。

鴨厓は左大臣近衛忠熙《ただひろ》と密談をつづけて、井伊内閣の倒壊を計る。

「何分、簾中の諸卿、兎角因循勝ちにて、着々埒明き申さず。独り近衛公のみ、余程御熱心にて、深く三郎（鴨厓）の意見を嘉納被レ為レ在候につき、……同夜、病を犯し、深更に及ぶまで、密談罷在候。」（鴨厓より星巌への書簡）

鴨厓は攘夷の詔勅を井伊侯の反対派の頭領水戸の烈公に下し、それによって井伊内閣を辞職に追いこもうとした。しかし近衛公は水戸も幕府も「骨肉同体」であるから、利害が一致している以上、お互いに争うことは考えられない。それに詔勅を水戸に下すことは「幕府の威を毀ふ所以」であるから、直接、幕府に下命すべきだという意見であった。

一方、鴨厓は、詔勅が幕府に下った場合、もし幕府がそれに従わなければ、倒幕の兵を出さなければならないことを憂慮していた。「今、幕府、政衰へ、四民の怨みを結ぶと雖も、巳に三百年来の旧家にて、普代恩顧の徒少なからず在り候へば、天兵の必勝、期し難き処に候。」

更に、「一朝、内、乱る、に及びては、醜夷のこれに乗ずるは、火を見るより明かなる義にて、神州の危険、これより甚だしきものこれ無く候。」

鴨厓の恐れていたのは、内乱とそれに伴う外国の干渉であった。現にこの頃、英仏連合軍は北京に進撃し、ロシアは沿海州を占領し、インドでは反乱が鎮圧され、フランスはサイゴンを奪い、といった情勢が進行中であったのである。

結局、詔勅は二つ出された。ひとつは水戸へ、もうひとつは幕府へ。幕府で、その詔勅の取次を命じられたのは、当時における最も改革的な官僚であった大久保忠寛であった。忠寛は阿部正弘の登用した人物で、既に文久年間に、幕府は大政を奉還し、日本を議会政体に変革すべきことを公言している（市井三郎『「明治維新」の哲学』）。

鴨厓らのこの運動は非常な危険を含んでいた。

「兎角、此頃怪男子、沢山徘徊致し居候間、御同様警戒大事相守り申すべく候。」

上京した井伊侯の側近、長野主膳は各所に密偵を放って、情報を集めていたのである。

しかも一方、「狂躁の田舎児、時を逐ふの都人士、誰彼の差別なく、人に逢へば乃ち時事を説き、機宜を論じ、深く本末を察せず、塗聞塗説、徒らに人心を煽り、家国に利せず。是等の木葉天狗、断然謝絶せん。」

鴨厓は井伊派と、感傷的な攘夷論者との両方から悩まされていた。

その頃、鴨厓は星巌宅で西郷隆盛と会う。その後、数十日にして同士たちを総べていた梁川星巌はコレラに罹って急逝し、そして、雲浜や鴨厓は幕府の警吏によって逮捕される。

井伊大老は反対派の徹底的な粛清にとりかかったのである。

幕府内部では阿部正弘の登用した人物たちが、大久保忠寛をはじめとして左遷され、免職され、それは間部《まなべ》老中にまで及ぶ。又、一橋慶喜を支持した、水戸、越前、尾張らの藩主も一斉に隠居、謹慎。その家臣たちは数十人が処刑された。また鴨厓、雲浜らの処士は吉田松陰らと共に死刑となる。

この弾圧を境として、反井伊運動は自覚的な倒幕運動へと雪崩《なだ》れて行くのである。

——最後に、『安政三十二家絶句』中に載せられている鴨厓の詩のなかで、私の好きな一首をここに紹介しておこう。

春自往来人送迎　愛憎何事別陰晴　落花雨是催花雨　一様檐声前後情

（春ハ自ラ往来シ、人ハ送迎ス。愛憎何事ゾ陰晴ヲ別タン。花ヲ落スノ雨ハ是レ花ヲ催スノ雨。一様ノ檐声《エンセイ》、前後ノ情。）

彼が単なる粗放な慷慨家でなくなっていたことは、このような陰影のあるリリスムによっても想像されるだろう。

五　三つの世代

私は頼山陽について考える途上で、頼家の人々について語っている間に、次第に、春水、山陽、鴨厓の三つの世代の対立に深い興味を感じてきた。

春水の世代、寛政の三博士の時代は、執政松平定信に代表されるような国論統一の時代であり、同時に体制から閉めだされた人々の反抗の時代であった。江戸の亀田鵬斎や九州の亀井南溟やはそのアウト・サイダーの巨魁であった。

そして、各世代は夫々に異った理想を持つものであり、従って三博士の子供の世代は、青年時代に尽く父親に背くということになった。徳富蘇峰は春水と山陽との対立に触れて、こう書いている。

「蓋《けだ》し縦令《たとひ》其の性情を一にするも、父と子とは、其の時代を異にするが為めに、時代の衝突が端なく父子の間に露はるることあり、而して父子与《とも》に非凡なれば、其の衝突は自から非常ならざるを得ず。」

ドイツ人のいう「父子対立《ファーター・ウント・ゾーン》モーチーフ」である。

寛政の世代の不幸は、後来の世代を全く理解しないことにあった。春水は山陽を不肖の子として世間に恥じていたが、それは実は春水だけではなかった。

栗山はその養子の碧海が「元来之瘖癪」によって「色々不所存之事共」を惹き起している

ことを苦に病み、息子に「退身願」を出させ、同時に、息子と嫁とを離婚させようと考えている。殆んど春水が山陽に対して行ったこととそっくりな目に、碧海も遭わされようとしたわけである。

精里の子の穀堂は、父の最も忌み嫌う仲間と親交を結んで、父親を嚇怒《かくど》させた。学制改革によって昌平黌教授の地位を追われた市河寛斎のもとに集まっていた、放逸な青年文士たちと喜んで交際しはじめたのである。（寛斎は最初「異学」の徒であるという理由によって俸給を半減されるという不名誉な待遇を受け、結局教壇に居たたまれないようにされてしまったのである。）

ある時、穀堂は墨田川で舟遊びをしたが、その一行は、菊池五山、大窪詩仏、亀田鵬斎らの面々で、そして舟上で作った詩が扇面に刷られて世上に頒布せられた。それを手にした精里はこうした顔触れのなかにいる息子を許すことができなかった。

又、二洲の子の水竹は若くして経学者としての志を断ち、隠者となって世間から下りてしまったし、性格のおだやかさを見こんで三島の養子にされた小竹さえ、一時、養家を出奔して江戸へ出てしまった。（小竹は精里の忠告によって、ようやく帰宅した。）

親父たちは顔を合わせれば、息子の不出来を歎き合ったに違いない。

しかし、それから三十年の後の文化文政の交には、嘗てのアウト・サイダーたち、放逸無頼と見られていた青年たちは、夫々、学界や文壇の中心に位いし、新しい次の世代の青年たちの渇仰の的となっていた。

寛斎門の詩仏は当代第一の詩人となり、同門の五山はジャーナリズム批評の独裁的巨匠となっていた。

この世代ははじめて儒学から文藝を独立させたのである。山陽を含めて、彼等は文士となった。曾て寛斎や鵬斎の生き方は必ずしも一般世間の承認を得るものではなく、同気の青年たちや知的スノブだけに取り巻かれていたのが、その弟子の五山や詩仏たちは社会的名士となり、主流派となることに成功した。そして寛斎の子の米庵の書は世人の争い求めるところとなって門前市をなし、彼はその潤筆料によって巨富を築くに至ったのである。

山陽もまた、そうした成功者のひとりとなり、父春水に匹敵する社会的権威となった。

一方、穀堂は父の後を襲って佐賀藩の儒官となり、世子の傅《ふ》に任ぜられ、年寄役に進むに至った。穀堂の弟の侗庵は父の後を追って昌平黌教官となり、しかも学力において父を追い越した。

碧海も同様に阿波藩に仕え、法度謹厳を以て聞えるに至った。

彼等はいずれも当時の一流の儒者となり、又、詩文の方でも有名になった。つまりいずれも父の名を辱かしめるようなことにはならなかった。

彼等の父親たちの心配は杞憂となった。ただ化政の世代は、寛政の世代と異る理想を実現したに過ぎない。

更に次の世代は、政治の世代である。安政の大獄によって挫折することで、却って日本の政治的改革を促進させる役割を演じた世代である。

山陽の三子は、この第三の世代の三つの型を代表している。

聿庵は天下の形勢を観望して、しきりに苛立ちながら、地方に釘付けになって、酒に鬱をやって一生を終えてしまった。支峯は弟の奔放な生き方にはらはらしながら、一種の文化主義のなかに身を潜めて、長養をはかった。そして末子、鴨厓はこの世代の最もしたかったことを勇敢に実行して、死に到着した。

鴨厓は自ら父の志を継ぐと称していた。幼い時に父を失った鴨厓は、節斎や竹外やの硬派の人々から、硬派としての父の面影を繰り返し教えられ、本気で父の志を継いでいるものと信じて死んで行ったろう。

しかもそのように、鴨厓の行為を父の志の延長であると信じていたのは、鴨厓自身だけではない。この第三の世代全体が、山陽を自分たちの理想に引きつけて理解していたのである。現に鴨厓の親友であった彦根の谷大湖は、鴨厓の死刑を歌った詩のなかで、「地下ニ阿爺《アヤ》、迎ヘテ一笑セン」といっている。あの世で山陽が鴨厓を喜び迎えたに相違ない、というのである。

こうした山陽観は、安政の世代から、維新の運動のなかで愈々鮮明になり、山陽は尊王倒幕の最高のイデオローグのひとりとして、光栄の頂上に立った。

そして、それは明治の世代にもそのまま受け伝えられ、それが逆に今日の山陽の名声失墜を招いている。

これは「参加の文学者《リテラトウール・アンガジェ》」の最も劇的な光栄と悲惨の実例である。

然し、少くとも晩年の山陽は、体制外の人ではなく、いかなる種類の反逆をも志してはいなかった。弟子藤城に対する因循な忠告については先に紹介したが、夫婦連れで流浪していた星巌に対して、山陽の行った忠告も似たようなものであった。

山陽は無拘束な星巌の生活態度を批判し、彼が第二の柏木如亭となることを心配して、家を治めるように勧告したのである。如亭は寛斎の弟子中でも、最も天才的な「呪われた《ポエット・》詩人《モーディ》」であり、流浪の果に窮死したのである。日夏耿之介《ひなつこうのすけ》は如亭に「日本のボードレール」の名を与えている。

山陽は星巌にボードレールとなるより、よき市民たれ、と言った。山陽自身の晩年の生活理想は、不甲斐ない子の支峯のように、日常生活を愛しながら、学藝に専心することにあったようである。

もし生きていて、安政の大獄に際会したら、山陽はどれほど戦慄し、狼狽したことだろう。曾て、中斎大塩平八郎に対して政治活動をつつしむように、繰り返し忠告していた山陽は、星巌に向っても、又、我が子鴨厓に向っても、同じことを説いたに相違ない。(中斎が大坂に乱を起したのは、山陽の死後であった。)

山陽は政治思想の研究を、あくまで書斎内にとどめるべきであり、街頭に出て実践することはすべきでないと信じていたらしい。

ここでもう一度「父子対立モーチーフ」が繰り返されたのである。

——今、この三つの世代、つまり寛政の世代、化政天保の世代、嘉永安政の世代、と三つを並べて眺める時、それと対比的に容易に私の脳裏に浮び上ってくるのは、明治、大正、昭和の三つの世代の連続である。

明治の世代は、忠君愛国による国論統一の世代であり、知識人は天下国家のために生きることを理想としていた点で、寛政の世代、春水の世代を連想させる。

大正の世代は、学問のための学問、藝術のための藝術という、文化主義の世代であり、彼等は明治の世代の理想から、つまり政治と国家目的とから学藝を独立させた点で、朱子学から文藝を独立させた文化文政の世代と対比されるだろう。

それから昭和の世代は政治の世代である点で嘉永安政の世代と対応する。この両方の世代の知識人は改革的、非体制的な政治の非合法運動へ参加する人々と、故意に政治から身を退いて学藝へ専心する人々との、二つの正反対な型に分裂している。そして、それはどちらの型も前の世代の理想の延長でもあり克服でもあった。学藝への専念は前の世代の理想の徹底化であり、単に学藝を政治から切り離すだけでなく、逆に学藝の自律性の立場の強化によって、政治そのものを低次の文化活動に過ぎないという認識にまで押し進めた。一方、非体制的な政治活動は、第一世代の体制内の政治活動から身を退いて、純粋に書斎的に追求を続けた第二世代の理想を、改めて現実の場に引き出すという仕事であった。

私は時を距てて、日本の知識人の世代が二度、極めて相似た循環を繰り返したことに、限りない興味を感じないではいられない。そしてそこにひとつの歴史の意志というようなもの

の存在を明らかに見出さないではいられない。──

第三部　山陽の交友　上

まえがき

現代において、頼山陽とは何か――

私は先に、この人物と私自身との奇妙な偶然による出会いの経過を記した。

しかし、勿論、山陽という人物は、私にとってだけでなく、一般に広い文学的な関心を要求している。

彼は幕末から明治にかけて――あの政治の季節においては――文学者としても思想家としても第一流の人間だと誰にも疑われていなかった。

その生活態度なり、またその人気の性質なりについては、或る人々の眉を顰めさせていたが、そういう批判者を生むというのも、大人物の特権というべきものである。

もし、今から一世紀前に、日本を代表する文学者の名前をひとつ挙げよ、と問われたなら、十人のうち九人までは頼山陽を指名したであろうことは間違いない。それは今日において、疑いもなく紫式部の名が圧倒的な賛同を得るだろうことと確実さの度合を等しくする。

ところが百年前には日本の代表的文学者であった人物が、百年後の今日では、わずかに老人たちが若い頃、読んだと言い、中年の人々は昔は偉かったらしいという記憶だけを持ち、青年たちは殆んど、聞いたこともない名だと答えるだろう。

一国の代表的文豪が、わずか百年後に、これほど名声を失墜したという実例は、ちょっと他に見られないのではないか。

この驚くべき評価上の例外は、それだけで後世の批評的関心を刺戟せざるを得ない。——私は彼と出会った「奇妙な偶然」を感謝しながら、次第に彼に対する関心を深めて行った。

彼が現代、二十世紀半ばにおいて、どれほど文学者として無名かというと、たとえば岩波小辞典『日本文学—古典』には、実に頼山陽の綱目は見出されないのである！

彼についての簡単な知識を知るには、同じ叢書中の『日本史』を開けて見なければならない。そこにはこう記されている。

「頼山陽（らいさんよう）一七八〇（安永9）—一八三二（天保3）江戸時代後期の儒者。名は襄、通称は久太郎。父春水は広島藩の儒官。幼時より詩文の才があり、また歴史を愛好した。二十一歳脱藩を企てたため幽閉されて、著述に努めること三年、のち三十二歳以後は京都に住んだ。著書のうち、『日本外史』は列伝体の武家時代史で、史実は正確でないが、簡明な叙述と情熱的な文章とによって広く愛読せられ、幕末の尊王攘夷運動に大きな影響を与えた。ほかに史論の『日本政記』、経済論の『通議』がある。」

この記述によって明らかになるのは、山陽を日本の代表的文豪の地位に押し上げたのが「幕末の尊攘運動」だということである。

つまり山陽は百年前の典型的な「参加の文学者」であり、彼の参加した時代が過ぎ去ると同時に、彼自身の役割は終焉し、そして歴史上のひとつの名前に過ぎなくなって、文学者としては殆んど無名になってしまった、というわけなのである。

しかし、私が「奇妙な偶然」によって知った山陽個人は、驚くべきことには必ずしも尊攘派のイデオローグではなかった。極言すれば、彼は彼自身の死後に、思いもかけずひとつの革命的政治運動の理論的指導者の席を与えられてしまったのである。

大塩中斎の政治的実践に反対し、村瀬藤城の権力への反抗を阻止しようとした、晩年の体制主義者山陽にとっては、これは殆んど皮肉な悲喜劇だと言えるだろう。そして、この悲喜劇のなかで、彼の愛した息子鴨厓三樹三郎は刑死した。……

私の好奇心はそうした「参加の文学者」のドラマを山陽のなかに発見するに及んで、いよいよ強められて行った。

そして、山陽を「後世」から、あるいは彼に踵《きびす》を接した次の世代の眼から解放し、彼のまわりの伝説を解消してみたくなった。——ということは、もう一度、彼を彼の生きた時代のなかに据え直してみるということである。

かつて、シャトーブリアンは十九世紀フランス初頭の参加の文学者の典型であり、当時の最大の文豪であった。その秘密を知ろうとしてサントブーヴは『シャトーブリアンとその文学的グループ』という大冊によって、この過ぎ去った巨匠を、その時代のなかに置き直す仕事を行った。

私のこの探求は「山陽とその文学的グループ」の再現の仕事なのである。

明治二十六年（一八九三）に山路愛山が『国民之友』の春期附録に「頼山陽論」を書いた。

それに就いて森田思軒が長い批評を発表した。そこで愛山と思軒とのあいだに論争が起り、徳富蘇峰もまた『熱海だより』という文章によって、その論争に加わった。

やがて若くして思軒が世を去ると、蘇峰は愛山と協力して、この亡友を記念するために、思軒の『山陽論に就て』や、その副産物として書かれた、他の山陽関係の文章を中心として、愛山や蘇峰の関係文章をも併録した『頼山陽及其時代』という本を作り、それを民友社で発刊中の『拾弐文豪《じゆうに》』という双書の一冊に加えた。

これは実に友情の浸みとおった書物で、思軒の本文には、処々に蘇峰と愛山の感想も書き加えられている。こうしたことは、編者の二人が、思軒の側からも深い友情を持たれていたと信じて疑わなかった場合にだけ可能だと言えるだろう。

ところで、その蘇峰の書き入れのひとつに、次のような断章がある。

「蘇峰曰く、山陽は徂徠の大に及ばず、蕃山の高きに及ばず。近くは栗山の英邁に及ばず。然も其の善に服し、才を愛し、恩に感じ、情に敦く、殊に其のインテレストの多角的にして、胸懐の温かなる、為めに幾多の朋友の中心点となりしもの偶然にあらず。」

——私は頼山陽という人物について考えるのに、幾つかの視点からする像を、夫《それ》ぞれ別個に作りあげ、それらの像をいわば合わせ鏡のようにして、この百数十年前に世を去った人物の姿を、立て並べた鏡のあいだに彷彿させようとしている。

その像のひとつを作るべく、ここでは私は彼の交友について一覧してみたいと思うのである。そしてそれは自らその時代の知識人の群像となるだろう。

なぜなら、今も蘇峰の断章に見たように、山陽は「幾多の朋友の中心点」であり、しかもその「朋友」のリストは、当時の名ある儒学系統の殆んどすべての人物の名前を含んでいるからである。

私は彼の交際範囲をできるだけ広く解釈し、その敵対者さえも交際のうちに摧《かか》え入れて、それを仮に幾つかのグループに分けてみる。そして、それらのグループひとつずつについて、眺めて行くことにする。

但し、彼の先生たち、また彼の弟子たちについては凡て省いた。「先生たち」は山陽の一家についての文章のなかに包含したし、「弟子たち」については、後に改めて一覧しようと思うからである。

――それにしても、当時、文化文政天保頃の学者文人たちは、実によくお互いに交際し、手紙を書きあっている。交通の不便さが却って人間の出会いを感銘深くさせている趣きがある。またお互いに遠路を厭わず訪問し合ってもいる。旅行は今日のように、一直線に目的地を目指すというより、友人たちを歴訪するのがその主目的であるかのような観をさえ呈してもいる。山陽自身の九州旅行などはその最良の例だろう。この旅では山陽は未知の友数十人と新たに交際を開いているのである。同時に未知の敵数十人と新たに戦端を開いてもいるのである。

――江戸の街といえども、端から端までを歩くのは半日仕事であった。それでも、目白に退隠した七十歳の館柳湾《たちりゆうわん》は、やはり青山に山荘を構えていた老友、松崎慊堂《こうどう》と雑談を愉しむために、絶えず足を運んでいる。目白から青山までは、日帰りで歩いて往復するとすれば、今日では青年といえども躊躇を感じるだろう。

それにしても山陽の場合は、その交際範囲が異常に広かったように見える。それはひとつは彼の性格がひどく交際好きであったことによろうし、又、彼の身分がどの藩にも属さない自由な浪人であったために、交友の点で束縛されることがなかったという点にもよろうし(もし、辺陲《へんすい》の藩に職を得て、国詰を命じられたならば、殆んど他藩の人々との交際は成立しなくなるから)、それからまた彼のジャーナリスト的生活が実際に多くの知人の援助を必要としたために、彼の方から積極的に交際を維持することを努力したという事情もあり、彼の仕事が多くの知識人の関心を惹いて、彼を訪問することが、彼等が京都を過ぎる場合の既定のコースのひとつのようになってしまっていたということもあるだろう。

一　京摂の友人たち（第一グループ）

文化八年（一八一一）、三十二歳の頼山陽は、それまで身を寄せていた菅茶山の塾を遁れるようにして上洛して来た。そして、そのままその地に一生を過すことになる。

彼は不遇な田舎暮しの間、絶えず中央に出て一流の人士と交際を開くことを願っていたが、その「中央」は最終的には江戸であった。京都は彼の予定ではその中継点のごときものであった。彼は京都で地盤を固めるのに丁度、二十年間かかった。そして、五十三歳となって江戸進出に踏み出そうとした瞬間に、彼の生命は病気によって奪い去られてしまった。従ってその一生の計画は、丁度、半分で終ってしまったということになった。

——ところで彼が京摂の間に出て来て、最初に頼ったのは、父春水の友人たちの子供だった。

大坂の篠崎三島の子小竹。京都の小石元俊の子の元瑞。

山陽が最初に転がりこんだのは大坂の篠崎家だった。周囲の眼は、この親不孝者、そして今は彼を救ってくれた師茶山にさえ背いた人物に対して冷たかった。彼の父の友人たち親戚たちも彼との面会を拒絶したくらいである。

そのなかで初対面同様の小竹だけは彼を理解し、一生を通じて彼を庇護し、弁護しつづけた。そしてその厚情は山陽の死後まで変らず、彼は遺児たちの面倒をも見続けた。また山陽が京都で最初の弟子とした後藤松陰を小竹は婿としたが、この小竹松陰の線が中心となって、山陽歿後の頼家は運営されて行くのである。

要するに小竹は、山陽にとっては最良の友であった。

篠崎小竹（一七八一―一八五一）、名は弼、字は承弼、通称は長左衛門。小竹、又、畏堂はその号である。豊後出身の医者の子に生まれ、混沌社系の篠崎三島に学んでいる内に、望まれて三島の養子となった。

寛政の学制改革に及んで、彼は養家を脱出して出府し、古賀精里の門に学んで朱子学者となった。この脱奔は青年らしい、新時代の学風への憧れによるものだろうが、しかも、そのまま養家を出てしまうというようなことはしないで、適当なところで養父に詫びを入れて大坂に戻り、そして三島塾を継いだ、というのは、彼が処世上のリアリストであることを示しているだろう。そして友人にとっては、「処世上のリアリスト」ほど有りがたいものはない。特に山陽のように感情の均衡を失しがちなロマンチストにとっては、小竹は嵐の夜の燈台のような役割を果しつづけただろう。

現に小竹の監督下にあるというだけで、山陽の国許では幾分の安心をした、という気配がある。特に父春水は、自分の息子の出来損いを恥じる余りに、旧友の養子小竹の才幹を過大評価していた。春水は山陽が学藝のうえでも小竹に学んでくれることを大いに期待していた。

しかし、このリアリストの眼は、世間を眺める時だけではなく、自己を眺めるのにも見誤ることはなかった。

小竹は『日本外史』の草稿を一読しただけで、山陽の天才を発見し、同時に彼と比較すると自分が単なる秀才に過ぎないことも認識した。そしてこの認識は終生変らず、敵に囲まれた山陽を守るために、その精力の大部分を費やすことを辞さなかった。

小竹は『日本外史』に感服したあまり、手ずから写しとって自家用本を作った。山陽が感動して、

「朋友ノ著《アラハ》ス所ヲ、自ラ写シテ憚ラザルハ、真ノ知己也」

と言ったと、小竹は後に山陽自書の詩巻の跋に記している。

上洛当時の孤独な山陽には、この友人の心からの支援が、どれほど精神の支えとなったことだろう。しかし同時に他人を利用することにおいて抜け眼のなかった山陽は、この善良な友人を徹底的に利用しはじめたのである。

現に上洛匆々、山陽は叔父春風あての手紙で、自分は小竹の監視下にあるから、絶対に「冶遊」などの心配はない、と力説している。

「篠長左は評判の堅男にて」、友人が登楼したりすると、態々出掛けて行って、遊びの席に踏みこんで異見をして困らせるくらいだ、と彼の細君も言っているし、自分はもうさんざん忠告された。そういう訳だから安心してほしい、と山陽は繰り返し述べている。

しかし京都と大坂とは離れているので、小竹の眼のとどかない時は、山陽は時々、つい羽根を伸ばすようなこともあったらしく、そうした有様は忽ち、誰かが小竹に告口して、小竹

から「形迹相慎可レ申」などとやられている。

一方、先覚的蘭医だった小石元俊の二代目元瑞は、近くにいるということもあり、結構、山陽の遊びの案内人となった。堅物の小竹に対して、元瑞の方は通人で、女性関係の相談などは専ら元瑞が引き受けた。山陽が妾として梨影を家へ納《い》れる時に、口をきいたのも元瑞なら、そのおりえさんが支峯を生んだのを契機に本妻に直る時に親許を引き受けたのも元瑞だった。

上洛後の山陽の所業に不安を感じた叔父春風は、自分で様子を見ようと出て来たが、元瑞に向っては、くれぐれもその動静の監視を頼んだ。恐らく元瑞は、半分は自分が叱られているような、くすぐったい気持で、この温和な田舎医者のくどい言葉を聴きながら、隣りに頭を下げている山陽の顔を窺《うかが》っていたことだろう。

小石元瑞（一七八四―一八四九）、名は龍、字は元瑞。檉園《ていえん》、蘭斎などと号した。江戸に出て、大槻玄沢に学び、父元俊よりも更に新しい蘭医となった。（父元俊は未だ漢方に蘭学を継ぎ足したようなところが、その学風にあったようである。）

小竹は「堅男」であったばかりでなく、実務的才能にも優れ、学者にも似ず家産を富ますことにも熱心で、「儒ノ鴻池」と言われた程の富家となった。

その性質は穏健で敵がなかった。山陽の親戚で、山陽を不孝者扱いして門前払いを食わせた狷介《けんかい》な儒者越智高洲なども、小竹に対しては親しい交りを開いてくれていた。現に高洲の母の八十歳の賀のために草した小竹の序が、僧月性の編した『今世名家文鈔』中に載せられている。

彼はその穏やかな社交好きの性格により、また優等生的な学識（ということは、独自で難解な天才的な学問でなく、寧ろ俗耳に快い教説）によって、次第に関西学藝界のボス的存在となった。

当時、出版された京摂以西の殆んどの詩文集には、彼の序が掲げられている。ということは彼がいかにその学界的地位が高かったか、又、いかにどのような傾向の人とも善かったかを示していよう。

そうした人間を友人兼保護者に持つことは、人生の幸福のひとつだろう。特に当人が不必要に敵を作りがちな性質である場合に。小竹は孤独な山陽にとって、最良の外交的マネイジャーとなった。

小竹は嘉永二年（一八四九）に刊行された『摂西六家詩鈔』中に、広瀬淡窓、草場《くさば》佩川《はいせん》、後藤松陰、広瀬旭荘、坂井虎山と共に、その「小竹斎近稿」が収められ、しかも巻頭である。当時、第一級の詩人と目されていたことが、あるいは詩壇随一の勢力家として推重されていたことが、それだけでも察せられる。

しかしその詩は今日から見れば、寧ろ凡庸である。よく出来てはいる。しかし詩魂は感じられない。

だから、彼の詩集『小竹斎詩抄』五巻を通読するのは、退屈で苦痛な仕事である。たとえその版面《づら》が、当時よりも尚一世紀ほど古い字体、十七世紀から十八世紀にかけての詩書に模してあって、そのへんは彼の趣味の凝ったところを想わせはするけれども。——

そうしたわけで、当時のアンソロジーは、いずれも争って、小竹の詩を採っている。たとえば『嘉永二十五家絶句』にも、七、八十篇の作品が載っている（巻三の冒頭）。今、それをひとわたり読んでみると、

「昼美人」

鞦韆有約粧先就　待伴春園立永昼　蛺蝶憐他錯認花　追香来点紅羅袖

（鞦韆《シウセン》約アリ、粧マヅナリ、伴ヲ待チテ春園ニ永昼ニ立ツ。蛺蝶《ケフテフ》、カレヲ憐《イトシ》ミテ錯《アヤマ》リテ花ト認メ、香ヲ追ヒテ来リ点ズ、紅羅ノ袖。）

美人がブランコで遊ぼうと友だちと相談して、自分が先にお化粧ができたので、春の庭の日永に出て待っていると、蝶が花と間違えて飛んで来て袖にとまった。……

大層、艶麗な極彩色な詩で、それは後に述べる第二グループの詩風そのままである。

「界浦途中」

海天未暮月揚輝　帆影投津潮没磯　憶起壮年乗酔興　釣鯊幾度夜深帰

（海天イマダ暮レズ、月、輝キヲ揚ゲ、帆影、津ニ投ジテ潮ハ磯ヲ没ス。憶起ス壮年、

酔興ニ乗ジ、鯊《ハゼ》ヲ釣リテ、幾度、夜深ニ帰リシヲ。）

これは正に山陽の口真似とも言えるだろう。

詠物の体もある。

「戯レニ西瓜ヲ咏ズ」

満腹瓊漿剖碧胎　暑天紅雪触牙摧　能消焦熱除煩悩　応自西方極楽来

（満腹ノ瓊漿《ケイシャウ》、碧胎ヲ剖《サ》キ、暑天ノ紅雪、牙《ハ》ニ触レテ摧《クダ》ク。能ク焦熱ヲ消シテ煩悩ヲ除クハ、マサニ西方極楽ヨリ来リタルベシ。）

西瓜という夏の季節のものと、その冷やかな感じとの対比に、仏教的比喩をからみ合わせた洒落た詩。

詠史の作もある。

「源三位」

出都一跌宿謀空　豈掩諸源首唱功　芳名不朽風流句　玉樹長埋勝地中

（都ヲ出デテヒトタビ跌《テツ》シ、宿謀空シ。豈ニ掩ハンヤ、諸源首唱ノ功。芳名朽チセズ風流ノ句、玉樹長ク埋ム勝地ノ中。）

平家政権の打倒に失敗した武人、歌林苑の秀才として成功した詩人、そのふたつのイメージがひとりの人物のなかに重なっている頼政は、ディレッタント的な小竹には懐かしい人物だったろう。

典型的儒者の詩もある。

「夢ニ二句ヲ得、続ケテ絶句ヲ成シ、塾生ニ示ス」

身体髪膚不毀傷　立身行道姓名揚　孝之始終君須記　易記開宗明誼章

（身体髪膚毀傷セズ、身ヲ立テ道ヲ行ヒ姓名揚ル。孝ノ始終、君スベカラク記スベシ。記シ易キハ開宗明誼《カイソウメイギ》ノ章。）

わずか数十首のなかで、あらゆる体に及んでいる。行くとして可ならざるなし、ということになるのか。そういえば世辞になるだろう。

艶体には新味なく、壮士風は型にはまりすぎている。詠物体は奇抜さに欠け、詠史は単なる説明であり、身体髪膚の詩に至っては、何ぴとも詩であることを認めるのに躊躇を感じるだろう。

つまり彼は練達したヴェルシフィカトゥールに過ぎなかったということになる。

しかし、彼自身の温雅で社交好きで、人の世話を断りきれない生活振りを端的に表現している感慨詩のなかには、思わず微笑ましくなるものがある。また、そういう詩に彼の「詩人」としての本領を見たくもなる。「丙午除日」つまり弘化三年（一八四六）の大晦日の晩の感想である。

文字為生銭有余　架頭添得舶来書　年中恨被諸人役　未暇披看到歳除

（文字ヲ生トナシ、銭ニ余リアリ、架頭ソヘ得タリ舶来ノ書。年中恨ムラクハ諸人ニ役セラレ、未ダ披看スルニ暇アラズシテ、歳除ニ到リシヲ。）

文学哲学を職業としながら、金がある、というのは、これは珍しい幸運である。端から金にあかせて新着の外国書を買い漁ることができる。それらの書物は本棚に満ちている。ところが世の中はよくしたもので、これほど理想的な境涯にある筈の小竹も、生来の世話好きとボス気質のために、その時間の大部分を他人のために空費していて、結局、金のない人間（たとえば山陽）と同様に、いちばん読みたい新着書も自由に読めない結果になっている。……

これは贅沢といえば贅沢な歎きであるが、てれもしないで「銭ニ余リアリ」と詠んだりするところに、却って金を超越しているようなところが感じられて好意が持てる。

この詩を読んだ者が、それではおれも小竹に頼みごとを持ちこんでみようか、と思い付きそうな気易さがここにはあり、そして実際にその翌年もまた小竹は正月匆々から、大坂の町を他人の用事で走りまわっていたことだろう。……

京都で塾を開いた山陽は、しかし在京の諸儒から一斉に排斥を受けた。その事情は次の第二グループを扱うところで説明するが、彼にはひとりの同業の友人もできなかった。

そのせいもあって、彼は交りを他に求めた。そのひとりが画家の浦上春琴であった。

浦上春琴（一七七九―一八四六）、名は選、字は伯挙又十千。通称は紀一郎。春琴はその号。備中鴨方の浦上玉堂の長子である。

父玉堂は脱藩して一世の大画人となったが、春琴もまた父に学んで、しかし独特の艶美な画境を開いた。

山陽は彼を知り、忽ち親しくなった。恐らく山陽自身、春琴によって絵心を眼覚めさせられたのだろう。それはやがてもうひとりの画家田能村竹田との交友への、内的な道を用意することになった。

山陽は家塾を開いたものの、乏しい弟子からの束脩だけでは生活が困難だったので、屢々地方への遊歴の旅に出て、揮毫による収入を計った。

その第一回の淡路旅行へ同行したのも、この春琴であった。

後に或る年の正月に春琴宅に招かれた山陽は、竹田筆の果蔬《かそ》巻を観せられ、酔余の興にその巻に題して、次のような悪謔を弄した。

「竹田、人痴、情痴、面目痴、筆墨痴、痴中ニ黠《カツ》ヲ蔵ス。人覚《サト》ル能ハズ。」

これは親しさの余りといえ、随分ひどい批評である。竹田の人柄も心ばえも画そのものも皆、おろかしい、と言うのである。しかもそのおろかしさの底に、悪賢さが潜んでいて、人はたぶらかされている、という訳である。

しかし、山陽は更に続けて、座にある主人春琴について、こう記した。

「春琴ノ筆ノゴトキハ、タダソノ黠ナルヲ見ルノミニテ、ソノ痴ヲ見ズ。竹田ニ輸《ユ》スルコト一籌《イッチウ》ナリ。」

後にその評語を覧た竹田は、その傍らに、

「知ラズ、渠《カレ》、諸《コレ》ヲ己《オノ》レニ反《カヘリ》ミテ、高ク自ラ標榜スルカヲ」

云々と記した。

それをまた見せられた山陽は、直ちに筆を執って、竹田の反撃に答えた。

「頼子成自ラ其ノ筆墨ヲ評スレバ、スデニ痴ナル能ハズ。亦、黠ナル能ハズ。ソノ性情面目ニ至ツテモ亦然リ。」云々……

山陽の自己批判は更に痛烈を極めたのであった。——

春琴の著述としては、天保十三年（一八四二）に篠崎小竹の序を附して出版された『論画詩』及び翌年の続篇（こちらには跋を小竹の女婿の後藤松陰が書いている）が有名である。

これは絵の技法についての彼の専門的意見を、中国の絵画史的知識を基礎において、五言排律詩形に纏めたものを列挙した書物で、画学生のためのものである。（正続それぞれ三十篇ずつ。）

純粋詩人としてもやはり彼は画を題材とすることを好んだようで、文政三年（一八二〇）という刊の『海内才子詩』という詩華集に載せられている彼の詩は、いずれも「画ニ題ス」というものである。

その一例、——

晴浦溶溶静碧波　白沙如練屋如螺　短篷繋在蘆花裏　片岸斜陽曝緑蓑

（晴浦溶々碧波静カナリ。白沙ハ練ノ如ク、屋ハ螺ノゴトシ。短篷繋ギテ蘆花ノウチニアリ。片岸ノ斜陽、緑蓑《リヨクサ》ヲ曝ス。）

彼自身の絵を眼前に見る想いがする。

山陽は上洛して塾を開いたものの、京儒たちの一斉ボイコットを受けていた。それが漸く偶然にひとりの儒者と知り合うことができた。

北条霞亭《ほうじょうかてい》である。

北条霞亭（一七八〇—一八二三）、名は譲、字は子譲又景陽、号霞亭又天放生、通称は譲四郎。志摩的矢の生まれ。森鷗外に詳細な考証的伝記がある。

知り合ったふたりは、運命の戯れのままに、お互いの後半生を様々にないまぜて行くことになる。そして、時には霞亭はもうひとりの山陽になりそこなった人物にも見えてくる。

今、この二人の年譜を対照してみると、余りにも執こく二人の生活の糸が絡み合うのをおかしく感じないではいられない。

二人とも生まれたのは安永九年（一七八〇）であった。

寛政九年（一七九七）に霞亭が京都へ出て、皆川淇園《みながわきえん》の門に学んでいる間は、山陽の方は江戸で叔父尾藤二洲《びとうじしゆう》の塾にいる。それから霞亭が享和二年（一八〇二）に江戸へ出て来て、亀田鵬斎《かめだぼうさい》の塾に入ると、もうその時は山陽は郷里へ戻って、座敷牢に幽閉されてしまっている。

この辺までは二人は鬼ごっこをするように、すれ違ってばかりいる。

しかし翌年になると、北条、頼の二家のあいだに微かな繋がりが出てくる。霞亭は江戸で、昌平黌の教壇に立っている頼春水に接近し、彼から詩を賞められるという光栄に浴した。霞亭は「聖堂（昌平黌）御頼み人物、最早頼弥太郎一人に相成候」というくらいに、この山陽の父に傾倒しているし、春水の方でも国の牢屋にいる馬鹿息子と同年のこの俊才に注目し、羨望さえも感じていたことだろう。

このあたりでは、霞亭の方が山陽より人生の道を数歩先に歩んでいるように見える。

霞亭は江戸でめでたく業成り、磐城侯に召しかかえられることになった。当時の知識人は昌平黌を卒業すると、諸侯のもとに儒員として就職するのが習慣のようになっていた。（だから多くの藩の儒官には、新規召抱えが多く、――というのは寛政以後、各藩は急激に藩校を設立しはじめたので、丁度、第二次大戦後の大学急増に似た現象が起り、大学教授の速成時代に入っていたからである。――そこで、新しい型の儒者たちの階層が生まれてきた。彼等にとっては新しい雇主である殿様よりは、学校の同級生同士――それは藩の垣を超えている――への愛情が強く、つまり人間関係で、縦より横の方が強く意識されるという「近代的」型になって行く。しかも、この新しい就職形態においては、その地位は世襲されないかも知れないし、現に一定の年限をかぎって雇われる者もあった。その上、江戸の藩邸に就職した場合は、自由に他の藩の江戸屋敷へも時間講師として出講することも可能だった。藩侯は学者の才能を独占することができなくなって行きつつあった。そして、新しい知識人たちの主君に対する感情は献身的な忠誠心ではなく、雇主に対する義務感に変って行きつつあった。だからこそ伊沢蘭軒のように町医者から藩に雇われたものは、主君の喪中も平然として肉食を続けるというようなことにもなった。そうした新しい知識人は、その上、百姓や町人の出身のものも少なくなく、彼等は学者として諸藩に雇われることで、徳川身分制の枠を飛び越して武士となって行った。現に広瀬淡窓は一生、就職を断りつづけていたので、百姓の身分で終り、逆に頼春水は商農兼業の家の子であったし、菅茶山は百姓であったが、二人とも就職したことで、高級武士の地位まで昇って終った。また狩谷棭斎《えきさい》や市野迷庵は町人として生涯を過した。しかし、彼等の交際には社会的身分による差別はなかったのである。儒者たちの間では武士と町人百姓との関係は、明治以後の官吏と民間人との関係のようなものに変って行きつつあった。――そうした生き方は男女関係にも反映しないではいられない。結婚というものも、家と家との結合というより、当人同士の結び付き、つまり「恋愛」によるものが多くなってくる。家庭経済を支える俸給が、親から譲られたものでなく、自分の才能で獲《か》ち得たものであるかぎり、親への遠慮は不要だからでもある。現に昌平黌の秀才で、霞亭ら後輩の憧れの的だった松崎慊堂《こうどう》は、掛川侯に召抱えられた時、恋人である品川の女郎を正式の妻として、堂々と連れ立って任地に赴いた。学生時代の慊堂の学費一切を支弁したのが、この娼婦だったのである。また浪人だった山陽などは、誰にはばかることもなく女中と結婚したのである。）

ところで、霞亭はこの初めての就職口のまえで甚だ奇怪な逡巡振りを見せる。そしてこれから一生の間、彼は人生の分れ目に来るごとに、不可解な動揺を示すことになる。霞亭がもうひとりの山陽とならなかったのは、この性格上の不決断によるところが大きいだろう。そのことはやがて彼の後半生の行跡において明らかになって行く。

霞亭はこの勤め口をはじめは逃げまわっていた気配がある。そのために江戸を留守にして旅に出たりもした。ところが結局、赴任することになり、親友の山口凹巷《おうこう》は別宴まで張った。だが彼は江戸を動かなかったのである。森鷗外はこの事件に強い不審を抱いている。

鷗外の解釈は霞亭が五万石の藩侯に雇われることに不満があったのではないか、彼はもっと大藩に召されたかったのではないか、という推理である。

そうだったかも知れない。霞亭は常に自分の人生がひとつの軌道に乗せられて、他の可能性が遮断されるようになることを、病的に恐れていたように見える。しかし、この就職問題には、或いは最終段階で幕府の方針が裏から作用したのではないかというのが、私の推測である。

寛政の異学の禁は、朱子学者以外の者の就職を禁止した。幕府を恐れる必要のない、あるいは幕府の方で事を構えることを好まない大藩では、異学の者を雇うことを必ずしも躊躇しなかった。(たとえば、昌平黌教官の職を追われた市河寛斎は、前田家の支藩富山に招ばれた。また、より顕著な例としては、徳川御三家のうち、紀州藩は学館の規則に「他説ヲマジフルヲ許サズ」と規定してあるにも係らず、藩儒のなかには、仁斎学者も徂徠学者も陽明学者もいるという有様だったし、尾張藩は実に学禁反対の上書をした冢田大峯《つかだたいほう》を督学に登用し、学則を改めて古註を主とする講義に切り換えた。また親藩の会津藩は折衷学者の古屋昔陽を招いたが、これも昌平黌からの警告を無視し執政松平定信の拒否をも押し切って行った人事だった。――これらの事情については、和島芳男氏の『昌平校と藩学』に精しい。)しかし小藩では儒官の就任が決定した瞬間、その人物が好ましからざる者と幕府が判定した場合、幕府側の内意を藩に通達することで、その就職をつぶすということが行われていた。

霞亭の場合も、そうだったかも知れない。彼は皆川淇園の弟子であり、そして江戸では亀田鵬斎の塾にいた。しかも、鵬斎は彼を養子にしたいと望んだほど、霞亭に対して気を入れていた。

淇園も鵬斎も異学の禁によってパージュされた大物であり、特に江戸に私塾を構えていた鵬斎は、異学の「五鬼」の筆頭として、幕府の弾圧によってその厖大な弟子を一時に失っていたのである。

そうした情勢に対して、霞亭は田舎者らしい呑気さで対処していたのだろう。この頃に書かれた彼の『行道山行記』も淇園と鵬斎とに評を依頼していたくらいである。

彼は学制改革の中心人物である春水に才学を認められたことで、もう大丈夫だと安心したのではないだろうか。しかし、いつの世でも学者と官僚とでは、人物評価の基準は食い違うのである。そこのところを霞亭は計算しなかったのではないだろうか。それは霞亭の人格にとっては不名誉ではない。しかし、困るのは当人なのである。

そうして霞亭は自動的にか他動的にか官途につくことをやめた後で、今度は故郷に近い伊勢の内宮の林崎文庫に就職する。蔵書の豊富さを誇る図書館の館長という職は、社会的栄達ということを度外視すれば、学者にとって理想的な地位だろう。

しかし、躊躇と気まぐれとの専門家である霞亭は、その地位にも長くは落ちつかず、京都へ出て、嵯峨に隠栖してしまう。――が、この「隠栖」も、森鷗外の実証するところによれば、甚だ尻の落ちつかぬものであったらしい。

霞亭のこの度の滞京は文化八年（一八一一）、丁度、山陽が入京して開塾した時である。ここで当然のようにして、二人は邂逅する。運命の神は二人の主人公を出会わせるために、辣腕な小説家のように長い伏線を張って来た。

三十代のはじめに京都へ出てきたこの二人の他国者は、京儒たちの閉鎖的な団結の網を突き破ることができなかった。

山陽は、

「此地儒者、皆々搆二城府一、高くとまって居申候故、逢むと存ても、虫にさわり、相止候事のみに候」……

と冷笑し、同じく霞亭は、

「只今京都の儒生一統軽薄風流、さもなきは見せかけを重んじ候人計《ばかり》」……

と歎き、要するに二人とも、自分の方から愛想づかしをしている形だが、それは仲間外れの口惜しさもあった筈である。

この孤独のふたりが、顔を合わせるごとに京儒を罵り、身の不遇を託《かこ》ったことは想像に難くない。また二人の話頭に、春水や茶山のことが絶えず上ったであろうことも、疑いの余地はないだろう。山陽にとっては父春水も、師茶山も交際のかなわぬ相手になっていた。春水は彼を「旅猿」と卑《いや》しみ、茶山は彼を「玉をすてたる象戯さし」と見捨てていた。

霞亭は師春水の消息を山陽に伝え、山陽は師茶山の卓れた所以について霞亭に繰り返し語ったろう。

その結果が霞亭の茶山訪問となり、茶山の方も霞亭にひと目惚れして、とうとう性急で強引な茶山の勧誘に乗って、彼は廉塾における山陽の後釜にされてしまう。

この際も決定に至るまで霞亭はその不決断ぶりを遺憾なく発揮するのだが、相手が茶山という決断家では勝負にならなかった。

それに霞亭はかつて三年前に山陽が考えたと同じ底意を抱いて神辺に赴任したのである。

「尤参り候はば後来の都下などへ発業いたし候基本にも可ㇾ然と存候。」

つまり茶山塾を跳躍台にして三都へ進出するという計画である。

しかし、一度山陽を遁した茶山は、今度は霞亭を引き留めるために慎重な根廻しを怠らなかった。それに霞亭は山陽と異なって、断乎たる態度を即座にとることはできない性分だったから、みすみす茶山の術中に陥って行った。

まず藩への出仕である。これは山陽が既に拒絶したところであるのに、霞亭はずるずると引き受けてしまった。就職して藩の名簿に載せられた以上、そう易やすとは動けなくなるのは自明の理である。

次には茶山の姪との結婚である。この出戻り娘も、もし山陽が神辺に留っていたら、山陽の妻となっていた筈であった。霞亭は結婚と同時に塾の近くに新居を構え、やがて子供が生まれる。

そうなった上は、もう茶山の後継ぎとして廉塾を守る決心を固めたのかというと、霞亭は相変らず不決断の状態を続け、丁度、嘗ての山陽と同じように、交際の相手もない田舎暮しに不平を訴えることをやめなかった。

この神辺の塾長生活に、山陽と全く同様の心理的反応を呈したということからも、霞亭がもうひとりの山陽であったことが知られる。

「いづかたへも出不レ申、日日講業に逐《おは》れ候計《ばかり》、おもしろくもなんともなく候。」

そうして結婚の結果、無用の雑事は増すばかりであった。

その頃の霞亭の詩のなかに「何処ノ青山ニ茅ヲ誅スベシヤ」の一句があった。霞亭は嵯峨隠栖の時代を懐かしみ、そして自分の現在の生活を過ちであると考えていたのは明らかである。この詩を読んだ茶山は「真情ニ出ヅルト雖モ、老イテハ聞クヲ欲セザル所」と記した。

茶山は霞亭に山陽の二代目になられてはたまらないと思ったのである。

その同じ時期に山陽は悠々と九州に遊んでいた。霞亭は口惜しまぎれに、山陽が「もふけるつもりにて出懸罷在候」などと悪口を言っている。霞亭は廉塾において自分がまんまと山陽の代役を割り当てられてしまったものだと、割りの合わない思いをしていたのだろう。

霞亭の動揺は激しくなる。彼は大坂へ出掛けて行って小竹に相談したり、また故郷へ立ち寄って親の意見を聴いたりしている。茶山はいつ逃げ出されるかと、ひやひやしていた。

ところが、茶山の根廻しは成功しすぎた。茶山の計画は意外な方角から崩れはじめる。藩主阿部侯が、いたく霞亭を気にいってしまったのである。そこでたえず福山に呼びだされて、霞亭は廉塾の留守役の任が果せなくなる。しかも、主君の寵遇は、遂に霞亭を江戸に引き抜かせるに至る。一家を挙げて霞亭は江戸に引越すことになる。これで茶山の思惑は御破算になってしまった。茶山の引留策は薬が効きすぎたのである。霞亭を繫ぎとめてくれる筈の殿様が、逆に彼を奪ってしまったのだから。

ここで霞亭は思いがけなくも江戸生活に入る。彼の役目は「大目附格儒官兼奥詰」という高級官吏の地位であった。そして、彼は江戸において古賀穀堂と結んで中路会という学術研究団体を作り、活躍を開始する。

数歩先を歩んでいた筈の山陽は、突然に自分が霞亭に追い抜かれてしまったことに気付いただろう。そして、自分もその人生双六のあがりの地点と決めている江戸で、二人の親友が結社を作って、愉しげに活動しているのを聞いて、心安からざる思いをしたことだろう。穀堂や霞亭の方も、自分たちの集まりに、いつも山陽の姿の欠けていることを残念に感じていたに決っているから、尚更である。

今度は口惜しまぎれに悪口を言うのは山陽の方である。山陽は早速、茶山に見舞いの手紙を送り、そのなかで、「北条先生、何やら昇進とか、江戸詰は逢二旧友一候て、可二面白一候へども、山埜放浪の性、侍講などは大困と奉レ存候。可レ憐々々……」と、野次っている。あの拘束されることの嫌いな我儘者霞亭が、どんな顔をして裃《かみしも》を着けて殿様の前に出るのか、というわけである。

この霞亭の身分の変動を、逸早く内意を受けたであろう茶山は、慌てて第三の塾長の選定をした。今度は自分の妻の甥であり、在塾中でもあった門田朴斎に決めた。

茶山はそう決めると否応なしに朴斎を養子として入籍し、三度目の正直ということにしようとした。

しかし、この朴斎もやがて間もなく、籍を抜いて京へ出て行き、山陽の許に身を投じてしまう。

どうも茶山は余程、後継運が悪かったのか、或いは他人と一緒に暮して行くことが出来ない性格だったのか。それとも備後神辺は、為すところあらんとする人物にとっては、余りにも耐えがたい田舎であったのか。

山陽、霞亭、朴斎と茶山の次々に選んだ彼の後継者を並べてみると、学藝上の才能の点では下へ行くほど劣るし、性格の点では下へ行くほど協調性に富んでいるようである。

（朴斎については山陽の弟子たちを一覧する機会に改めて触れるだろう。）

とにかく山陽と霞亭とは同じ時代に生まれ、双生児のように似た経歴を履みながら、お互いに抜いたり抜かれたりして死んでいった。そして二人の間の友情は、特に春水と茶山という共通の師父を持ったためもあって、特別のものだった。霞亭の墓碑銘を撰んだのは山陽で、しかも自ら書したものであり、それは山陽自身が命旦夕《いのちたんせき》に迫ったなかで、強いて筆を執ったものである。これだけは書いておかないと死にきれないと、山陽は考えたのである。その友情の尋常でないことはこの一事を以てしても知られる。

実は門田朴斎から、霞亭墓碑銘の執筆催促の手紙が、この時、江戸から山陽の病床へ到《とど》けられた。その返書のなかで山陽は、書くことに決めていたので、今迄、返事も出さなかったのだと言い、朴斎が墓碑銘の出来ばえを予想して、江戸の人々を叩頭させようと張り切っているのに対して「ひいきの実情、恭《かたじけなく》奉レ存候へども」、自分の知っている霞亭の行状を自分は「実ニ拠《ヨ》ツテ書」く以外には書きようがないので（それが真の友情というものだろう）、「張リ込マント欲スルト雖モ、它《タ》ニ為ス可キモ無キ也」。山陽は霞亭を過褒しようなどという気持は全くなかった。あり来りの銘を書いて故人を賞めちぎるつもりは全くなかった。霞亭に対する山陽の想いは、そのような舞文《ぶぶん》を許さなかった。もし自分の銘が気に入らないと遺族や弟子たちが言うようだったら、昌平黌の林述斎の世子にでも頼んだらよかろう。（榁宇だったら体裁のいい立派な文面を作ってくれるだろうから。）そう山陽は、そこまで踏み込んで朴斎に答えている。

しかし、そうはいっても、その銘は「不死と申様には書いて可レ上と存候。」霞亭の名を不朽にすることにはなるだろう。……

山陽は喀血の身を態々嵯峨にまで運び、隠栖時代の霞亭の部屋を自分の眼で確かめ、そして彼の友人であった僧に逢って、色いろ聴いたりというような準備までして、墓碑銘を草した。

山陽は死に至るまで霞亭に対して忠実だったのである。

ところで霞亭は、優柔不断のうちに隠栖し、優柔不断のうちに田舎名士として一生を朽ちさせようとし、優柔不断のうちに高級官吏としての生涯を終った。殆んど他動的に人生の駒を進めていた人物に見える。これは徹頭徹尾、自動的だった山陽と性行のうえで著しい対照をなしている。

しかし、彼の内心はどうだったのか。その精神生活は。――

霞亭が晩年に校刻した清の高愈の『小学纂註』は、極めて良心的な細心な編纂振り、校訂振りであったようである。現に学問的にはうるさいことで知られていた松崎慊堂が講義のテキストに使用していることでも、霞亭の綿密な仕事が判るだろう。それに穀堂が研究団体を組織するに際して霞亭を頼みにした、ということからも彼の学者としての信用度は想像できる。

一方また、彼は必ずしも自分を詩の専門家とはしていなかった。しかし山陽の証言によれば、

「尤モ詩ヲ善クシ、実ヲ叙シテ俚ナラズ、事ヲ使ヒテ窒《チツ》ナラズ。」

当時の詩華集はいずれも霞亭の詩を採っている（たとえば、長谷川昆渓撰の『近世名家詩鈔』、仁科白谷編の『十九友詩』など）。しかし、それは殆んど隠栖時代の『嵯峨樵歌』（第一詩集）から抽かれている。

例えば次のような詩である。

「嵯峨幽居」

岩樹蒼々暗　夜橋人度稀　山頭懸片月　川上落幽輝

鐘歇花陰寺　燈明竹裏扉　眼心随景況　無一不清機

（岩樹蒼々トシテ暗ク、夜橋人度《ワタ》ルコト稀ナリ。山頭ニ片月懸リ、川上ニ幽輝落ツ。鐘ハ歇《ヤ》ム花陰ノ寺、燈ハ明ルシ竹裏ノ扉。眼心景況ニ随ヒ、一トシテ清機ナラザルハ無シ。）

大分、坊主臭い詩であるが、特に面白くもない。霞亭の詩集で面白いのは、第二詩集たる『薇山三観』である。ここには、神辺在任中のやるせない想いが絶えず背後に揺曳していて、詩人の内部の悶えをうかがわせてくれるからである。

彼は文化十一年（一八一四）の初春に三原に梅を観に出かけた。それから十三年（一八一六）には初夏に山南に漁を観に行った。また同年の仲夏には竹田へ蛍を観に遠出した。いずれも廉塾での単調極まる生活に、何とか変化を与えようとした彼の身もだえであった。そして、そのピクニックの結果が、それぞれ、『三原観梅詩』『山南観漁詩』『竹田観蛍詩』という三つの詩のグループとなった。

この三群の詩を一冊の本にして出版し（『薇山三観』）、彼はそれを友人たちに配った。彼はそうすることによって、日に日に鬱屈の度を加えてくる田舎暮しの気持を、人々に判って貰いたかったのだろう。

『三原観梅詩』中の一首、「舟、尾路ヲ過グ」

石頭思月千光寺　貝子拾春尾路江　垂柳岸辺舟欲繫　誰家楼上酒尤濃

（石頭ニ月ヲ思フ千光寺、貝子ニ春ヲ拾フ尾路ノ江。垂柳ノ岸辺、舟ヲ繫ガント欲シ、誰ガ家ノ楼上ノ酒尤モ濃ナル。）

茶山は「意恐ラクハ酒ニ在ラザラン」と意味深長な註を附けている。

『山南観漁詩』中の一首、「翌朝偶作」

一枕幽眠日出醒　不知夜雨過山庭　起来何物堪清眼　夏木千章当屋青

（一枕ノ幽眠、日出デテ醒メ、知ラズ夜雨ノ山庭ヲ過《ヨ》ギリシヲ。起来何物カ眼ヲ清クスルニ堪ヘタル、夏木千章屋ニ当リテ青シ。）

気の張る茶山のもとから一時、解放された気の弛みと心の弾みが見えるではないか。

『竹田観蛍詩』中の一首、無題、

野路幾又随意行　笠檐相望入蒼青　知他因例漁渓物　隔竹時聞撒網声

（野路幾又《タビ》カ随意ニ行キ、笠檐《リフエン》相ヒ望ミテ蒼青ニ入ル。知ル他ノ例ニ因ツテ渓物ヲ漁スルヲ。竹ヲ隔テテ時ニ聞ク網ヲ撒クノ声。）

この詩などは、いつの間にか霞亭のなかに茶山の詩風が影を落すようになっていることを気付かせてくれる。

『薇山三観』はだから表面の愉しさにも係わらず裏面にどうにもならない、恐らく自分自身に苛《じ》れている、霞亭の内的消息を伝えている複雑な書物である。それに比べると、第三詩集の『帰省詩嚢』は表題通りの内容であり、それだけのものであって、それが霞亭の詩人としての名誉に何物をも附加するものではない。

山陽は霞亭の一生を、彼が唐の陽城を慕ったということを主題にして説明している。陽城ははじめ隠栖し、後に自ら学んだことを実験しようという済物の志によって、出でて高官となった。霞亭も陽城の事跡に学んで、はじめ退き、後、世に出たというわけである。

この山陽の霞亭観は私のものとは正反対で、私には彼がそれほど自動的に進退を決したとは到底、信じられない。山陽は本気でそう信じていたのだろうか。山陽は案外優しい人で、口の悪いにもかかわらず、いたわりの気持が強いのである。

霞亭の方では山陽をどう見ていたか。彼の知友への批評を含んでいる『霞亭渉筆』が、丁度、山陽と知りあった直前くらいに、筆をとめてしまっているのは、残念である。——

京都で山陽が一緒に遊んだ同業の仲間には、北条霞亭の他に、実はもうひとりいる。武元登々庵《とうとうあん》（一七六七―一八一八）である。名は正質、字は景文、別号に行庵、泛《はん》庵などがある。

山陽と登々庵との交友は古い。文化五年（一八〇八）、山陽が未だ漸く幽室から出されて、行末の思案も決らぬ二十九歳の春、登々庵は山陽を訪ねて来て、その後も人生の先輩として、様々の処世上の忠告を山陽に与えてくれたのである。

登々庵は早熟の天才で、十歳の時、藩主池田侯の面前で揮毫を命ぜられた時、武という字の点が、紙からはみ出そうになると、平然として、敷いてあった毛氈《もうせん》のうえに点を印して、席上の人々を驚かせたという逸話の持主である。

登々庵は山陽よりも早く上京し、柴野《しばの》栗山《りつざん》に学んだ。しかし病弱であったので、気儘に諸国を旅行しては、文人墨客と交り、山河風月を友とするという生活態度を続けていた。従って彼は山陽を排斥した京都学派には属さなかったわけである。

登々庵が特に好んだのは書と詩とであった。書においては、彼は古碑法帖を蒐集して、古い筆法を研究し、詩においても古詩の格調を学んで『古詩韻範』の著書もある。（この書は文化七年（一八一〇）、山陽の序を附して刊行されたが、当時のこの種の本としては珍らしく、解説が仮名混り文で書かれている。）山陽が後年、長詩を試みるに至ったのは、登々庵の策励によるものである。

また登々庵には蘭学を修得して、それを生国に普及させようとした、新しい一面もあった。（広島で後出の若き新宮涼庭《しんぐうりょうてい》を蘭方医に紹介したのも彼である。）

彼は極めて博大な知的好奇心と、徹底した実行欲の所有者なのであった。（青年時代に病弱となって、そのために、ひとつの専門分野に生涯を捧げるという希望を自ら抛棄せざるを得なかった学者には、屢々こうした万能のディレッタントとなる型の人物が見られる。）

登々庵には『行葊詩《こうあんし》艸《そう》』なる一冊の詩集がある。ただしこれは一冊の書物としては極めて不体裁なもので、巻によってレイアウトを異にし、書体も一致していない。しかも、「薇山吟月」という副題を持つ第一巻『生集一』に序を草した菅茶山は、更に「巌隅眠雲」なる副題を持つ『涯集二』にも別の序を書いている。

つまり、この『行葊詩艸』は登々庵が何回かに分けて作った詩稿を、印刷するに際してそのまま原型どおりに一冊にまとめて版にさせたのだろう。

そういう道楽気が登々庵の本領だということにもなろう。

またこの詩集には、反山陽派の京都学界の中心人物、村瀬栲亭も序を寄せているところを見ると、登々庵はなかなか、巧妙な処世家の面もあり、又、学界からは学問的にはアマトゥールに過ぎないと軽視されていたのかも知れない。（登々庵が京儒との交際について、具体的に心理的に細かい忠告を、上京匆々の山陽にしていることについては、別のところで述べる。）

尚、田能村竹田は長い序のなかで、登々庵の特徴をこう記しているが、友人らしい過褒と幾分の冗談とを割引きして見れば、大体、その本領を伝えているものと思われる。（竹田、山陽、登々庵、それにこの詩集に口絵を描いている春琴は、いち巻きの遊び仲間と思われていて、反山陽派の中島棕隠が一時、彼等と交りを結んだのも、春琴の周旋によったものだった。）

「彼《カ》ノ登登子ノ若《ゴト》キ者ハ、洒《スナハ》チ落落ノ人ナルヲ知ル。質ハ文彩ヲ懐キ、思ヒハ清華ヲ致《イタ》ス。身ハ塵羈《ヂンキ》鮮《スクナ》ク、遊踪《イウソウ》放恣、嘗テ千里ノ駒ト称ス。今、五湖ノ長ト作リ、或ヒハ燭ヲ弥陀龕裏《ガンリ》ニ分チテ書ヲ読ミ、或ヒハ名ヲ鮭菜《ケイサイ》市頭ニ混ジテ薬ヲ売リ、或ヒハ心ヲ五岳ノ雲ニ栖ハセ、或ヒハ夢ヲ洛神ノ筆ニ通ズ。之ヲ詞林ノ司命ト謂フモ、豈ニ其レ非ナラン耶。之ヲ藝苑ノ主盟ト謂フモ、亦、是レ宜ナル哉。」

その詩集の最初の詩は、岡山藩の小原梅坡に送られて出発する際の、梅坡の詩に次韻したものである。（後、山陽も九州旅行の途中で、同じ梅坡宅に滞在して歓迎を受けている。）

翰筵両日為君留　此去此情何処休　記取三門村畔柳　蒼烟一抹繋離愁

（翰筵《カンエン》両日、君ノ為ニ留ル。此ヲ去リテ、此ノ情、何処ニカ休セン。記取セヨ、三門村畔ノ柳、蒼烟一抹、離愁ヲ繋ギシヲ。）

茶山の評「真情真詩。」

「雨中看花」

天如卵色欲斜曛　春樹含烟花気芬　山外吹晴半時雨　松間余得一痕雲

（天ハ卵色ノ如ク、斜曛《シャクン》ナラント欲シ、春樹ハ烟ヲ含ミテ花気芬《カヲ》ル。山外ニ吹キ晴ラス、半時ノ雨、松間ニ余シ得タリ、一痕ノ雲。）

「観鶴亭偶作」

草樹青々鎖戸庭　薔薇紅褪送余馨　暖和時節林亭好　晴更可看雨可聴

（草樹青々、戸庭ヲ鎖シ、薔薇紅褪《ア》セテ、余馨ヲ送ル。暖和ノ時節、林亭好ク、晴ルレバ更ニ看ルベク、雨フレバ聴クベシ。）

茶山の廉塾に滞在しての詩に「山容霧ヲ着ケ、連ネテ還《マ》タ断チ、雨脚風ニ随ヒテ整ヒ復タ斜《カタム》ク」とあるのは、今日でも全く同じ情景に接することができて、懐かしい。又、「闔境《カフキヤウ》近ク回禄ノ虐ニ遭フモ、唔咿《ゴイ》、恙《ツツガ》無シ、読書ノ家」とあるのは、その頃（文化四年）、神辺駅に大火があったものに違いない。

「咏梅」

終日尋梅去　千林復万林　帰来茅屋下　一樹自春深

（終日、梅ヲ尋ネテ去リ、千林マタ万林。帰来スレバ茅屋ノ下、一樹自ラ春深シ。）

山陽はこれはマンネリズムに似て、実は実情を伝えたものだと評している。

黄葉夕陽村舎での滞留は「数旬」に及んだ。そして幾篇かの詩を登々庵は残したが、その主人の厚情を感謝する長詩のなかに、「吁《アア》、吾レ浪漫無頼ノ子」の一句がある。今日、専らロマンチックなる西欧語の訳語として使用されているこの「浪漫」なる語が、幾分、今日と相い似た意味に用いられているのが興味深くて、この句を紹介した。

次に歳寒堂に滞在している詩が二三見えるところを見ると、登々庵は北条霞亭の嵯峨の幽居にも草鞋を脱いだのである。

「歳寒堂新晴」

雲位簷角気如冬　雨霽清暉射翠松　窓紙猶烘午余熱　時将破扇打秋蜂

（雲ハ簷角《エンカク》ニ位ヰシ、気、冬ノ如ク、雨霽《ハ》レテ清暉、翠松ヲ射ル。窓紙ナホ烘《タ》ク午余ノ熱、時ニ破扇ヲ将《モ》ツテ秋蜂ヲ打ツ。）

竹田はこの詩が南宋の楊誠斎《ようせいさい》を想わせると評している。恐らく結句の日常的情景の描写に対する感想だろうが、竹田は当時の代表的なモデルニスムの徒であり、登々庵の詩境は必ずしも竹田の詩境ほどは新しくなかったように見えるから、これは竹田の自分の方に引き寄せた、幾分、奇を衒った批評と見るべきだろう。

旅中、田園に仮泊した際の感慨、

風外遥伝野寺鐘　疎燈幾処聴村春　山蹊漸遠人声絶　白露叢中虫語濃

(風外、遥カニ野寺ノ鐘ヲ伝ヘ、疎燈、幾処カ村春《ソンショウ》ヲ聴ク。山蹊漸《ヤウヤ》ク遠ク、人声絶エ、白露叢中ニ虫語濃《コマヤ》カナリ。)

この詩には竹田も山陽も、そのレアリスムを賞讃している。

「常福院雑詠」

江郷一抹晩烟舒　峰頂精藍夕照余　下界人家点燈処　簷前猶看読残書

(江郷一抹、晩烟舒《ノ》ビ、峰頂ノ精藍、夕照余ル。下界ノ人家、燈ヲ点ズル処、簷前《エンゼン》ニナホ看《ミ》ル、読残ノ書。)

山陽は「詩中ノ画」と評している。精藍は寺院のことである。

「除夕」

東西巷上人猶鬧　百八廊頭燈未消　半夜鐘鳴報新歳　臨沙万炬汲春潮

（東西巷上、人ナホ鬧《カマビス》シ、百八ノ廊頭、燈イマダ消エズ。半夜ノ鐘鳴、新歳ヲ報ジ、沙ニ臨ミテ万炬《バンキョ》、春潮ヲ汲ム。）

安藝の宮島の大晦日の夜の光景である。登々庵はこうして各所の風俗や自然に触れることで、病弱な心身を養っていたのである。茶山の評「風土ノ詩、ソノ地ヲ踏ムガ如シ。」

登々庵は長崎にも淹留した。

長久橋南水接空　江光山色入窓櫳　潮頭打岸眠将醒　柔櫓数声残夢中

（長久橋南、水、空ニ接シ、江光ト山色ト窓櫳《サウロウ》ニ入ル。潮頭、岸ヲ打チテ眠リマサニ醒メントスレバ、柔櫓《ジウロ》数声、残夢ノ中。）

登々庵の詩には、年と共にその放浪の半生に対する苦い自嘲の句が混入してくる。或る年の歳晩の書懐中にも「自ラ咲《ワラ》フ、塊然《クワイゼン》、客窓《カクサウ》ノ下、明ニ向ヒテ痴《チ》坐スレバ、寒蠅《カンヨウ》ノ若《ゴト》シ。」

彼は瓊浦《けいほ》に滞在した時、「囊中空竭、四座粛然」たる有様であったが、客に向って、この亭には、茶も飯も酒も肴もないので「四無軒」と名付けたと語った。すると客は、女も奴もいないのだから「六無軒」だよと笑った。登々庵の行脚の旅は、そのように尾羽打ち枯らしたものであったらしい。

「戯レニ妓ニ代リテ清客ニ贈ル」

学得呉音猶未成　繍牀稍解合歓情　含羞試問楓江女　那様新妝媚態生

（呉音ヲ学ビ得テ、ナホ未ダ成ラズ、繍牀《シウシヤウ》ヤヤ解ス合歓ノ情。羞《ハヅカ》シサヲ含ミテ試ミニ問フ、楓江《フウカウ》ノ女、那様ノ新妝《シヤウ》ニ媚態生ズルヤト。）

長崎丸山の遊女たちは、清国の客が多いので中国語を習っていた。そして片言の外国語で、お国の女の人はどんなお化粧をし、どんな風に甘えるの？　と客に訊いているのである。
茶山の評「長崎ノ詩、此レ無カル可カラズ。」

当時、長崎を訪れた知識人は、皆、遊女の恋文の代作をさせられた。それは大概の詩人の集に痕跡を残している。茶山はそのことをからかったのである。第二次大戦直後の東京のインテリがやらされたようなことを、当時の連中も面白半分にやっていたわけである。

これも長崎風景、

簷前潮水接西溟　蘭舶呉舟繫曲汀　風送松濤落窓檻　時聞蛮館飯時鈴

（簷《エン》前ノ潮水、西溟ニ接シ、蘭舶ト呉舟ト曲汀ニ繫グ。風ハ松濤《シヨウタウ》ヲ送リテ窓檻ニ落チ、時ニ聞ク、蛮館ノ飯時ノ鈴。）

「瓊浦探奇」という副題をもつ、この『青集五』には巻末に頼春水が跋を書き、それに続けて山陽が「登々泛庵記《とうとうはんあんき》」なる文を載せている。文化七年（一八一〇）の頃であり、俗事には縁を断って、専ら風月を友としていた登々庵も、気まずい山陽父子のあいだを、こういう形ででも近付けてやろうという、優しい心づかいがあったのだろう。

晩年の登々庵は、さすがに放浪の生活に倦んで来たようである。それで山陽を真似て、京都で私塾を開き、静かな老年を送るつもりになった。しかし間もなく世を去らねばならなかった。文政元年（一八一八）五十二歳であった。

当時、廉塾を預かっていた北条霞亭は、その報に接すると、郷里の弟にあてて、こう書いた。「登々庵も先先月病死いたし候。京都に而詩書にて追追業のうりひろめ出来候最中を、可憐事いたし候。」

この文章の調子には、森鷗外が烟霞の癖のある人物と目していた霞亭像とは、かなりの距離が感じられる。私にはこの調子は、寧ろ後年の高級官僚の道を歩みはじめている、自他共に対して厳しく固苦しい人柄を思わせる。「浪漫無頼」の生活への同情は、彼には乏しかったのではなかろうか。——

文政七年（一八二四）、四十五歳の春の終り頃、山陽は母梅颸の入京を迎えるために、大坂まで出て行って、新婚匆々の弟子後藤松陰の家に泊りこんだ。そうして一日毎に近付いてくる母を待ちわびながら、落ちつかない想いで日を暮していたところへ、未知の大塩中斎から詩が寄せられて来た。中斎は山陽が大坂へ出て来たと知り、挨拶の手紙を持って行かせたのである。

大塩中斎（一七九三―一八三七）、名は後素、字は子起、号は中斎、通称は平八郎。当時、大坂の与力として、吏務に練達していることで知られていた。一方、彼は陽明学者としても名があった。

中斎からの詩というのは、次のごときものである。

春暁城中春睡多　遶檐燕雀声虚哢　非上高楼撞巨鐘　柔楡日暮猶昏夢
（春暁城中、春睡多ク、檐《エン》ヲ遶《メグ》リテ、燕雀、声虚《ムナ》シク哢《サヘヅ》ル。高楼ニ上リテ巨鐘ヲ撞《ツ》クニ非ザレバ、柔楡、日暮レテ猶ホ昏夢ナラン。）

寓意は明らかに太平の夢をむさぼっている大坂の人々に警鐘を鳴らしたい、ということである。その鳴らす役割を二人で荷《にな》おうではないか、という訳だろうが、耳もとに巨鐘を鳴らされる相手が、在坂の無気力な儒者たちに限られているならいいが、後年、乱を起した中斎のことだから、市民全体へ反逆を訴えかけたいくらいの気持だったかも知れない。

山陽は小竹の案内で中斎宅に答礼に出掛けた。これで山陽と中斎との間に交際が開けた。

最初の中斎宅訪問で、山陽は壁にかけてあった明の趙之壁《ちょうしへき》筆の「霜渚宿雁図《そうしょしゅくがん》」に目を留めた。そうして急にそれを自分のものにしたくなった。慧眼を以て知られた警察官である中斎が、その山陽の眼付きを見遁す筈がない。

山陽はそれから母を案内して京坂を見物させている間に、たてつづけに更に二度も、知り合ったばかりの中斎を訪問した。三度目には一緒に舟遊びをすることになったが、途中で中斎は舟を自分の邸に廻して、幅を持ち出すと、そのままそれを山陽に贈呈した。

驚喜した山陽は七言古詩を贈って感謝の意を表した。その詩は、彼がこの絵を酔中でどう目に留めたか、その画面がいかに彼を惹きつけたか、しかし「画雁ハ生雁ヲ獲ルヨリモ難《カタ》」いので、何度も自分の気持を中斎に向ってほのめかすことにどれほど苦心したか、を叙して、余すところがない。

口の悪い茶山は、後にその詩に「宛モ涎流三尺ヲ見ル」と評を書き入れている。山陽も執こかったろうが、中斎も気前がよかったものである。こうして忽ち二人は親友になった。

それからは山陽は大坂へ出てくると、必ず中斎の洗心洞を訪ねるのが習わしとなった。文政十年（一八二七）の六月にも、山陽は早朝に中斎を問うた。主人は丁度、出勤間際だったので、書棚から勝手に本を出して読んでいてくれ、なるべく早く帰るからと言い置いて出て行った。

山陽は主人の留守の書斎に坐りこんで、やかましい蟬の声を聞いていた。するとそのうちに不意に詩想が湧き起って来て、中斎に呼びかける古詩を作った。

その詩はこう初まる。

「衙《ガ》ニ上リテハ盗賊ヲ治メ、家ニ帰リテハ生徒ヲ督ス。」

中斎は昼は官吏、夜は学者の二重生活をしていたのである。

「家中ニ納レズ、獄ヲ鬻《ヒサ》グノ銭。タダ鄰々《リンリン》万巻ノ書アリ。」

中斎は廉直を以て知られていた。しかし、同時にこの詩は彼の同僚たちが平然として罪人から袖の下を捲き上げていたということをも暗示していようし、又、そうしたなかで中斎が周囲から煙たがられ、また中斎の方では絶えずそうした吏風に苛立っていたことをも匂わそうとしているように見える。

山陽は日頃から中斎の心情に同情していただろう。しかし年長の友人として中斎の言説には危険も感じていただろう。

だからこの詩の終りで、こう忠告しないではいられなかった。

「君ニ祈ル、刀ヲ善《ヌグ》ヒ、時ニ之ヲ蔵セヨ。」

しかしこの山陽の祈りは遂に空しかった。山陽の死後数年して、中斎は大坂市中で、絶望的な貧民蜂起の先頭に立って自滅するに至るのだから。

――同じ文政十年八月、山陽は茶山の病い篤しと聞き、直ちに神辺に馳せつけた。しかし、間に合わず、遺稿の整理を山陽に託すという遺言だけが残されていた。

山陽は茶山の形見の杖を貰って帰って来た。ところがその杖を尼崎で大風雨中に、川舟の乗場あたりに置き忘れてしまった。

それは何の変哲もない古い竹杖だった。しかし山陽にとっては、

「茶翁吟詩八十年。二タビ函関ヲ踰《コ》エ、五タビ鴨川」

という長く茶山の旅の伴をした大事な杖だった。

その時、山陽が想いだしたのは、高級警察官吏としての中斎である。彼は早速、中斎にその杖の捜索を頼み、中斎はわずか杖一本のために下僚を動かして、川舟の往来に網を張った。そして忽ちその杖を拾って持っていた者が挙げられ、

「老竹幸ヒニ未ダ化シテ竜トナラズ、猶ホ潜ミテ某水ノ辺リニ在リタリ」

という中斎の手紙と共に、杖は山陽の手許に戻って来た。

こういう時には、警察の上の方と知り合っているのは、まことに便利なものである。

お蔭で人騒がせなこの杖は、すっかり有名になってしまった。山陽の歿後にこの杖を見た家長韜庵《いえながとうあん》は詠んだ。

黄葉村煙鴨岸風　望山尋水毎相従　二翁縹緲已仙去　独有枯筇未化龍

（黄葉村ノ煙、鴨岸ノ風、山ヲ望ミ水ヲ尋ヌルニ、毎《ツネ》ニ相ヒ従フ。二翁縹緲《ヘウベウ》トシテ已ニ仙去シ、独リ枯筇、未ダ竜ト化セザルアリ。）

この古ぼけた竹杖は、早く竜となって、二人の主人の後を追うように催促されたのである。

——天保元年（一八三〇）、中斎は遂に職を辞した。そして先祖の墓参りのために名古屋に旅立った。山陽は送序を草して中斎に餞《はなむ》けにした。

この送序は、当時の大坂の市政の腐敗ぶりと、その中での司法官としての中斎の奮闘ぶりとを、極めて大胆率直に叙したものである。

——大坂は商人の都であり、富豪の前には「王侯、其ノ鼻息ヲ仰ギ、以テ憂喜ヲ為スニ至ル」という有様である。そして奉行が粛清を図ろうとすれば、賄賂によってそれを中止させ、官吏は上は「猾賈《かつか》」（奸商）と結び、下は「閭閻黠民《りよえんかつみん》」（巷の悪者）を手先として、一般市民を苦しめている。しかもそれに各藩の要人たちが結びついて一団となっているから、奉行も手が出ないし、「吏、良アルト雖モ、衆寡敵セズ」といった有様である。——そこに子起（中斎）が立ち上った。彼は奉行の「密令」を受けるや、妾を離別して身辺を整理し、財界の大粛清を実行した。そして没収した「三千余金」を「民ノ膏血」であるとして、貧民に分配した。この他にもキリシタンの弾圧や、醜行を演じていた僧侶たちの取り締りなど、数々の事件に敏腕を揮い、彼の与力としての名声は三都に拡まった。ところが、彼を重用した奉行が退職するに及んで、自分も辞表を提出した。世間は子起が「壮強ノ年、衆望翕属《キフゾク》ノ時」にどうして権勢の座を去ったのかと不思議がっている。しかし、襄（山陽）は日頃から「ソノ精明ヲ過用シ、鋭進シテ折レ易キヲ戒メ」て来た。だから彼が閑を得て読書生活に入ることを喜ぶものである。……

この送序を得て中斎は、己れを知るものの言として喜んだ。そうして後にこう書いている。

――山陽は詩文と歴史との専門家である。自分は官吏で陽明学者である。世間の常識からすると、この二人が仲のいいのは不思議かも知れない。しかし、「余ガ山陽ト善カリシハ、ソノ学ニ在ラズシテ、而モ窃《ヒソ》カニソノ胆ニシテ識アルニ取レルナリ」。ところで山陽の方が自分のどういう所を認めて、交際してくれているのか、自分には初めは判らなかった。それがこの送序を得て、忽ち氷解した。しかもその送序は「ソノ人ノ言ヒ難キ時事ニ於テ、彼、独リ能ク口ヲ開キテ之ヲ言ヒ、而モ忌憚ノ情態アルコト無シ」。これは彼の「胆」のしからしむるところである。そして、再び職に就かないように忠告してくれているのは、彼の「識」を窺わせるに足りる。天保三年（一八三二）の四月に山陽はまた淀川を下って中斎に会いにやって来た。そして一緒に酒を飲んだ時に彼はこう言った。

「兄ノ学問、洗心以テ内ニ求ム。襄（山陽）ガ如キハ外ニ求メテ以テ内ニ儲《タクハ》フ。而シテ詩ヲ作ルト文ヲ属スルトハ、相反スルガ如ク然リ。」……「ソノ秋、山陽ノ血ヲ吐キ、而シテ病《ヤマヒ》革《アラタマ》ルヲ聞キ、吾レ洛ニ上リテ、以テソノ家ニ到レバ、則チソノ日スデニ易簀《エキサク》セリ。大哭シテ帰リ、夢ノ如ク幻ノ如ク、往時ヲ追思ス。サキニ山陽ノ余ヲ訪ヒ、觴酒《シャウシュ》セシ際、ソノ情ノ繾綣《ケンケン》タリシコト、其レ果シテ永訣ノ兆ナリシ歟。」そして、この中斎の山陽追憶の結論は「則チ我ヲ知ル者ハ山陽ニ若《シ》クハナシ」である。

霞亭が藩の要職に就いた時、揶揄した山陽は、中斎が権勢の座を離れた時、賞讃した。それは自由人として生きた山陽の心情を率直に反映している。自由人は外的な条件によって、己れの思想を妨げられることを嫌うという生き方を選ぶ。だから言行に制限を受ける職業に就くことは、山陽は一生しなかった。

しかし、もし山陽が、霞亭として死ぬか、中斎として死ぬか、どちらかを選べと言われたなら、前者を選んだであろうことは間違いない。やがて次の維新の世代に、革命のイデオロギーの書として歓迎されることになる『日本外史』は、幕末の社会的雰囲気から切り離して、今日、冷静な眼で読み返してみれば、そこには倒幕論の片影も見出せないし、山陽の死んだ天保の初め頃には、統一の国家としての新日本を作るために、幕藩体制を解体しなければならないということを、具体的に意識していたのは、寧ろ現実の国際政治に否応なく接触していた幕府の外交官僚たちであった。在野の慷慨家たちは、未だ空想的な尊王論に酔っていた時期であった。

山陽は天保の饑饉のなかでレヴォルトを組織した中斎に、その政治行動が当人の思想から真直ぐに導き出されたものであることは理論的には充分、認めたとしても、実践的には体制順応主義者の山陽としては決して同意できなかったろう。

もし天保八年（一八三七）まで生きていても、山陽が中斎の義挙に参加したとは全然、考えられない。山陽は体制の壁に閉じこめられて死ぬことよりも、その壁に身体をぶつけて死ぬことは、更に好まなかっただろう。山陽の生き方は、体制の内部で、いかにして内的な自由を維持しながら生きて行くかという工夫にあった。そのためには、権力に対して表面的には叩頭することも、体裁の悪くならない程度なら、やりかねなかった。「人ノ言ヒ難キ時事ニ於テ、口ヲ開キテ之ヲ言ヒ、忌憚ノ情態アルコトノ無」かった山陽は、しかしこのところで踏みとどまった。座談や私簡のなかにおいて辛辣な時局批判を行った山陽も、公刊の書物のなかにおいては、慎重な表現をしたし、いわんや自ら立って、実行によって天下に警告しようなどとは思わなかった。そして友人や弟子たちには、極力、身を過らないように忠告することを忘れなかった。——さらに山陽がもし、天保十年(一八三九)まで生きていて、蕃社の獄に遭遇したとしたら、身を挺して渡辺崋山の救解に当った松崎慊堂の勇敢さに共感を示したことだろうが、しかし、彼自身は行動をとらなければならないとしたら、崋山との交際はなかった振りをして友人や弟子たちにも極力、自分の態度に見習うことを薦めた佐藤一斎のやり方を、密かに真似したことだろうと想像される。

それを山陽の思想の「限界」だと判断する人は、山陽の思想の内容を、当人自身の意図以上に「進歩的」に解釈しようとしているのである。——ただし、もし中斎の乱まで山陽が生き長らえたとしたら、彼も無事であったとは保証できない。現に彼の最も親しい友人、篠崎小竹も、この事件の連累として閉門を命じられたのである。それは小竹の店子のひとりがその乱に共鳴して行動を起し、そして官憲の家宅捜索によって発見された中斎の檄文の出所が、家主の小竹だということになったからである。とすれば、当然、山陽のところへも同じ檄文は届けられたろうし、名文好きの山陽は喜んでそれを取っておいたろうから。そして、中斎の辞職について山陽の書いた、権力攻撃の文章は、勿論、官憲の手にもその写しが入っていて、彼は容易に中斎のシンパサイザーだと判断されたろうから。——昭和年代においても、共産党のパンフレットを所持していたり、党員に金を貸したりしたために、シンパの容疑で職を失う青年が少なくなかった。そうした青年自身は小竹のような非政治的交際家、単なる世話好きであっても、また山陽のように単なる書斎的慷慨家に過ぎなくても。

山陽は京都暮し二十年の間、遂に京坂の儒者たちと和解することなく、絶交状態が続いた。しかし、この京儒たちのボイコット運動の行き過ぎが、ひとりの老大家を逆に山陽の方に押しやることになったのは、偶然の皮肉である。

天保元年（一八三〇）、儒家猪《い》飼敬所《かいけいしょ》は東山碧雲楼において、七十歳の寿宴を祝われた。その会の幹事の一人であった仁科白谷は、かつて淡窓のもとから山陽が貰いうけるようにして弟子にした中島米華と親しかったので、米華を通して山陽にも寿賀の文を求めて来た。山陽は喜んで「羽二重説」なる文章を草して送った。

その文の大意は次のようなものである。

――敬所は京都に生まれた人ではない。しかし京都において学問を大成した。これは丁度、関東で取れた糸で、京都で羽二重を織るようなものである。それに対して、自分（山陽）は田舎で勉強して、京に出て来た。だから河内木綿というようなものである。「ソノ粗ニシテ且《カツ》、朴ナルコト、固ヨリ王公ノ服ニ供スベカラザルナリ。而モ或ハ以テ民ノ用ニ充ツルニ足ラン。」これは羽二重と木綿との比喩を用いて、敬所と自分との学風を比較した、洒落た祝いの文章である。そうして、敬所の長寿にあやかりたい、という言葉で終っている。よくできた寿詞というべきだろう。

ところが、これが寿宴の席上に読みあげられると、またもや京儒たちを刺戟した。会の幹事たちは日頃から山陽を快からず思っていた。ところが、この山陽の賀文は、今まで交際もない老大家に対して、妙に馴れなれしい口調で語りかけている印象を与えた。しかも、幹事たちの頭上を飛びこして、いきなり敬所の肩を敲いている感じである。「此文は戯に近し。（記念文集中に）収録すべからず」という空気になって来た。

そこで座中の白谷が立って、この感情を代表した。そして文中、敬所を呼ぶのに「先生」と言わないで「翁」などとあるのは、失礼極まると痛論した。

敬所自身はどう感じたかというと、この事件の直後に或る人に与えた書簡によれば、彼はこの洒脱な山陽の文のなかに、率直な敬意を読みとって、寧ろ嬉しく思ったのだった。一体「野拙思うに、頼好意にて出せし文、これに付彼を罵辱に及ぶ事、心不レ忍」、頼の文に比べれば中島棕隠の「平安山水ノ秀麗」が敬所に鍾《あつま》ったなどという「溢美浮誕ノ詞」は、「文人の弄筆」で、「不レ勝レ読候《ヨムニタヘズ》」。他の人々の文章も、「多くは博覧多識を称して、過当の賞賛諛詞のみ」。敬所はそうしたそらぞらしい雰囲気のなかに、山陽の飾りのない呼び掛けを尚更、喜ばしく感じたのである。「頼の文、翁とありても、拙子の意には怡《よろこ》び申候」。それが、これほど問題になったのは「彼（山陽）平生、傲慢なる故に、人、専らこれを議し候」。実は賀詞中、詩文に二人、和歌には三人も、やはり翁と書いている者がいたのである。

しかし、白谷をはじめとする幹事の面々は、どうしても書き直させろと言ってきかない。そこでやむを得ず、敬所は自分で山陽を訪問して、文中の欠点も指摘し、「翁」を「先生」

に変えてほしいと申し入れた。山陽は指摘された部分を直ぐに書き直すと約束し、翁と言い先生と呼ばなかったのは、文章の調子の上だったのだからと弁解した。それから、題は勿論「先生」と書く筈だったのだが、それも絹が小さかったので、やむを得ず翁になった、と笑った。

結局、山陽は、敬所の要求通りに書き改めることを承知したのだった。こだわることなく、直ぐ老人の頼みに応じたところは、いかにも山陽らしい。山陽は敬所が自分と京儒たちの間に立って困惑しているのを覚って、却って気の毒に思ったのだろう。この「羽二重説」が、多少、ふざけすぎていることは、初めから山陽も知っていたろうし、この機会に気取り屋の京儒たちに一騒ぎ起させてやろうという悪戯気が書かせたこの小文が、山陽の思惑通りの結果を惹き起した以上、その目的は達したわけで、尊敬する老儒を困らせるのは本意ではなかった。

ところで、この会見で、はじめてゆっくりと山陽と話し合った敬所は、すっかりこの後輩が気に入ってしまった。山陽は話の間中、常に敬所を「先生」と呼んだ。師でもなく、ただ先輩というだけで、これだけの礼を尽してくれるということが、この真情に感じやすい老儒を感激させたのである。

敬所は同じ報告文のなかで、「元来拙子とは咄も合候」と言い、また「山陽の才気、人に過ぎたり。而して文章を善くす。故にその言を発する、おのずから趣味の津々たるものあり。」と面白がり、遂には「尋常説話、みな文を成す」という蘇東坡とさえ比較するに至った。

山陽も、こうして知り合った機会を利用して、尊敬する学者である敬所に、『日本外史』や『通議』などを読んでもらって、文章を訂正する参考にした。

敬所は山陽のその率直さに感じて、憚ることなく「削正」する。するとまたそれを山陽が喜んで、友人に敬所の「筆削之草稿」を贈ったりした。先輩の学問上の忠告を素直に受け入れ、文章を直してもらったことを隠すどころか、自分からそれをわざわざ友人に見せるという、この山陽の京儒たちとは異る「磊落之気象」は、いよいよ敬所を感心させた。山陽の方でも、この有益な先輩を、度々、家へ招んで酒を出した。そして門人たちにも同席させて、この碩学の談話を傍聴させた。

その席で、山陽は、一般の「経学者」たちが人情に通じないので迂遠の説をなすが、敬所だけは「事情に通」じていると世辞を言ったり、又、現代の儒者一般についての評価を敬所に訊かれて、「亀井昭陽は西国の田舎漢、古賀侗庵は江戸の田舎漢。皆天下之理勢に不通」というような奇抜で鋭い説を吐いて敬所を喜ばせた。

「老拙（敬所）、往年より彼人（山陽）を知己と存居候処、果《はたして》然り。京師にて可二共語一者、此人と存候。」

敬所はすっかり山陽に傾倒している。

山陽が死病の床に臥するに及び、敬所は機会あるごとに見舞いに出掛けた。

例の江木鰐水の「行状」によれば、

「其（山陽）ノ病ムヤ、猪飼敬所翁、来リ訪ヘリ。談、南北正統ノ事ニ及ビ、議大イニ合ハズ。戩《セン》（鰐水）、時ニ病ヒニ侍セリ。翁スデニ去リ、先生ハ曰フ、苟クモ北朝ヲ以テ正統トナサバ、豈、新田、楠ノ諸公ヲ以テ、乱臣賊子トナス乎ト。コレヲ言フノ時ニ方《アタ》リ、目張リ、眉軒《アガ》リ、ソノ慷慨激烈ナルコト、病ムト雖モ衰ヘザルナリ。遂ニ更ニ正統論ヲ著シテ、コレヲ政記中ナル初論ノ後ニ置ケリ。」

この気の合った老学者と中年の文士とは、議論をはじめると一方が瀕死の病人であることも忘れてしまうのだった。また意見はどれほど対立しても、お互いの友情には何のひびも入らないのだった。（着実な学者が北朝正統を唱え、詩人的な文士が南朝正統を掲げたということは興味がある。敬所の論は専ら歴史を貫く論理を問題として、個人への感情移入を排したものだったのだろうし、山陽の反駁は人間の心というもの、またその人物の一生の意味というものへの共感から発したものだったろう。）

敬所が最後に山陽を見舞ったのは、九月上旬、病人は二週間後の死を前にして、もう敬所とは生きて再会できないことを知っていた。敬所は伊勢へ旅に出る暇乞いに来たのだった。山陽は次の詩を敬所に贈った。

病遇重陽意不堪　羨君側帽向天南　黄花老日当帰到　未死猶能抵掌談

（病ミテ重陽ニ遇フ、意堪ヘズ。羨ム、君、帽ヲ側ニシテ天南ニ向フヲ。黄花老ユルノ日、マサニ帰リ到ルベシ。未ダ死セザレバ猶ホ能ク掌ヲ抵《ウ》チテ談ラン。）

あれほど旅を愛した山陽は、もうそうした愉しみが永久に自分からは失われていることを覚っていた。そしてその生命も菊の枯れる時節まではもたないだろうことも。

続けてもう一首、

暮年逾覚知音重　篤疾殊知分手難　独有精神永不死　時於書巻数相看

（暮年、逾《イヨ》イヨ覚ユ、知音ノ重キヲ。篤キ疾《ヤマ》ヒニ殊ニ知ル、手ヲ分ツノ難キヲ。独リ精神ノ、永ク死セザル有ラバ、時ニ書巻ニオイテ数々《シバシバ》相ヒ看ン。）

永訣の思いに、山陽は敬所の手を離すことができなかった。もう今後は、自分に会いたいと思ったら、自分の著書を読んでもらうより仕方ない。……

敬所は目頭の涙を指先におさえながらこう答えた。

学究文人風標異　議論吻合又何奇　真有精神永不死　宛如並座笑談時

（学究文人風標異ナルモ、議論吻合スルハ又、何ゾ奇ナル。真ニ精神ノ永ク死セザル有ラバ、宛カモ並座シテ笑談セシ時ノ如カラン。）

「並座」と言い、「対座」と言わなかったのは、敬所は左の耳が聞えなかったので、二人が話す時、いつも山陽は向い合わずに敬所の右に坐ったからである。

果して敬所が帰洛した時には、もう山陽は地下にあった。

敬所は契友谷三山にあてて山陽の死を報じた。その手紙は敬所の歎きのいかに深かったかを伝えて余すところがない。

最初に惜別の詩に触れ、「時於書巻瞥相視」(山陽の二首目の結句を、敬所はこう記憶している。)の句に「彼、余ヲ以テ知己トナス、ソノ意、傷惜スベキ也」と言う。山陽は『日本外史』の閲読を敬所に依頼していたが、それによって見るに「山陽は才子故、学問は甚疎」である。ところで聞くところによると三山も「通議及外史中の牴牾《テイゴ》疎謬を悉く筆記」して山陽に送る筈であったのが中絶したそうであるが、「若《もし》筆記に被ㇾ成、山陽在世に候はば、示し候て、大悦可ㇾ致也、扨々、残念に存候」。——山陽は谷三山にも自分の草稿の校閲を依頼していたのである。「文人」たる山陽は自分の学問の不足を自ら知っていた。そしてその欠点を「学究」諸儒に補ってもらうことを躊躇しなかった。甚だ拘《こだわ》らない精神の持主だったのである。

敬所は続けて書く。——一昨日も、山陽門人の児玉旗山が先師の『書後題跋』の草稿を持参して「疎漏を校訂せんことを乞ふ」た。死後も尚、こうして甘えてくる山陽を、敬所は可愛くて仕方がなかったろう。目の不自由な老人は僅か二日で、この五巻の厖大な原稿を読み通した。「書経書後諸文を見るに、学問は甚疎なれど、大に有識、往々愚見と合す。宜《むべ》なるかな、平生、余を通識と称すること、他の浮華の文人の及ぶ所にあらず。」

山陽の敬所に対する敬愛の情は死後も変らなかった。現に、敬所が病気になると、早速、山陽の孤児（支峯、十一歳）が見舞いに来てくれた。「其親切なること、山陽の余を信ずる誠心、身後に見ゆ。」

敬所は、その寿詞のなかで自分の齢《よわい》にあやかりたいと書いていた山陽が、このようないたいけな子供を残して、どのような思いで死んで行ったろうかと想像すると、病床から幼い支峯の顔を見上げながら、眼が曇ってくるのを禁じ得なかったことだろう。

敬所の三山宛ての手紙は、次の漢文体の句によって終っている。

「余ノ人ニオケルヤ二悔アリ。壮年、（中井）履軒ノ学識ヲ知ラズ。故ニ之ニ従ッテ学バズ。老年、山陽ノ奇才ヲ知ラズ。故ニ之ト友タラズ。コノ二子ノ如キハ、豈ニ得ヤスカランヤ。」

——先の別れの詩で、敬所は自分を「学究」と呼び、山陽を「文人」とした。儒学者と詩文家とがこのように分れたのは、近世もこの時期からである。文人に必ずしも学問がなくても恥ではなくなったのは、文学者が学者とは別のものになった兆候だろう。

そういえば、敬所の七十賀に寄せた山陽の「羽二重説」なども、儒者の感覚であるよりは、也有のような俳人（彼自身、一方で詩文家でもあったけれども）や、京伝のような戯作者の感覚に近いと言えるだろう。

——敬所は自分自身をどう見ていたか。三山との筆談の記録の後記によると、その自己批判はかなり猛烈なものであり、そしてそれがまた山陽とうまの合うところだったろうと思わせる。この「附敬翁書」は次の句で始まる。

「余、市井ニ生長シ、少年、賈衒《コゲン》ヲ事トシ、弱冠ノ後、始メテ師儒ニ従学セリ。三十八、心疾ヲ病ミ、自後、唯ダ気ヲ養ヒ、力ヲ読書ニ専ラニスル能ハズ。記性、亦、衰フ。近年、疾ヒ稍ヤ去リ、耄、又、之ニ及ブ。世人ノ博覧強記ヲ以テ称スルハ、虚誉也。」

敬所も「心疾」を病んでいた。山陽との並座笑談のなかには、お互いを苦しめているノイローゼの発作予防法なども屢々話柄にのぼったことだろう。

例の寿賀記念詩文集に載っている敬所の門人の黒田元民の文も、先生を叙して猛烈を極める。

「吾ガ敬所先生、人ト為《ナ》リ拙劣。百事、人ニ如《シ》カズ。ソノ容貌ヲ視レバ、則チ質朴不荘、ソノ言語ヲ聴ケバ、則チ詰屈《キックツ》不弁、ソノ才幹ヲ問ヘバ、則チ椎魯《ツイロ》不敏。シカシテ詩文ヲ善クセズ、書ハ僅カニ姓名ヲ記スルニ足ル。」

こう枕を振っておいて、それから徐々に論旨を逆転させて行くわけであるが、この無礼とも見える門人の文章を、敬所は「此ノ文、夸張ニ似ルト雖モ、元民、余ガ家ニ寓スルコト四年、余ノ人ト為リヲ熟知スルナリ」と認めている。

敬所の性格も、また師弟の間の率直な心の交流も窺われる。それは、当時の京儒一般の気取った塾風とは鋭い対立をなすものであり、やはり山陽塾と気風のうえで通ずるものがあった。

「附敬翁書」には、次のような句もある。敬所は当時の代表的な二人の儒者と自分とを比較しているのである。

「近時、中井履軒、識見卓絶、余ノ及ブ所ニ非ズ。但ダ、ソノ書ヲ読ムコト博カラズ。大田錦城、博覧強記、余ノ及ブ所ニ非ズ。但ダ、ソノ識見、精ナラズ。故ニ二子ノ説、往々、疎ヲ免レズ。余、拙劣、自ラ豪気ナシ。故ニソノ説、自ラ平穏、所謂《イハユル》、尺ニ短カキ所有リ、寸ニ長キ所有ル也。当今ノ学者、徒ラニ詩文ヲ事トシ、読書ニ勤メズ。故ニ余ヲ以テ博識トナス。所謂、鳥ナキ郷ノ蝙蝠ノミ。」

今、弟子にさえ、戴けないと一蹴された敬所の詩を、当時のアントロジー類に散見するところから判断すると（『十九友詩』『嘉永二十五家絶句』『近世名家詩鈔』など）、ことごとく学者の感慨の詩であり、寧ろ作者の伝記的資料であって、必ずしもポエジーとして味わうべきものではないことが判る。またポエジーとしての魅力にも乏しい。時には耐えがたく概念的である。

彼は自らも認めていたように、芸術家的素質には欠けていたのである。

猪飼敬所（一七六一―一八四五）、名は彦博、字は文卿又希文、通称安治郎又三郎右衛門。敬所はその号。近江の人。後年、津藩藤堂家の賓師となる。当代一流の古註学者であった。

次に、同じ時期に、京都において、小石元瑞と蘭医としての名声を分っていた新宮涼庭《しんぐうりょうてい》は、山陽と交渉があっただろうか。

従来の山陽伝のいずれを見ても、その交友のリストのなかには、一世を風靡したこの偉大な蘭医の名は発見されないようである。

これは元瑞との関係も、山陽においては西洋の学藝についての知識の源泉としてでなく、専ら文人同士の雅遊の相手としてであったから――それは時には殆んど西洋人のいわゆる豚友《アミ・コション》の領域にまで、足を踏み入れたものであったが――専門の研究以外には殆んど目もくれなかったらしい、学者兼教育家の涼庭とは、あまり深いつき合いも生じなかったのは、当然だったろう。（涼庭はその詩文集より察するに、王侯貴顕との交際に熱心であったようである。そうして、それは山陽の最も毛嫌いするものであった。）

しかし、天保三年（一八三二）六月、山陽が喀血して倒れるや、直ちに診察を乞うたのは、当時の最も練達した蘭方医の新宮涼庭であった。恐らく最初に馳けつけた元瑞は症状からして不治と診断し、しかし自分の誤診であることを祈って、同業の涼庭の立会いを求めたものと思われる。（今日でも、医師は肉親や親しい人の治療に当ることは、一般に避けたがる。その診断が客観性を失うことを恐れるからである。）

ところが不幸にして、涼庭の見立ても、全く元瑞のそれと一致した。元瑞はそこで山陽に死期の近いことを予告し、そして床上の山陽は直ちに弟子を動員して、未完成の著述の整理に取りかかったのである。

しかし、山陽と涼庭とは、この時、患者と医者として、初めて対面したのではない。たとえば、文政十一年（一八二八）の春の末に山陽が涼庭に書いた手紙が残っている。その書き出しは「御疎闊《ソクワツ》之処、忽辱㆓華翰㆒、欣然忙析拝誦」とあるから、時々、間を置いての交際があったことが判る。この山陽の手紙はなかなか、面白いもので、「扨《サテ》、鮮鬣棘《センレフキヨク》一頭、従レ輸来、輸中、徹頭徹尾不レ見二其事一候へども、定て拝戴候事と、忝《カタジケナク》奉レ存候。」とある。儀礼を重んじた謹厳な涼庭は、不沙汰見舞いに魚を贈って来たのに、それにつけた手紙のなかでは、そのことには一言も触れていなかったと見える。その固苦しさを山陽はからかっているのである。

同じ手紙のなかで、山陽は新築の山紫水明処の自慢をして、是非、観に来てくれと頼み、その訪問の時刻を「申《サル》上刻」と指定している。つまりその夕方の時刻が窓外の景色を「山紫水明」に観せるからなのである。「くれぐれも、御奔忙中なるべけれども、御差繰御出可レ被レ下候。相待居候。御報なければ、御出之義と存候也。」とあるのも、いかにも山陽流である。「家内中ども」が歓迎の準備をしていると文末にあるから、涼庭はそれまでも時々、元瑞に頼まれて、頼家の患者たちを往診したのかも知れない。

そればかりか、涼庭自身の証言によれば「余、先生ヲ識ルコト、三十余年」とある（『駆《く》豎斎《じゅさい》文鈔』）。

山陽の京都暮しは二十年であった。従って、涼庭は既に山陽の田舎暮しの間に、彼と交りを開いたということになる。

新宮涼庭（一七八七—一八五四）、名は碩《せき》、字は涼庭。鬼国山人、駆豎斎などの号がある。彼は丹後の由良に生まれ、医を従兄の有馬丹山に学んだ。それは漢方医学のなかの古医方という流派であった。（当時は、漢方のなかにも、元明時代の新しい方法を採り入れた李朱医学を奉ずる「後世家」という一派もあり、この両派は対立していた。）

ところでこの古医方の医学のテキストとしては『傷寒論』『金匱』『温疫』などがあり、その治療法としては、「汗、吐、下」の三法があった。

帰郷した涼庭青年は、この三冊のテキストと汗吐下の三法とによって、万病に対処できると信じ、自信満々で開業した。ところが、実際に患者に接するに及び、難問百出で、到底、理論通りには行かなくなった。その時、彼の眼を一挙に開いてくれたのが、蘭医宇田川玄随の翻訳にかかる『内科撰要』であった。

二十四歳の涼庭はその書によって衝撃を受け、ここにこそ真の医学があると思った。そして直ちに長崎へ蘭方医学の習得に出掛けることにした（文化七年）。

この蘭学への開眼からはじめて、長崎への旅行、また当地での勉学などについて記した『西遊日記』は、様々の意味で興味深いものがある。

彼は旅中も、名のある医師たちを訪ねて、専門の議論をすることを、唯一の愉しみにしていたように見える。

たとえば、赤穂の先の三石では、赤石氏を訪ねる。赤石氏は吉益南涯《よしますなんがい》の門人であった。もともと涼庭は古医方の中心的勢力であった吉益東洞《とうどう》の学説「万病一毒」論を奉じていたのだったが、ここではじめて東洞の子、南涯による、その父の学説のより現実的な発展である「気血水論」について、赤石氏から聞かされて、大いに得るところがあった。

赤石家では、面白いことに偶然、居合わせた武元北林と知り合いになった。

武元北林（一七六九―一八二〇）、名は正恒、字は君立、立平と称し、北林又高林はその号である。元来は柴野栗山の弟子であるが、程朱学を教条主義的に尊信することに疑いを生じ、博覧に努めた。著書『史鑑』二十巻があることからも判るように、史学と文章とに通じていた。山陽の親友、登々庵の弟である。

北林はこの時、若き涼庭に向って『策論』と題する文章二篇を示した。今日で言う政治評論である。涼庭は「亦、見ル所アリ」と記している。

涼庭は赤石家に十二日間滞留した。これくらい長居をしなければ、学問上の教えを受けたりは出来ないだろう。

やがて涼庭は神辺駅に至って、当時の大概の知識人の習慣のようになっていた、菅茶山訪問を行った。

廉塾の塾頭は、丁度、頼山陽であった。ここに、山陽、涼庭の交りが開けたわけである。日記中にはこう記されている。

「山陽喜ビテ時勢ヲ論ズ。自選スル新策一篇ヲ出シテ、余ニ示ス。ソノ旨、楚材ノ所謂除弊ノ一語ニ本ヅク。筆力雄健、能ク見ル所アルヲ言フ。又、為ニ肺腑ニシテ能ク語ラバ、医師、色、土ノ如シノ十字ヲ書シテ、余ニ餞《ハナム》ケス。」云々。

二十四歳の涼庭と、三十一歳の山陽とは、主人茶山の設けてくれた酒肴をまえにして、お互いに大いに気焰を挙げたようである。何しろ山陽は子供相手の授業に退屈しきっていたし、涼庭は向学の念に燃えた、生意気盛りの青年であった。

興味あることは、山陽が先の北林と同じ種類の文章を出して示したことである。山陽はこの政治評論趣味を後に遂に『通議』の大著に結実させることになるわけであるが、恐らく当時、彼の仲間ではそうした文章を作ることが流行していたのだろう。そうして、そのような傾向というものは、儒学が前代の寛政の世代のような、純粋に哲学的な研究からは離れて、次第に現実社会の分析の具と変りつつあったことを示しているのだろう。化政の世代はナショナリスムと史学との世代に成長して行った。

涼庭はその翌日には福山藩領から広島藩領に入り、尾道へ宿った。すると、その地の灰屋某が彼を酒席に招いてくれた。(と、日記に記してあるが、涼庭はかなり傲慢な人物であったらしく、この日記も当時のもののそのままではなく、後に功成り名遂げてから、体裁よく手を入れて出版したものであろう。それでなくては白面の一書生が、各所で厚遇されすぎているというのが、いかにも不自然である。先の茶山訪問の部分でも、「時ニ頼山陽寓ス焉」という書き方は、無名の山陽について無名の涼庭が記したものとしては、やはり奇妙な表現である。恐らく原文には「時ニ頼襄ナル者アリ。春水先生ノ息ナリト云フ」とでもあったのだろう。出版された日記の文面では「丁度、そこに例の山陽がいてね……」と思い出話をするような調子になっている。この尾道の富商灰屋吉兵衛が、いかに娘が可愛くても、無名の旅の青年のために、態々《わざわざ》、一席を設けたというのも疑わしい。真相は前日、山陽が酔余、冗談に「恋人」玉蘊女史の才色兼備を自慢して聞かせたのに、好奇心を起して訪ねて行ったのではないだろうか。山陽の伝言でも持って。——山陽と玉蘊との仲は、まだ当時、熱烈さの最中だった筈で、二人の仲が切れるのは、翌年、山陽の上京直後に後を追って出て来た玉蘊が武元登々庵の仲介で、結婚を申し込んで断られた時からである。)

『西遊日記』は、しかし兎に角、この灰屋の招宴での情景を次のように伝えている。「坐中ニ二女アリ。曰ク玉蘊、曰ク玉葆、姉妹也。余ガ為ニ蘭林ヲ画ク。水墨淋漓《リンリ》、清婉《セイエン》愛スベシ。古ヘヨリ風流ノ女子、ソノ操ヲ全ウスル者、甚ダ鮮《スクナ》シ。二玉ノ如キハ、マサニ然ラザラントス。」

この気負った涼庭の予言は、姉の方に関する限りは、全く外れてしまったわけである。彼女は後年「文学藝者」と渾名される程のフリー・セックスの信奉者となったのだから。

やがて涼庭は、竹原村に石井某を訪ねる。某は頼春水の弟子であって、従って歴史好きであった。涼庭はこの石井氏の案内で、春水の弟春風をも訪ねる。この春風訪問も、山陽にすすめられた結果であったかも知れない。

涼庭は広島に入ると、藩医恵美《えみ》氏に質《し》を執った。「先生、三白ト称シ、大笑斎ト号ス。寧固ノ門人」とあるから、これは二世三白《さんぱく》である。初世三白、号寧固は、門人の長尾貞璋を養って嗣とした。この貞璋が大笑と号して、三白を襲称したわけである。

恵美氏は京の吉益氏と相い並んで、古医方の唱導者であった。涼庭は自分の奉じて来た漢方から、今、蘭方へ転向するに際して、旧来の古医方を徹底的に納得の行くまで学んでみようとしているように見える。

涼庭は二世三白の人柄を次のように述べる。「剛直寡言、甚ダ古人ノ風アリ、医療ニ篤シ。外物ヲ以テ心ヲ累サズ、単志老練」云々。

これは涼庭自身の医者としての心得でもあったのだろう。それは同業元瑞の、年中、「外物ヲ以テ心ヲ累」していたのと、対比的な生き方である。前者の態度を良心的人生として尊敬するか、後者の態度を教養ある紳士の余裕ある人生として共鳴するかは、各人の自由である。しかし私には三白的涼庭的奮闘的人生は、少々、息苦しい。

三白は「尤モ用吐ノ法ヲ得タリ。（中略）余、嘗テ吐方ノ用ヰ易カラザルニ苦シム。今、始メテ豁然、得ル所、亦、少ナカラズ。」

翌、文化八年（一八一一）にも未だ涼庭は、三白塾中にあった。そして正月に武元登々庵に出会った。涼庭は彼を「韻士」だと記している。しかし登々庵が恵美塾へやってきたのは、「眼科」の勉強のためだった。

登々庵も当時の文人の或る者たちと同じく、詩では食えないので医田を耕そうと志していたわけである。

登々庵は蘭医中井《なかい》厚沢《こうたく》と親しかった。そこで涼庭は厚沢に紹介された。

「厚沢ハ蘭科ヲ攻《ヲサ》ム。ソノ寓スル所、恵美氏ト街ヲ同ジウシ軒ヲ交フ。幾《ホト》ンド天縁アルニ似タリ。因テ就テソノ説ヲ聴ク。大率《オホムネ》、夜ナラザルトキハ則チ昧早、益《マス》マス攻メテ益マス精。余、面熱背汗、嘗テ苦学スル所、一掃シテ用ナシ。殆ド失鷹ノ師ノ如シ。乃チ嘆ジテ曰ク、天下、此ノ如キ道アリ、何ゾ、相知ルノ晩《オソ》キヤト。」

玄随訳の蘭書によって、転向のはじまった涼庭は、ここにはじめて厚沢による実地の診療を見学して、蘭方こそ真の医学であるということを体得したのである。

また厚沢の友人、星野良悦からは、彼の父の創製した「身幹儀《しんかんぎ》」というものを観せられた。

それは木製の人体骨骼の模型であった。初代良悦は死刑囚の屍を分解研究して、この模型を作ったのである。

江戸の蘭学者たちは、大いにこの模型を激賞し、幕府もその功を賞して、歳首毎に町医者の身分で、将軍に拝謁を許されるに至った。

しかし、世人は死屍を解体したことを残忍な所業だと言って非難していた。そこで若い涼庭は「身幹儀ノ説」という小文を作って、良悦の事業は「君子ノ忍」であって、小人の感傷的な非難には当らないと弁護した。「設令《タトヒ》、聖人出ヅルアルトモ、必ズ斯ニ取ルコトアラン。」

又、厚沢家には「東都先輩」たちの翻訳による医書のコレクションがあった。しかし、それを借覧するのは有料の規定になっていた。ところが丁度、厚沢が病気になり、涼庭は一カ月間、看病した。厚沢はその看病の手当てとして、この蘭書の翻読を許してくれた。涼庭は六十五日かかって、四十五冊を写し終えた。これは、これから蘭方を勉強しようという涼庭にとっては、何よりの収穫であったろう。

翌、文化九年（一八一二）になっても、涼庭は未だ藝備二州の間を往来して、診療に忙しかった。これは恵美家への入門で、旅費をつかい果してしまった結果、収入を計る必要があったのだろう。しかし、「六貫四百目」の貯金もできたので、ある富農が新たに五貫目の謝金を持参して治を乞うたのを断って、出発することにした。

「余、以為《オモヘ》ラク、金銭ハ得易ク、光陰ハ失ヒ易シ。豈ニ得ベカラザルノ光陰ヲ以テ、得難カラザルノ金銭ニ易フル可《カ》ケンヤ。」

たしかに、これは涼庭の後半生をも支配した処世訓であった。実際、勤勉無頼の涼庭には、金銭は自らついて廻ったようである。

日記のこの文章の頭評で、元瑞はこうからかっている。

「君、常ニ金銭ヲ以テ、得易キノ物トナス。羨ムベシ。」

それなら君も涼庭のように働いたらいいだろう、と言われたら、しかし粋人元瑞は、あんな奮闘的人生は御免だと言って逃げたろう。（尤も、蘭方医学の研究は、父元俊以来の家学であったから、元瑞の研究の成果は、必ずしも涼庭に劣るものではなかった。要するに、辺鄙な港町の貧家の子弟と、京都の名家のお坊ちゃんとの金銭観の相違である。涼庭が金がないとなれば、食うに事欠くのであり、元瑞が懐中が乏しいと言えば、祇園方面の敷居が高くなったということになるのだろうから。）

前日、禅悦寺に有名な詩僧、幻庵を訪ねた涼庭は、福岡に入るや直ちに幻庵の兄である藩儒、亀井南溟を訪問した。南溟は嘗て大坂で、古医方の一方の旗頭であった永富独嘯庵《ながとみどくしょうあん》の門下であったからである。南溟の子の元鳳昭陽も丁度、烽台勤番で、父と共に姪浜《めいのはま》にいた。

「翁、夙《ツト》ニ大名アリ。豪悍、気ヲ貴ビ、古文ヲ脩ム。時ニ気宇、爽ナラズ。余、ソノ病ヒノ為ナラント察シテ、温言敬接シ、海魚十尾ヲ進ム。翁、欣然タリ。為ニ駆豎斎《クジュサイ》三字、并ニ医箴一語ヲ書ス。筆力雄抜躍然、以テソノ平生ヲ見ルニ足レリ。」

南溟は時に七十歳、異学の禁にも係らず、古学を守って傲然たるものがあったので、同輩たちの怨憎を受け、当時は職秩を免ぜられ、謹慎同様の身であった。涼庭が一目見て病気だと察したのは、単なる老衰ではなく、この豪放不羈の人物も、世の迫害のために鬱屈し、心が病んでいたのである。だから未見の一書生の優しい親切が、人一倍嬉しく感じられたのだろう。南溟が狂疾を発して焼身自殺したのは、その半年後であった。

この時の南溟父子との会談中には、必ずや山陽の名前が出たことは間違いあるまい。南溟は未だ部屋住み中だった頃からの友人春水の息子の才能には注目していたし、昭陽は精里の子穀堂と春水の子山陽と共に、次代を荷う二世の三秀才と、世間から目されていたからである。

長崎へ入ってから、涼庭の日記は、愈々生彩を発揮する。彼は訳人であると同時に蘭方医であった吉雄家に入門して、やがてこの時の教科書、布斂吉《プレンキ》の解剖書の翻訳を世に問う事になる。又、蘭館に出入りして蘭医ヘールケの診療振りの見学もするし、時にはこの蘭人の代診のようなこともする。そうして、一代の蘭方医家としての新宮涼庭ができ上って行くのである。——ヘールケは恐らくシーボルトの前任者であろう。涼庭が業を終えて、上京した暫くあとに、この日本蘭学の父となるドイツ人は長崎にはじめて上陸することになる。

涼庭の事業は、蘭方医学の研究と治療だけにはとどまらなかった。彼は京都東山南禅寺畔に、私財一万金を投じて、順正書院という医学校を創設した。恐らく我が国における、最初の系統的な西洋医学の学校である。講義内容は、解剖学、生理学、病理学、外科、内科、博物学、化学、薬物学の八科に分れ、その他、一般教養講座として儒学をも教えた。

西洋の自然科学を教えるのに、その基礎となる哲学がアリストテレスでなくて、孔子であったというのは、当時の我が国の知的世界の反映である。

彼の学校の「駆豎斎医則」を読めば、儒学と医学との、彼の内部における係り合いが明らかになる。その一節、

「孝弟忠信ハ人道ノ綱常。仁義礼智ハ道ヲ行フノ標的。誠性正心ハ道ヲ索ムルノ工夫。致知格物ハ学問ノ事実。修身斉家ハ人道ノ成功。医ニシテ此ノ一ヲ欠ケバ、則チ君子ノ医タルヲ得ザル也。」

当時、西洋学を学ぶ知識人にとっては、儒学は普遍的な精神科学であり、西洋医学もまた普遍的な自然科学であって、それは自ら調和すべきものであったわけである。仏教では恐らくこうはいかなかったろう。

涼庭は自らも漢詩文を一生、捨てることなく、歿後に遺児たちによって『文鈔』と『詩鈔』とが出版された。

今、その『詩鈔』のなかから、彼の内面生活を窺わせるものを、二三抜いてみよう。『駆豎斎詩鈔』は、斎藤拙堂の序を冠し、原稿は山陽の弟子、牧百峯の一閲を経て、公けにされた。文久元年（一八六一）である。

文化六年（一八〇九）、大坂から一応の修業を卒えて帰郷した時の詩、

江口千家物色新　無辺草木映初晨　慈親膝下屠蘇酒　不似多年客舎春

（江口ノ千家、物色新タニ、無辺ノ草木、初晨ヲ映ズ。慈親ノ膝下、屠蘇ノ酒、多年ノ客舎ノ春ニ似ザリキ。）

長崎へ行く途中、佐賀の浦の夜泊、

蘆花雨霽水雲清　海月秋高佐賀城　露冷篷窓人未睡　唯聞寒蟹走砂声

（蘆花、雨霽《ハ》レテ、水雲清ク、海月、秋高シ佐賀城。露冷ヤカニ篷窓、人未ダ睡ラズ、唯ダ聞ク、寒蟹《カンカイ》ノ砂ヲ走ル声。）

『西遊日記』中にも、佐賀の項に、「舟ヲ買フ、一鼓ニシテ纜《ラン》ヲ解ク。舟、十四人ヲ載ス。蘆《ロ》荻《テキ》叢中ヲ下ルコト一里、此ノ間、蟹多ク、砂ヲ走ルノ声、颯々《サッサッ》絶エズ」とある。遠山雲如はこの詩の頭評で「青邱ノ余響」と言っている。

「喪ヲ除ク、作アリ」

門逕蕭蕭長薜蘿　幽窓坐到夕陽斜　一庭桃李任零落　忍見慈親手種花

（門逕《ケイ》蕭々トシテ薜蘿《ヘイラ》長ジ、幽窓ニ坐シテ、夕陽ノ斜《カタム》クニ到ル。一庭ノ桃李、零落ニ任ス、見ルニ忍ビンヤ、慈親手種ノ花。）

或る年の歳末。まだ名声天下に普《あまね》しというところまでは行っていない頃のようである。

幾年筆硯混京塵　売薬生涯奈此身　却是窮陰閑暇好　炉辺暫作酔吟人
（幾年ノ筆硯、京塵ヲ混ヘ、薬ヲ売ル生涯、此ノ身ヲ奈《イカ》ンセン。却ツテ是レ窮陰、閑暇ニ好シ、炉辺、暫ク酔吟ノ人トナル。）

この詩、どことなく表現とは裏腹に、我が身の不遇を託《かこ》っているような感じを与える。

「頼先生ヲ哭ス」
連年肺疾素難医　痛想先生咯血時　一燭熒熒風雨夜　壁間空見乞丹詩
（連年ノ肺疾、素《モト》ヨリ医シ難ク、痛想ス、先生咯血ノ時。一燭熒々《ケイケイ》風雨ノ夜、壁間、空シク見ル、丹ヲ乞フ詩。）

この短詩には、三十年来の知友である山陽に対する、真の惜別の意が満ちている。

「蘭書ヲ訳ス」
論括乾坤理析釐　苦心読得下毫遅　自咍五十余年苦　只有窓前夜雨知
（論ハ乾坤ヲ括シ、理ハ釐《リ》ヲ析ス。苦心、読ミ得テ、毫ヲ下スコト遅シ。自ラ咍《ワラ》フ、五十余年ノ苦、只ダ窓前ノ夜雨ノ知ルアリ。）

或る年の歳末、

世事忙忙歳欲除　鬢毛恰似帯霜蔬　半生日月消磨尽　一架猶余未読書

（世事忙々、歳除カント欲シ、鬢《ビン》毛恰モ霜ヲ帯ビタル蔬《ソ》ニ似ル。半生ノ日月、消磨シ尽シ、一架、ナホ余ス、未読ノ書。）

「夜坐」

月上欄干夜色晴　秋高万瓦露華清　老来客気消磨尽　一巻道書甘似餳

（月、欄干ニ上リテ夜色晴レ、秋高クシテ万瓦、露華清シ。老来客気、消磨シ尽シ、一巻ノ道書、甘キコト餳《タウ》ニ似タリ。）

一生を西洋医学の研究と普及とに捧げた涼庭も、晩年にはふと老荘の書に、心の安らぎを覚える瞬間があったのである。

嘉永六年（一八五三）の正月、涼庭六十七歳、死の前年である。

身似寒蟬心欲灰　老軀迎歳骨崔嵬　杯行欠一豈無歎　家有病妻春未回

（身ハ寒蟬ニ似テ、心、灰セント欲シ、老軀歳ヲ迎ヘテ骨崔嵬《サイクワイ》。杯行一ヲ欠クニ、豈ニ歎キ無カランヤ。家ニ病妻有リテ、春未ダ回ラズ。）

嗣子貞亮は、この詩の頭に、「一読、人ヲシテ愀然《シウゼン》、楽マザラシム」と註している。一代の大医学者、新宮凉庭にとって、詩はその絶えまない活動の間隙から、心の裏側の吐息に似た想いに染って、浮び出て来たもののようにみえる。

二　京摂の敵対者たち（第二グループ）

文化八年（一八一一）、山陽が神辺の茶山の塾から逃げ出して、大坂の篠崎三島のもとに投じると、三島はこの旧友の息子の身を立てさせるために私塾を開かせることにした。となれば大坂か京都かということになる。そこで三島は自ら易断を試み、京都に決めた。山陽はそこで三島の添書を持って、京都の小石家へ行った。――しかし、彼が大坂を捨てたのは、その地の儒者たちが彼を排斥する気配が濃厚になったからだった。しかも当時の大坂の学界を支配していた中井履軒、越智高洲共に、山陽が帰郷して親許で暮すべきだ、と強硬に主張していたのである。（中井家は春水夫妻の媒酌人であるし、越智家は母方の親戚だった。）山陽の旧友武元登々庵は、この山陽の京都への転進を弟、北林への手紙のなかで「畢竟、大坂儒者、せり出し候也」と批評している。

しかし、大坂から「せり出」された山陽が、京都では同業者たちから歓迎されるという保証は全くなかった。というより、初めから冷たい眼が彼を取り巻いた。

当時の京都学界の中心人物は村瀬栲亭だった。

村瀬栲亭（一七四六―一八一八）、名は之熙、字は君績、通称は嘉右衛門、姓源。栲亭はその号。一時、秋田侯の賓師となった。古註学者である。

山陽が上洛した頃、栲亭はもう還暦を過ぎて講説にも倦んでいたのと、それから自分の塾に若手教師の多彩な顔触れを揃えて、勢いを張ろうという気持もあって、早速、山陽に詩文関係の講師の職を提供して来た。

　しかし、傲慢な山陽は栲亭の恩恵的な態度に傷ついて、直ちにその申し出を蹴ってしまった。

　山陽は小竹宛にこう報告している。

「当地にては交友少く、村瀬などよりは手を廻し引寄せ候やうに致候へ共、其地老先生の訓を守り、樹二幟一隅一、不二肯降参一候。」

三島は、大坂を発つ山陽に、既に栲亭の誘惑に乗るなと忠告していたらしい。

　同じ報告のなかに、

「栲亭、大《おほき》ナツラを致居候男、私を渇望とは、例の乗せ口上なるべし。」

ともある。

　とにかく山陽は、上洛匆々、学界のボスと対立してしまった。これによって、彼は同業者からの一斉排斥を受けることになる。

　その頃、日野中納言資愛《すけなる》は、学者たちを招いて宴を張ることを愉しみにしていたが、席に列なる京儒たちは、山陽が衣服も改めず、自分用の酒を持参するなど「倨傲不敬」の態度が目に余るとして、同席を拒否するに至った。

　しかし山陽の才を愛する中納言は、山陽だけを別の日に招くことで、京儒たちの非難を回避した。面白いことには北条霞亭も、この別の日の待遇を受けた口であったことである。京儒たちの他国者に対する敵対的団結心は甚だ強かった。

しかも日野中納言は、やがて山陽宅へ訪問するようにさえなった。京儒たちの非難の炎は羨望の風に煽られて、愈々燃え上ることになって行った。

山陽と霞亭が当時の京都学界をどう見ていたかは、先にも挙げた引用で知られるが、同じ頃、やはり讃岐から上洛した中山鼇山《ごうざん》も、小竹あてにこう書いてやっている。

「大氐《てい》、洛儒は糊口に急なり。ここを以て多くは学識膚浅にして、専ら巧言令色を務め、以て俗眼を眩《くらま》す。」

余所者の眼には、この頃の京都の儒者たちの気風は、甚だ気に障るものであったことが判る。

山陽は「小儒無数、不レ足レ上二歯牙一」と罵倒していたけれども、一方では何かの機会に同席しなければならなくなった時などは、必ず勘定を割勘にするというような細かいところまで気を使っている。あまり排斥が強くなって、弟子たちも寄りつかなくなると、開塾匆々の山陽にとっては、真剣な死活問題となるので、大きな顔ばかりもしていられなかったのである。

しかし、交友上の些細な借りも大きな不評となって返ってくる京都の気風に、単純で率直な性格の山陽は、いつも傷ついていたし、結局、一生、昵《なず》むことができなかった。そしてその分だけ、江戸の連中との交流が深まることになった。

(文政三年に江戸からやって来た大田錦城は、山陽を訪問したあとで「ソノ気宇ヲ察スルニ、一時爽快ノ士ニシテ、ハナハダ関左ノ人ニ肖《ニ》タリ」と言っている。つまり山陽を気風の上で江戸っ子だと評したのである。京都の人情と合わなかったのは、当然だと言える。）

村瀬栲亭の代表的な著述は、『秇苑《げいえん》日渉』十二巻の大著である。これは栲亭が日頃から「日々藝苑ニ遊渉」（山本北山序）しながら、考証的なノートを執ったものを、綱目別に集めたもので、たとえば巻之一では「国号三条」「地名」「官名」「秦漢呉唐諸越」「加羅」「姓氏」「字」「月題」「元服」「五民」が扱われている（藝、秇は同字である）。

それは歴史的、言語的、民俗的、知識の羅列であり、扱われる対象も、行事、食物、遊戯、衣服から天狗、狗神に至る。愉しい博識による精神のディヴァガシヨンの産物であるが、ここに思想を求めようとする若者は失望を感じただろう。「村瀬は嘗て藝苑日渉を著はしたる者、僕曾てこれを識る。而も模稜《もりよう》して識見なき人たるを知る」（中山鼇山）。模稜とは、事を曖昧にして善悪を決めぬこと、両天秤にかけること、である。好奇的考証の仕事に思想的背骨を見出そうとするのは、もともと徒労である。教養豊かなディレッタントの仕事は、同じ趣味の人々をしか対象としていない。

そうした栲亭の資質を窺わせる小冊子がある。題して『楓樹詩纂』――安永八年（一七七九）、著者の三十歳を過ぎたばかりの頃の著述であるが、上巻では先ず楓に関する古今の文献の記述を列記し、ついで各種の詩話からの引用を並べ、それから楓関係の語彙とその用法の例を集める。下巻は楓に関する中国古典詩人たちの作品のアントロジーで、梁の簡文帝にはじまり清の屈大均に終る。「楓のすべて」である。

栲亭は、「春は桜、秋は紅葉、」について「学海ニ泳ギ、藝林ニ憩フ」間に、夫々、一冊ずつの考証的文献的な小冊子を作ろうとした。そして「紅葉」に関してのものがこの『楓樹詩纂』となったのである。同様にして「桜」については『垂糸《すいし》海棠詩《かいどうし》纂《さん》』が出来た。（私はこの方は未見である。）

栲亭は詩人としては当時の新風たる宋詩風の移入の提唱者のひとりである。詩文集に初稿六巻（天明三年刊）、二稿六巻（文化四年刊）、三稿六巻（文政九年刊）がある。

それによって、栲亭の詩風を見ると、初稿の青年時代では、

「梅雨」

終風吹密雨　暗澹幾時休　碧雪迷篁塢　臙脂滴石榴
池辺蛙子喜　檐外雀雛愁　怯冷看衣桁　酒痕上布裘

（終風、密雨ヲ吹キ、暗澹《アンタン》トシテ幾時カ休《ヤ》マン。碧雪、篁塢《クワウヲ》ニ迷ヒ、臙脂、石榴《セキリウ》ニ滴ル。池辺ニ蛙子《アシ》喜ビ、檐《エン》外ニ雀雛《ジャクスウ》愁フ。冷ヲ怯《オツ》レテ衣桁《イカウ》ヲ看レバ、酒痕、布裘《フキウ》ニ上ル。）

竹の茂った土手に苔が煙っている様を碧《みどり》の雪と見立て、石榴《ざくろ》に滴る雨を化粧用の紅《べに》に喩えたところは甚だ艶であり、そして後半の細部は描写が適確である。

「夏菊」

夏草埋籬樹蓋墻　就中一簇著秋光　幽夢覚来北窓下　鼻頭髣髴古人香

（夏草、籬ヲ埋ミ樹墻《ジユシヤウ》ヲ蓋《オホ》フ。中ニ就イテ一簇《ソウ》、秋光ヲ著ス。幽夢、覚メ来ル北窓ノ下、鼻頭髣髴タリ古人ノ香。）

この詩境には、王朝の和歌を何となく想わせるところがある。この時期の京都の詩家たちが、我が平安朝の文学伝統と自然に呼応する詩境を深めて行ったのは、同時期の江戸の詩人が俳句と似た世界を詠じたことと好対照をなす。

初稿の序は江村北海が撰している。いわゆる江北海は賜杖堂《しじよう》のエコールの統率者であり、我が国の詩風が唐詩の模倣の千篇一律から自由になる魁《さきがけ》をなしたものであるが、栲亭はこの一世代前の先輩に序を貰ったことでも判るように、穏健な改革派であった。それは友人の六如上人の奇稽な表現と比べると、大胆な新奇さに乏しいと言えるかも知れない。あるいはディレッタント的気質の人と、ひと筋に詩に身を挺して行った人との相違かも知れない。

（江北海の賜杖堂の詩風を知るには、寛政九年刊の、この派のアンソロジー『括春帳』を観るといい。この時点において、結社の主は北海から、その子の清田龍川《せいたりゆうせん》に移っていたが、たとえば春水や子琴の属していた片山北海の混沌社の詩風と比べても、余りにも温雅で保守的である。龍川は後に山陽を招いて沈滞した社風に活を入れようとさえした。）

栲亭は実作のみならず、理論においても、やはり友人の山本北山ほど過激ではなかった。嘗て江村北海門で後に栲亭自身に就いた香山《かやま》適園の『六代詠物詩纂』に寄せた序によれば、栲亭は新しい詩風の特徴のひとつである「詠物」について「詠物ハ詩ノ一体也。然レドモ詩孰《イヅレ》カ咏物ニアラザラン」と言い、「今人ノ物ヲ咏ズル、興、托スル所無クシテ、意、辞ニ尽ク。所謂《イハユル》、痛マズシテ呻キ、痒カラズシテ掻クノミ。況《イハン》ヤ末学膚浅、物象ニ牽カレ声律ニ病ム。渋ヲ去レバ則チ浮ニ帰シ、暗ヲ出ヅレバ必ズ腐ニ入ル。是ヲ以テ断ジテ題咏ヲ為サザル者アリ。以為《オモ》フ、気格ニ害アリト。此レ熱ニ懲ルルモノノ齏《セイ》ヲ吹ク也。」と論ずる。

この議論は右を指しているかと思えば、巧みに左に向き、左かと思えば、左右を統一した立場を作ろうとしているようでもある。ディアレクチックと見るか、「模稜」（両天秤）と見るかは、読む人の問題意識に任せよう、という態度である。

栲亭自身は恐らく或る立場を取るためには、余りにも知識が多岐にわたっていたのである。知識が見識を追い越していたのである。そして、そうした状態が彼には最も居心地がよかったのであり、彼の人生は目的なしに藝苑を散策しつづけることに費やされた。

――『栲亭二稿』は著者の中年の産物である。

その序を門人の梅辻春樵《しゆんしよう》が書いている。そこで春樵は詩風の変遷というものを、自然の循環に喩え、人は夏は薄着をし冬は厚着をするように「能ク時勢ノ趨《オモム》ク所ヲ察シ、人情ノ向フ所ニ適《カナ》フ」ようにすべきだと説く。それが「順」というもので、倫理的にも正しいとされる。そして、「近日学風更新シ、明人踏襲ノ毒、日ニ銷シ月ニ解ク」という現状で、この著が編まれたという。

つまり明代の文学の主潮であった唐詩模倣の風がすたれ、清朝の新しい宋詩復活の傾向による、知的なそして日常的なレアリスムが詩に導入される機運が訪れて来たので、それに従う、というわけである。

この序は、この流派の態度を明らかにしている。彼等は時勢の変転に自然に従っているのである。新しい機運をはっきり見抜いている。しかしそれは季節の循環のごときものであって、自ら革命の旗を振って、犠牲者を出しながら戦い取るという態度ではない。同じ新詩風の陣営に属しながら、江戸の市河寛斎一派の戦闘的態度とは極端な対照をなしている。

『二稿』の詩は、栲亭が旧体と新風との間で、ディレッタント風に揺れながら、つまり両方を愉しみながら、次第に新しくなって行く経緯を示している。

たとえば五言絶句「雪意」

北風号破牖　秖恐凍檐梅　明朝応是雪　半夜聴軽雷

（北風、破牖《ハイウ》ニ号《サケ》ビ、秖《タ》ダ恐ル、檐《ノキ》ノ梅ヲ凍ラスヲ。明朝、応《マサ》ニ是レ雪ナルベシ。半夜、軽雷ヲ聴ク。）

これは必ずしも新体とはいえないだろう。

それに対して、七言絶句「冬日漫興」

燈前不弁蝿頭字　双鏡倩明架鼻梁　驀地拭眵揩不著　稚孫拍手笑疎忙

（燈前ニ弁ゼズ蠅頭ノ字、双鏡ニ明ヲ倩《カ》リ鼻梁ニ架ス。驀地《バクチ》ニ眵《メヤニ》ヲ拭《ヌグ》フモ、揩《コスリ》テ著カズ。稚孫、手ヲ拍ツテ疎忙ヲ笑フ。）

老眼鏡をかけているのを忘れて、眼やにを拭こうとしたら、手が玉にぶつかった。それを小さな孫が笑って喜んでいる。

この詩は元もと南宋の楊誠斎の詩風のパロディーとして書かれたものであるが、正に新体である。（山陽はこの派の人々が、競うようにして、誠斎を真似て俗な詩を書いていることを嘲笑した手紙を、弟子の村瀬藤城に与えている。）

また新風の一体である流行風俗を詠じたものも少くない。たとえば「紅姑娘《ほほづき》」（自註に「京師ノ児女、瓢ヲ剔シテ之ヲ口中ニ置キ、舌ヲ以テ其ノ孔ヲ擫シテ、嘘吸シテ声ヲ作《ナ》ス」）、又、たとえば「紡績娘《いとくりむすめ》」、そして又、たとえば「手毬詞」――

女児十歳慧於鶯　双手築毬妍月軽　新歌不識歌何事　数出金閨多少情

（女児十歳、鶯《ウグヒス》ヨリモ慧《サト》ク、双手ニ毬ヲ築《ツ》イテ妍月《ケンゲツ》軽シ。新歌ハ識ラズ、何事ヲ歌フカヲ。数へ出ス、金閨多少ノ情。）

小さい女の子が、新しい数え歌を歌いながら無心に手毬を撞《つ》いている。その歌を聴いていると、大変にエロチックな内容である。……

あるいは「老妓」

花褪誰知桃李妍　毎操旧曲涙泫然　一枝嘗挿門前柳　已見春風楼外煙
（花褪《サ》メテハ誰カ知ラン、桃李の妍《アデヤ》カナルヲ。毎《ツネ》ニ旧曲ヲ操ツテ、涙、泫然《ゲンゼン》タリ。一枝カツテ挿《カザ》ス、門前ノ柳。已《スデ》ニ見ル、春風楼外ノ煙。）

老いたる藝妓が、昔の流行歌ばかりを弾いて涙ぐんでいる光景。
より自然に老年の抒情を湛えた、好ましい作品もある。「花ヲ送ル」三首、
その一では、逝く春を惜しんで詩人は、散った花片を掃き集めて、「庭凹ニ葬」っている。
その二では、「水中ノ塩」のように跡の消えた春の名残りに「坐シテ墜紅ヲ嗅ギテ、子細ニ拈《ツマ》」んでいる。
その三では、

一萼不留千樹桜　春容冷澹悩吟情　拈毫欲写銷魂句　街上已聞売蕨声
（一萼《ガク》ハ留《トド》メズ、千樹ノ桜ヲ。春容冷澹《レイタン》ニシテ吟情ヲ悩マス。毫《フデ》ヲ拈《ネン》シテ銷魂ノ句ヲ写サント欲スレバ、街上、スデニ聞ク、蕨《ワラビ》ヲ売ル声。）……

栲亭は時代に歩調を合わせて、或いはその知識と趣味の広さに応じて、時代の向う先を見

越しては新風に成功し、又、時には古い感慨に接すれば、「誰カ古調ヲ将《モ》ツテ、新詞ニ入ラシメンヤ」（「呉月渓陽春白雪図」）として、また古い詩風を試みることも辞さなかった。

栲亭の最晩年の詩風については、文政年間の『三稿』を見る必要がある。しかし栲亭についてはここで考察をやめておく。

そしてその代りに、その頃、彼の詩風を発展させていた弟子たちを見て行くことにする。

栲亭の弟子の第一は『栲亭二稿』の序を書いた梅辻春樵《しゆんしよう》である。春樵と並び称せられる中島棕隠は、山陽が京住いをはじめた頃は、丁度江戸に行っていた。

梅辻春樵（一七七六―一八五七）、名は希声、字は廷調又無絃。号、春樵、愷軒《がいけん》、通称は勘解由、京都の人。

春樵と山陽とは最初から敵同士になってしまった。春樵自身が狷介で人を許さないところがあったし、それに山陽は春樵の師栲亭の差し伸した手を振りはらってしまった。しかも春樵の妻であった片山九畹《きゆうえん》が山陽の「女弟子」になった。九畹は恐らく、あることないこと夫の悪口を山陽に語ったろう。

九畹（お蘭）の言うところによると、春樵は細君が実家から連れて来た女中に手をつけた末、持参金を巻きあげて細君の方を追いだした。そういう極悪非道の人物になっている。

山陽は九畹女史の魅力のとりことなったのか、その愁訴をそのまま受け入れてしまった。山陽の心のなかでは、九畹のような女性を虐待したのは許せぬ、という風な憤りが燃え上って行った。それに、性来、男性的で快活な九畹の気象が山陽を喜ばせ、招宴のホステス役を彼女に頼むことも多かった。

春樵にしてみれば、目と鼻の先で、別れた女房と山陽とが、一緒に酒を飲んでいるという噂には、腹を立てないではいられなかったろう。

それに春樵に言わせれば、女中の方に子が出来たので責任を取ったのだ、という理由らしいものもあったのである。

春樵は年少にして詩人としての名声を挙げた。詩風は師梈亭のそれを更に押し進めたもので、「絢爛新奇」が一致した評価だった。『春樵隠士家稿』(「挂冠出嶽集」)中の春の詩は最も艶麗を極めている。

「春夜花下ノ作」

箏琶宴散漏声移　酔倒花前睡不知　一点焼残紅蠟燭　伴人猶護枕頭枝

(箏琶宴散ジテ漏声移リ、花前ニ酔倒シテ睡ツテ知ラズ。一点焼キ残ス紅蠟燭、人ニ伴ハレテ猶ホ護ス、枕頭ノ枝。)

枕もとの紅い蠟燭に桜の枝が映えているという光景は、王朝貴族の風雅を想わせるものがある。

「花下ニ懐《オモヒ》ヲ書ス」

樽前酒美足婆娑　自恨面皺頭亦皤　安得看花嬉似昔　人非年少奈春可

（樽《ソン》前、酒美ニシテ、婆娑スルニ足ル。自ラ恨ム、面、皺《シワ》バミ、頭モ亦、皤《ハ》タルヲ。安《イヅク》ンゾ得ン、花ヲ看ル嬉ビノ昔ニ似タルコトヲ、人、年少ニ非《アラザ》レバ、春ヲイカンセン。）

婆娑は人なら徜徉の意。春樵の好きな言葉である。「婆娑トシテ猶ホ枕函ノ辺ニアリ」という場合は、月光のたゆたう様である。

「春尽ノ日ノ偶成」

銷魂無限別離情　花謝花開送又迎　非我迎春春送我　一年年老是帰程

（銷魂限リ無キ別離ノ情、花謝シ花開イテ、送ツテ又迎フ。我ノ春ヲ迎フルニハ非ズ、春ノ我ヲ送ルナリ。一年、年老ユ、是レ帰程。）

人生の下り坂の道は死への帰路だ、という感慨が、奇妙に華やかなところが、春樵の特徴だろう。

「梅雨止マズ」

簷溜丁東不暫停　擾吾禅寂送繁声　低於密友低低語　細似雛禽細細鳴

無限梅天何日断　非常秋気有時生　眠長畢竟帰眠尽　眠亦難成心豈清
（簷溜《エンリウ》、丁東《テイトウ》トシテ暫クモ停ラズ。吾ガ禅寂ヲ擾《ミダ》シテ、繁声ヲ送ル。密友ノ低々ニ語ルヨリモ低ク、雛禽《スウキン》ノ細々ニ鳴ク似《ヨ》リモ細シ。限ナキ梅天、何レノ日ニカ断タン、非常ノ秋気、時アツテ生ズ。眠リ長クシテ畢竟、眠リノ尽クルニ帰シ、眠リモ亦、成リ難ク、心、アニ清カランヤ。）

軒端を落ちる雨垂れの音を、恋人の密語や雛鳥の鳴き声に喩えるところは、まことに細かい。そして、もう寝すぎて眠れないために、濁った頭のなかへ悪い想いが兆《きざ》してくるというのは、実感だろう。

ところで婉冶体《えんやたい》を得意とした梼亭派にとっても、六如、茶山のふたりは尊敬すべき先達であった。「別後、懐ヲ菅茶山ニ寄ス」という詩によれば、茶山が「花月温柔ノ地」において、彼等と交ったことが判る。その詩のなかの「冷笑セン文章凋謝ノ時」という句から、春樵は自分たちの艶体が、必ずしもこの老大家に好ましく迎えられないだろうと察していたことが想像される。

春樵の遺稿は、明治になってから、次の世代の詩人たち、小野湖山や大沼枕山らの序を掲げ『古桐余韻集《こどうよきようしゆう》』と題して出版された。

古桐は琴であり、彼自身、琴を氏として名乗っていたからである。余韻は余響。いかにも、王朝和歌風の詩風を完成した人の遺稿集に適わしい書名と言えよう。

春樵が世を去ったのは安政四年（一八五七）、八十二歳の長寿を保った。恐らく栲亭門下のエコールは、その独特の端麗優美な詩風を、文政天保頃に確立したあとで、次第に解体して行ったものらしい。

遺稿に見る春樵も、作り物の華麗さから、甚だこだわりのない奔放な詩境に転じている。

「二美人図」

桃花柳葉両嬋娟　競翠争紅各可憐　想起他年行楽地　春風亦是夢空牽

（桃花ト柳葉、両《フタ》ツナガラ嬋娟《センケン》タリ、翠ヲ競ヒ紅ヲ争ヒ、各オノ可憐。想起ス、他年行楽ノ地、春風マタコレ夢空《ムナ》シク牽《ヒ》ク。）

老詩人は美人画を眺めながら、返らない青春の夢に耽っている。その夢を、永遠に老いを知らない春風が戯れて行く。

そうかと思うと、以前の春樵からは想像もつかないような、乱暴な漫画風の諧謔詩も飛び出す。

「犢鼻褌《フンドシ》ヲ曝ス」

莫装錦綺衒衣裳　燦目須臾竟失光　一曝名伝千万歳　竿頭犢鼻与天長

（錦綺ヲ装ヒ、衣裳ヲ衒《テラ》フナカレ。目ヲ燦スハ須臾《シュユ》ニシテ、竟《ツヒ》ニハ光ヲ失フ。一タビ曝セバ名ハ伝フ千万歳。竿頭ノ犢鼻《トクビ》、天トトモニ長シ。）

自分を含めて京都の詩人たちが、競って繊美に赴いたのを、自嘲しているかの如き詩である。長年の化粧と気取りとに飽んだ詩人は、装うより脱ぐことだ、と野蕃な自然主義を提唱しているのである。ただし、本気かどうか。――

もっと自然に枯れた即事詩もある。

「幽歩、菊ヲ尋ヌ」

歩到野邨秋尚酣　疎籬菊秀露方含　主非相識漫敲戸　為乞一枝暫立談

（歩イテ野村ニ到ル、秋、尚ホ酣《タケナ》ハナリ。疎籬《ソリ》ニ菊秀デ、露マサニ含ム。主ハ相識ニアラザレド、漫《ミダ》リニ戸ヲ敲キ、為ニ一枝ヲ乞ヒテ、暫ク立談ス。）

しかし、一方、都会人としての習性は、老いても盛り場に出入りすることをやめさせなかった。

「劇ヲ観ル」

隔街南北各開場　偏党相争論短長　看劇併看看劇客　彩燈如昼簇紅粧

（街ヲ隔テテ、南北、各オノ開場シ、偏党、アヒ争ヒテ短長ヲ論ズ。劇ヲ看、併セテ看ル看劇ノ客、彩燈、昼ノ如ク、紅粧簇《ムラガ》ル。)

夫ぞれの贔屓に応じて藝風を論じるのも、又、舞台と客席とを等分に見物するのも、観劇の愉しみである。詩人は俳優の演技に、若き日の歓楽を想起する一方、大提燈の光を受けた若い女の頬の方へも、つい盗むような視線が行くのである。

春樵は若くして家を出て、自由の境涯に入った。そのために家職である小比叡の禰宜《ねぎ》の職は、弟の星舲《せいれい》が継いだ。

祝星舲(一七八四―一八六二)、名は希烈、字は廷耀、星舲はその号。授爵されて越前守。家職の神主は高位であった。兄の春樵が早く逃げ出したくなったのも当然である。星舲は兄と共に、栲亭門下の秀才として、一時に名があった。

今、柏木如亭編選の『海内才子詩』(栲亭と北山とが序を書いている)の中の星舲の詩を見ると、いずれも兄の艶麗とは正反対な、くすんだ幽暗な美に満ちている。たとえば、

「霜夜」

暗燈影裏欲眠遲　霜気凜森病骨知　起見四更更後月　眉稜纎鋭痩如糸

(暗燈影裏、眠ラント欲スルコト遅ク、霜気凜森、病骨ニ知ル。起キテ見ル四更、更後

ノ月、眉稜繊鋭、痩セテ糸ノ如シ。）

骨ばかりの病人が、不眠の霜夜に痩せた月を見上げているのである。

詩から想像すると、彼の家は貧しく、加うるに病身であったようである。家には常に酒の貯えもなく、留宿した友人に渓川の水でいれた茶に酔うことをすすめている。「家、貧ニシテ単褥《タンジョク》、紙ヨリモ薄ク、油、凍リテ残燈、小ナルコト蛍ニ似タリ。」

彼はそうした境涯で、兄春樵の放蕩の噂を他所に、「在家僧」の心境で、「閑カニ、楞伽《リョウガ》ヲ読ミテ、月ヲ燈ト作《ナ》ス」といったような生活を送っていた。……

栲亭門下で、その詩才において、又その生活振りにおいて、最も華やかな名を挙げたのは中島棕隠である。彼は化政天保から嘉永安政にかけて、一代の流行作家であった。

中島棕隠（一七七九―一八五六）、名は規、字は景寛、通称は文吉。棕隠又棕軒はその号。道華庵、画餅居士、安穴道人などの戯号もある。

当時、京坂地方で歌われた学者評判の囃し歌に、

「富は弼、詩は山陽に、書は貫名、猪飼経書に、粋は文吉」というものがあったことは有名であるが、弼は篠崎小竹、豪富を以て聞えていた。（山陽は儒者を罵る「腐儒」という言葉に引っかけて、小竹を「富儒」と冗談に呼んでいた。）書の貫名《ぬきな》海屋《かいおく》のことは、やがて出てくる。猪飼の「経書」は号の敬所と語呂合わせになっている。そして、最後の文吉がつまり棕隠で、

彼は通人としての評判が何よりも高かったのである。

棕隠は自分の家を「銅駝余霞楼」と名付けて、料理屋まがいの作りにしていたという。その家が二条にあり、つまり王朝の銅駝坊であるところから、その名が出たのであるが、「ドウダ、ヨカロウ」とは、人を食った命名である。

棕隠の方は山陽にあからさまな悪意を持っていた気配はない。それどころか、若くして茶山に認められていた棕隠は、密かに山陽に好意を抱いていたかも知れない。彼は晩年に、その経済生活を完全に文筆に依存していたのは、山陽と自分だけだった、と懐かしそうに述懐している。が、その「好意」も微妙なところで軽侮とも繋がっていたのかも知れない。つまり強敵と思わなかったから、悪意も強くなかったのだろう。

しかし、典型的な都会人である棕隠の、することなすことは、いちいち山陽の田舎者コンプレックスを刺戟した。そのうえ、交際における心理的な複雑さは、今日においても京都人のメリットとなっている。入洛当初、既に旧友登々庵は山陽にあてて「味方と思ふが敵ぢややら、敵と思ふが味方やら、九曲之玉より六ヶ敷人情」であるから、と注意を与えている。その心理的アクロバットに、単純な山陽は振り廻されづめだったのである。

山陽は棕隠を「小黠《せうかつ》」（小ずるい）と評し、又、茶山に当てて「此漢、旧時は扨置《さておき》、近来も散々の事のみ承及候。襄抔《など》（棕隠が）下地サツパリと不ㇾ到男故、此輩と交際、被ㇾ逮ㇾ累《るゐにおよばれ》候てはと存、避難仕居候」と報告している。これは文政四年（一八二一）のことであるが、その翌年、更に江戸の佐藤一斎に当てて、「中島某と申軽俊才子」と棕隠を嘲り、「小生、朴拙男子、詩なども到而朴拙本色に御座候処、与二此輩一爾後斉レ名候事も怪候」と述べ、棕隠とは交際していないと、態々断っている。

それが文政五年（一八二二）であるが、その翌年になって山陽は、東三本木南町に移居した。即ち水西荘であり、この敷地内に山紫水明処を営んだ。ここが彼にとって終《つい》の棲家《すみか》となったのである。

この頃になると、山陽も京住み十数年で、大分、京儒たちへの反撥心も表面に出すことはなくなり、初めの頃のような「ソコニ居《ある》カト云モノモなし」というような孤立感からも次第に解放されてきた。そして近所へ越して来た棕隠とも交際するようになった。山陽は知人に宛てて、こう知らせている。

「近比《ちかごろ》は、北鄰に風流先生住着《すみつき》、時々面晤、御噂ども申居候。」

四十代の半ばに達し、地位も安定して来た山陽は必ずしも、この「風流先生」棕隠との交際を厭わないようになっていたらしい。

山陽から棕隠への贈詩の一節、「鴨岸ノ斜陽、叡峰ノ月、暫ク一半ヲ将《ヒキ》ヰテ、君ト分タン。」

棕隠から山陽へ、「幽亭、影ヲ並ブ、一湾ノ水。古巷、隣ヲ結ブ、三樹ノ陰。」

しかし、交際はそれ以上深まることはなく、表面的に終ってしまったようである。山陽は遂に棕隠の才に服することはなかったのである。

後年、大塩の乱の起るに及んで、棕隠は狂詩を作って山陽の死屍に鞭打った。

「久太追従《ツイショウ》、死恥ヲ遺《ノコ》シ、捨蔵褒過テ文通ヲ悔ユ。」

捨蔵は佐藤一斎、陽明学者同士の共感から中斎と日頃、つき合いがあり、そのために林家の塾頭たる一斎は窮地に墜ちたのである。そしてこの時の苦い経験が、やがて蕃社の獄の際の、渡辺崋山に対する一斎の冷淡と見える態度を引き出したのかも知れない。それにしても、山陽の中斎に対する傾倒を「追従」と形容したのには、棕隠のほとんど悪意に近い軽侮――それは都会人の田舎者に対するもの――が感じられるだろう。つまり甚だ手のこんだ処世術によって生き抜いてきた棕隠にとっては、開けひろげな生き方をした山陽は目触りだったのである。

棕隠の内面を知るには、天保丁酉（八年）に因果道士の戯号で書かれた『都繁昌記』が恰好である。

これは寺門静軒の『江戸繁昌記』の成功に刺戟されて、一挙に書き流された戯著であるが、その動機として棕隠は第一に「書肆ノ利ヲ射ルノ勧メ」を挙げ、第二に「自家飯籮《ハンラ》ノタメニ駆ル所ノ止ムヲ得ザル」に出るのだと述べている。ジャーナリスト棕隠の面目である。

それから彼は静軒と自分との原稿料の比較を述べる。静軒は「米ニ易ヘ、銭ニ換ヘ、数月ノ飢ヲ支フル」額をその『繁昌記』によって取得した。つまり、一篇につき十両である。しかも江戸では米価は百文につき六合であり、従って数カ月でその原稿料を使うとすれば、「地引ノ魚、地大根、喜和多《キワタ》ノ麻久呂《マグロ》、小松菜、浅草海苔、角田《スミダ》ノ白魚」などを優に購うことができる。

ところが京では米は百文につき二合五勺であり、魚は「棒鱈《バウダラ》、烏貝、鯡《ニシン》、鯣《スルメ》」程度しか手に入らず、野菜は「家《カ》窖溺屎《カウネウシ》」（家の糞尿）と交換するだけである。

それは「都下鄙吝《ヒリン》ノ習俗」の致すところで「孛妻《ハゼ》ヲ以テ棘鬣魚《タヒ》ヲ釣ル」という俚諺に従って、出版社が自分を搾取しようとするからである。自分は二両しか原稿料を貰えない。――そう序文で記した棕隠は出来上った原稿を、別の本屋に五両で転売してしまった。利に慧いことでは、彼は資本家に負けなかったのである。

ところで本文は、「乞食」「担尿漢《セウベントリ》」「劇場」の三部に分れ、この三つの方向から、当時の京都の繁昌、あるいは「不繁昌」を描き出す。犀利な風俗観察と辛辣な諷刺とを身上とする、サチリックな産物である。しかし、棕隠には静軒に見るような、江戸風の洒脱さというものは毫末もなく、代りにあるのは陰湿で執拗な悪趣味である。そのユーモアは悪謔となり、そのレアリスムは糞尿趣味となる。京都の都市文明を謳歌するのに、乞食やおわいやの観点からするというのも、冗談が過ぎる。

乞食に照明を与えたのは「都下ノ富戸、慳貪《ケンドン》ヲ根性トナス」という点を強調するためであり、寺詣りの良家の婦人に向って、乞食をして「売太《バイタ》糞張リヨリ出ル助兵衛、如《シ》カズ、急ニ家ニ帰リ、吝嗇ノ檀那ニ媚ビ、股下ノ大物ヲ嗛《ホホ》バルニ」と罵らせている。あまり品のいい冗談ではない。

それから乞食の門付芝居が化政の頃に及んで華美を極めるようになるにつれ、「軽佻嬌痴ノ婦女、銅臭水性ノ寡孀」らが、そのスターたちを「泥愛」する情景をグロテスクに細叙する。

更にそれに続けて乞食の経済組織を分析し、王朝の「悲田院ノ制」よりも盛んだと結んでいる。

次の「担尿漢《セウベントリ》并抒厠《コエトリ》、金汁行《コエトヒヤ》」に至っては、文字通り悪臭芬々たる文章であり、肥取屋と門前で掛け合っている「良家ノ嬢姐」が、一銭のために「桶ヲ傾ケテ還瀉セシメ」んばかりの狂態を活写している。「ソノ（嬢姐ノ）状貌ヲ看ルニ、嬌紅冶粉、銀釵、珊珠ヲ綴リ、玳《タイ》笄《ケイ》、色淡クシテ点斑ヲ帯ビズ。奢侈僭上、皆、京様嫺雅ノ態アリ、豈ニ口気ヲ半桶ノ残尿ニ争フニ慳《カナ》ハンヤ。是レ他ナシ、都俗ノ旧習、百費ヲ節縮スルノ由ル所、江戸ノ人、随処ニ尿ヲ放チ敢テ顧《カヘリミ》ザルノ豁朗ノ気象ト大イニ異ナリ」。こうした大小便と美人との対照によるシニスムは、便所の楽書の水準を出ていない、と言えるだろう。

最後の「劇場《シバヰ》并優人《ヤクシヤ》」においても、「少年婦女、抵死シテ劇ヲ嗜ムト雖モ、而モ、鄙吝《ヒリン》ノ習気、骨ニ透リ髄ニ染ミ」ているので、劇場の切符が大坂のようにはプレミアムがつくことがないと論じ、芝居茶屋の勘定が「苛刻貪戻《ドンレイ》、欺誣《ギフ》ヲ極メ」ているために、客は「劇散ジテノ後、売ル所ノ記刺《カキツケ》ヲ読ミテ、愕然《ビックリ》、悚然《ヲソレイリ》、肝潰シ、胆落ル」という状態だと述べ、そしてまた、劇場廊下の「大尿桶《セウベンタゴ》十数箇」と「数戸ノ圊厠《カハヤ》」の情景をも忘れない。

要するに、美人と吝嗇と糞尿とが、この戯文を通している三つの主題なのである。粋人文吉の心の奥には、中学生的くそレアリスムが潜んでいた。――

しかし、この戯文だけによって棕隠の面目を知ろうとするのは不公平だろう。そこに彼の最も低級な部分が露出しているとしたら、より高級な部分を知るためには、表藝である詩について見る必要がある。

彼の詩業は、文化年間のものは『鴨東四時雑詞《おうとうしじざつし》』に、文政年間のものは『棕隠軒、初集、二集、三集、四集』に、天保年間のものは『金帚《きんそう》集』に、嘉永年間のものは『摂東七家詩鈔』中の『水流雲在楼詩』に、という具合に、一生を通して、その詩境とその変遷とを展望することができる。

文化十三年（一八一六）刊の『鴨東四時雑詞』は、当時流行の「竹枝体」の産物で、我が国では祇園南海の『江南詞』によって、その体の開拓がはじまったのであるが、菊池五山が『深川竹枝』を発表するに及んで、続々と模倣者が現われた。棕隠のこの著は京都の風物を唱った最初のものと言ってもいいだろうが、非常な歓迎を受け、一時に彼の名を高からしめた。

それは鴨東遊里の明け暮れに材をとった、いわば洒落本風の遊客のためのガイド・ブックの役をも兼ねたものと言うべく、七言絶句百数十首に、精細で衒学的な註をも附してある。序のなかで「古漁鷗史」という人物が、こう述べている。鷗史とは田能村竹田《たのむらちくでん》である。

「吾レ願ハクバ五色ノ絹箋ヲ擘《ハク》シ、洛神ノ賦ニ倣ヒ、小楷モテ之ヲ録シ、装フニ雲鸞縹帯《ウンランヘウタイ》ヲ以テシ、更ニ之ヲ鴨干ノ水楼ニ挂《カ》ケ、絶代ノ名娃《アイ》ニ口授シ、風清月白ノ夜、相ヒ歌フヲ以テ多少被底《ヒテイ》ノ鴛鴦蘭薫《エンアウランクン》、骨ニ透リ、雲闌《タケナハ》ニ雨密ニ一嚬《ヒン》一笑、恍乎トシテ帰依スル所ヲ知ラザルノ蕩神ヲ警セン、亦一奇事ナラン。」

つまりこの詩集を持参して遊びに行き、女とベッドのなかで恍惚の境にある際に、呻いたり泣いたりしながら二人で互いに暗誦し合ったらいい、と言っているのである。

まさにそうした内容のもので、詩句は時に艶麗を通りこして、卑猥に赴く。しかも、棕隠流に、それを執拗に微細に行うので、同時代の江戸の文士たちの洒脱軽妙とは遠いものである。作者にしてみれば、風俗を自在に詩に捉えた手腕を見てほしい、というだけでなく、その註の博学的徜徉（これは師栲亭譲りである）をも感心してもらいたいわけだろう。

京洛少年多易狂　平生売錦識紅粧　痴心誤被春雲引　好夢楼前未夕陽

（京洛ノ少年、多クハ狂シ易シ。平生、錦ヲ売ツテ紅粧ヲシル。痴心誤ツテ春雲ニ引カレ、好夢楼前、未ダ夕陽ナラズ。）

呉服屋の若い番頭などが、日頃から娼妓相手に商売をして、つい誘惑され、しかし、お店住いで夜は外出できないので、昼遊びをする、というわけである。

曲屏方枕夜三更　宴散無端独見迎　被底鴛鴦非有旧　同床各夢奈天明

（曲屏《キヨクヘイ》方枕、夜、三更。宴散ジテ端ナクモ独リ迎ヘラル。被底ノ鴛鴦、旧アルニアラズ。同床各夢、天明ヲイカンセン。）

宴会が終り、席に出ていた女のひとりが呼ばれて客と床に入った。初会の客で、情が通じ合わない。

この詩には、「娼婦、客ニ接シ、如《モ》シ厭忌スル所アレバ、則チ絶テ人情ヲ作《ナ》サズ」という註記がある。また『天宝遺事』中の皇帝が別荘に暑を避けた時の放逸な挿話を載せている。「被底鴛鴦」の語の出所としてである。白昼、宮嬪たちが池で戯れる水鳥の恋の情景に夢中になっていると、ベッドのなかで皇帝が貴妃を抱いたまま、「こちらの情景の方がもっと面白かろう」と呼び掛けた、という故事である。

酣飲何知迫暁天　粉香脂膩和衾眠　遊郎畢竟偎花蝶　抵得芳心非偶然

(酣飲、何ゾ知ラン、暁天ニ迫ルヲ。粉香脂膩《シヂ》、衾ニ和シテ眠ル。遊郎畢竟、花ニ偎《ヨ》ル蝶、芳心ニ抵《イタ》リ得ルハ偶然ニアラズ。)

註によれば「俊俏《シュンセウ》ノ少年」たちは娼婦でなく酒妓を好む。「ソノ情ヲ結バント欲スル者」は、楼主か朋輩に「定情金若干」を出して頼めばいいのだが、「自ラ風流ヲ恃《タノ》ミ、媒妁ヲ仮ラズ、相得テ情ヲ結バント欲スル者」は「多ク言ヲ徹明ノ飲ニ託シテ、深夜、諸妓ト被ヲ同クシテ眠ル。」「曲《クルワ》中之ヲ称シテ雑臥《ザコネ》ト為ス。」「ソノ妓ノ喜ブ所ノ者ハ、窃《ヒソ》カニ狎レテ、他妓ヲシテ知ラシメズ」云々。……

碧玉分瓜最嫩芳　上頭枉伴白頭郎　警詩有例君知不　一朶梨花圧海棠

（碧玉ノ分瓜、最モ嫩芳《ドンハウ》。上頭枉《マゲ》テ伴フ白頭ノ郎。警詩、例アリ、君知ルヤシラズヤ。一朶《ダ》ノ梨花、海棠《カイダウ》ヲ圧ス。）

註によれば、「娼妓、初テ寝席ヲ薦《スス》ムル、皆、必ズ、老実、壮強ヲ過ル者ヲ択ビテ、之ヲ属ス。」つまり水揚げには相手に中年過ぎの手荒くない男を選ぶ、と言うのである。それから「分瓜」の字解から、段成式の詩の例、又、李群玉の詩の例、「碧玉初メテ瓜字ヲ分ツ年」、瓜字を二分すれば二つの八の字となる。つまり十六歳。「上頭」は『輟耕録《てつこうろく》』によれば「今世女子ノ笄《ケイ》」を言い、又、「倡家ノ処女、初テ寝ヲ人ニ薦ムルヲ得ル」をも言う。その例を『花蘂《かずい》夫人宮詞《きゅうし》』『板橋雑記《はんきょうざつき》』『随園詩話』から引く。しかもそれらの例はいずれも矛盾していて（第一例では、上頭は笄、第二例では成人の破瓜、第三例では男子の事）、栲亭派らしい藝園の漫歩ぶりを見せる。最後に『堅瓠《けんこ》集』から、この詩の結句をそのまま借りていることを示す。それは「二八ノ佳人ト七九ノ郎」（十六歳の娘と六十三歳の老人）の婚姻の状態を歌ったものなのである。――要するに初見世、水揚げの詩である。

身填情海任翻波　縦得脱離無幾何　昨日投簪今再買　鬢雲養緑未鬖髿

（身ヲ情海ニ填《シツ》メ翻波ニ任ス。タトヒ脱離ヲ得ルモ幾何《イクバク》モナシ。昨日、簪《シン》ヲ投ジテ今、再ビ買フ、鬢雲《ビンウン》緑ヲ養ヒテ未ダ鬖髿《サンサ》ナラズ。）

註によると、一度、尼になった娼女が、再びもとの「倚門《イモン》ノ媚ヲ售《ウ》」る商売に戻り、まだ髪が伸びないので「水碧ノ紗帽ヲ戴」いている情景だという。

この頃、山陽は茶山に対して、この書物についての印象を「猥褻瑣細を極申候」と記しているが、尤もである。

しかし全篇これ、閨中の秘密の曝露というわけでもなく、艶冶な浮世絵風のところにとどまっているものもある。

瑞龍新樹緑初肥　好伴情人踏落暉　乗酔猶尋林下路　流蛍故払茜裙飛

（瑞竜ノ新樹、緑、ハジメテ肥エタリ。好《ヨ》シ情人ヲ伴フテ落暉ヲ踏マン。酔ニ乗ジテ猶ホ尋ヌ林下ノ路、流蛍コトサラニ茜裙《センクン》ヲ払ツテ飛ブ。）

瑞竜は南禅寺、当時から寺前の酒店は名物だった。

あるいは、

別連楼子起涼台　露坐終宵飛玉杯　只怕檐牙触雲鬟　手遮銀鈿上筵来

（別ニ楼子ニ連ネテ涼台ヲ起ス。露坐終宵、玉杯ヲ飛バス。タダ怕《オソ》ル、檐牙《エンガ》ノ雲鬟ニ触ルルヲ、手ニ銀鈿《ギンデン》ヲ遮ツテ、筵ニ上リ来ル。）

夏の鴨川べりの料亭の涼台に、軒に簪《かんざし》の触れるのを心配して、手を添えて上ってくる藝妓。今日でも見られる風景である。

――文政八年（一八二五）から棕隠は『棕隠軒集』の刊行をはじめる。四十代の半ばである。今までの詩稿を整理のついたものから順に並べるというやり方で、従って『初集』には十五歳くらいの作品から、近作に至るまで、年代には拘泥しないで出てくるのであるが、そのなかで興味深いのは、中年の詩人の心境を窺わせる諸作である。

嘗て絢爛たる作風を誇っていた流行作家は、四十歳の生理的曲り角において、急激に沈静した境地に入って行く。

巻首の「放言十首」中のひとつ、

可導既非道　不導亦非道　無為而有為　覆載存其道
雖然存其道　彼亦非創造　所以説玄牝　玄牝莫不葆
（導クベキハ既ニ道ニアラズ。導カザルモ亦、道ニ非ズ。無為ニシテ有為。覆載、ソノ道ヲ存ス。然リ、ソノ道ヲ存スト雖モ、彼レ亦、創メテ造スニアラズ。所以《ユエ》ニ玄牝《ゲンピン》ヲ説ク、玄牝葆《ホウ》セザルハナシ。）

棕隠は老荘の思想のうちに、心の平和を求めはじめている。

また「秋暑、漸ク徂《ユ》キ、軒窓ノ間、風露掬スベキ」頃の所感の詩「古調六首」のうち、

一悲或一歓　操筆写心曲　塗鴉満牋字　破閑聊亦足
笑他雌黄口　旁観議当局　何必耽雕虫　辛苦就夜燭
近来種碧花　蚤起趁秋旭

（一悲アルヒハ一歓、筆ヲ操ツテ心曲ヲ写ス。塗鴉《トア》満牋《マンセン》ノ字、閑ヲ破ツテ聊《イササ》カ亦足ル。笑フ、他ノ雌黄ノ口、旁観ス、当局ヲ議スルヲ。何ゾ必ズシモ雕虫《テウチユウ》ニ耽リ、辛苦シテ夜燭ニ就カン。近来、碧花ヲ種《ウ》ヱ、蚤《ト》ク起キテ秋旭ヲ趁《オ》フ。）

流行作家の生活に飽きた彼は、ジャーナリズムの第一線を退き、文壇の噂などからも遠ざかって、朝顔に凝っている。

「秋日村居」

歩尋籬外路　多景役吟魂　葉罅蟬留殻　蘚文蝸雑痕
秋霞沈遠木　山色落孤村　那裡応求宿　昏鴉一両翻

（歩シテ尋ヌ、籬《リ》外ノ路。多景、吟魂ヲ役ス。葉罅《エフカ》ニ蟬、殻ヲ留メ、蘚《セン》文に蝸、痕ヲ雑《マジ》フ。秋霞、遠木ニ沈ミ、山色、孤村ニ落ツ。那裡《ナリ》ニ応《マサ》ニ宿ヲ求ムナルベシ。昏鴉《コンア》一両翻ル。）

静かな秋の山里を、詩人は孤独を求めながら徨っている。
また社友、梅辻春樵の訪問を受けて、

相逢話心事　切切又怡怡　薜荔孤燈影　旗槍品茗時
詩情秋水澹　山色夜鐘遅　請看閑坊月　趁更分外奇

（相ヒ逢フテ心事ヲ話ス。切々、又、怡々《イイ》。薜荔《ヘイレイ》、孤燈ノ影、旗槍《キサウ》、茗ヲ品スル時。詩情、秋水澹《アハ》ク、山色、夜鐘遅シ。請フ看ヨ、閑坊ノ月、更《カウ》ヲ趁《オ》フテ分外奇ナリ。）

棕隠の詩情は嘗ては春夢の如く濃かったのに、今や秋水に比較されるように淡くなっていた。「坐《スズ》ロニ前歓ヲ想ヘバ、影ヲ捉フルガ如シ」（「自遣」）。彼は人が変ったのである。「情ノ相適スル時情ニ異ナリ、平素ノ眼前、皆、不平ナリ」（「首尾吟、琴廷調ニ示ス」）。時勢との乖離をも深刻に身にしみていた。「我ガ家ノ文字、時ニ遭ハズ」（「十月初五ノ夜、夢中吟」）。——一時に流行の波に乗った人物の、屢々陥る運命である。

「西阜途中口号」

微酔眠輿底　半聴咿軋声　不覚寒蟾上　双僮舁夢行

（微酔、輿《ヨ》底ニ眠リ、半バ聴ク、咿《イ》軋《アツ》ノ声。覚エズ寒蟾《カンセン》ノ上ルヲ。双僮《サウドウ》、夢ヲ舁《ニナ》ヒテ行ク。）

詩人は酔って駕籠に揺られながら、冬の月の昇るのも知らずに、夢をみている。……

――『棕隠軒二集』

「秋杪漫吟」

霧鎖村園月色疎　寒蛬啼老草間廬　山妻不奈無聊甚　強向燈前学読書

（霧、村園ヲ鎖シテ、月色疎ナリ。寒蛬《カンキョウ》、啼老ユ、草間ノ廬。山妻ハ奈《タ》ヘズ、無聊ノ甚ダシキニ、強《シ》ヒテ燈前ニ向《オ》イテ読書ヲ学ブ。）

以前は家に居ついたこともない夫が、近頃は一向に外出もしない。細君は秋の夜長を、焼きもちの材料もなしに、することがないので、本を読みはじめた。……

そうした内面生活に入るようになって、棕隠が次第に山陽グループに対して親近性を感じるようになって来たのは自然である。

「子成（山陽）、景文（登々庵）、伯挙（春琴）ノ京師ニ来ル、皆、余ガ東遊ノ後ニアリ。客歳、余、旧廬ニ帰リ、時彦（現代の人物の意）ノ文藻ヲ問フ毎ニ、人、必ズソノ名ヲ連称ス。而シテ未ダ邂逅ヲ得ズ。思慕已《スデ》ニ日有リ。幸ヒニ伯挙、好ヲ前月ニ結ビ、今宵、又、二子ト始メテ相見ルコトヲ得タリ。」

山陽を棕隠に引き合わせたのは、浦上春琴であった。そして棕隠の方から近付いてきたのである。棕隠は山陽に向って「試ミニ問フ、薩灘、肥嶋ノ月、空明、更ニ此ノ間ニ勝ルヤ、マサラズヤ」と、その九州旅行について訊いたりしている。（棕隠がやはり西遊の途に登るのは、数年の後である。）

秋水より淡い詩境に住し、世に合わぬ想いのうちに、年よりも早い老いを感じていた棕隠は、愛していた藝妓の死にも遭遇しなければならなかった。「去年、連《シキ》リニ賦ス、落花ノ詩。詩讖《シシン》、何ゾ図ラン、雪児ヲ失ハントハ。」雪児は唐の李密の愛姫。転じては一般に愛妓の意。

身如白傅老文章　誤要春風又断腸　為想娟娟細腰痩　登楼不忍撫垂楊

（身、白傅《ハクフ》ノ如ク文章ニ老ユ。誤ツテ春風ヲ要シテ、又、断腸。娟々細腰ノ痩スルヲ想フガ為ニ、楼ニ登ツテ忍ビズ、垂楊ヲ撫スルニ。）

白傅は白楽天。鴨川の畔の柳を見るだけで、愛した女の腰の線を想いだして、悲しみに耐えないのである。志衰《おとろ》えた日の棕隠にとっては、愛妓の死もまた自分の時代の去って行く徴しのひとつと思えた。

――ところが『棕隠軒三集』になると、また調子が変ってくる。冬枯れの心境のなかへ、永遠に過ぎた筈の春の微光が、また射し入ってくるようになる。

「甲申（文政七年）春初ノ漫題」中の一首、

得失乗除事已行　侗然四十六春情　擁炉蕭兀聴為感　風雪街頭売暦声

（得失乗除、事スデニ行ハレ、侗然タル四十六春ノ情。炉ヲ擁シテ蕭兀《セウゴツ》、聴イテ感ヲ為ス、風雪街頭ニ暦ヲ売ル声。）

どことなく、彼の精神の奥に、もう一度、運命との和解による、明るい華やかなものが首を擡げはじめた気配がある。

その頃、江馬細香に、その孤独を慰める戯詩を贈っている。山陽と交際が開けて、従って細香とも文通が生じたのだろう。他人の情事に関心が出て来たのも、棕隠の心に、春めいた何物かが動きはじめた証拠だろう。

果然、彼は祇園新地の十二人の藝妓の心意気を詠んだ七絶十二首を作って、棕隠健在なりという姿を、世間に示した。

「諸名娃ニ代リテ各々ソノ意ヲ寓ス」のうち「駒児ニ代リテ」

去年初解奉情歓　対客羞羞猶未安　自問一双垂地袖　為誰截得竟団欒

（去年、初メテ解キ、情歓ヲ奉ズ。客ニ対シテ羞々トシテナホ未ダ安カラズ。自ラ問フ一双ノ地ニ垂ルル袖、誰レガ為ニ截《キ》リ得テ竟《ツヒ》ニ団欒タラン。）

お駒は去年はじめてお座敷に出て、いい旦那のつくのを待っているところだったのである。

「鶴卿ニ代リテ」

嬌《ケウ》羞《シウ》争説旧風流　海会寺前楓樹秋　一自狂雲巻裙袂　到今猶怯野亭遊

（嬌羞、争《イカ》デカ説カン、旧風流。海会寺前、楓樹ノ秋。一タビ狂雲ノ裙袂《クンベイ》ヲ巻イテヨリ、今ニ到リテ猶ホ怯ル、野亭ノ遊。）

お鶴は以前に、秋のピクニックにおいて、痴漢にでも襲われた経験があったのだろうか。

その頃、彼は三本木に引越して、山陽の隣人となる。「酒ヲ分チ歓ヲ分チテ情自ラ深シ」（「南隣ノ頼子成ニ贈ル」）。

その頃から、棕隠の後半生に、最も親しくなる若き垣内渓琴との交遊が始まる。——渓琴についてはこのグループの末に述べる。

——『棕隠軒四集』は編年体である。上巻は「丙戌丁亥」（文政九、十年）、下巻は「戊子己丑」（十一、十二年）、棕隠四十七歳から五十歳まで。

ここで棕隠は四十代の初め頃の沈滞と閉鎖的心境から脱して、青年時代の華麗を、より沈潜した形に昇華して、独自の暖かい明るい風雅の域に達している。それは山陽などの望んでも得られない、洗練された境地である。棕隠は再び京都詩壇の牛耳を執るに至ったのである。

「即事」

驟寒驟暖未勻時　枕上空思花信遅　何処風箏糸乍断　側懸簷外最高枝

（ニハカニ寒ク、ニハカニ暖カニ、未ダ勻《トトノ》ハザル時、枕上、空シク思フ、花信ノ遅キヲ。何レノ処ノ風箏《フウサウ》カ、糸、乍《タチマ》チ断エ、側懸ス、簷《エン》外ノ最高枝。）

気候が定まらず、梅の咲いたという便りを、床のなかで待ちくたびれている時、どこから糸の切れたうなり紙鳶が飛んで来て、我が家の梅の枝に引っかかった。何処の「花信《はなのたより》」やら……

また旅先の旅館で、静かに流れに耳を傾けていると、「最モ是レ孤燈残夢ノ後、破窓ノ寒雨、心頭ニ滴ル」。その「客中ノ愁ヒ」のなかには、一種独特の象徴的幽暗の美が仄見えている。

或いは、青年時代の激しい好奇心も甦る。「奇芬、鼻ヲ裂ク、胡椒ノ飯。鮮膩《センヂ》、脂ヲ凝ス、棘鬣魚」。彼は灼飯《チャアハン》を作って友人たちに振舞っているのである。

また、例の玉蘊女史が愛蔵の古鏡に寄せる詩を、諸名流たちに求めたのに応じた詩も出てくる。「憐ムベシ、長ク青銅ノ古キヲ抱キテ、容華ヲ照サズ、独リ自ラ珍トス」。棕隠も玉蘊の寡居生活の貞潔さを信用していたようである。この好奇心の強い都会人が、山陽のかつての恋人のスキャンダルについて疎かったとすれば、それだけ山陽グループとは、当時また遠ざかっていたということになるのではなかろうか。

花街での耽溺生活も、また復活している。二人の藝妓の比較、「洛下の時粧《サウ》、関左ノ歌」、ひとりは京美人、ひとりは江戸の女。「慧ハ大娃《アイ》ニアリ、嬌ハ小娃」、姉さん藝者は頭の回転が速く、妹藝者はなまめかしい。

そうして再び『四時詞』をも試みる。それは「香奩体《カウレンタイ》ニ倣フ」愉しみのためである。

彼は時々、紀州まで渓琴を訪ねて行く。しかしひとり旅ではない。「老イテ安便ヲ覓《モト》メテ一嬢ヲ携《タヅサ》フ」とは詩人の弁解で、看護婦を連れて行ったわけではないだろう。その証拠には「村童ハ慣レズ、紅紫ヲ看ルニ、路ヲ攔《サエギ》ッテ笑嘲ス、京様ノ粧」。同伴の若い女は都会風の流行衣裳によって、田舎の子供たちに囃されたのである。

その頃、筑前秋月《あきづき》の儒員、原古処の娘采蘋《さいひん》が上洛してきて、将来、女儒者として立とうという相談を山陽に持ちこんだ。彼女は棕隠をもまた訪問したらしい。彼女は結局、江戸へ行って松崎慊堂に頼ることになり、棕隠は送詩を贈る。「関吏、他年、能ク認メンヤ否ヤ。女中ニモ亦、棄《き》繻生《しゅせい》アリ」。女でも絹の着物を着たがらない人物がいるのだ。

その頃また棕隠は美濃に下り、豪族村瀬氏の皆山亭に滞留した。これは藤城か、彼自身でなくてもその一族であることは明らかである。村瀬藤城は山陽が最も推重していた弟子であり、もし山陽と棕隠との仲が、この頃もまた緊張していたとしたら、この滞在はどのようなものだったろう。しかし、村瀬氏の方から棕隠に記念の詩を作らせようとして、態々彼を招待したのである。

尤も、当時は当人同士の感情的対立が必ずしも、周囲の人間の交際に影響を与えなかったことは、山陽グループの浦上春琴などが好んで椋隠グループにも接近し、又、山陽とは犬猿の仲であった筈の仁科白谷の「族弟」垣内渓琴が、喜んで山陽を訪問していることからも判る。

——『椋隠軒集』に直接、続くのは天保十年（一八三九）刊の『金帚集』六巻である。これは編輯の体裁が全く、先の『椋隠軒四集』を套襲しているだけでなく、実は『金帚集』の一、二巻は『四集』そのままなのである。同じ版木によって、表題だけを変えて印刷されたことが、見比べてみると判る。

恐らく当時の出版社は『椋隠軒集』をそのまま五集、六集と続けて行くうちに、次第に売れ行きの減って行くのを惧れて、敢て表題を変えて、読者の新たな注目を呼ぼうとしたのだろう。今日の出版界においても全く見られない現象ではない。

そこで新しい「巻之三」から見て行くと、丁度、それが「庚寅」天保元年からである。山陽の死んだ年「壬辰」天保三年には、彼は塩田随斎と交際が開けている。随斎もまた山陽訪問の序でに椋隠と会飲したらしい。山陽が死病の床に就いたのは、随斎の来訪の翌日であった。

山陽が危篤状態にあった九月二十一日には、椋隠は先輩（紀士恭）の誕生日の祝宴に押しかけて行って、伊丹の酒に酔っぱらっている。そして、山陽の死後にも哭詩は見られない。やはり二人の仲は、椋隠が再び冶遊に耽りはじめると共に疎くなっていたのだろう。

天保七年（一八三六）には彼は九州旅行中である。山陽の旅程と似たような道を行き、同じ人物（たとえば博多の松永花遁）に会い、同じような歓迎を受けている。さぞ、行く先々で、山陽の噂を聞かされたことだろう。

八年になると、正月に篠崎小竹を家へ招いたりしている。次第に友人も世を去って行くので、老人同士の交際が開けてくる趣きである。しかし、温厚な小竹は、主人の棕隠が酔っぱらったので、「半酣ニシテ席ヲ逃レ」て行った。

この年、諸州餓饑、エピキュリアンの棕隠も「餓莩《ガヘウ》、路ニ横ハリ、苦訴泣哭、四境ニ徹ス」という有様を見ては、

市荒物貴百難沽　一豆三銭殆類珠　仍旧賤卑如芥者　文章撐腹布衣儒

（市、荒レ、物、貴クシテ、百、沽《カ》ヒ難シ。一豆三銭、殆ンド珠ニ類ス。旧ニヨツテ賤卑、芥ノ如キ者、文章、腹ヲ撐《ササ》フ、布衣ノ儒。）

と、己れの無力を嘆かないではいられなかった。

晩年の『水流雲在楼詩』は『摂東七家詩鈔』の巻七を占めている。嘉永二年（一八四九）刊のこの詩集のなかの棕隠には本物の老いが訪れている。彼ももう還暦を過ぎ、「豪華、老年ノ夢、山水、故人ノ情」（「三タビ対潮楼ニ題ス」）と嘯いても、「頽齢七十、知音少シ」（「七十自寿」）の嘆きは避けられなかった。享楽的な都会人で、繊細な感受性を所有し、複雑な

心理的遊戯を愛したに違いない棕隠にとっては、そのような孤独は耐えられなかったろう。——私は思わず長々と棕隠の内面生活につき合ってしまった。しかし彼は山陽の詩における最好敵手であったろうし、また当時の京都詩壇を代表する詩風の人であり、彼に深入りすることが、そのグループの空気を、より生きいきと伝えることになると思ったからである。

文政十年（一八二七）夏、京見物に広島から出て来た、母たち一行のなかの叔父、杏坪のための留別宴を、山陽は自宅近くの清輝楼で催した。その時、杏坪のために京都詩壇の名士たちを招待したが、それは貫名海屋、摩島松南《ましましようなん》、梅辻春樵らであった。棕隠も招びたかったのだが、彼は旅行中だった。日頃は田舎暮しのせいで、こうした機会に尚更、新しい藝文の空気に触れたがっていた叔父のために、山陽は自分と対立し、自分を排斥している棕隠グループの人々を中心とした宴を計画したのだった。

しかし、海屋だけは欠席した。

貫名海屋（一七七八—一八六三）、名は苞、字は子善、通称は省吾、後、泰次郎、海屋はその号。阿波の人。本姓、吉井氏。中井竹山門で、京師に講説していた。特に書技に名があり、「空海以後ノ第一人者」とまで称された。

彼の詩はやはりこの時代の京都派の特徴をよく示していて、正に端麗優雅である。或いは特別の個性によって歪められることがなかっただけに、この派の見本のような作品を作り出して見せた、と言えるかも知れない。

今、改元毎の例の絶句集を、時代順に見て行って、彼の詩風の変遷を窺ってみよう。

『文政十七家絶句』――文政改元（一八一八）の年は、海屋四十一歳である。

「春夜」

光風綺月度林頭　花影溶庭蹈欲流　半夜玉人猶未寐　笛声遥在水晶楼

（光風、綺月、林頭ヲ度《ワタ》ル。花影、庭ニ溶ケテ、踏メバ流レント欲ス。半夜、玉人、ナホ未ダ寐ネズ、笛声ハ遥カ水晶楼ニアリ。）

春の夜を寝ねがてにしている美人、何という官能的な光景だろう。

「山水図ニ題ス」

白蘋水長雨余邨　一派羅紋緑動門　知是采芳舟客過　柳陰相叫鴨児喧

（白蘋《ハクヒン》ニ水長ズ、雨余ノ村、一派ノ羅紋、緑、門ニ動ク。知ル、是レ、采芳《サイハウ》舟客ノ過グルヲ、柳陰ニ相ヒ叫ビテ、鴨児《アフジ》喧《カマビス》シ。）

水かさの増した川を、波紋を広げながら舟の通って行ったあとに、家鴨の一群が騒ぎたてている、明るい田園風景。
次は『天保三十六家絶句』——天保改元（一八三〇）の年は、海屋、五十三歳。
彼の艶麗体は一段と人工性を加えて細緻なものとなっている。

「玉簪花」
緑叢叢裡有遺簪　玉色留膏剰馥深　応是娟娥奔月夕　倉皇沾露不能尋
（緑叢々裡ニ遺簪《ヰシン》アリ。玉色、膏ヲ留メテ、剰馥深シ。マサニ是レ娟娥《エンガ》、月ニ奔リシタべ、倉皇トシテ、露ニ沾《ヌ》レ、尋ヌル能ハザリシナルベシ。）

草むらのなかに簪が落ちている。それには髪の油が染みていて、持主の肌を想い描かせる。これは月の女神が急いで飛び立つ時、落して行ったものだろう。玉簪花はぎぼうし。花にまつわる幻想である。

「春夜坐雨」
好雨知春差動陽　任他余霧冒灯光　簾前斜影糸糸乱　似与垂楊較短長
（好雨、春ヲ知リ、ヤヤ陽ニ動ク。サモアラバアレ、余霧、灯光ヲ冒スヲ。簾前ノ斜影、糸々トシテ乱レ、垂楊ト短長ヲ較ブルニ似タリ。）

『嘉永二十五家絶句』――改元（一八四八）の年、海屋、七十一歳。
老人の詩のなかには、ようやく現実の生活感覚が忍び入ってくる。

「蚕詩」

看食看眠事不軽　舅姑供養欲忘情　桑間無復殷勤語　風外静伝歌唱声
（食ヲ看、眠リヲ看ル、事、軽カラズ。舅姑《キウコ》ノ供養、情ヲ忘レント欲ス。桑間マタ殷勤ノ語ナシ、風外、静カニ伝フ、歌唱ノ声。）

養蚕の仕事が忙しくて、農夫の妻が舅たちの面倒を見る暇がない有様である。

「郇燕」

檐間毎共老雞依　柳外時交蝙蝠飛　聴得団欒情話熟　無心傍世覷機微
（檐間《エンカン》、毎《ツネ》ニ老雞《ラウケイ》ト共ニ依リ、柳外、時ニ蝙蝠《ヘンプク》ニ交ツテ飛ブ。団欒情話ヲ聴キ得テ熟スルモ、世ニ傍《ソ》ヒ機微ヲ覷《ウカガ》フニ心ナシ。）

農村の静かな平和を見て、燕も世間のうるさい話などには興味を示さない。……
以上が、凡そ百首に余る彼の絶句から見た、詩境の変化である。

杏坪の別宴に出席した棕隠派は、松南、春樵のふたりである。

摩島松南（一七九一―一八三九）、名は長弘、字は子毅、通称は助太郎、松南はその号である。

彼はこの京都派グループの享楽的文士生活の圏内で、唯一の「儒者」だった。彼と春樵らとは、同じ文学的交友のなかでも、丁度、現代における大学教授と作家とのような対立を示している。松南は教授兼作家というような生活態度を持しており、純粋な文士たちのなかに交っていると、「儒者」的面が強く浮き上ってみえた。仲間は彼を「学者」だと思い、家族は学者である彼が文士づき合いをするのに、眉をしかめていた。

元来、彼の家庭は町医者の家である。医者は生活の安定した職業であり、社会的身分も体裁のいいものである。それは今日における町の病院長と大体同じような位地と体面とを、社会内で保持していた。それに対して、「儒者」となると、より不安定な身分と経済とになってくる。第二次大戦前は、子弟が文学部へ進学するというと、家庭に恐惶を来したものだったが、当時も似たような現象が起った。私の友人たちのなかにも、父母の要請と哀願とによって、文学を諦めて医学部へ入った者も現にいる。

しかし、松南は強情だった。彼は一家一族の反対を押しきって、医者の安定生活の代りに、儒者の不安な生活を選んだ。彼は長男だったから、そのためには家を出て、弟に家督と家業とを継がせた。

長男が儒者となるために、家を弟に継がせた例は、当時、少くない。頼春水がそうである。

北条霞亭がそうである。儒者になるということは、一定の社会的身分を離脱することで、それが自由人となるということである。そして、それは当然、経済的には不安定になり、もし安定した経済生活を求めるとすれば、各藩の儒官に就職することになる。そして、そうすれば、もう自由人ではなくなる。（先の山陽と霞亭との生活態度の比較を想い出されたい。）

青年松南がその道を選ぶことができたのは、結局は、家長である彼の父の決断によったのであるが、彼の主著『娯語』によって、その間の消息を窺うと、親戚たちはこの選択について、二つの非難をした。第一は倫理的理由で「父祖ノ業ヲ廃シ、以テ己ノ欲スル所ニ従フ。固《モト》ヨリ已《スデ》ニ悖《モト》レリ」であり、第二は実際的理由で「今ノ儒タル、飢寒交《コモ》ゴモ攻メ、上、父母ヲ養フ能ハズ、下、妻子ヲ蓄フル能ハズ。何ノ楽シミカ、之ヲナサン」であった。

この非難に対して、彼は第一の理由については、「家君、已《スデ》ニ之ヲ許ス。則チ庭訓ニ悖ルニ非ズ。又、家弟アリテ以テ祀ヲ承《ウ》ク。則チ祖業ヲ棄ツルニ非ズ。」第二の理由については、「余、薄稟《ハクヒン》多病、世ト軒輊《ケンチ》スル能ハズ。況ンヤ能ク往来奔走、雞鶩《ケイボク》ト食ヲ争ハンヤ。故ニ余ノ如キハ医トナルモ亦、飢寒ヲ免レズ。儒トナルモ亦、飢寒ヲ免レズ。均シク是レ窮死ノミ。」同じ飢えるなら、好きなことをするのだ。——私の友人でも、自分は法科や経済を出ても、どうせ親の望んでいるように、まともな官吏や会社員になれそうもないから、と言って文科を選んだ者がある。

そのようにして、松南は儒者生活に入った。

「余、世計ニ昧《クラ》ク、一貧洗フガ如シ。帷ヲ平安市上ニ降シ、日ビ生徒ヲ教授ス。辰ヨリ申ニ至ツテ初メテ罷《ヤ》ム。罷ムレバ則チ経史ヲ考索シ、詩賦ヲ吟詠シ、或ヒハ酒ヲ温メテ茶ヲ烹《ニ》、以テ中懐ヲ瀉ス。一年、一日ノ如シ。」

彼は私塾を経営し、午前八時から、午後四時まで、連日、講義をし、それが終ると、学術の研究や、文藝の創作に専念した。それは彼には理想の生活だった。

彼は古今の書を読み、「万古興亡、治乱得失、歴々、目ニアリ、宛然、一大劇場也」という思いで、「所謂、天下ノ楽ミ几案ニアル者」――自ら好んで入った貧乏生活を、大いに愉しんでいた。

しかし、豊かな安定したお医者の家へ嫁に来たつもりの細君は、この貧乏儒者の生活に心安からぬ思いをしていた。彼女は夫が犬好きで二匹飼っていたのを、うるさいからと言って一匹を他所へやらせるような、自己主張の強い女だった。生活上の不平が、犬にまで八つ当りさせるヒステリー性の女性だったのである。

そうした彼女にとっては、毎晩のように亭主を誘いだしては飲みに行く文学仲間は、眼の敵だった。彼女は医者より儒者が不本意だったとすれば、儒者よりは文士はもっと毛嫌いすべき存在だったのだろう。――私の友人でも、結婚の条件として、文士づき合いをやめて就職させられた者がいる。

松南は貧乏生活に満足して、悠々と愉しみながら天保十年（一八三九）に世を去った。四十九歳であった。生前に著書の出版を拒否していた彼の書斎には、幾多の草稿が残されていた。そこで遺稿集を出版しようという議が弟子たちから出され、まず詩文集からというので、その方の友人である、文士の梅辻春樵がその編纂に当ることになった。

ところが春樵と聞いただけで未亡人は、あの男が毎晩、誘いだして不摂生をさせたので、夫は若死にをしたのだ、とおぞ気を振った。そして夫の遺稿を抱えこんで、出そうとしなくなった。

それを門弟と親戚とが拝み倒すようにして、漸く『晩翠堂遺稿前篇』二巻が世に出ることになった。その間の経緯については、春樵の序文に精しい。

春樵は松南と自分とを比較して、彼は「儒者」であり、自分は「隠者」であるとする。彼は「一時ノ名望」を得、我は「世ノ廃物」であるとする。彼の詩文は「法ヲ古ニ取リ、極メテ鄙俗ヲ悪ム」。我の詩文は「法ヲ今ニ建テ、痛ク陳言ヲ諱ム」とする。そして、それほど対蹠的な二人が、「往来莫逆三十年、一日ノ如」かったのは、二人に共通する「一片、風月ノ情」によるものである。

さて、松南の詩文は、やはり当時の京都グループの特徴を帯びていて、「鉛華流麗」であり(「鉛華」は白粉)、「其ノ容貌ニ類セズ」と、若い友人の中山元鵬(松陰)というものが、『松南先生伝』に記している。

それでは儒者先生の顔に似合わぬ、白粉くさい艶麗な官能的な詩とは、と思って、『遺稿』を見て行くと、

「売虫嬢」

種種秋花乱委靡　掛得竹籃入城市　街頭夜売金琵琶　買来定是誰家子
虫声細細露瀼瀼　一担情思重難弛　妾意常帯心上秋　郎夢声声呼不起

（種々ノ秋花、乱レテ委靡《ヰビ》、竹籃ニ掛ケ得テ、城市ニ入ル。街頭ニ夜売ル金琵琶、買ヒ来ルハ定《ハタ》シテ是レ誰ガ家ノ子。虫声、細々、露、瀼々《ジャウジャウ》、一担ノ情思、重クシテ弛ミ難シ。妾ガ意ハ常ニ帯ブ心上ノ秋、郎ノ夢ハ声々、呼ベドモ起キズ。）

松虫（金琵琶）を売るために街頭に立っている若い娘の、「心の秋」のなかに眠っている恋人の面影。その面影に向って、虫は娘の思いを鳴き立てて呼ぶのだが、面影は眼覚めてはくれないらしい。……

なるほど、春樵の友人らしい歌い口である。春樵はしかし未亡人と草稿を渡せ渡さぬで喧嘩したことに影響を受けたのか、この類の詩は殆んど採っていない。『遺稿』中に並んでいるのは、寧ろ松南の、感覚的であるよりは理智的な、学者的な感受性を証明するものが多い。乙未（天保六年）に、京都では「貘《バク》」の見世物が掛って、大評判となった。ところがそのオランダ渡りの異獣というのが、実はただの白豚だった。松南は嘲詩を作って、人々の愚昧を哂った。「豕ヲ指《シ》シテ豕トナサバ、人何ゾ顧《カヘリミ》ン。豕ヲ指シテ貘トナサバ、人、競ヒ観ル。（中略）人間モ亦、多少ノ貘アリ。請フ君、眼ヲ着ケテ仔細ニ看ヨ。」また「偶成」——「三世、医トナリ、帝城ニアリ。自ラ憐ム、独リ筆頭ノ耕ヲナスヲ。儘《マ》マ妻孥《サイド》ヲシテ吾ガ意ヲ諳《ソラ》ンゼ令《シ》メ、漸ク図書ヲ得テ、此ノ生ヲ託ス。」……松南は、不平を言う細君に「吾ガ意ヲ諳ンゼ令メ」るのに、年中、手を焼いていたことだろう。「読みもしないのに、何故、そんなに舶来の新刊書ばかり買いこむんですか」というような愚痴を聞き流すのも、彼の修行のうちだったのである。

編選者春樵は、寧ろ儒者松南の詩の本領を、清逸の趣きのある次のような作に求めたがっているように見える。

「古道ヲ行ク人」

笠影不離林　帰樵雑行旅　暮色何処来　只聴霧中語

（笠影、林ヲ離レズ、帰樵、行旅ヲ雑フ。暮色、何処ヨリ来ル、只ダ聴ク、霧中ノ語。）

あるいは「櫃川ノ流蛍」

泉声咽石梁　涼風吹竹度　中有水光揺　飛蛍不知数

（泉声、石梁ニ咽《むせ》ビ、涼風、竹ヲ吹イテ度《わた》ル。中ニ水光ノ揺ラメクアリ、飛蛍、数ヲ知ラズ。）

『遺稿前篇』の下は散文集である。それはやはり文士としてよりも儒者としての発言が多いが、中で李杜の比較論は、松南の批評家としての鋭い裁断力を感じさせる傑作である。彼は二人の古典詩人の生き方を、彼自身の知っている現実社会の論理に照し合わせて判断し、一切の伝説的俗論から、二人の生身《なまみ》の人間を解放してみせる。

「李白ハ狂客ナリ、方ノ外ナル者ナリ。其ノ毫誕放縦、固《モト》ヨリ責ムルニ正義ヲ以テスベカラザルナリ。且ツソノ人品心術ノ如キハ、則チ何ゾ弁析スルニ足ランヤ」。ところが彼を褒めようとするものは、彼には「王佐ノ才」があるといい、名将郭子儀と親交を開いたのはその証拠だと説き、宮廷の陰謀を避けるために、故意に狂態を演じていたのだと弁じる。又、彼を貶する者は永王璘の反逆に味方して、進退を誤ったと責める。しかし彼は「固ヨリ廊廟ノ器」ではなかったのであり、又、「意ヲ国家ニ留ムル者」でもなかったのである。酒を飲みたいから飲んだのであり、「ソノ郭子儀ヲ識リ、永王璘ニ従フ、亦、皆、偶然ノミ」。

一方、「杜甫ノ歌詩、時ヲ傷ミ、国ヲ憂フ。故ニ議スル者、皆、許スニ忠誠ヲ以テス」。しかし、「甫ハ編躁傲誕、好ンデ天下ノ大事ヲ論ジ、高クシテ切ナラズ。ソノ心ヲ剖《ヒラ》キ相ヒ交ルノ房琯《クワン》ナル者モ、亦、時務ヲ識ラザル一書生ナリ」。「見ルベシ、一文士ノ錚々タル者ニシテ遠大ノ器ニ非ザルナルヲ」。

だから、その作品の内容が「忠誠」だからといって杜甫を李白の上に置くのは馬鹿げている。「後世、文藝ヲ先ニシ、器識ヲ後ニス。故ニ文辞艶麗ナル者ハ褒奨ソノ実ニ過グ」。しかし「君子ハ言ニ訥ニシテ、行ニ敏ナランコトヲ欲スル」のである。

松南は日頃から、天下のことは余所にして詩酒放蕩に明け暮れていた文士たちや、無責任に国家を憂えて慷慨の言を壮語している学者たちを、静かに観察していたのである。

——遺稿の後篇は、今度は軟派の春樵が退いて、硬派の仁科白谷が編輯責任者となった。未亡人のうるさい干渉を避けるためにこの処置が講ぜられたのだろう。

表紙も前篇の「晩翠堂」を踏襲しないで、改めて「松南遺稿」と記され、しかし本文は「詩鈔巻之三」「文鈔巻之四」と、春樵編の前篇をそのまま承けている。

その詩は「冬日偶成」

満窓愛日透幽斎　些暖催人下小階　苦学十年成底事　手携稚子拾松釵

（満窓ノ愛日、幽斎ニ透シ、些暖、人ヲ催シテ小階ヲ下ラシム。苦学十年、ナニゴトヲカ成セシ。手ニ稚子ヲ携ヘテ松釵《サイ》ヲ拾フ。）

愛日は冬の日、松釵は松の葉。——というような静かな平和な心境を述べたものが多いが、それは時に、

「冬夜」

一炷香消夜過寅　糢糊残夢続無因　月光雪影窓渾白　我与梅花両幻身

（一炷ノ香消エテ、夜、寅ヲ過グ。糢糊タル残夢、続クルニ因《ヨ》シナシ。月光雪影、窓渾《スベ》テ白シ。我ト梅花ト両《フタ》ツナガラ幻身。）

というような象徴的風土にまで高まっている。

一方で天保饑饉の詩は、写実的であることによって、痛烈な訴えとなっている。そこには棄子があり、投身自殺者があり、餓死者があり、木の根をかじる者があり、更にそれを責める「催租ノ吏」をも忘れていない。

彼は「哀シ、餓者、彼モ亦、同胞ノ民」と呼び掛け、「迂儒、詩ヲ賦シテ上帝ニ問フ」と、天に向って歎いている。その歎きが地上に降った時、大塩中斎は反乱を組織した。しかし、松南は中斎ではなかった。

仁科白谷は『松南遺稿』の序で、「余ノ京ニ居ル、十又七年、交ル所、猪飼敬所老人及ビ摩島松南二人ノミ。松南ハ同年ノ友、故ヲ以テ交誼、殊ニ厚キヲ為ス」と述べている。

仁科白谷（一七九一―一八四五）、名は幹、字は礼宗、通称は源蔵で、白谷はその号である。彼は江戸に出て、業を亀田鵬斎に受けた。つまり寛政の異学の禁によって弾圧された巨魁の下に学んだわけである。鵬斎は「儒侠」と呼ばれた程の豪放な人物であった。そして白谷が鵬斎から学んだのは折衷学だけではなかったろう。京都に講説するようになってからも、その狷介で人を許さない性格が、屢々、問題を惹き起した。

天保元年（一八三〇）に、猪飼敬所の東山碧雲楼における七十寿宴の席上で、白谷が僚友の海屋や松南らの幹事を語らって、山陽の寿詞に猛烈な難癖をつけた事件は、既に記した。またその白谷の非難が、逆に敬所を山陽に近付けることになるという皮肉な結末についても。

――白谷が殆んど唯一の心友として挙げている松南は、未刻の『白谷詩文鈔』を内閲して叙を草した。そこで、彼自身と白谷との比較論を展開している。
「礼宗（白谷）ハ、性、剛雅、奇気ヲ負フ。軒昂淩厲《リョウレイ》、世ト聱牙《ガウガ》ス」。それに対して「余ハ則チ恂恂然《ジュンジュンゼン》トシテ、平生、退イテ人後ニ居ル」。又、「礼宗ハ飲ヲ善クシ、時ニ胸中ノ磊隗《ライクワイ》ニ澆《ソソ》グコト数斗ニシテ醒メズ」。それに対して「余ハ則チ、三蕉葉ニ過ギズ」（蕉葉は底の浅い小杯）。又、「礼宗ハ游ヲ好ミテ、虚日ナシ」。そして「奇絶ノ境ニ遇フテ、輒《スナハ》チ管ヲ搦《ト》リ長吟ス。往々、語、人ヲ驚カス」。それに対して「余ハ則チ、足ヲ裹《ツツ》ンデ都門ヲ出デズ。兀々《ゴツゴツ》、年ヲ終フ」。

　そのように対比的な人物である白谷と松南とが気が合ったのは、同一の好みを持っていたからである。その好みとは、「経史ヲ討論シ、今古ヲ商搉《シャウカク》シ、文義ヲ切劘《セツマ》シ、及ビ、忠臣烈士偉人隠流、貞節茂行ノ事ヲ説キ、坐促心投、相ヒ顧テ自ラ謂フ。千古ヲ旁睨シテ、他人ノ従フテ訾咲《シセウ》スルヲ知ラズ」という日常だった。

　二人の共通の信念は「当《マサ》ニ器識ヲ先ニシテ文藝ヲ後ニスベシ」ということで、「一トタビ号シテ文人ト為ルハ、観ルニ足ラズ」というわけだった（先の李杜比較論参照）。

　従って、白谷の書くものは「ソノ詩ハ清峻間放ニシテ、文ハ崟崎《ギンキ》、気骨アリ。（中略）蓋シ軒昂淩厲ノ気、発シテ排奡《ハイガウ》奔逸ノ語ヲナス」（排奡は強く盛んなこと）。そして「脚跟《コン》ヲ牢立シ、流俗ノタメニ移ラズ」。優美極まって淫靡に流れがちな当時の京都派のなかでは、彼は異色ある硬派であった。

ところがそうした偏狭なまでに「世ト聱牙」していた白谷が、一方で当代一流のアントロジー編者であったことは興味がある。『嵐山風雅集』『三備詩選』『十九友詩』などは、彼の編選にかかる詩華集である。

『嵐山風雅集』は嵐山及び桜を詠じた我国の詩人たちを、王朝の平城天皇から始めて、同時代の岡本黄石あたりまで、二巻に並べたもので、これは嫌人的な孤独な書斎でも作ることができる。しかし『十九友詩』は、正に十九人の彼の友人たちの詩選である。友人としては松南だけの筈だった彼に、友と称すべき詩人が十九人もいることを自ら認めていたというのは、皮肉である。（彼の文章には、そうした放逸な気質の人物独特の誇張がある。）

十九人の友人のなかには、鵬斎、茶山、敬所、登々庵、凹巷、霞亭、星巌、松廬、霞裳《かしょう》、渓琴、米華ら、当代の名流が名を列ねている。勿論、松南も加わっている。

そして、これらの詩人たちの名前の下に割註のようにして、その特徴が短評してあるのが、なかなか面白い。

たとえば鵬斎の「詩、豪宕《ガウタウ》奇逸、声律ニ拘ラズ」などは特にどうということもないが、茶山の項で、彼と比較される六如上人の詩を「刻錬精工ヲ以テ力ヲ費シ、動《ヤヤ》モスレバ輒《スナハ》チ僻醜ニ没ス」というのは痛烈だし、それに対して茶山その人の詩は「浅顕淡柔ヲ以テ功ヲ為シ、諧調、時ニ露ル」。又、凹巷（韓聯玉）については「余、嘗テ聯玉ニ謂ツテ曰ク、君ノ詩ハ名妓ノ浅酌低唱、眼波、流レント欲スルガ如シ。聯玉哂ツテ頷ク」と、エピソードによって語っている。松南の詩については「心ヲ吟詠ニ専ラニセズト雖モ、筆ヲ下セバ渾雅老成、絶エテ仮飭《カチヨク》ノ態ナシ。亦、詩人ヲ自ラ命トスル者ヲシテ三舎瞠若セシム」。これは友情による批評と言えよう。

白谷の詩文集は『凌雲集』上下である。

亀田鵬斎はその序で白谷の父と自分が親友であったと述べ、白谷がそのよしみで、老いた自分に対して非常に優しくしてくれていることを、喜んでいる。

また加藤仙齢なる人物はやはり序の中で、「我ガ友、白谷先生、豪邁不群ノ才ヲ懐キ、独リ藝苑ニ放浪ス。ソノ翰ヲ飛バシ毫ヲ馳スルヤ、風発雲湧、動モスレバ輒チ千言立《タチドコ》ロニ成ル。乃チ臂《ヒヂ》ヲ詩道荒穢ノ時ニ攘《ハラ》ヒ、天ニ倚リ地ヲ抜クノ雄ヲ縦《ホシイママ》ニシ、翡翠蘭苕《ランテウ》ノ弊ヲ払フ」と述べている。白谷の詩風は略《ほぼ》、これに尽くされていると言えよう。

たとえば「江州」

八月江州地　魚肥酒亦霊　白蘋鷗外渚　紅棗馬前亭
為欲心如水　不愁跡似萍　湖南秋色好　行眺数峰青

（八月、江州ノ地、魚肥エテ酒マタ霊ナリ。白蘋《ハクヒン》、鷗外ノ渚、紅棗《コウサウ》、馬前ノ亭。心、水ノ如クナルヲ欲スルガ為ニ、愁ヘズ、跡ノ萍ニ似ルヲ。湖南、秋色好シ、行キテ数峰ノ青キヲ眺ム。）

その詩の頭評に、北条霞亭は「芭蕉翁、春尽ノ句ノ後、纔《ワヅ》カニ此ノ詩アリ」と記している。これは霞亭の友情か、挨拶か。――

また「寒夜読書」

乾坤一腐儒　面目一何愚　唯知書可味　深歎歳将徂
寒霰聞剪燭　夜氷和研朱　読至尤佳処　撃几正快呼

（乾坤ノ一腐儒、面目、一ニ何ゾ愚ナル。唯ダ書ノ味ハフ可キヲ知リ、深ク歳ノマサニ徂《ユ》カントスルヲ歎ク。寒霰ヲ聞イテ燭ヲ剪リ、夜氷和ンデ朱ヲ研グ。読ミテ尤モ佳処ニ至リ、几ヲ撃チテ正ニ快ヲ呼ブ。）

実情であり実景だろう。

白谷の詩名を天下に轟かせたのは、その『芙蓉百律』である。天保八年（一八三七）に出版された、この富士山を詠じた七律百首の詩集には、松南が序を附しており、そこでその特徴をこう述べている。「（礼宗の）文ハソノ人ニ肖《ニ》テ、ソノ最モ克《ヨ》ク肖ル者ヲ芙蓉百律トナス。百律ノ詩ハ礼宗、ソレ自ラ況《タトフ》ル所アリ。蓋《ケダ》シ磊塊鬱勃ノ気、溢レテ筆端ニ出ヅ。故ニ之ヲ読ムニ、光怪震耀、神、愕シ、目、眩《ゲン》ス。銀潢《ギンクワウ》ヲ倒シテ屈折ナキガ如ク、雲錦ヲ織リテ襞積《ヘキセキ》ナキガ如シ。」……

正にこの大袈裟な身振りの形容に適わしいような、昂奮して大声を発したような調子の百首である。

その巻頭には別に、白谷自身の「遊富嶽記」という散文の紀行が載せられている。これも豪快で稚気に富む冗舌な文章を好む者には、最大の贈物となるだろう。「天地澒濛《コウモウ》霊鬱ノ気、結ビテ山嶽トナリ、灝噩渾郁《カウガクコンイク》ノ気、融ケテ湖海トナリ、粋淳精淑ノ気、発シテ偉人トナル。此ノ三気ハ一元ノ分ルル所、ソノ尤モ鍾《アツマ》ル所ハ、我ガ日域ニ若《シ》クハ莫シ」というような痛快な文章は、気の弱い者の心臓にはあまりいい影響は与えてくれない。

詩の実物は最初の一首だけお目に掛ける。

応接不遑何足称　玉蓮倒発冷輝凝　龍宮鎖海紫瀾巻　鶴麓連雲紅日升
旋嶺両光元似蟻　垂天九翮亦如蝿　壮懐廓落吟眸豁　大嶽烟蒸万丈氷

（応接、イトマアラザルハ何ゾ称スルニ足ラン。玉蓮、倒《サカシ》マニ発シテ、冷輝、凝ル。竜宮、海ヲ鎖《トザ》シ、紫瀾《シラン》巻キ、鶴麓、雲ヲ連ネ、紅日升《ノボ》ル。嶺ヲ旋《メグ》ル両光、モト蟻ニ似テ、天ニ垂ルル九翮《カク》、マタ蝿ノ如シ、壮懐廓落トシテ吟眸豁《ギンボウヒロ》ク、大嶽、烟蒸ス、万丈ノ氷。）

天保三年（一八三二）九月、山陽の死の知らせが伝わると、各地の詩人が弔詩を詠んだ。紀伊の垣内渓琴《かきうちけいきん》もそのひとりである。

垣内渓琴（一七九九—一八八二）、名は保定、字は子固、通称は孫左衛門、渓琴又海荘と号した。

彼は江戸の大窪詩仏に学んだ。だから師統から言えば、ここで彼に触れるのは適当ではないことになる。（つまり、後の第五グループの末に附するのが穏当だということになる。）しかし彼をこの山陽交遊の第二グループに列するのには、三つの理由がある。

第一は、彼が先輩詩人として最も親炙したのが中島棕隠である。第二はこの派の一方の旗頭、仁科白谷が彼の「族弟」であった。そして第三は、何よりも彼の詩そのものが、この流派の特徴を示していて、ここに入れるのが自然だからである。

渓琴には三つの詩集がある。『秀餐楼《しゅうさんろう》初集』（文政十二年刊）、『渓琴山房詩』（天保八年刊）、『渓琴山人第三集』（嘉永二年刊）。

――『初集』には詩仏と共に、既に春樵が序を附している。

錦城の子の大田晴軒《せいけん》（渓琴の江戸遊学時代の親友）によれば、当時一般に宋詩を学ぶものは、専ら楊誠斎に就いた。（山陽が京都詩壇は全く誠斎の悪真似だと罵倒したことは先に記した。）しかし「彼《カ》ノ誠斎体ナルモノハ、蓋シ亦、宋詩ノ藜莧菽藿《レイカンシュククワク》（アカザ、ヤマゴボウ、マメの類。粗食の例）、口ニ蜇《テツ》ニシテ腹ニ惨タル者ノミ」。彼等が誠斎の詩を旨がっているのは、蘇陸などの大家の作を知らないからである。知らずして、「人ノ蘇陸（東坡と放翁）ヲ学ブヲ謗ル」ようになっているからである。ところが渓琴の詩は「清婉和諧、絶エテ駁瘠《ハクセキ》ノ音ナシ。蓋シ陸詩を学ンデ、之ニ熟スル者」である。（この晴軒の評によって、我が国の寛政頃からの宋詩流行が、最初は専ら関心が南宋の三家のうちでは楊万里に集中していたのが、次第に陸游の方へ興味が移って行ったことが判る。そしてそれが宋詩のより深い部分へ入って行ったということになるだろう。――それは丁度、今世紀に入ってからのフランス象徴派の流入が、サマンあたりへ凝るところから、マラルメに到達して行く道筋にも似ていようか。）

つまり若き渓琴は宋詩影響の第二世代を代表していたのである。『初集』は詩人の二十歳代の産物である。そしてそのなかに頻出するのは棕隠との応酬の詩で、初めから彼がこのエコールに深入りしていることが判る。そうして甚だ婉冶《えんや》の体が多い。それは時代、環境、年齢が協力してこの詩境を作りあげたというべきだろう。

その「巻之五」中に、「鶴ヲ失フ詩」というのがある。主題は一篇の小説である。その詩の引によれば、

「鶴ハ鴨東ノ絃妓《ゲンギ》也。モト良家ノ女、薄命ニシテ妓トナル。啻《タダ》ニ姿色アルノミナラズ、又、泉石ノ態アリ。予、其ノ幼孩《エウガイ》ヨリ已《ステ》ニ相ヒ識ル。特ニソノ貞淑ニシテ烟花ノ苦海ニ沈淪スルヲ憐ミ、内ニ謀リテ、マサニ償ヒ、以テ小星《セウセイ》タラシメントス。丁亥《テイガイ》ノ冬、鶴ワヅカニ十七。已ニ妓籍ヲ脱シテ家ニ在リ。忽チ一悪少年ノタメニ、誘掠セラレテ去ル。ソノ家、之ヲ百方ニ索ムト雖モ、茫トシテソノ影踪ヲ得ル能ハズ。事、モトヨリ不意ニ出ヅ。ソノ死生、果シテ何如ナルヲ知ラザル也。此レヨリ先、遊冶有勢ノ者、ソノ姿色ヲ愛シ、往々、之ニ挑ムニ甘辞ヲ以テス。而モ鶴、ソノ已ニ約スル所アルヲ以テ、一切、之ヲ拒ンデ受ケズト云フ。アア、烟花中、貞淑、彼ノ如キハ多クヲ覯ザル也。薄命、彼ノ如キモ亦、多クヲ覯《ア》ハザル也。夫レ既ニ之ニ与フルニ殊色ヲ以テシ、又、之ニ重ヌルニ貞淑ヲ以テス。而シテソノ不幸薄命、此ノ如シ。知ラズ、彼《カ》ノ造物者ノ意、竟《ツヒ》ニ何如ナルカヲ。」……

若き詩人は、祇園で幼馴染の藝妓に遭遇して恋に陥り、遂に妻の許しを得て、落籍させて「小星」(妾)とした。ところが女は不良少年に誘惑されて、駆落ちしてしまったのである。しかし詩人は、そんな女について、ひとことも恨みを述べず、専ら彼女の運命を心配している。随分、惚れ抜いたものである。

文政十年(一八二七)に十七歳で引かされたというと、二年前に椋隠が同じ里の「名娃」十二人のうちに選んだ「鶴卿」と、このお鶴さんとは、恐らく同一人物だろう。そうして既に椋隠は、彼女が或る秋のピクニックで、何か不慮の危難にあって怯えていると伝えているが、後に彼女を掠め去ったのは、その危難の原因となった男と同一人物だったのではなかろうか。このおとなしい娘は、初めは強いられて結んだ関係に、やがてずるずると引かれて行ったのではなかろうか。そして、わけ知りの椋隠は、悲嘆にくれている後輩の渓琴を、何と言って慰めたことだろう。椋隠もまた、先頃、傾愛する「雪児」を失ったばかりだったのである。そして、その雪児とこの小星とは、やはり親しい朋輩だったに違いないのだから。

――第二詩集は『渓琴山房詩』六巻である。ここには春樵、白谷、松南らが顔を合わせて序を記している。ほぼ天保中の作品で、その詩風はいよいよ艶麗を極める。

「鴨東」

不是貂裘季子遊　鴨東艶景易淹留　半簾香霧護花暖　一夜春風吹酒柔

眉黛山低烟雨淡　燕脂水洗夕陽流　折楊月暗紅楼笛　直引帰心入客愁

（是レ貂裘《テウキウ》、季子ガ遊ナラズモ、鴨東ノ艶景ハ淹留シ易シ。半簾ノ香霧、花ヲ護ツテ暖カニ、一夜ノ春風、酒ヲ吹イテ柔カナリ。眉黛《ビタイ》、山低クシテ烟雨淡ク、燕脂、水洗ツテ夕陽流ル。折楊《セツヤウ》、月暗シ紅楼ノ笛、直チニ帰心ヲ引イテ客愁ニ入ル。）

星巌の評「字句スデニ妍秀《ケンシウ》、情況マタ婉約。」
そうした日夜のなかで、「頼子成ノ山陽集ヲ読ム」

尚思洛下問書堂　三十六峰春後蒼　愁外風雪醸傑語　酒中文字吐奇香
掀山欲競崢嶸骨　傾海応澆磊落腸　読到源平酣戦地　怪生殺気逼吟牀

（尚ホ思フ、洛下ニ書堂ヲ問ヒシヲ、三十六峰、春後蒼シ。愁外ノ風雪、傑語ヲ醸シ、酒中ノ文字、奇香ヲ吐ク。山ヲ掀《ア》ゲテ競《キソ》ハント欲ス、崢嶸《サウクワウ》ノ骨、海ヲ傾ケテマサニ澆《ソソ》ガントス、磊落ノ腸。読ミテ源平酣戦ノ地ニ到リテ、殺気ノ吟牀ニ逼《セマ》ルヲ怪生《クワイセイ》ス。）

渓琴は水西荘を訪問して、山陽の気焔に接していたのである。
この詩の頭評で仁科白谷はこう述べている。
「子成ハ逸才ナリ。ソノ肝ヲ嘔イテ死スルヤ、詩アラザルモ史アリ。予、生平、相ヒ善カラズ、讐視《シウシ》齮齕《ギコツ》セリ。嗟《アア》、我レ蓬心アリシカナ。」蓬心は曲りねじれてこせこせした心。――白谷は、死なれて見ると、憎み嫌っていた山陽が、却って懐かしくなって来たのである。

『山房詩』中には、もうひとつ「頼子成ヲ哭ス」がある。

洛下尋春神自傷　柴門茅屋故荒涼　水明山紫人何在　一半晴川又夕陽

（洛下、春ヲ尋ネテ、神《シン》、オノヅカラ傷ム。柴門茅屋《バウヲク》、コトサラニ荒涼。水明山紫ニシテ、人、何《イヅレ》ニカ在ル。一半ノ晴川、又、夕陽。）……

――『渓琴山人第三集』三巻は、詩人晩年の諸作が収められている。彼は五十歳になっても、尚、官能的快楽のなかに陶酔している。幸福な詩人というべきである。

一体、彼の出身地、紀伊は、嘗て百年前に祇園南海があって、純粋詩人の道を切り拓いた地である。南海は有名な『江南竹枝詞』を作って、この体の我が国における先蹤をなした。彼は自分の詩に後来の人々が賡和《こうわ》せんことを求めていた。それを先ず継いだのが渓琴の友、原田霞裳《かしょう》だった。今また、渓琴はそれに続けた。そうして幕末になって、更に二人の後輩が跡を襲ったので、この五人の作を一冊に纏めた『江南竹枝』が後に野田笛浦《てきほ》の序を添えて出版された。今日『日本竹枝詞集』中に見ることができる。

渓琴は寛政の末に生まれ、化政天保の江戸文明の爛熟期の最大の享受者として、エピキュリアンの人生を送り、還暦を過ぎる頃から、安政以後の幕末動乱期に捲きこまれて、恐らく当人にも思いがけない別の生涯に入った。彼が世を去ったのは明治十四年（一八八一）、八十三歳であったが、その長い晩年の間、彼は二十巻に余る各種の外交、軍事、農政、就中《なかんずく》、海防に関する著述を行った。

彼は二つの人生を生きた。もし彼が嘉永の頃、死んでいたら、この山陽交際の第二グループのなかに、その肖像は工合よく収っただろうが。

ところで渓琴の（前半生における）名は、常に原田霞裳、池永楓村《ふうそん》の名と結び付けられて記憶から甦ってくる。霞裳、渓琴、楓村の三人はその順に年が二つ位いずつ若くなっているが、彼等は同郷で幼時から親しい交友を続け、お互いに励まし合って学藝の道を進んだのである。

しかし、まず最年少の楓村が三十歳で夭逝すると、後を追うようにして霞裳も死んで行った。『渓琴山房詩』巻之六のなかに、「去年辛卯（天保二年）霞裳楓村継イデ逝ク、今春、鳥鳴キ花発ク、感愴ニ堪ヘズ」という引のあとに追悼の二絶句を載せているが、その第二、

幾行清涙故人書　小院日長雨似麻　仙鶴不帰春又暮　東風吹老木蘭花

（幾行ノ清涙、故人ノ書。小院、日長クシテ雨、麻ノゴトシ。仙鶴、帰ラズ、春マタ暮ル。東風、吹キ老ユ木蘭花。）

霞裳は病革るに及んで死期を覚り、自ら詩集を編んで残して行った。渓琴はそれと楓村の遺稿とを合刻して『漱芳園《そうほうえん》遺稿』の名のもとに出版した。田辺藩の儒官と、酒屋の若旦那とが、一部の書物のなかに相乗りすることになったわけである。

霞裳の詩は渓琴と同じ流派に属することが明らかであるが、しかも病いと貧とにさいなまれた短い生涯は、自ら渓琴の明るい官能性に対して、主題の切実さを齎した。その詩句には人生苦を超越した清朗さがあり、それがイメージを透明にしていて、パステル画を見るような快さがある。

今、試みに佳句二三を摘んでみれば、「病裡開書亦眼明、巷冷門無長者轍」「坐看飛禽度遠空、葉落蒼苔三逕雨」「閑庭雨足緑縦横、落葉擁階絶送迎」「青年貧裡老、白髪暗中生」「独坐思詩処、斜陽一線明」

楓村もまた、その感受性の清新なることでは、他の二友を凌いでいるかも知れない。特に律詩に佳作の多いということは、詩的な「魂の状態」の濃厚さと持続とを示すもので、当時の詩人にありがちな即事詩を、一時の感慨か寸景かに留まらせずに、ひとつの詩的世界にまで高めていることは、感嘆に価いしよう。私はここで楓村の詩について細叙したい誘惑に駆られる。しかし、今は山陽から余りに遠くなっている。筆を惜しまなければならない。といって全く紹介しないままに過ぎて行くのも心残りであるから、誤解を恐れずに、一首だけ抽いておこう。渓琴の詩に和した偶作のうちからひとつ、

数来昨夢若塵繁　帰臥尤歓在故園　鶴唳暁寒蘆荻渚　猿声夜静薜蘿村
移舟細浪砕花影　揮筆痩蛇奔墨痕　近得新詩非套語　莫評句句似狂言
（数へ来レバ昨夢、塵ノゴトク繁シ。帰臥、尤モ歓ブ、故園ニアルヲ。鶴唳《カクレイ》、暁ハ寒シ、

蘆荻《ロテキ》ノ渚、猿声、夜ハ静カナリ、薜蘿《ヘイラ》ノ村。舟ヲ移セバ細浪、花影ヲ砕キ、筆ヲ揮ヘバ痩蛇、墨痕ヲ奔ラス。近ゴロ新詩ノ套語ニアラザルヲ得タリ、評スル莫《ナ》カレ、句々狂言ニ似タリト。）

渓琴は紀伊の旧家に生まれ、一族に学者が多かった。それは美濃の旧家に村瀬家があるのに似ている。そして、美濃に詩会白鷗社があって、藤城及びその一族、立斎や太乙などが星巌、細香などと集まったと同じように、渓琴も一族の垣内已山《きざん》らと古碧吟社をはじめた。当時、全国に、そうした教養ある旧家を中心として学藝の集《つど》いが簇生していたのである。——

三　西遊中の知人たち（第三グループ）

文政元年（一八一八）、山陽は広島において、父春水の三回忌を行い、そのまま九州旅行に出発した。

この旅中、彼は幾多の旧友とも会い、また新たな友をも得た。

私はここで、ほぼその旅程に従って、それらの交友の情況について眺めてみたい。

山陽は京都から広島へ行く途中で、岡山では小原梅坡《おはらばいは》のところに泊った。

小原梅坡、名は正修、字は業夫、通称は大之助、備藩の世臣である。詩文の趣味のあった梅坡は、恐らく以前から山陽の来遊を勧誘していたのだろう。だから、山陽が泊ってくれた機会に、同藩の同好者である中村嵓州《がんしゅう》なども駆けつけて来て、大いに一夕の歓を尽したものと思う。それに山陽も、この度の旅は精進落しというので、気持が華やいでおり、殆んど躁状態にあったらしい。（行く先々で、常識家たちの眉を顰めさせる行状があったことからして、その精神状態が推測されるのである。）

中村嵓州、名は転、字は圃公、通称は元三郎、やはり備藩の世臣である。

江戸の医師、静一道人三上九如《みかみきゅうじょ》の編選した『天保三十六家絶句』は、梅坡と嵓州との詩を収録している。そして夫ぞれに山陽と応酬した詩がそのなかにあって、彼等の交友の跡が窺われる。

彼等の詩風はいずれも、素直で平凡であり、人生に対して率直で謙遜な態度を持していた善良な武士であったことが察せられる。二人とも、激烈なパッションを露骨に示そうとしたり、世間の習俗に挑戦しようとしたりというようなことは好まなかっただろう。ところが、そうした調和型の人間が、欠点だらけの、そして気分の変動の激しい天才である山陽を愛し、喜んで彼と交ったということは興味深い。

そういう穏やかな人々は、大体において他人の欠点に対しては寛大であり、そして決して自分は山陽になろうとは思わないから、敵対者意識に駆られることもないし、一方で他人の才能を認める点では私心がなく、天才の友人であることに、無邪気な誇りをも持つものである。

山陽の周囲には凡庸で善良な人々がいつも多勢いた。山陽はお山の大将であったが、彼の方でも他人の人格的な美質には敏感なところがあり、無警戒で交際できる友人との遊宴を好むという、淋しがりやのところもあった。

山陽の天才はラ・ロシュフーコー風の人間嫌いのエゴイスムとは結びついていなかった。ヴォルテール流の、人集めの好きな社交性と、仕事の情熱とが両立している型の文学者だった。

梅坡、嵎州の詩風を想像してもらうために、それぞれ一首ずつ抜き出してみよう。いずれも、因州藩主松平冠山老公が「江戸ノ地名ヲ分チテ、題トナシ、詩ヲ四方ニ徴」した時に、それに応じたものである。

梅坡は「金杉橋」——

水流東去是煙波　橋上行人肩相摩　忽有腥風来撲鼻　想他晩市上鮮多
（水流東ニ去リ、是レ煙波、橋上ノ行人、肩、相ヒ摩ス。忽チ腥風《セイフウ》ノ来リテ鼻ヲ撲《ウ》ツアリ、想フ他ノ晩市、鮮ヲ上スコト多キヲ。）

嵎州は「芝橋」——

横截郭南通一川　晴虹影落水中天　輪蹄陸続人如織　響徹橋声二百年
（横ニ郭南ヲ截リ、一川ヲ通ズ。晴虹、影落ツ、水中ノ天。輪蹄《リンテイ》陸続、人、織ルガ如ク、響徹ス、橋声二百年。）

山陽は九州に渡り、箱崎八幡宮に詣《まい》ったあと、茶店に小憩すると、そこから博多の貿易商、松永花《まつながか》遁《とん》のところに、荷物を先に届けさせ、そして到着を知らせる手紙を送った。「午飲酒など緩々相仕舞可二罷出一、飲食の御心遣は先づ跡へ御まはし、風呂を御立可レ被レ下候。」一杯やってから、ゆっくり訪ねて行くから、風呂をたてて待っていてほしいというのである。

初対面同様の相手に対して、これはまた随分、狎れなれしい手紙である。それが山陽流というもので、この調子が却って、地方のファンを熱狂させることになるのだった。しかし、それを凡て山陽の計算によるものと考えるのは、やはり彼の処世的才能への買い被りであり、私は彼の上機嫌——つまり感情状態の不安定な変動——の自らなる現われであると思う。三回忌を済ませて、彼の前半生を圧迫しつづけて来た、偉大な父親春水に、完全にあの世に退隠してもらい、そして年中、味噌醬油の愚痴以外の話題のない細君のもとからも離れて、彼は生まれてはじめて見る九州の風物のなかで、異常な神経の昂奮に捉えられていた筈である。そして、この神経症患者の手のつけられないようなはしゃぎ振りは、容易に周囲の者に伝染して行ったことだろう。そうした昂揚した時期には、山陽の才気は、恐るべき縦横自在の座談家となって爆発しただろうから。

この手紙を受けとった花遁も、早速、山陽のペイスに捲きこまれて、箱崎まで駆けつけた。松永花遁(一七八二—一八四八)、名は豊、字は子登、宗助と称し、花遁山人又鳥津と号した。

山陽は博多到着の数日前に、下関の広江《ひろえ》殿峯《でんぽう》宅に滞在中に、この花遁に会った。そして花遁は、「必々立寄候へ」と山陽に強制して一足先に国へ帰って行った。行く先々で稼いで旅費を捻出するという「旅猿」式旅行であるから、滞在するには旅館よりは個人の宅がいい。そして、その個人は教養豊かで詩文や書画が好きで、そして山陽のために多くのお得意を招いてくれるような、土地の有力者であることが理想的である。

そういう点で、花遁は下関の殿峯同様、理想的なパトロンであった。

花遁はその厖大な財産を挙げて、備荒貯蓄、橋梁架設、孤児収容などに努めた、地方の篤志家であり、一方で学藝を好み文人墨客と交ることを生甲斐にしていた。江戸後期の化政期においては、各地方にこうしたブルジョワ階級が成熟し、それが新しい自由な知識人たちの生活的な保護者ともなり、彼等の生産物の享受者ともなったのだった。

殿峯宅に一カ月滞在した山陽は、博多の花遁宅にも同じような長期の居候をした。

下関の殿峯宅で、初めて本当の酒の味を知った山陽は、つい飲み過ぎて禁酒のやむなきに至っていたが、花遁宅逗留中に、殿峯のところから土産に持たされた灘の酒を再びたしなみはじめた。甚だ居心地がよかったのである。

山陽は博多滞在中に、某家に蔵していた明の盛茂燁《せいもよう》筆の「石湖暮色図」を見染めた。傍らにいた花遁も、露骨に欲しそうな顔色になった。それで熊本に行ってからも「夢裡ニ往来」するこの幅を、どうしても欲しくなった山陽は、手紙で花遁に入手方を依頼し、もし京都の自宅へ着いていなかったら、「貴下御かすめなされ候事と存、御恨申候」と花遁を脅迫した。

山陽の帰洛後、数年たってから、或日、博多の花遁から大荷物が到いた。開けてみると、この「石湖暮色図」であった。花遁は山陽の願いを忘れてはいなかったのである。この幅は長崎から帰りの途中で山陽宅に立ち寄った市河米庵の眼にとまった。江戸第一の書家として当時、名のあった米庵は、一方で一流の書画蒐集家としても知られていた。彼もまた盛茂燁の幅を所蔵していたので、序でに山陽にその自慢を聞かせたが、山陽は米庵をさえ羨ませたというので、いよいよこの幅が気に入った。（尚、この時、米庵は山陽秘蔵の別の書幅に心を奪われて、強奪作戦を開始するが、その件については後述する。）

このようにして、花遁と山陽との友情は継続する。後、文政七年（一八二四）に、小原梅坡と共に、葵祭を観に上洛した花遁は、山陽に大いに歓迎を受けている。

花遁には『詩鈔』一巻がある。

それをずっと見て行くと、「頼山陽扇ノ画ニ題ス」というような詩が出てくる。

酒楼香閣雨蕭々　蘆荻叢辺進晩潮　憶起鴨川如此景　与君同凭四条橋

（酒楼香閣、雨蕭々、蘆荻《ロテキ》叢辺、晩潮進《ノボ》ル。憶起ス、鴨川ノ此ノ如キ景、君ト同ジク凭《モタ》ル四条橋。）

この詩の頭評で浦上春琴は承句が鴨川の実景でないと指摘している。それは心易だての挙足取りである。春琴、登々庵の二人の友は、山陽に先立って花遁と親しくなっていて、未だ必ずしも名士になっていなかった山陽については、この二人の友人が予め花遁に推薦していたらしい。

詩人としての花遁は、館柳湾を想わせるような明るく朗らかな歌い振りであり、感情は細やかであるが繊細に過ぎることもなく、イメージは甚だ明確で快い。彼は詩に魂の凡てを投入することはしていないし、生活の凡てを描きだそうともしていない。最良のディレッタントなのである。

この詩集は当時の多くの同類のものに比べて、詩の数も多くなく、そしてどの詩も気持よく読める、というところにも花逍の、穏やかで欲張らない性格がでているし、それでいて六言詩がかなりあるところなどに、藝術的な好奇心の旺盛さをみせている。それもアマトゥールの特権かも知れない。

「病中偶作」
一逕《イッケイ》春深漠々苔　詩情因病久為灰　茅堂此日杏花雨　恰喜人尋好句来
（一逕、春深クシテ、漠々タル苔。詩情、病ヒニ因ツテ久シク灰ト為ル。茅堂《バウダウ》、コノ日、杏花ノ雨。恰モ喜ブ、人、好句ヲ尋ネテ来ルヲ。）

「雑詩」
石榴低発一枝々　正是庭園雨霽時　乳雀乍来声啧々　花間自護落巣児
（石榴低ク発ス一枝々。正ニ是レ庭園、雨ノ霽《ハ》ルル時。乳雀、乍《タチマ》チ来リ、声啧々。花間、自ヲ護ル落巣ノ児。）

六言の例は、
掃径非関過客　倚門細数帰鴉　淙々流水穿竹　翳々残陽隠花

（径ヲ掃クハ過客ニ関スルニ非ズ。門ニ倚《ヨ》リテ細《コマ》カニ帰鴉《キア》ヲ数フ。淙々《ソウソウ》タル流水、竹ヲ穿チ、翳々《エイエイ》タル残陽、花ニ隠ル。）

花遁は詩を菅茶山に学んでいた。それでこの詩集にも茶山が頭評を加えている。その茶山の評は一貫して「眼前ノ常事、詩ニ入リテ便活」、「実際ノ真情、自然ノ好詩」、「実景」、「自ラ真衷ヨリ出ヅ」などで、つまり花遁の詩のメリットは、日常的なレアリスムにあり、その自然な感情の表出にある、としているのである。

尚、この詩集には「八十五翁月形質」が序を草している。そして集中にも「道林寺帰途」と題して、花遁はこの翁と聯句を試みている。序中でも「子登（花遁）先輩トシテ余ヲ視、往来、絶エザル者、三十年一日ノ如キ也」と記されている。

月形質は福岡藩儒で、鶉窠《しょうか》と号した詩人である。この山陽の西遊の頃は、彼は既に還暦であった。

月形鶉窠（一七五七―一八四二）、名は質、字は君璞、通称市平。世々、福岡藩侯の料理人であったのが、この人に至って学藝を以て仕えることになった。

山陽が花遁宅に滞留していた頃は、丁度、退職して、自宅の裏山に小さな山荘を作り、悠々として詩作に耽っていたところであった。

鶉窠は元もと、山陽の叔父杏坪とは極めて親しかったし、また花遁とも同好者として往来していたのだから、この時、山陽と顔を合わせなかったということは大いに不審である。性来の凝屋だったらしい鵜窠は、やはりそうした癖の強かった杏坪の向うを張るつもりだったのだろうが、彼自身の贈った或る詩に杏坪が和韻して送ってきた、その詩韻を更にもう一度採って、同韻の詩ばかりを書きつづけた。山陽の花遁宅にあった五月には、それが十五首できあがって、それをひと纏めにして引《いん》を記したところだった。

この老人は杏坪の才学には深く傾倒していた。しかし山陽は彼の眼にはその尊敬すべき友の不肖無頼の姪《おい》としか見えなかっただろうから、親しく交ろうとしなかったかも知れない。しかし、この畳韻の詩はやがて、凝りに凝って遂に一百首を数えるに至った。そしてそれを『山園雑興』と題して一部の詩集の体裁が整った時、鵜窠は旧友の姪で、そして十年ほど前、博多を過《よぎ》ったことのある山陽、しかも今や一流の詩文家として天下に名を挙げている山陽に、その草稿の一閲を依頼した。

『山園雑興』は後、天保三年(一八三二)九月に至って茶山の序と杏坪の跋と、それから山陽の書簡二通(文政十年三月の日附あり)とを附して出版された。その書簡のなかで、山陽は鵜窠を「父執《ふしゅう》」を以て遇している。この詩集が出来上って刊行された日の前後、京都では山陽が息を引きとりつつあった。

七言律詩による畳韻百首というのは、大変なことである。第一句(休)、第二句(酬)、第四句(舟)、第六句(秋)、第八句(流)の同じ脚韻で、百首を通すのである。つまり凡ての詩のなかに、舟だの秋だの流れだのが登場しなければならない。

しかも作者はその韻に縛られながらも、生活上、思想上の凡ゆる関心事を次々と表現している。或いは園中観物あり、或いは江戸の回想あり、或いは節女阿政を詠じ（お政については、山陽も花遁宅で主人に依頼されて一文を草している）、或いは博多小女郎を詠じ、角力を歌ったと思えば、大石良雄を歌い、或いは各所の地名に因んだ詩を作り、或いは時々の感慨を述べている。それは殆んど奇術的レトリックの遊びであり、そうした遊戯で、しかも成功した詩が少くないというのは、恐るべき手腕というの他はない。——そこではこの韻の予めの制約が、逆にイメージの飛躍的連結を可能とするという、フランス象徴派に見られるような奇蹟も実現している。

たとえば第六句の「秋」だけを見ても、「風廻《メグ》ツテ林叡、忽チ秋ヲ含ミ」だったり、「爛晴、麦熟ス、一丘ノ秋」だったり、「梅天ノ冷暖、転眸《テンボウ》ノ秋」だったり、「只ダスベカラク皮裡ニ陽秋アルベシ」だったり、といった具合である。

詩集中の一首で、山陽に関係のあるものを、ここに挙げておく。「懐ヲ山陽頼儒宗ノ京師ニ在ルニ寄ス」

曾聞駐馬石城休。恨不開尊一笑酬。才量古今推八斗　游蹤天地任孤舟。
旧交飜覆雲将雨　老況荒涼春換秋。洛下書生誰異撰　労君裁正幾門流。

（曾テ聞ク、馬ヲ駐メ石城ニ休スト。恨ラクハ尊ヲ開キテ一笑酬セザルコトヲ。才量古今、八斗推シ、游蹤天地、孤舟ニ任《マカ》ス。旧交翻覆、雲、雨ヲ将《ヒキ》ヰ、老況荒涼、春ヲ秋ニ換フ。洛下ノ書生、誰カ撰ヲ異ニセン、君ガ裁正ヲ労ス、幾門流ゾ。）

石城は博多の異名であり、鶴窠は山陽が花遁宅に滞在中、酒を酌み交す機会を逸したことを残念がっているのである。そして、遠く九州の地から、山陽の活躍ぶりを喜んでいる。田舎にいる老人にとっては、文政五年（一八二二）頃にはもう、山陽はその学藝によって京都学界を征服しているように見えたのだろう。しかし実際は、山陽の名声のなかには、スキャンダルの要素も多く、鶴窠が彼の名を聞く機会が、京都の他の諸儒の場合よりも頻りだったとしても、それは必ずしも純粋な評価によるものばかりではなかった。つまり、山陽の存在は派手だったのであり、学藝の中心から離れている人にとっては、派手さと偉大さとは屢々混同した印象を与えるものであることは、今日も一世紀半前も同じことだったろう。当時の京都学界の現実的地位からして山陽を「頼儒宗」と呼ぶのも溢美に過ぎて、幾分の滑稽感を免れ得ない。——しかし、全国にこういう悪気のない崇拝者が散在していたことによって、山陽は「文豪」となることができたのだし、それが後半世の山陽の経済生活にも、大いに役立つことになった。そして山陽のような勤勉な人間にとっては、経済的な不安からの解放は、その仕事にとって質量共に有利に働くことは間違いない。尤もそうした「悪気のない崇拝者」たちは、機会あるごとに上洛して水西荘を襲ったから、そのような「田舎物」に貴重な時間を奪われることに、山陽自身、悲鳴を挙げてもいる。また尤も、そんな不平を鳴らしながら、一方で不意の訪問者を引き留めて、時間を忘れて議論を聞かせるようなことを愉しみとしている面も山陽の性格のなかにあったので、実は不平を言うなら、自分自身のその性格に対してすべきだったのである。更に、思いがけない優遇に感激した崇拝者たちは、国に帰ると土産に貰って来た書を近隣に見せびらかして、山陽先生の気焔を再現して廻っただろうから、彼の名声は愈々華やかに流布して行くことになった。それを山陽自身の宣伝癖ととるのは、私はシニカルに過ぎた見解だと思う。彼は己れと心の通わない人間にまで、世辞を使ってみせるには、余りにも自己に忠実な我儘者であったのだから。

山陽が博多に到いて、行李を花遁の邸に置くと、先ず訪問したのは亀井《かめい》昭陽《しょうよう》であった。頼家と亀井家とは、先代以来の交際であった。山陽の父春水と昭陽の父南溟とは、大坂時代の青春の友であった。そして、十代の終り頃に山陽の作った「蒙古来」の詩を激賞して、自分の書斎の壁に張り、訪問者たちに、親友の嗣子の自慢をしたのも南溟だった。

更に少年時代の山陽久太郎は、古賀精里の子、寿太郎（穀堂）と、南溟の子、昱《いく》太郎（昭陽）と共に「三太郎」と併称され、世間は寛政の三博士の次の時代の学界を指導するのは彼等だと目していた。（三博士は既に、栗山柴野彦助、二洲尾藤良助、精里古賀弥助、の故を以て、「三助」と呼ばれていた。）

そのようにして少時から、山陽と昭陽とはライヴァルであった。しかも、山陽は武家の歴史『日本外史』を自ら代表作と信じていたし、昭陽は古代史『蒙史』の著述を以て、自らの学問の成果と思っていた。二人が顔を合わせて、史学の話になったのは当然である。寛政頃から、儒者たちは一斉に我が国史に関心を示し、中井竹山、履軒の兄弟にも『逸史』（徳川氏）、『通語』（武家時代）、また武元北林には『史鑑』（通史）の著があった。昭陽、山陽の著述もその機運に乗ったものである。このナショナリスムの傾向が次第に進んで行って、半世紀後の攘夷論にまで尖鋭化して行くのである。

亀井昭陽（一七七三―一八三六）、名は昱、字は元鳳、号は昭陽のほか空石、月窟《げつくつ》など。この時の山陽の詩「亀井元鳳招飲、賦贈」は「藝城手ヲ分チテヨリ夢、空シク尋ヌ」ではじまる。二人はかつて広島の春水邸で出会ったことがあったのである。この詩は次の二句で終る。「風樹、知ルヤ君、我ガ感ニ同ジキヲ。酒間、涙アリ、暗《ヒソ》カニ襟ヲ沾ス。」風樹ノ嘆とは、亡親を慕う思いを言う。

山陽が遥かに懐かしがっていた南溟は、既に文化十一年（一八一四）に、異学の禁以来の周囲の迫害によって、心疾を発して焼身自殺をしており、春水もまた三年前に世を去っていた。ふたりの遺児同士は同じ歎きに、先ず暗涙にむせんだのである。

しかし、このようにしてお互いに交りを深めてみると、その学風の相違が改めて両方に判って来た。しかも、山陽の拘束のない辛辣な言葉は、屢々綿密な学者である昭陽の神経を傷つけたようである。

後に、或る人が昭陽にインターヴューをして、彼の山陽観を探ねた。

「人物如何――奇才子也――学術如何――無何也。」

才気はある、しかし学問はない、というのが昭陽の意見だった。特に、山陽が昭陽の日記の文章を褒め、彼の代表的著述である『蒙史』をペダンチックに過ぎると否定したのが、昭陽に山陽を無学だと判定させることになったのだった。

これは二人の、歴史に対する理想の相違から来た見解の対立で、やむを得なかった。『日本外史』は平明な文体によって、多数者に訴えるように書かれている。しかし『蒙史』は経書に精通したものでなければ読めないような、ハイ・ブラウのものだった。

山陽は『蒙史』の文章を一閲しただけで、これでは史書としては流通しない、と直言を吐いた。それを昭陽は、山陽に学識がないため、と解釈したわけである。

山陽は後に、昭陽のことを敬所に向って「九州の田舎者で、現実感覚がない」と批評したことは、既に紹介した。――しかし、彼等の父執たる古賀精里にとっては、山陽も昭陽も共に堕落した偽学者であり、三太郎のひとりである自分の息子の穀堂に、彼等との交際は固く禁じていた。だがお互いを同一の型だと思われることには、山陽も昭陽も我慢できなかったことだろう。歯に衣を着せない山陽と、父親譲りの我執の強い昭陽とでは、所詮、うまは合う筈はなかった。昭陽については、広瀬淡窓がこう記している。「行状謹厳ナル人ナリ。（中略）終身娼妓ノ類ニ近ヅカズ。幾《ホト》ンド二色ナキニ近シ」。又「昭陽ノ学問ハ父ニ勝リ、広量ハ及バズ」（『儒林評』）。これでは到底、山陽とは心を通い合わすことはできない。

しかし山陽が博多を去ったのは、昭陽と気まずくなったからでもなく、彼自身、飽きたというのでもなかったらしい。実は福岡藩の儒員たちによって放逐運動が起ったからである。山陽は年少から素行が修らず、しかも脱藩して放浪している、甚だ怪しからん人物だ、というわけだった。

儒員中の二人の者が山陽と交際したというので、藩庁は彼等に、

「重く被二召仕一候身分を以て妄りに他国無頼之者と相交候義、不届也。」

という譴責を加えた。

藩主の侍読だった学者が山陽を罵って「江戸奴め」と言ったと伝えられているのは興味がある。山陽の簡率さ、軽佻さ、が九州人には江戸児《こ》に見えたのである。

山陽は落人《おちうど》のように博多を去らなければならなかった。或る人が衣服を更めて見送りに出ると、山陽は駕籠のなかから「色男はここにいるよ」と呼びかけたと伝えられている。負け惜しみの強い彼は、虚勢を張って、ふざけて見せたのであるが、素朴な見送人は、そこにも山陽の「磊落」さを発見して感心した。

博多を逃げ出した山陽は佐賀へ行った。

佐賀には三太郎のもうひとり古賀穀堂が儒官をしていた。先代の精里以来、佐賀藩の儒学は古賀家によって支配されていたから、山陽はここでは暖かい塒《ねぐら》にありつけるものと当にしていたのだろう。しかし、生憎く穀堂は長崎に出張中であった。(穀堂とはやがて、長崎で落ち合うことになる。)

しかし、佐賀にはやはり精里門の草場佩川《くさばはいせん》がいて、大いに歓迎してくれた。

草場佩川(一七八七—一八六七)、名は韡、字は棣芳、磋助と称し、佩川、宜斎、玉女山樵、

濯纓堂主人などの号を持っていた。

その著述の公刊されたものに、『珮川詩鈔』四巻がある。序の小竹は「珮川」と記し、跋の旭荘は「佩川」と書いているから、両用されていたものらしい。後、嘉永六年（一八五三）刊の『摂西六家詩鈔』のなかの『珮川漁唱』は各頁の耳のところは「佩川」となっている（珮、佩は同字である）。

この『珮川詩鈔』の序で、篠崎小竹は「先生、自ラ詩ヲ以テ年譜ニ代ヘ、号シテ詩暦ト曰フ」と述べている。又、例言で嗣子船山《せんざん》は「家君、今年六十又三、詩ヲ賦シテ率《オホム》ネ一万五千余首、二百五十巻ヲ為ス」と註している。つまり佩川は日記の代りに、毎日、詩を作りつづけていたので、厖大な生産量だったのである。しかも、当時の人々が作詩のエグゼルシスに試みた、一夜に百首作るということもやっているから、その身の丈に余る草稿のなかから、僅か六百首を選んで詩鈔を編むのは楽な仕事ではなかったろう。（同じ例言によれば、「其ノ文章ノ如キ、亦、年ニ大冊ヲ成ス。山陽頼翁、嘗テ評シテ、詩ニ勝ルコト数等ナル者アリト為ス。而シテ未ダ綜理ニ遑《イトマ》アラザル也」。散文の方も負けぬ分量があったらしい。とにかく驚くべき「書き魔」であった。）

文化七年（一八一〇）、山陽が茶山の塾を預かっていた時、佩川が江戸よりの帰途、黄葉夕陽村舎へ旅の草鞋を脱いだのが、二人の初会見であった。

その年の終りに、幕府は韓使に応対するために対馬に使者を送ることになり、林述斎が正使に、古賀精里が副使に任ぜられた。述斎は松崎慊堂を随員に指名した。そこで、神辺から逃げ出したがっていた山陽は、叔父尾藤二洲を通して、昌平黌での二洲の同僚たる精里に随員にしてもらおうと運動した。しかし、山陽の行状に嫌悪と軽蔑としか感じていなかった精里は、それを拒否し、代りに草場佩川を任命してしまった。佩川は山陽の叔父杏坪などと同じように、現代中国語に通じていて、それによって朝鮮使節と自由に意志の交流ができた。彼等と詩を唱和するにも、清《シン》音によって行ったのである。

佩川は初め、佐賀の支藩である多久侯に仕えていた。その頃、藩侯は若年で「才気自ラ任ジ」国政を執るのに危気があった。政事に参与していた佩川は、そうした若い殿様に「古者徳化ノ言アリ、未ダ才化ヲ聞カザル也」と諌言して、改めさせた、というのは有名な逸話である。(『詩鈔』小竹序)。

『詩鈔』のなかで、この山陽の佐賀訪問の痕跡を探そうとすると、応酬の詩は間違いなく作られたのだろうが、選からは洩れていて、その代りに「遊龍《イウリユウ》彦次郎ニ寄ス」一首がある。詩引によると「聞ク、頃《チカゴ》ロ、劉伯子頼子成ト同ジク舟ヲ泛《ウカ》ブト。因ツテ昔遊ヲ憶フアリ。」

遊龍氏は長崎の訳官であり、この詩は山陽が後に長崎へ行ってからの作である。詩中に「花辺ニ延佇《エンチヨ》シテ予ガ美ヲ思ヒ、月下ニ分明ニ彼ノ姝《シユ》ヲ夢ム」とあるから、長崎での山陽の遊び振りは、やはり極めて脂粉の香りの強いものとして、佩川の耳にも入っていたのである。この旅で山陽について来ていた弟子の後藤松陰は、途中で母の病気のために引き返したので、この舟遊びに加わることができなかった。そこでこの詩の頭評に「僕、崎ヲ辞シ、郷ニ還ル。ソノ高興ヲ聞キ、今ニ至ツテ憾ミト為ス」と残念がっている。

翌年には佩川は亀井昭陽に詩を寄せている。その引に「当時、藝筑、文事相ヒ競フ。五亀七頼ノ名アリ。」佩川も昭陽と山陽とをライヴァルと目していたのである。

「巻之二」の後尾に山陽が評を載せている。

「公ノ詩、自ラ言フ。以テ日録ニ代フト。ソノ光景ヲ存シ、他日ノ憶ニ供スル耳《ノミ》ト。此ノ論、僕ト吻合ス。(中略)五古、直チニ情景ヲ叙スルハ、天然、彫飾ヲ去ル、芙蓉ノ水ヲ出ヅルガ如キヲ覚ユル也。」

文政十一年(一八二八)には、京都の山陽のところに、佩川の弟子の西鼓岳《こがく》という多久藩の儒員が訪ねて来た。兼ねて山陽の欲しがっていた画竹を、佩川は弟子に託して山陽に届けさせたのである。それに添えて詩「君ヲ懐カシム、緑竹ノ如シ、底《ナニ》ニ縁《ヨ》リテ平和ヲ問ハン。」

やがて西生が国に帰って来て、山陽の挨拶を伝えた。弟子の報告を聞いて佩川は詠じた。

「遥カニ想フ、水楼、佳月ノ夜、琵琶ノ酔曲、興マサニ豪ナリシヲ。」

山陽は鼓岳に、自慢の平家琵琶を弾き語って聴かせたのである。門弟たちは先生の平曲につき合わされるのを閉口して、逃げ廻るので、この遥かな客がその犠牲者とされてしまったのだった。

同じ文政十一年、佩川は主君の参覲交替に従って出府し、翌年早々、帰国の途中で、大坂に寄った。

彼は大坂へ到くと直ぐに、小竹に宛てて、「子成(山陽)ノ至ルヲ待ツ」という詩を贈った。小竹はその詩に次韻して返事を寄越した。そこで、また佩川はその韻を次いで、早く山陽に出てくるように、催促した。

春水映門藍色清　恰宜朝起洗余酲　扁舟昨夜人来否　隔岸黄鸝求友声

（春水、門ニ映ジ、藍色清シ。恰《アタカ》モ宜《ヨ》シ、朝起、余酲ヲ洗フニ。扁舟、昨夜、人来レルヤ否ヤ。岸ヲ隔テテ黄鸝《クワウリ》、友ヲ求ムル声。）

佐賀藩の蔵屋敷は堂島川沿いにあったのである。小竹からの返書は、丁度、佩川が起きて、二日酔いを覚ますために、顔を洗っているところへ到いたのだった。

山陽が出てくると、小竹と三人で、難波の豆茶屋に遊んだ。そして、山陽の顔を見ていると、嘗て茶山の塾を問うた頃の思い出が、油然と浮び出て来た。旗亭から眺めるあたりの景色まで、神辺のそれに見えてくる。「相対スレバ恍トシテ疑フ、曾テ遇ヒシ地、楼前、多少、夕陽ノ村。」

二十年前の想い出は尽きない。三人は「二十年」の文字を用いて、夫々に詩を賦した。山陽は「黄葉斜陽已二十年」、佩川は「石火光中二十年」……

山陽は、父春水の十三回忌のために、その足で広島へ向った。その送別の詩、

帆馬千余里　敬君寧母情　波揺残夜夢　花迓半春行

各自憐萍迹　偶然訂鷺盟　一樽兼会別　愛惜未全傾

（帆馬千余里、敬ス、君、母ヲ寧スル情。波ハ揺ル、残夜ノ夢。花ハ迓《ムカ》フ、半春ノ行。
各自、萍迹《ヘイセキ》ヲ憐ミ、偶然、鷺盟《ロメイ》ヲ訂ス。一樽会別ヲ兼ネ、愛惜、未ダ全ク傾カズ。）

山陽は父の年忌といっても、実は母の顔を見るのが愉しみだったのであり、それを佩川は羨ましがっているのである。

一旦、帰郷した佩川は、今度は主君が大坂へ出掛けることになり、彼もまた引き返すことになった。

山陽の方は、父の年忌を済ますと、母を連れて帰洛していた。思いがけなくも、同年に二度、ふたりは会うことになったのである。

佩川は来坂と同時に、また小竹を訪問し、そしてその場で小竹の「子成ノ水西亭ヲ訪フ」という詩に次韻して、山陽に寄せた。

濺枕湍声近　圧欄山色来　鷺群観筆戯　客到払琴埃
翠簟漣漪浸　銀盤氷玉堆　何人隔籬住　呼取尽余杯

（枕ニ濺《ソソ》グ湍声《タンセイ》近ク、欄ヲ圧シテ山色来ル。鷺群《ガ》レテ筆戯ヲ観、客到レバ琴埃《キンアイ》ヲ払フ。
翠簟《テン》ニ漣漪《レンイ》浸シ、銀盤ニ氷玉堆《ウツタカ》シ。何人カ籬《リ》ヲ隔テテ住ム、呼取シテ余杯ヲ尽サン。）

時は夏、椽《えん》の簾に川波の影が戯れ、皿には涼しい菓子の白玉《しらたま》が盛られている。――山陽の頭評「公未ダ僕ノ亭子ニ来ラズ。而モ語々、実歴ノ如シ。神交ト謂フベキ也。」佩川はテレパチックに山紫水明処の情景を幻視したのである。第七句の「何人隔籬住」の傍らに、更に山陽は細字で「舞妓而已」と註している。水西荘の垣隣りは藝者の家だった。呼んで一緒に一杯やろうというには、梨影夫人の手前、適当な相手ではなかった。茶山が遥かの神辺から、この家の環境を想像して皮肉を言ったのは、正に当っていた。

そのような或る晩、山陽と小竹とが「沓《ケン》ヲ携ヘテ」舟遊びをしたのに対して、佩川は藩邸でひとり情景を想像して詩を贈った。実は二人が誘いに来たけれども、藩邸の厳しい門限に制せられて、佩川は出られなかったのである。その詩の頭評に山陽は「暗ニ両家ノ荊布ヲ指ス、人ヲシテ愧《キ》死《シ》セシム」と書いている。荊布は、かみさん、女房というようなニュアンスの言葉。夫婦連れを恥じて死にたくなるというのは、どうも大袈裟すぎよう。それに「窈窕《エウテウ》タル歌声、風外ニ聴ク、双仙、那処ニ去リテ一《イッ》舸《コ》ヲ揚ガル」という佩川の想像も、相手が細君にしては、艶麗に過ぎよう。

六月二十五日、佐賀藩邸前に設けた「小棚《さじき》」に佩川は山陽、小竹を招んで、共に天満宮夏祭りの舟渡御を見物した。「憶吾西海不知火」。佩川は堂島川の篝《かがり》が橋の高張提燈と相い映ずるのに、故郷の不知火《しらぬい》を連想して郷愁に駆られたのである。

佩川はまた、この所、連日、山陽が母梅颸と連れ立って出歩いているのを見て、羨ましさに耐えなかった。「随処ニ羨ム、君ノ膝下ニ陪スルヲ。吾レ来リテ母ヲ奉ズル、又、何年ゾ。」

この夏に、山陽と佩川との友情は深まるばかりだった。主人持ちの佩川は自由に交際できないことを苛れて、「天子呼ビ来レドモ、船ニ上ラズ」という李白の身を妬んでいる。

天保元年（一八三〇）、京都に大地震があった。佐賀にいた佩川は、山陽の身を案じて、早速、見舞いの長詩を贈った。「借問《シャモン》ス、山紫水明亭、今日、果シテ顛墜《テンツイ》ナキヲ得ルヤト。」

天保三年（一八三二）、九月二十三日、山陽、逝く。佩川の「頼子成ヲ哭ス」という詩のなかに、「酔ヲ扶ク東山ノ妓」という句のあるところからみて、佩川も山陽が一生冶遊に明け暮れていたと想像していたようである。

やがて、小竹から山陽の「喀血詩」の写しが送られて来た。佩川は直ちにそれに次韻して「吾レ、君ノ訃ヲ獲テ双眼、血ナガル。肝胆、乍《タチマ》チ冷エ、心、乍チ熱ス」と詠じだした。後藤松陰の頭評に「僅カニ起句ヲ読ムニ、機（松陰）ヲシテ亦、眼ニ血ヲ生ゼシム。卒読スルニ忍ビズ。」

「巻之四」の巻尾に、文政十二年（一八二九）八月の山陽の評が載っている。

「公ノ詩、多キヲ患フ、一ニ非ズ。才藻ノ多キヲ患ヒ、書巻ノ多キヲ患ヒ、篇什ノ多キヲ患ヒ、意趣ノ多キヲ患《ウレ》フ。僕輩、尽《コトゴト》ク之ニ反ス。マサニ自ラ鞭策スベキ所。試ミニ之ヲ承弼（小竹）ニ質《タダ》セバ、渠《カ》レ何トヤ云ハン。」——

佩川の周旋にも係らず、佐賀藩の儒員たちの山陽に対する空気は敵対的だった。藩校内の賜金堂での歓迎宴の席上、ある者は『大学』を示して、その学説を問うという形で、山陽の無学を嘲り、ある者は武術の心得を訊いて、恥をかかそうとした。——尤も、佐賀藩の儒風は、その創立者古賀精里の方針で、文武両道の練磨というところにあったのである。

しかし、席末にいたひとりの、山陽と同年配の男は終始、彼に好意的な微笑を送っていた。それは中村嘉田《かでん》であった。

中村嘉田（一七七七―一八三〇）、名は咸一、字は士徳、嘉田、白崖と号した。通称は一之助である。

彼の『花竹堂詩文抄』中に「賜金堂ニ初メテ頼山陽ニ逢フ」の詩がある。その第三、四句「双瞳今日、初メテ瑩徹《エイテツ》、縦《ホシイママ》ニ暗中ニ真ヲ失ハザラシム。」――山陽は後にその詩を「今ヲ去ル十余年、猶ホ、其ノ眼ノ青キヲ憶ユル耳」と、感慨深げに評している。

更に、同じ『詩文抄』中の「頼子成ニ贈ル。其ノ賜金堂席上ノ詩韻ヲ用フ」という詩のなかに「君自ラ事々、千古ニ足ル。区々、豈《アニ》、窮達ノタメニ嗟《ナゲ》カンヤ」のような知己の言がある。

これはひとつには、嘉田の生い立ちが、他の世襲の儒官たちのような坊ちゃん育ちとは異っていたために、それがこの、アカデミックな教養にも欠けた、流浪の旅を続けている山陽に対して暖かい同情を感じさせることにもなったのだろう。嘉田自身、屢々同僚たちから同じような冷たい視線を浴びせられることがあったのだろうから、山陽が席上の膳に上った鯨肉を珍しがって、わざと陽気さを装って「捕鯨歌」というような詩を作ってはしゃいでいるのを見ると、嘉田はこの初対面の男の心の底の孤独感が、身にしみるように判る気がしたに相違ない。

同僚古賀穀堂の「中村助教墓誌銘」によると、嘉田の父は罪を獲て田舎に逼塞していた。母が嘉田を孕んだ時は、赤貧のどん底で、到底、子供を育てることはできないというので、堕胎されることになった。ところが夢に神が現われて、母の腹を指さしたので、驚いて生むことにした。そのようにして生まれた嘉田は、学問好きな子供になったが、勉強どころではなかった。或る晩、彼の寝ている枕許へ、親戚の女が来て、この子に野菜の担ぎ売りをさせたらどうだと両親に勧めた。少年は急に跳ね起きて、大声で泣き出した。それで両親も諦めて、無理をして学校に入れてやった。やがて父の罪が晴れて城下へ戻ることができたので、それから精里のもとで大いに苦学して、遂に藩校の教官となることができた。——しかし、山陽の粗服を纏い、あたり構わぬ大声で礼儀も無視した振舞いを眺めていた嘉田は、もし自分も人並以上に身を謹まないでいたら、恐らくこうなっていただろうという感慨を覚えないではいられなかったろう。彼は山陽のうえに、自分が堕ちこむことを辛うじて免れた境涯の刻印を見たのである。

だから、帰洛後の山陽が、次第に文学界に頭角を現わして行くのを、遠くから望見して、大いに安堵し慶賀したことだろう。そして、その好意と共感との高まりが、遂に自分の詩文を山陽に送りつけて、評閲を依頼するにまで至らしめたのである。

山陽はその草稿を開きながら、あの苦しかった窮迫の旅を想い、そしてあの居辛かった招宴の席上で、終始、自分に対して暖かく接してくれていた嘉田のことを、改めて感謝と共に思いやっただろう。

今日、私たちの見ることのできる『花竹堂詩文抄』は、その稿本が山陽の批が入って送り返されて来た後、一時失われていたが、後になって改めて発見された機会に、曾孫によって出版されたもので、刊行は嘉田歿後、半世紀以上を経た、明治二十六年（一八九三）である。その上巻には篠崎小竹の、下巻には山陽の文章が、それぞれマニュスクリをそのままに、ファク・シミレとして実物大に再現されて、折りこまれている。……（古賀穀堂による嘉田の「墓誌銘」の終りに、今日から見て興味深い数行があるので、序《つい》でにここで紹介しておく。「国歩ノ艱ニ方《アタ》リ、世、皆、儒者ヲ軽詆《ケイテイ》シテ、無用ト為ス。君、独リ能ク弥縫シテ倦マズ、風教ヲ維持ス。其ノ文風墜チズ、生員減ゼズ、国ノ恥タルナキハ、君ノ力也。」——新しい歴史の展開に際して儒学が役に立たなくなって来た、という意見が、当時一般的になりつつあったのである。丁度、山陽がこの西遊に出発する直前に、菅茶山も、山陽の弟子の松陰に向って、近頃は皆、儒学を軽んじて、西洋の実際的学問ばかりやりたがると愚痴を言っている。——維新以後、急速に支配的になったこの傾向は、十九世紀のはじめから、既に現われていたのであった。）

さて、山陽は佐賀藩儒たちの冷たい空気に閉口したのか、わずか一両日で早々に長崎に向う。恐らく旧友穀堂がその地にあることを、佩川から聞いたからだろう。

長崎で出逢った二人の旧友は、土地の訳官遊龍彦次郎（号梅泉）の案内で、大いに歓を尽した。後にこの時の追憶を穀堂はこう記している。（「僧大含、蔵スル所ノ頼子成が耶馬渓図ニ題ス」)

「記ス、今ヲフル十八九歳、子成ト長崎ニ邂逅ス。舌人、游龍梅泉、楼舎華潔、饗給頗ル豊カ、燭ヲ秉《ト》ツテ燕ヲ設ケ、歌妓、酒ヲ佐《タス》ク。ソノ琹《キン》研卓礫《タクテフ》、酒漿炙臠《シャレン》、宛然支那也。(中略)又、舟ヲ檥《ギ》シ同ジク絡南山下ニ游ブ。明月天ニアリ、水波起タズ、子成、筆翰飛ブガ如ク、逸気《イッキ》、雲ヲ凌ギ、舷ヲ扣《タタ》イテ叫呼シ、鳧鷗《フオウ》驚キ散ズ。」――この盛況を伝え聞いて、羨ましがって作った佩川の詩は先に紹介した。

古賀穀堂(一七七七―一八三六)、名は燾《とう》、字は溥卿《ふけい》、通称は修理、後、藤馬。精里の長子、従って侗庵の兄である。

彼は父精里が佐賀藩の儒員から、昌平黌の教授に抽かれた跡を襲った。父の厳禁にも係らず、穀堂は平然として山陽と親交を続けた。こうした抜けぬけとしたところが、穀堂の真骨頂だろう。

彼の撰した「頼子成ヲ祭ル文」を見れば、彼がいかに山陽に惚れ抜いていたかが判る。

「我ガ子成ニ至ツテ、文才天授、別ニ生面ヲ開ク。文ハ八家ヲ宗トシテ、而モソノ範囲ヲ承ケズ。詩ハ宗元ニ歩趨《ホスウ》シテ、而モソノ圏套《ケンタウ》ニ堕サズ。(中略)操觚《サウコ》ノ徒、相ヒ顧テ色ヲ失フ。(中略)ソノ京ニアルヤ最モ久シ。文名巋然《キゼン》、海内ニ衣被シ、読書子、之ヲ仰グコト猶ホ瑞星祥雲ノ如ク、間マ、毀誉不公、且評変乱アルモ、而モ隠然、文壇ノ牛耳ヲ執ル者、数十年。(中略)之ヲ要スルニ、本邦、古ヨリ今ニ及ビテ、詩文二途ニ於テ、未ダ駕シテソノ上ニ出ヅル者有ラザル也。書画ハソノ余事ト雖モ、亦、優ニ神品ニ入ル。文苑ノ全才、藝林ノ鉅《キョ》匠《シャウ》ト謂フ可シ矣。」

賞めて賞めて賞めちぎった、という文章である。そうして、その文章の裏に流れているのは、惜しくてならぬ親友の死の悲しみなのである。いくら賞めても彼は生き返ってはこないという嘆きが、この文章の調子を昂ぶらせているのである。

山陽は霞亭の墓碑銘において、過褒に陥ることを心して避けた。それも友情である。穀堂は山陽を祭る文において、亡友を天まで持ち上げることを辞さなかった。それもまた友情だろう。

穀堂は生前の山陽に面と向っても、「当今、海内ノ朋ヲ屈指スレバ、才名、君、独リ自ラ超乗ス。詩ハ陌上《ハクジャウ》ニ伝ハリテ歌声遍ク、賦ハ都門ニ就イテ紙価騰《アガ》ル」というような詩を贈っている。

又、一時、山陽の弟子となっていた米華中島子玉に送った返書中でも、「関西、唯ダ一頼子成アリ、試ミニ文才ヲ論ズレバ、即チ余子ハ終ニ応ニ一籌《チウ》ノ遜スベキ耳」と、山陽を絶讃している。

父精里、弟侗庵が江戸において、同時に昌平黌教官としての栄誉に包まれているのを、悠々と見送っていた穀堂は、人に追い抜かれることを、何の苦痛とも感じない性分だった。

穀堂は旧友の山陽が、人々に悪くばかり言われるのが口惜しかった。だから彼の名声が日に日に高まって行くのは、愉快に耐えなかったのだろう。

穀堂は「棣芳《テイハウ》（草場佩川）ノ東游ヲ送ル序」のなかで、佩川と嘉田と、他にもうひとり実松某の三人の名を挙げ「皆、才、我ニ長ズ。而シテ先ンジテ我ガ志ヲ得シ者也」と述べ、続けて「余不才ニシテ多病、志ヲ成ス能ハズ。故ニ余ガ志ヲ観ント欲スル者ハ、此ノ三人ヲ視レバ即チ以テ余ガ志ヲ得ベシ」と言っている。またその文末で「東都、吾ガ弟曄卿《エフケイ》（侗庵）ナル者アリ。ソノ才ト学ト、遠ク我ニ過グ」とも記している。彼は知友を推重することを喜びとする、寛大な人物であった。

「余不才ニシテ多病」という事情については、弟、侗庵に与えた復書のなかでは、もう少し精しく述べている。――彼は幼時はのんびりした性分で、努力ということができなかった。その上、「嬰疾《エイシツ》十余年」、次つぎと病気にかかり、眠ることも食べることも充分にできなかった。その結果「摧残《サイザン》ノ余、旧業瓦解」してしまった、という。「古人曰ク、人生ノ事業、正ニ二三十時ニアリ。然シテ三十ニ至レバ、気力、已ニ衰フ。」彼は自己形成の重要な時期を、呑気と病気とによって空費してしまった、と自己批判しているのである。

そのように悠々として、人生の後列について行ったように見える人物は、しかし、単なる庸材ではなかった。佐賀藩における穀堂の名は、決して一族を恥かしめるものではなく、藩侯の信任も篤く、年寄役に進み、禄五百石を食《は》んで終ったのである。世間的には成功した人生である。ただそのために刻苦することをしなかっただけなのである。

彼は山陽のような激しい競争心の所有者ではなかった。だからその詩文には、感情の放蕩は見られない。又、小竹のようなよく気の廻る処世家でもなかった。だから、その書くものに、俗物的な卑しさもない。

それ故、『穀堂遺稟抄』八巻は、まことに落ちついた、上品な、快い読物となっている。読んでいる間に、人は人生と和解することの安らかさ、心の平和の愉しさについて教えられ、しかもその境地に達するためには、いささかの妥協の必要もない、ということを知るだろう。ただ穀堂となるに必要な唯一のものは、心の美しさ、それも古典的なストア的な美しさである。

その『遺稟』中の詩を見て行くと、「自相」——「自ラ相スルニ侯骨ナシ、兼ネテ知ル道風少シ」。それが彼自身の観た人相であり、「心身海鳥ニ塡《ウヅ》マリ、歳月書虫ニ食《ムシバ》マル」、旅と読書とがその一生であった。そして「敝裘《ヘイキウ》、破屋ニ栖《ス》ミ、猶ホ自ラ英雄ヲ説ク」が、その自嘲であった。

「水上梅影」
渓上梅如雪　清漪乱縠紋　浮香迷水族　鱗影走波臣
変幻疑冥府　彷徨遇洛神　尋常非一様　林下淡粧人
（渓上、梅、雪ノゴトク、清漪《セイイ》、縠紋《コクモン》ヲ乱ス。浮香、水族ヲ迷ハシ、鱗影、波臣ヲ走ラス。変幻、冥府カト疑ヒ、彷徨、洛神ニ遇フ。尋常、一様ニ非ズ、林下、淡粧ノ人。）

谷川の水に映った梅の影に、水の精を幻視するためには、精神と官能の高級な快適さが必要だろう。

――「病余韻語三十首」は、彼の生活の内面の種々相を、スナップ・ショットのように捉えている。その二三、

泛泛且従俗　矯矯自異人　名応蓋棺定　遮莫酔醒身

(泛々《ハンハン》トシテ且ツ俗ニ従ヒ、矯々トシテ自ラ人ニ異ル。名ハマサニ棺ヲ蓋《オホ》フテ定マルベシ、サモアラバアレ酔醒ノ身。)

懺悔少年時　儻蕩擲烏兎　欲収余燼来　奏功桑楡暮

(懺悔ス少年時、儻蕩《タウタウ》烏兎《ト》ヲ擲ツ。余燼ヲ収メント欲シ来リテ、奏功ス桑楡《サウユ》ノ暮。)

若年の時は、なすことなく過ぎてしまった。今や人生の残りの日は梢を薄く染めているばかり。……

美人応侍側　醞藉解風流　桃瞼押花映　春葱点茗柔

(美人ヲマサニ側ラニ侍サシムベシ、醞藉《ウンシャ》、風流ヲ解サン。桃瞼《タウケン》ニ押花映ジ、春葱《シュンソウ》、点《テン》茗《メイ》柔カナラン。)

病床の傍らで、美人が花の反映に瞼《ほお》を赤らませながら、優しい指で茶をいれてくれる。そ

れは枕もとの花を眺めながらの、ものうい空想なのだろうか。

黎明支枕起　繞陌売書声　改刻諸侯譜　新評三劇名

(黎明ニ枕ヲ支ヘテ起クレバ、陌《ハク》ヲ繞《メグリ》テ書ヲ売ル声。改刻ス諸侯ノ譜、新評ス三劇ノ名。)

病人は江戸の藩邸に寝ているのである。塀の外で流し売りの本屋の声が聞えている。武鑑の新版が出ました、歌舞伎の三座の評判記が出ました。……

窓暗燈欲死　遠鐘夢正回　跳梁屋上鼠　鈴響女奴来

(窓暗ク、燈《トモシ》ビ死ナント欲シ、遠キ鐘、夢、正ニ回《メグ》ル。跳梁ス屋上ノ鼠、鈴響キテ女奴来ル。)　女奴は猫。

病人は衰弱の身を寧ろ情趣深く感じている。清朝の粋人学者、老袁枚の小倉山房の境涯を気取っている気配もある。

暮夜喧如沸　歌謡行道人　新齣擬浄丑　高麗声逼真

(暮夜、喧、沸クガ如ク、歌謡ス道ヲ行ク人、新齣《シンセキ》、浄丑《ジャウチウ》ニ擬ス、高麗ノ声、逼真《ヒッシン》ナリ。）

藩邸は街中にあったのだろう。道を行く人が高麗屋の声色をやっている。当時の高麗屋は五代目松本幸四郎、実悪を以て鳴る名優であった。その時の新作狂言における彼の「浄丑《かたきやく》」というのは、仁木《にっき》であったか、権太《ごんた》であったか。……

——このように時の風俗にも敏感であった穀堂は、流行の詩題をも喜んで試みている。

「新嫁娘」

円髻脂脣時様同　向人低語問家風　斉眉挙案舅姑側　欲喚新郎満臉紅

（円髻脂脣《エンケイシシン》、時様ニ同ジク、人ニ向ヒテ低語シテ家風ヲ問フ。眉ヲ斉《トトノ》ヘ案ヲ挙グ、舅姑ノ側ラ、新郎ヲ喚バント欲シテ、満臉《マンケン》紅ナリ。）

今をはやりの丸髷姿の新妻が、古くからこの家にいる女中に向って、婚家のしきたりを小声で聞いている。そして夫の両親がそばにいるので、「あなた」と声をかけようとして声が出せずに臉を染めている。……

あるいは「隣人ノ箏ヲ理スルヲ聴ク」——「軽々撩々《レウレウ》、春葱ノ手、情ハ歌ハント欲シテ、且ツ止ム時ニアリ。」なかなか、細かい心理的観察である。

しかし、江戸の都会生活を離れて故郷に戻れば、彼はまた単調で長閑な生活を愉しむようになる。

「小洞天即事」

到骨貧中趣自奇　月花清福亦輸誰　詩嫌旧套新開面　談雑滑稽多解頤

（骨ニ到ル貧中モ、趣キ自ラ奇ナリ。月花ノ清福、亦、誰ニカ輸セン。詩ハ旧套ヲ嫌ヒテ新タニ面ヲ開キ、談ハ滑稽ヲ雑ヘテ頤ヲ解クコト多シ。）

「春宵思ヒアリ」

枕上梅花春夢清　醒来深夜四無声　閑愁一掬属何事　未向青山送此生

（枕上ノ梅花、春夢清シ、醒メ来ツテ深夜四モニ声ナシ、閑愁一掬《イッキク》、何事ニ属ス、未ダ青山ニ向ヒテ此ノ生ヲ送ラザルヲ。）……

山陽は長崎から熊本に移る。ここには父春水の友人、辛島塩井《からしまえんせい》がいた。彼は自宅に諸儒を集めて、山陽を招待してくれた。

しかし、山陽の奔放な行動は、忽ち藩の秘密警察によって尾行をつけられるというようなことになって、塩井のすすめで鹿児島へ移る。

山陽はどこへ行っても冷たい空気に迎えられた。体制内の儒官にとっては、この自由人は目障りであったのである。しかし、少年たちはいつの時代でも反体制的であり、アウトサイダーに憬れるものである。そこで私は当時、塩井塾にいた少年たちに、山陽がどのような印象を与えたかと思い、念のため、月田蒙斎《もうさい》と木下韡村《いそん》との集を翻してみた。しかし蒙斎の『詩集』『随筆』にも、韡村の『遺稿』にも、山陽という文字は一度も出てこない。

蒙斎や韡村は、次の時代の熊本藩の学政を執った人々である。山陽が後年、京都で名を挙げるに至った時、先輩たちは往年の放浪者についての想い出を、屢々聞かせてくれたに相違ないし、彼等自身、或いは塩井先生が山陽を招んだ時には、走使いくらいさせられたかも知れないのに。現に蒙斎は田能村竹田《たのむらちくでん》が熊本に来たときには、塩井の命令で「趨走周旋」している。それだけにこの沈黙は、故意の抹殺のようなものさえ感じられる。

そうした冷たい空気のなかで、鹿児島へ到くと山陽は、父代りの菅茶山に向けて、こういう弱音を書き送っている。

「扨《さて》西道処々、苦楽相半と申す内、十の八九は苦み候。時々自問、胡為乎来哉《なんのためにきたるや》、未レ免レ貽二有識之揶揄一候。（中略）如何なれば、小生は莵角《とかく》得二猜忌誹謗一候事にやと奉レ存候。」

下関で山陽の世話をした広江殿峯《ひろえでんぽう》は、そうした山陽が人々の眼にどう映っていたかを、或る人への手紙のなかで率直に書き記している。

「とかく銅臭強く、皆様御困り被レ成候と奉レ存候。」貧乏書生の漂泊の旅では、頼りになるのは金だけであり、しかも、この旅で金を貯めて、帰洛後は「一小宅」でも構えたいという計画であったので、しかもそうした目論見を、巧妙で婉曲な社交辞令に包むことを知らない山陽だったから、ただひたすら金に汚いという印象を与えることは免れなかった。そして、そうした世俗的貪欲は当時の儒者たちの最も嫌うところであった。

殿峯は更に続けて、

「私方へは天下の奇客、折々来訪候得共、同人（山陽）の如きは誠に前後壱人と奉レ存候。人物においては、第一気儘、可レ取処無二御座一候。右に付、此地滞留中、折々私申すには、先生の才学を除きたる時は、誰人も一宿も可二相断一、何ゆゑ天より才学を与へたまふと、時々閑談仕候事に御座候。」

そういうわけで、山陽は半年の旅寝の末にもう一日も早く京都の家へ戻りたくなっていた。そこで大急ぎで会い残していた友人たちを訪ねまわることにする。

――その最大のひとりは田能村竹田である。

山陽は岡城下に出かけて行く。そして、一泊の予定が一週間に延ばされた。竹田の方が放さなかったのである。それに環境がまた山陽には嬉しいものであった。

竹田《たけた》の町は、外部から入って行くのに、どの道を通るとしても、必ず山をくり抜いたトンネルを潜らなければならない盆地である。その盆地の中央の、切り立った崖のうえに七万石の中川侯の岡城が聳えていた。

そして谷あいの奇岩怪石のたたずまいは、南画の世界そのままである。京都に住んで南画を観れば、それは遠い海彼の想像的風景であるが、この地にくればそれは現実の目前の眺めなのである。（南画というジャンルにおける竹田の位置の特異さ、その長所も欠点も、この生まれた環境から出ているものと、私は推測している。）

今日でも、城山の裏手の日当りのよくない場所の苔むした石階のうえに、簡素な竹田荘は昔ながらの姿を見せている。足許の危い思いをしながら、母屋の狭い階段を昇れば、竹田と山陽とが笑談した二階座敷へ出る。それから、やはり狭い庭の片隅には山陽の泊った茶室がある。これも竹田流のシナ趣味の産物で、土間にはスレートを布いて椅子と卓を置き、壁は桜色に塗られている。雅であると共に艶である。

この時の竹田、山陽の交情は、竹田の『卜夜快語』中に精しい。

竹田は息子を山陽の迎えにつかわした。山陽はその「児太一」を「審視」して、「寧馨児《ネイケイジ》、瞳子清秀、マサニ必ズオアルベシ」と賞めた。ここまでは尋常の挨拶である。だが、直ぐこう附け加えた。「但ダ、人ハ愚痴ナルヲ要ス。愚ナレバ則チ貴、痴ナレバ則富マン。」君の息子は才人だから、出世もしまいし、金持にもなれないだろう。……

快語のなかには、昔の山陽の恋人の噂も出る。尾道の画人玉蘊女史は山陽に振られたので、もう京都へは出てこなくなったそうじゃないか。……

竹田《たけた》はその名の通り、竹林の町である。山陽は「明夜、重ネテ来リ、雨声ヲ聴カン。君ニ嘱ス、竹ヲ洗フモ、多クヲ洗フ無カレト。」竹田は早速それに答えて「四条新地、紅燭ノ前。憶フヤ否ヤ、薾々《ジジ》タル窓外ノ竹ヲ。」京都へ戻って、また祇園で遊びはじめたら、今夜の景色なんか忘れてしまうのではないのかい？——山陽の京都での遊蕩の噂は、この九州の山奥まで伝わっていたのである。

二人の間で問題になったのは、山陽の「昔の恋人」のことだけではない。山陽は竹田が出してみせた清人筆の「美人篝レ燈作レ画図」を、「今の恋人」江馬細香が欲しがるだろうと言って、竹田から召し上げている。

竹田の方の恋人の噂も、勿論、出たことだろう。竹田はこの年の春、記念画集『さくら帖』を形見に送って、愛人と縁を切ったばかりだったのであるから。

一週間はそのようにして、思いがけなく愉しく過ぎた。そして送別の席上で、山陽は傍らにあって彼のために墨をすってくれていた「酌婦」のお萱に特殊な関心を持つことになった。『大風流田能村竹田』の著者木崎好尚によれば、お萱はその夜、山陽の宿までついて行ったらしい。山陽の竹田にあてた礼状に、「緞子蒲団にまかれ、嬌糸脆竹を聴」いたとあるからである。

山陽とお萱との情話は、話題の乏しい田舎町では大評判となった。

翌年もまだその噂は続いていて、お萱は流行児となっていた。伊藤樵渓《しょうけい》という客が座敷へ招んで、その「容正妍麗《ケンレイ》、真ニ可憐児」なることを発見し、絶句を作った。その第一首に「竹田ノ麗句、山陽ノ字、此レヨリ阿萱ノ名、始メテ伝ル。」——送別会の席上で、竹田は山陽をからかう詩を作って、それを山陽に書き取らせたらしい。

樵渓の第二首に「艶歌、情極マル嬌眸《ケウボウ》ノ側《カタハ》ラ、豈ニ消魂ノ杜牧之莫カランヤ。」

その樵渓の詩を見せられた竹田は「僕、他日、阿萱ノ小照一幅ヲ作リ、上ニ此ノ詩ヲ題セバ、則チ寒邑ノ一韻事」と、調子に乗った。それではお萱さんのポートレートを描こうと、この有名な画家は張り切ったのである。
樵渓はこの竹田の書き入れの入った詩稿を、更に江戸勤番中の角田《つのだ》九華《きゅうか》に送って、評を頼んだ。九華も山陽の送別宴に列していたからである。その宴において九華自身の詠じた詩は次のようなものである。

　鶏犬声遥十畝地　詩人相逐此成双　墜葉埋庭雲遶樹　中有猗猗竹裡窓
　連榻対山又臨水　羅陳茶鼎与酒缸　山陽仙史称奇久　余興揮得筆如杠

（鶏犬、声遥カニ十畝ノ地、詩人相ヒ逐ヒテ此《ココ》ニ双ヲナス。墜葉、庭ヲ埋メテ、雲樹ヲ遶《メグ》リ、中ニ猗々《イイ》トシテ竹裡ノ窓アリ。榻《タフ》ヲ連ネ山ニ対シ、又、水ニ臨ミ、茶鼎ト酒缸《シュカウ》トヲ羅《ツラ》ネ陳《ノ》ブ。山陽仙史、奇ヲ称セラレテ久シク、余興揮ヒ得タル筆、杠《カウ》ノ如シ。）杠は旗竿の意か。詩人が双を成したというのは、自分のことではなく、竹田を指すものだろう。

角田九華（一七八四―一八五五）、名は簡、字は大可又廉夫、才次郎と称し、九華山房と号す。大坂の人、岡藩に仕えて藩校の教官となり、侍読から近習頭に進んで終った。『近世叢語』正続によって知られている。美術評論家と言うべきか。樵渓の送って来た詩に対する九華の評はなかなか手厳しい。
「此ノ女、遊妓歟《カ》、将《ハ》タ処子カ。即チ処子ナラバ、則チ山陽、何如ニシテ之ヲ顧ミン。」また「可憐児」については「此ノ三字、恐ラク山陽ノ胸中、火ヲ発セン。」また「人家ノ処女ヲ視ル、猶ホ遊妓婢妾ノ如キ也。軽薄甚シ矣。而シテ竹田、此ヲ以テ韻事トナス。笑フベキモ甚シ、阿萱、亦、幸中ノ不幸カナ。」――この九華の評から察すると、お萱さんは、「娼妓」ではなく、その料理屋の娘分か何かだったのかも知れない。

しかし、そのような冷評をした九華も朴念仁ではなく、次のような艶体の詩を得意とする風流人であったのである。

「燈火美人」

金鴨香銷夜寐遅　空閨無語有相思　柔腸欲断君知否　隻影粛粛剪燭時

（金鴨香銷シテ夜寐遅ク、空閨語ナク、相思アリ。柔腸断ツヲ欲ス、君、知ルヤ否ヤ。隻影《セキエイ》粛々トシテ燭ヲ剪《キ》ルノ時。）

とするとこの評も半ばは冗談として受けとった方がいいのかも知れない。

とにかく岡城下の山陽は、甚だ婉冶の空気に包まれていたようである。すると、この旅中の「孤衾、水ノ如ク、已ニ三年」という山陽の言も、幾分、信頼度を減ずるようになる。――大体、この頃の山陽は女性にもてるような振りをして喜ぶという性癖があったのである。そしてそれは生活上の不遇と表裏をなすものであった。

山陽と竹田とは、まことにうまの合う友人同士だった。山陽にとって竹田と遊んでいる時が、最も心の安まる時間だったろう。

山陽は岡城下で竹田と別れるに際して、「(京都では)春琴、登庵ノ諸君、合スル毎ニ必ズ云フ、竹田西ヨリシテ至リ、女子細香、東ヨリシテ至リ、詩画、社ヲ結マバ、吾輩ノ勝事了《ヲハ》ルト」と談った。それを『卜夜快語』中に記した竹田は、註を挿入して「鬚眉《シュビ》丈夫ニシテ、細腰女子ト並称セラル、ムシロ愧ヂン乎。然モ頭脳老醜ニシテ秋波春葱ト連呼サル、亦悦バシカラズヤ。一愧一悦。吾レ何レヲ執ラン。愧ヲ執ラン乎、悦ヲ執ラン乎。吾レ悦ヲ執ラン。」

この京都の山陽の仲間の望みは、後、文政六年(一八二三)、君主から一年間の休暇を貰って、竹田が京都へやって来たことで実現した。竹田は春琴の家へ泊ったり、山陽のところへやってきたりして、大いに愉しんだ。遊び仲間の小石元瑞あての竹田の手紙が数多く残っていて、その交遊ぶりは知ることができる。(蘭医元瑞の実証科学的精神は、自己の生活記録の保存蒐集にもマニアックな完璧さを押し通した。彼の身後に残した厖大な史料は現存する。)

天保元年(一八三〇)にも竹田は上京して、旧交を暖めている。竹田は年末年始の慌しい時を、山陽と元瑞との家を、行ったり来たりして泊り歩いた。その親しさの度合が知れるだろう。

こうした交遊を、九州の日田《ひた》の山奥から、冷然と眺めていた広瀬淡窓は「此人(竹田)、上国ニ於テ極メテ高名ナリ。(中略)後来、画名甚ダ盛ナリ。片紙寸錦ト雖モ、其価頗ル貴シ。頼子成相ヒ結ビ、互ニ声援ヲナセリ。是ヲ以テ名誉伝播スルコト速カナリ」と評した。

しかし、二人の交りを営業上の同盟と解釈するのは、田舎者らしい勘ぐりであると思う。二人は、遊んで愉しい仲間だから遊んだのである。

当時から今に至るまで、この二人の名前は、お互いに直ぐ引き合いに出されるほど、その交友が有名になっている。その友情の性質については、私は要するに「遊び友達」だったと解釈する。二人とも遊ぶのが人並以上に好きで、その遊びの内容も一致していた。詩酒放蕩である。彼等とそうした場でつき合うのは程々にしていた堅物の篠崎小竹は、山陽が死んだ時、彼は「女色」によって身を亡ぼしたと評した。また竹田は死の床で、小竹にこう語った。「甚イカナ僕ノ妄ナルヤ。筆墨ニ耽溺シテ、眠食、度ヲ失ヒ、遂ニ此ニ至レリ。」彼等の遊びの場は同時に作詩と作画の場である。彼等は遊びに遊んで死んで行ったのである。

彼らは「笑社」とか「白雪社」とかいう遊びの仲間を作って、例会を持っていた。竹田、春琴の合作「果蔬図」に山陽が例の無遠慮な評を書いたのは、天保元年（一八三〇）正月の笑社の新年宴であり、同年の白雪社の忘年会では、竹田は歌妓お久を相手に「ほれたといへば、べつたり厚げそう……」というような小歌を作って歌った。そして、それを欠席した元瑞に送った。元瑞も「愛痴仙史」という別名で、このグループのひとりだったのである。

翌正月匆々、竹田は京都を発つに際して、このお久（女校書飛珊）に、

「今一度、すひがらの火で、おかほも見たし、
御しらべの声もききたいナア、

なんとせう、したつづみ」

というような手紙を『金葉集』と共に送り、そして「今までかけてあるさみせんのいとを、ちよとはづして、御もらひ申上度」とねだっている。

山陽竹田の交遊は、大体がこんな雰囲気のなかでなされたのであり、その意味ではこの二人の出会いは、運命的であったと言えよう。

文化八年（一八一一）、二人が初めて大坂の生玉持明院で会った直後に、山陽が竹田に「此間は浮生半日之閑どころにては無レ之、得二半生好友一候て、一見、如レ故」云々、と書いたことからも判るように、ふたりは最初から「半生の好友」たるように生まれついていたのだった。

しかし、こうした理想的な遊び友達というものは、当人たちの仕事に、どのような影響を与えるか、という問題は、また別である。率直にいって、この二人にとって、人生最大の愉しみであったかも知れないこの交友は、彼等の学藝においては、お互いに殆んど何の影響もなかったと私は思う。

その見地からすれば、竹田の画業を、また山陽の文詩を批評するためには、この交遊は無視してしまってもよろしいということになる。『亦復一楽帖』も、『日本外史』も、そうしただだら遊びの影は帯びていない。

（尤も、山陽と竹田とが同じ遊びでの場でつき合っているといっても、その場での二人の役割は自ずから異っていた。二人の間柄は男ねじと女ねじのように、反対でそしてしっくり合っていた、という点がある。――文政元年（一八一八）秋、例の社中の遊びの席で、珍しく元瑞は藝妓に三味線を弾かせず、しんみりとした会となった。遊びに飽きた元瑞は、祇園第一の歌曲の名手「雪児」（棕隠の恋人）が座にあるのを見て、態と趣向を変えて逆手に出たのである。そして、竹田はその雰囲気に感染して、いつにもなく、「静話低吟、マタ浅酌。尊前、一声ノ歌ヲ着セズ」と真面目になり、それを「殺風景」として山陽が、また逆に「酒冷エ南楼ニ燭涙乾ク」云々と、艶体で受けた。そうして、その宴席の詩は纏められて『清輝詩巻』となったが、その跋文で、山陽はこう述べている。竹田は日頃から「風流、座ヲ傾ケ、毎《ツネ》ニ余ニ戯ルルニ韓蘇ヲ以テス」。自分は軟派で山陽は硬派だとからかっていた。竹田は「自ラ児女ノ情多ク、風雪ノ気少シト謂フ也」。それが今夜に限って、竹田と自分との役割が逆になった。「生旦丑浄《セイタンチウジャウ》、相ヒ換《カハ》リテ打扮《ダフン》シ、一場ノ哄笑ヲ博スルガ如シ」。芝居で女形と敵役が入れ替って演じてみせたようなものだ、というのである。この結社のなかでは、普段、山陽と竹田との関係は実悪とおやまのようであった。――摩島松南と梅辻春樵との関係が連想される。）

それでは、女形であり女ねじであった竹田とは、いかなる人物であり、どのような自己形成を経て、山陽グループのなかに入って来たのか。

田能村竹田（一七七七―一八三五）、名は孝憲、字は君彝、通称は行蔵。竹田、補拙廬、花竹幽窓主人、九重仙史、随縁居士、紅荳詞人らの号あり。岡藩の医官の家に生まれ、兄が病身だったので、次男の身を以て家業を継ぐことになった。兄観瀾《かんらん》は藩の儒官となった。しかし、兄が早世し、嫡子としての許可を得ると、彼もまたやがて累世の医業を廃して「学文出精」すべき君命を受けた。竹田は藪医者だと認定されたのだろう。また当時、岡藩は幕命によって『豊後国志』の編述を行っていたので、その「著作局」は多くの人手を必要としたのだろう。

竹田は『国志』の草稿が仕上ると、藩命によって江戸へ出て、その稿本を昌平黌の祭酒林述斎に提出し、滞府して訂正のことに当った。その忙しいさなかに、彼は谷文晁に入門して、正式に絵の勉強もはじめている。藩は『国志』の上納を円滑に行わせるために、竹田を官費で述斎に入門させた。（述斎は役目柄『国志』の検閲官だったのだから。）岡藩の『豊後国志』編纂は寛政十年（一七九八）から始まり、仕事が終って、その著作局が解散となったのは、享和三年（一八〇三）の歳末だった。前後六年、その間、竹田は休日なしにその業に没頭させられた。二十二歳から二十七歳一杯であり、彼の青春はこの無味乾燥の日々のなかに埋没させられたのである。

竹田の好みは修史には向いていなかった。彼は己れの本性に反する事業に追い使われながら、次第に退隠の志を固めて行った。山陽が己れの本旨である修史事業に専念したいために、官途から脱しようと、ヒステリカルな行動を繰り返している丁度同じ時期に、やがて山陽の無二の親友となるべき運命にある竹田は、修史事業から遁れるために宮仕えを捨てようとして、工夫を凝らしていたのである。

竹田は『国志』稿本完成と同時に、勤めを病欠して、『塡詞図譜《てんしずふ》』の制作に精力を集中する。それこそ彼の本領である。塡詞作者及びその理論家として、彼は当時の日本の第一人者になって行く。

竹田は何とかして藩の羈絆《きはん》を脱したいと計画する。しかし、山陽のような「脱奔」という過激な手段は、彼の性格には合わない。そこで「遊学」ということになる。

彼は一年の休暇をとり、病気療養という理由も兼ねて入洛し、村瀬栲亭の門に入る。藩を離れた途端に、彼は上司に向って、「小生も経学ハ止メ、詩斗《ばかり》学び申候存念に御座候」という、本音を申し送る。

山陽が毛嫌いした栲亭の門に、竹田が入ったというのは面白い。竹田は「第一温柔」の人として、この師を選んだのである。——藩としては儒員が官費で留学しておきながら、経学を抛って詩ばかり勉強するというのは穏当でないと思ったのか、公式には皆川淇園に入門したという形で許可を与えている。

しかし岡藩の財政は豊かでなかったのだろう。またこの留学について、藩当局は余り好意的でなかったのだろう。竹田は食事を一日二回にし、「惣髪願い」を出して、髪結費も節約している。しかしこうした極貧の境涯も、一向に彼の繊細な美的感覚を荒《す》させなかった、というところに、私は彼の唯美主義者としての面目を見る。山陽はそれと反対に、日常的環境に実に敏感に反応している。

竹田は栲亭のもとで、春樵や棕隠と詩社を作って、愉しい交りをはじめる。つまり、山陽や霞亭にとっては、あれほど拒絶的だった京儒グループは、竹田を快く抱擁したのである。——そこに私は竹田の温雅な性格と、優婉好みの感受性とを見る。

この留学の末期に、彼は大坂で天才画家浦上玉堂と一カ月以上も同宿するという好運に恵まれた。それは竹田の画技にとって、画期的な事件であったろう。

帰藩後も、彼は京都の空ばかり懐かしんでいた。そこで再遊学を何度も繰り返して願い出て、とうとう文化七年（一八一〇）末に、再び栲亭の塾に入る許可を得ることができた。その頃の『竹田荘詩話』の序に「二三年来、予、旧業（儒学）ヲ廃輟《ハイテツ》シテ、花卉《クワキ》ヲ愛植シ、湯薬ノ外、凡百心ヲ費シ生ヲ労スルコトハ一モ為サズ。是ニ於テ、一日ノ内、分ツテ二課ヲ修ム、一ハ詩ヲ攻メ、二ハ花ヲ理ス。」云々。

文化八年（一八一一）、留学期限が切れて、藩地に帰った直後に、城下で百姓一揆が起った。

竹田は早速、藩当局に建言書を差し出した。それは極めて革新的なものであり、下級武士としての彼の同情が、全く農民の側にあったことを歴然と示している。

「建言書」は言う。今回の一揆の原因は、「百姓を仇讐の如くしぼ」ったからである。しかし「御上の不利益は却《かへ》つて御国の福」なのである。（彼は一揆を正確に階級闘争として捉えていた。）だから、その後始末としては、「下方、衣食住等困《くる》しまざる様」に取計らい、「百姓には一人も咎を附けられ」ぬようにすべきである。「世上の風聞」では、奥向で笄二本を三十両近くで買ったそうであるが、百姓はその半分の金があれば、上納も済むし「首がね、手錠」の咎も遁れると噂している。又、藩の役人の贅沢は江戸でも有名である。更に、今後は荘屋は入札（選挙）によって決定すべきである。要するに、「此度の病根」は、侍共が「生れながら貴きもの」と思い上って、「百姓共が国家第一の宝」ということを忘れているからである。徒らに先祖以来の「位牌知行《ゐはいちぎやう》」に安んじ「頻りに下を虐げ、上に諛《へつら》」ったところから発している。……

竹田は翌春匆々、再び建言書を奉る。これも初回に劣らぬ直言に満ちている。

その一は、「御上より聖道御尊信薄く御座候」現状では、学館は「莫大の御物入」だけで、「無用の処」と化している。学問を無視した政治は、磁石のない船、素人の真剣遊びで、「難船」か「手疵」かを免れない。

その二は、百姓一揆の原因も、当局者に「学問」がないから、「義理」(道理)を忘れて「利益」だけで働いたところにある。「岡侯は茶事は御功者にて、学問は御好み不レ被レ成」と臼杵侯が噂したそうである。

その三は、学館を「御国のかざり」とだけ考え、幕府はじめ各藩にあるから、「世間の外聞」のために立てておくのだ、などと心得ているのは以ての他である。

その四は、「我身立身出世」のための「忠心」は何の役にも立たない。「身の上を飾り申候甲冑よりは、腹の中の心を鍛へ申候事第一と奉レ存候。」

その他、である。この二つの建言書はかなり猛烈なものということができる。そして、第二の建言書を上提した三月後に、彼は隠居願いを出し、翌年、許可されている。それからは彼は自由に、好きなことをし、好きなところへ旅することができるようになる。そうして「当今第一風流宗匠」(淡窓評)としての姿を世間に現わして行く。

しかし、そのような艶《やさ》隠者の後半生になっても、その書簡集で見ると、天保五、六年の交、彼は大塩中斎と好んで交遊し、「不㆓相替㆒議論激発、快意之事也」と言い、又、別の時も大塩邸で歓待され「議論如㆑湧」午後四時から午前二時まで、中斎の気焔を聴いている。竹田は晩年に至るまで、天下国家の議論を聴くことを好んだのである。

この反社会的隠者、広範囲の趣味を愛したディレッタント、優雅な感覚主義者は、同時に一生の間、熾烈な社会的関心を失わなかった。その唯美主義とその政治的関心とは、反体制的心情というものにおいて繋っていたと言うべきだろう。——ということは、竹田の「痴」は遂に大雅の純正な「大痴」に及ばなかったということにもなる。うつけ者の大雅にとって、百姓一揆など知ったことではなかったろう。

私は豊前中津の自性寺《じしょうじ》の書院に足を踏み入れた時の激動を忘れることができない。その二間の戸襖中襖は池大雅の書画によって埋められている。私はその障壁書画のなかで、自分が忽ち消滅してしまったことを感じた。そこにあるのは茫洋とした大海のような大雅の宇宙である。それに似た経験を、私はアムステルダムの美術館の小室で、四枚の小さなフェルメールの前でも味わったが、いずれもこちらを無に化してしまう。

しかし竹田のどの南画も、私自身の心を愉しくし和やかにしてくれるが、私自身が消滅するというドラマは起らない。そこには竹田自身の視線が感じられ、彼に向って、「面白い出来ですね」と話しかけたら、彼は快心の、人のいい笑顔を私の方に向けてくれそうである。——大雅の絵には、大雅の顔などはない。つまり、日常的な大雅は絵のなかのどこにもいない。

竹田の絵には、どこにも彼の気の合った仲間の愉快な笑い声が聞えている。……

山陽の旅路は三国山脈を越して、日田に出る。彼は咸宜園《かんぎえん》に広瀬淡窓《たんそう》を訪ねた。広瀬淡窓（一七八二―一八五六）、名は建、字は子基、通称は寅之助、後、求馬。淡窓、苓陽、遠思楼主人などの号がある。

淡窓はこの地に学塾を開き、全国の俊秀を集めた。その門弟は前後四千人と称せられる。今日でもその塾の一室は残っていて、壁に厳重な時間割が貼られているし、また学級の進学表も見られる。それによって、私たちはこの学校が極めて厳格で実質的な教育を行っていたことを知ることができる。また各地から集まった塾生たちは、全寮制度によって、水掬み、薪取りまでしたのであるが、生徒たちの毎日、水を掬みあげた井戸の枠《わく》石は、大きくえぐれていて、往事をしのばせてくれる。

淡窓は日本教育史上の一偉人であった。――そのような全国的に評判の高かった学校を経営した彼は、人格的にも極めて温雅であり、そして公平であった。

このような人格者は山陽にとって苦手であったかと想像されるが、淡窓はかつて亀井南溟に学んでいたし、又、菅茶山にも詩について教えを受けていた。茶山に送って評を依頼した草稿は、山陽の評も加えて返された。山陽は淡窓の詩に「三都の時調」（宋詩の浅薄な模倣）とは異った「晩唐の風韻」を発見して共感を書き送ったのだった。

だから、今回、初対面であったにも係らず、二人の話は弾み、山陽は遠思楼に宿泊さえした。それに、滅多に故郷を離れることのなかった淡窓は、都の風を持ちこんで来る旅人を、大いに歓迎して、その新しい話に耳を傾けることを好んでいたのである。

その時の応酬の詩で、山陽は「君ヲ羨ム、白首、此ノ間ニ住ミ、我ヲ愧《ハ》ヅ、青鞋《セイアイ》、何日ノ閑。」淡窓は「遠思楼中、偶々来リ訪フ。清風、座ヲ襲ヒテ颯トシテ秋ニ似ル。（山陽）自ラ云フ、此ノ遊、頗ル奇絶。名山勝水、相ヒ綢繆《チウビウ》ス。唯ダ愁フ、悪酒ト悪客ト。往々、人ヲ攻ムルニ戈矛《クワボウ》ノ如シ。主人、之ヲ聞イテ莞爾《クワンジ》トシテ笑フ。空石、穀堂ハ我ガ儔《チウ》ニ非ズ。我レ能ク門ヲ閉シ、俗駕《ゾクガ》ヲ拒ム。家ニ京醞《キヤウウン》アリ、君、飲ムヤノマズヤ。」

山陽は「悪酒」と「悪客」とについての旅の愚痴を聞かせた。「刀で切りつけられるような目に遇った」と大袈裟な表現もした。それに茶山の評「其ノ人、宛モ前ニアリ。」いかにも山陽らしい口調だというのである。温厚な淡窓は、自分は社交的な昭陽（空石）や穀堂とは異《ちが》うから、無闇と無理解な客たちに君は取り巻かれる心配はない。それに口に合う酒もあるのだから、と慰めたわけである。

しかし、山陽が京に去ったあとは、それほど親しい交際が続いたとも思えない。所詮、二人は別の世界の居住者であった。今、淡窓の『遠思楼詩鈔』初篇二篇などを検してみたが、二人の交情の続いた痕跡は見られなかった。

ただ、『淡窓小品』中に、「越夢吉ノ詩ニ跋ス」という小文があり、そこで、この山陽の訪問の際、「相待之疎」であったことを、今、悔いていると、謙遜な言葉を述べている。まことに温厚な人柄と言うべきである。

それから、また彼の度々、引き合いに出される『儒林評』中には、山陽について「予ガ眼中ニ見ル処、此人ヨリオアルハナシト覚ユ」と、最大限の賞讃をしている。そして、それに続けて、「子成ハオヲ恃《タノ》ミテ傲慢ナリ。貪ツテ礼ナシ。故ニ少年ノ時、其国ニ容レラル、コト能ハズシテ出亡セリ。海西ニ遊ビシ時ハ、年四十ニ近カリシモ、至ル処人ニ悪《ニク》マレ、其地ヲ逐ハレザルハナシ。京師ニ於テモ、徧《アマネ》ク毀《ソシ》リヲ得タル由ナリ。」と、山陽の性行を正確に見抜いている。しかし、鋭い批評眼は親切な包容的な寛大さを伴っていた。淡窓はこの章を次の同情ある言葉で終える。

「然レドモ其才実ニ秀逸ナリ。総ジテ漢土ニハ文人ニ如レ此人多シ。人以テ常ナリトシテ怪マズ。我国ノ風俗ハ質朴ニシテ、書ヲ読ム者ヲ見テハ、必ズ之ヲ責ムルニ行義ヲ以テス。故ニ此ノ如キ人、世ニ容レラル、コト能ハズ。惜ムベシ。」

山陽の死の二十年の後、彼の弟子の藤井竹外が老淡窓に、その『二十八字詩』の跋を依頼した。そこで淡窓は久し振りに山陽のことを想い出した。

「因テ憶フ、昔、戊寅《ボイン》ノ歳、山陽頼翁在リテ、来リテ草堂ヲ訪ヘリ。翁ハ天下ノ英才ニシテ、世ノ同ジク仰グ所ナリ。予ハ独リ、ソノ小心精思ノ処、亦、及ビ易カラザルヲ覚ユ。」

淡窓は山陽を生まれながらの天才扱いする風潮に抵抗して、彼の綿密な考究振りに注意を喚起したのである。天才とは努力の異名だと、淡窓は言っているのである。彼は同じことを繰り返して、更に続ける。

「翁ノ没後、遺文、世ニ布《シ》キ、久シウシテ弥々《イヨイヨ》光レリ。是レ豈、唯ダ才ノ美ノミナランヤ。精思ニ得ルアルナリ。聞ク、君（竹外）、翁ニ従フテ游ビ、入室ノ称アリ。予ガ翁ヲ見テヨリ三十七年、今、三タビ寅ニ遇ヘリ。乃チ復タ典刑（似姿）ヲ君ニ見テ、憶旧ノ意、悵然《チヤウゼン》タルニ堪ヘズ。」

ここにあるのも、淡窓の鋭い眼と暖かい心である。

坂本箕《き》山《ざん》の『頼山陽』によると、山陽は淡窓のもとからひと山越えた日《ひ》出《じ》の帆《ほ》足《あし》万里《ばんり》を訪ねたという。日田と日出とを「ひと山越えた」というのも、いささか乱暴であるが。

帆足万里（一七七八―一八五二）、字は鵬卿、号は愚亭、通称は里吉、名、万里によって世に通っている。

彼も当時、淡窓同様、教育家として知られ、やはりその塾には各所から学生が集まっていた。淡窓の咸宜園、万里の稽古堂、共に儒学の傍ら、西洋学をも講じていたことは、その学風が世に迎えられたことと関係が深いだろう。

淡窓と万里とは、比較的近い日田と日出とで、同じような志を持ち、同じような教育家としての使命を遂行していた。そして最もお互いに許し合っていた。淡窓の『遠思楼詩鈔』に万里は序してこう述べている。

「少《ワカ》クシテ日田ニ遊ビ、子基（淡窓）ニ見《マミユ》ルヲ得タリ。ソノ人ト為《ナ》リヲ視ルニ、温厚ノ長者ニシテ、恂々《ジュンジュン》然トシテ其ノ能ヲ以テ人ニ驕ラズ」云々。

そうした間柄であったから、淡窓は当然、足を伸して万里を訪問するように山陽に薦めたろう。だから箕山の説くように私は、山陽が万里と面晤したことを疑わないでいた。ところが、箕山が、山陽の「帆足万里を訪ひ、一夜を語り明かして別る」という記述のあとに、その証拠として挙げている山陽の詩の「別館万里」という題を見て、逆に私は疑いを抱いた。素直に読めばこの題は「館万里ニ別ル」となる。それならこの万里は帆足ではなく、館林なのである。館林万里は淡窓の弟子であり、又、彼の妹は淡窓の弟南陵に嫁していた。そして、山陽を遠思楼に案内してきたのも、この「館万里」であった。従ってこの詩は案内役であった館林万里をねぎらっているのである。「連牀睡ラズ、残檠《ザンケイ》ニ対ス。別レヲ惜ム、渓村、一夜ノ情。」その渓村は日出ではなく日田であった。疑問を抱いた私は万里の伝記を見、また直接、その『文集』を一閲してみた。しかし、どこにも山陽万里会見の跡は残っていない。

もし二人が会わなかったとしたら、その理由はどこにあったのだろうか。翌年、その主著『蒙史』の稿本を万里に託して、校閲を依頼することになる程の仲であった亀井昭陽から、その時既に万里のもとへ、山陽は無学であって会談は無意味だというような意見が伝えられていたのか。それとも、日出藩の他国者に対する禁令が厳重で、淡窓のような自由人とは異って藩儒であり、藩政にも関係していた万里は（彼は後に家老にまで昇る）、気易くこの放浪者を迎え入れることができなかったのだろうか。或いは後者かも知れない。後に斎藤竹堂も、わざわざ江戸からやって来て、玄関払いをくわされているのである。（この藩令の固苦しさを厭って、万里は七十歳の齢に、老妻と共に「脱藩」して京都へ逃げている。しかし、その時も連れ帰られてしまった。)

万里は山陽をどう見ていたか。——淡窓への書簡のなかで、当時の詩人の評を試みて、「子成(山陽)ハ天才宏麗、自ラ二家(六如、茶山)ヲ圧倒スルニ足ル。然レドモ、中年、詩ヲ作リ、力、精ニ暇アラズ、ソノ近体ノ断句、瑜瑕《ユカ》掩《オホ》ハズ。歌行《カカウ》ニ至リテハ、概ネ長語多ク、一篇ノ瑕疵《カシ》ナキ者ヲ求ムルモ、得ベカラザルナリ。」

その批判の鋭さは淡窓に匹敵する。しかし、万里は山陽の詩業を、天才に任せて推敲が足らないものと見ていた。淡窓が後に、そうした見解を退けて、山陽の本領は「小心精思」にあるのだとしたのは、この万里の評を念頭においてであったかも知れない。

山陽の九州旅行において、最後に逸すべからざる事件は、広瀬淡窓家を辞して、旧知の雲《うん》華《げ》上人を訪れるべく豊前に入り、耶馬渓を発見したことである。

雲華上人はその住寺の正行寺に近い山国川の奇巌怪石の風景に山陽を案内し、山陽は感動して、この山国川畔の絶景を中国風に「耶馬渓」と名付けると共に、「耶馬渓山水長巻」と題する写生図を作り、それに長文の紀行を添えて雲華上人に贈った。これによって、それまでは一地方の珍らしい景色に過ぎなかった耶馬渓は、一挙に天下第一の絶景として世に喧伝せられるに至ったのである。

ところで、この上人と山陽とは初対面ではなかった。山陽が幽室から出されて、甚だ意気消沈していた文化五年（一八〇八）に、上人は春水を広島に訪ねて来ているので、自然面識を生じたし、それに九州旅行の途中でも関門海峡が荒れて舟待ちをしていた際に、丁度、富士登山に向う途中の雲華と出会っている。恐らく旅の終りには是非、自分の田舎の寺へ寄るようにと、雲華の方から山陽に勧めたものに相違ない。

雲華上人（一七七三―一八五〇）、名は大含、田能村竹田と同郷であり、画人としては特に蘭を描くに長じていたが、その博識と高邁な気風とは広く敬慕せられていた。

彼は後に京都に出て真宗の学頭となったために、いよいよ山陽との交りは深まった。しかし雲華は単なる固苦しい学問一方の僧侶ではなかった。彼は山陽いち巻の遊び仲間にも常に加わっていたし、上人の妾が子を生んだ時など、眉目秀麗を以て聞えていた上人の容貌と、この赤ん坊の顔付きが似ているかどうかについて、暫くの間、遊び仲間の噂を賑わせたようなこともあった。

雲華は山陽家では、叔父か兄貴分のような具合で、絶えず出入りしては、色々、指図したりしていたらしい。現に山陽が広島に遺棄して来た長男の聿庵が、藝藩の儒官として出府の途中、はじめて京都の父の家へ寄った時など、早速やって来た雲華は、旅中固く禁酒を誓わされていた聿庵に、無理にすすめて忽ちその禁を破らせてしまった。

そのように洒脱で粋な一面のある坊さんであった。時人は彼を、「風流の棟梁」と称したという。あたかもローマ銀の時代に、一代の粋人ペトロニウスが「アルビテル・エレガンチアルム（趣味の判者）」と評されたのに似る。

雲華は詩僧としても知られていた。彼の詩は『南豊名家詩選』中に約百首収められているので、そのうちの山陽関係のものを若干、紹介しておこう。

先ず山陽を耶馬渓に案内した時の実情を述べた詩、

荒阪一入佳人筆　譬如良相挙遺逸　不君高眼品名山　誰以此渓為第一
（荒阪《クワウスウ》ヒトタビ佳人ノ筆ニ入ルハ、譬ヘバ良相ノ遺逸ヲ挙グルガ如シ。君ノ高眼ノ名山ヲ品セザレバ、誰カ此ノ渓ヲ以テ第一ト為サン。）

全くその通りだったのだろう。もしひとりの山陽がいなかったとしたら、今日、あの観光バスの雑踏の光景も見られなかったかも知れない。

次は雲華が引き留めたのに、年末の雪のなかを無理に出発した山陽を想う詩。山陽は広島に待つ母の誕生日までに帰りたいと、固く望んだからである。

雲華は十二月二十七日、梅颸誕生日に当って、この詩を詠んだのである。

鎮西風色入帰吟　海駅山関雨雪深　想見北堂今日宴　一行当慰倚門心
（鎮西ノ風色、帰吟ニ入リ、海駅山関、雨雪深カラン。想見ス、北堂今日ノ宴、ヒトタビ行キテ当《マサ》ニ倚門《イモン》ノ心ヲ慰ムベシ。）北堂は母の称、倚門ノ心とは門に倚って人を待ちこがれる念《おも》い。

更に雲華は山陽との惜別の詩を作っている。

臘月寒軽遊子裘　諳山評水住書堂　欽君手挿瓶梅樹　去後猶聞数日香

（臘月寒軽、遊子ノ裘《キウ》、山ヲ諳《ソラ》ンジ水ヲ評シテ書堂ニ住セリ。欽《ウラヤ》ム、君ノ手ヅカラ瓶ニ梅樹ヲ挿セシニ、去後ナホ聞ク数日ノ香ヲ。）

南国では十二月の初旬に既に梅が満開だったと見える。

上京してから山陽と砂川に遊んだ時の詩、

長堤疎柳板橋横　欲趁秋陽酔晩晴　怪底胡姫迎且笑　杖頭瓢酒認先生

（長堤疎柳、板橋横タハル。秋陽ニ趁《オ》ヒテ晩晴ニ酔ハント欲ス。怪底ス胡姫ノ迎ヘ且ツ笑フヲ。杖頭瓢酒ニ先生ヲ認メタリキ。）

夕闇のなかで藝妓たちが山陽先生に直ぐ気が付いたので、不思議に思って聞いてみたら、「その杖と瓢《ひさご》で直《じ》っきに判ったんどすえ」と言われた。そういう雰囲気の遊び仲間であったのである。杖は恐らく茶山の遺品であったろう。

二月に梅見の約束をしたのに遅刻して、元瑞や春琴にからかわれた時の弁解の戯詩、

莫笑山僧出院遅　尋春有約鴨東涯　梅花本色君知否　正在黄昏帯月時
(笑フ莫レ、山僧ノ院ヲ出ヅルノ遅キヲ。春ヲ尋ヌルニ約アリ、鴨東ノ涯。梅花ノ本色、君、知ルヤ否ヤ、正ニ黄昏、月ヲ帯ブルノ時ニアルヲ。)

遊び仲間の竹田に、

野梅初放客帰家　相送城南酔酒家　別後三旬多苦雨　寂寥無意問残花
(野梅初メテ放ツトキ、客、家ニ帰ル。城南ニ相ヒ送リテ、酒家ニ酔ヘリ。別後三旬、苦雨多ク、寂寥《セキレウ》トシテ、意《ココロ》ニ残花ヲ問フナシ。)

山陽と東寺に蓮を観に出かけて、

観荷古寺正清晨　池上青苔緑作茵　大葉蔵花花不見　水中紅影浴佳人
(荷《ハス》ヲ観ル古寺、正ニ清晨、池上ノ青苔、緑、茵《シトネ》ヲ作ス。大葉ハ花ヲ蔵シテ、花見エズ。水中ノ紅影ハ佳人ノ浴スルカ。)

結句のイメージに、上人の婉冶な感受性が露出している。

春水の忌日に、山陽の家に招ばれて、

剪燭清斎値忌辰　知君践露転傷神　河山邈邈同懐旧　我亦松廬聴雨人

(燭ヲ剪《キ》リテ、清斎、忌辰ニ値《ア》フ、知ルヤ君、露ヲ践《フ》ンデ、転《ウタ》タ神ヲ傷ツクルヲ。河山ノ邈々《バクバク》、同ジク懐旧、我マタ松廬、雨ヲ聴ク人。)

やはり遊び仲間の小石元瑞に、自刻の印を贈って、

人生鏤雪又雕氷　放縦無蹤老懶僧　五十年来一揮鉄　為君今日露多能

(人生ハ雪ヲ鏤《ホ》リ、マタ氷ヲ雕《ホ》ル。放縦アトナキ老懶ノ僧。五十年来ヒトタビ鉄ヲ揮ヒ、君ノ為ニ今日、多能ヲ露ハス。)

画家、浦上春琴と同行して舟中の作、

烹茶燖酒澱江春　昨雨今晴物又新　楊緑菜黄舟両岸　画中人見画中人

(茶ヲ烹《ニ》、酒ヲ燖《アタタ》ム、澱江《デンカウ》ノ春、昨雨今晴レ、物マタ新タナリ。楊緑菜黄、舟両岸、画中ノ人ハ見ル、画中ノ人。)

竹田たちと舟遊び、

載酒扁舟午景移　追涼傍岸繫多時　夜来江上月昇処　手掬金波坐洗卮

(酒ヲ載セテ扁舟、午景移リ、涼ヲ追ヒテ、岸ニ傍《ソ》ヒ、繫グコト多時。夜来、江上、月昇ル処、手ニ金波ヲ掬ヒテ、坐シテ卮《シ》ヲ洗フ。)

こうした詩には、京都における「笑社」などと号した山陽一派の遊び仲間の、その遊びの空気が最もよく伝わっている。作者が坊さんであることが、尚更、妙である。

しかしそうはいうものの雲華は、勿論、ただの放縦の徒ではなかった。次の詩は一世に聞えた学僧としての面目を示すものである。

生年六十五回除　対短檠燈感有余　寄語児孫能読否　伝家遺沢百函書

(生マレテ年、六十五回除ク、短檠《タンケイ》ノ燈《トモシ》ビニ対シテ、感、余リアリ。語ヲ寄ス、児孫ヨク読ムヤ否ヤ、伝家ノ遺沢、百函ノ書。)

上人は厖大な蔵書を擁していたのである。

彼にも遊び仲間を離れて、無聊な孤独の時間があった。

読書倦去擁炉灰　坐聴松濤入鼎来　十月小園無所見　山茶花落点青苔
（読書倦キ去リ、炉灰ヲ擁シ、坐シテ聴ク、松濤ノ鼎ニ入リテ来ルヲ。十月、小園、見ル所ナク、山茶花ハ落チテ青苔ニ点ズ。）

雲華は画蘭に秀でていることで有名であった。仁孝天皇はその評判を聴かれて、上人に献上を求められた。上人は忽ち筆を下し、十幅を作った。その一幅の自賛の詩、

水墨唯蘭竹　平生養素心　塗鴉経御覧　野雀躍中林
（水墨タダ蘭竹、平生、素心ヲ養フ。塗鴉《トア》御覧ヲ経テ、野雀、中林ニ躍ル。）

上人は山陽の歿後も、旧友たちと遊を共にする生活を続けた。或る年の重陽の前日の遊びの中には細香女史の顔も見えた。その詩中に「朱雀楼中、旧酒楼、嘆クニ堪ヘンヤ、故人、世ヲ異ニスルノ多キニ」。また、「肉アリ樽アリ、君カツ酔ヘ、百年ノ生事ハ浮漚《フオウ》ニ付セン」。浮漚はうたかた、水の泡。

最後に、雨を犯して生前の山陽と砂川へ飲みに出掛けた時の古詩一篇、

誰言風雪悪　風雪強人意　因敲高士門　共向尋詩地
相顧払衣袂　旗亭一買酔　梅花不隔香　竹色尚呈翠

此時清味人識否　郊寒島瘦本同嗜

（誰カ言フ、風雪悪シト、風雪ハ人ノ意ヲ強クス。因テ高士ノ門ヲ敲《タタ》キ、共ニ尋詩ノ地ニ向フ。相ヒ顧テ衣袂《イベイ》ヲ払ヒ、旗亭ニヒトタビ酔ヒヲ買フ。梅花ハ香ヲ隔テズ、竹色ハナホ翠ヲ呈ス。此ノ時ノ清味、人、識ルヤ否ヤ。郊寒島瘦、本ト嗜ヲ同ジクセリ。）孟郊、賈島、いずれも中唐の詩人。元和体の中心人物韓愈をめぐるグループであるが、その詩風は共に沈んだ苦い響きのあるものが多い。——

本書は、はじめ一九七一年六月二十五日に中央公論社より単行本一巻として刊行され、ついで一九七六年十月十日、十一月十日、一九七七年一月十日、同じく中央公論社より中公文庫（全三巻）として刊行された。ちくま学芸文庫化にあたっては上下巻とし、ルビを大幅に加え、人名索引も新たに作成した。漢字は原則として新字体・通行字体を用い、人名・地名など一部は正字体のままとした。また、訓読文と訓読文中のルビは歴史的仮名遣いのままとした。誤りの訂正や表記の変更は、揖斐高氏のご協力の下、適宜行った。なお、本文および引用文中に現代の人権意識からは差別的と考えられる表現が見受けられるが、当時の時代背景に鑑みそのままとした。

（ちくま学芸文庫編集部）

現代小説作法　大岡昇平

西欧文学史に通暁し、自らの作品においては常に事物を明晰に観じ、描き続けた著者が、小説作法の要諦を論じ尽くした名著を再び。（中条省平）

日本人の心の歴史（上）　唐木順三

自然と共に生きてきた日本人の繊細な季節感の変遷をたどり、日本人の心の歴史とその骨格を究明する。上巻では万葉の時代から芭蕉までを扱う。

日本人の心の歴史（下）　唐木順三

日本人の細やかな美的感覚を「心」という深く広い言葉で見つめた創見に富む日本精神史。下巻は西鶴の時代から現代に及ぶ。（高橋英夫）

日本文学史序説（上）　加藤周一

日本文学の特徴、その歴史的発展や固有の構造を浮き上がらせて、万葉の時代から源氏・今昔・能・狂言を経て、江戸時代の徂徠や俳諧まで。

日本文学史序説（下）　加藤周一

従来の文壇史やジャンル史などの枠組みを超えて、幅広い視座に立ち、江戸町人の時代から、国学や蘭学を経て、維新・明治、現代の大江まで。

書物の近代　紅野謙介

書物にフェティッシュを求める漱石、リアリズムに徹し書物の個性を無化した藤村。モノ－書物に顕現するもう一つの近代文学史。（川口晴美）

源氏物語歳時記　鈴木日出男

最も物語らしい物語の歳時の言葉と心をとりあげ、その洗練を支えている古代の日本人の四季の自然に対する美意識をさぐる。（犬飼公之）

江戸奇談怪談集　須永朝彦編訳

江戸の書物に遺る夥しい奇談・怪談から選りすぐった百八十余篇を集成。端麗な現代語訳により、古の妖しく美しく怖ろしい世界が現代によみがえる。

江戸の想像力　田中優子

平賀源内と上田秋成という異質な個性を軸に、江戸18世紀の異文化受容の屈折したありようとダイナミックな近世の〈運動〉を描く。（松田修）

社会と自分　夏目漱石　石原千秋解説

漱石自ら精選した六篇の講演に「私の個人主義」を併録。創造的な生を若者に呼びかけた力強い言葉が胸を揺さぶる、今あらためて読みたい名講演集。

平家物語の読み方　兵藤裕己

琵琶法師の「語り」からテクスト生成への過程を検証し、「盛者必衰」の崩壊感覚の裏側に秘められた王権の目論見を抽出する斬新な入門書。（木村朗子）

定家明月記私抄　堀田善衛

美の使徒・藤原定家の厖大な日記『明月記』を読みとき、大乱世の相貌と詩人の実像を生き生きと描く名著。本篇は定家一九歳から四八歳までの記。

定家明月記私抄　続篇　堀田善衛

壮年期から、承久の乱を経て八〇歳の死まで。乱世を生きぬき宮廷文化最後の花を開いた藤原定家の人と時代を浮彫りにする。（井上ひさし）

都市空間のなかの文学　前田愛

鷗外や漱石などの文学作品と上海・東京などの都市空間――この二つのテクストの相関を鮮やかに捉えた近代文学研究の金字塔。（小森陽一）

増補　文学テクスト入門　前田愛

漱石、鷗外、芥川などのテクストに新たな読みの可能性を発見し、〈読書のユートピア〉へと読者を誘なう、オリジナルな入門書。（小森陽一）

後鳥羽院　第二版　丸谷才一

後鳥羽院は最高の天皇歌人であり、その和歌は藤原定家の上をゆく。「新古今」で偉大な批評家の才も見せる歌人を論じた日本文学論。（湯川豊）

図説　宮澤賢治　天沢退二郎／栗原敦／杉浦静編

賢治を囲む人びとや風景、メモや自筆原稿など、約250点の写真から詩人の素顔に迫る。第一線の賢治研究者たちが送るポケットサイズの写真集。

初期歌謡論　吉本隆明

歌の発生の起源から和歌形式の成立までを、『古事記』『日本書紀』『万葉集』『古今集』、さらには平安期の歌論書などを克明に読み解いてたどる。

宮沢賢治　吉本隆明

生涯を決定した法華経の理念は、独特な自然の把握や倫理に変換された無償の資質といかに融合したのか？　作品への深い読みが賢治像を画定する。

東京の昔　吉田健一

第二次大戦により失われてしまった情緒ある東京。その節度ある姿、暮らしやすさを通してみせる、作者一流の味わい深い文明批評。（島内裕子）

日本に就て　吉田健一

政治に関する知識人の発言を俎上にのせ、責任ある市民に必要な「見識」について舌鋒鋭く論じつつ、路地裏の名店で舌鼓を打つ。甘辛評論選。（苅部直）

甘酸っぱい味　吉田健一

酒、食べ物、文学、日本語、東京、人、戦争、暇つぶし等々についてつらつら語る、どこから読んでもヨシケンな珠玉の一〇〇篇。（四方田犬彦）

英国に就て　吉田健一

少年期から現地での生活を経験し、ケンブリッジに進んだ著者だからこそ書ける極めつきの英国文化論。既存の英国像がみごとに覆される。（小野寺健）

私の世界文学案内　渡辺京二

文学こそが自らの発想の原点という著者による世界文学案内。深い人間観・歴史観に裏打ちされた温かな語り口で作品の世界に分け入る。（三砂ちづる）

平安朝の生活と文学　池田亀鑑

服飾、食事、住宅、娯楽など、平安朝の人びとの生活を、『源氏物語』や『枕草子』をはじめ、さまざまな古記録をもとに明らかにした名著。（高田祐彦）

現代語訳 信長公記（全）　太田牛一　榊山潤訳

幼少期から「本能寺の変」まで、織田信長の足跡をつぶさに伝える一代記。作者は信長に仕えた人物で、史料的価値も極めて高い。（金子拓）

雨月物語　上田秋成　高田衛／稲田篤信校注

上田秋成の独創的な幻想世界「浅茅が宿」「蛇性の婬」など九篇を、本文、語釈、現代語訳、評を付しておくる〝日本の古典〟シリーズの一冊。

古今和歌集　小町谷照彦訳注

王朝和歌の原点にして精髄と仰がれてきた第一勅撰集の全歌訳注。歌語の用法をふまえ、より豊かな読みへと誘う索引類や参考文献を大幅改稿。

徒然草　兼好　島内裕子校訂／訳

後悔せずに生きるには、毎日をどう過ごせばよいか。人生の達人による不朽の名著。全二四四段の校訂原文と、文学として味読できる流麗な現代語訳。

方丈記　鴨長明　浅見和彦校訂／訳

天災、人災、有為転変。そこで人はどう生きるべきか。この永遠の古典を、混迷する時代に生きる現代人ゆえに共鳴できる作品として訳解した決定版。

梁塵秘抄　植木朝子編訳

平安時代末の流行歌、今様。みずみずしく、時にユーモラス、また時に悲惨でさえある、生き生きとした今様から、代表歌を選び懇切な解説で鑑賞する。

梁塵秘抄　西郷信綱

遊びをせんとや生れけむ——歌い舞いつつ諸国をめぐる「遊女」が伝えた今様の世界を、みずみずしい切り口で今によみがえらせる名著。（鈴木日出男）

古事記注釈　第二巻　西郷信綱

須佐之男命の「天つ罪」に天照大神は天の石屋戸に籠るが祭と計略により再生する。本巻には「須佐之男命と天照大神」から「大蛇退治」までを収録。

古事記注釈　第四巻　西郷信綱

高天の原より天孫たる王が降り来り、天照大神は伊勢に鎮まる。王と山の神・海の神との聖婚から神武天皇が誕生し、かくて神代は終りを告げる。

古事記注釈　第六巻　西郷信綱

英雄ヤマトタケルの国内平定、実は父に追放された猛き息子の、死への遍歴の物語であった。神功皇后の新羅征討譚、応神の代を以て中巻が終わる。

古事記注釈　第七巻　西郷信綱

大后の嫉妬に振り回される「聖帝」仁徳。軽太子の道ならぬ恋は悲劇的結末を呼ぶ。そして王位継承をめぐる確執は連鎖反応の如く事件を生んでゆく。

『日本文学史序説』補講　加藤周一

文学とは何か、〈日本的〉とはどういうことか、不朽の名著について、著者自らが縦横に語った講義録。大江健三郎氏らによる「もう一つの補講」を増補。

沈黙の宗教——儒教　加地伸行

日本人の死生観の深層には生命の連続を重視する儒教がある。墓や位牌、祖先祭祀などの機能と構造や歴史を読み解き、儒教の現代性を解き明かす。

中国人の論理学　加地伸行

毛沢東の著作や中国文化の中から論理学上の中国的特性を抽出し、中国人が二千数百年にわたって追求してきた哲学的主題を照らし出すユニークな論考。

基礎講座 哲学　木田元／須田朗 編著

日常の「自明と思われていること」にはどれだけ多くの謎が潜んでいるのか。哲学の世界に易しく誘い、その歴史と基本問題を大づかみにした名参考書。

あいだ　木村敏

自己と環境との出会いの原理である共通感覚「あいだ」。その構造をゲシュタルトクライス理論および西田哲学を参照しつつ論じる好著。（谷徹）

自分ということ　木村敏

自己と時間の病理をたどり、存在者自己と自己の存在それ自体の間に広がる「あいだ」を論じる木村哲学の入門書。（小林敏明）

自己・あいだ・時間　木村敏

間主観性の病態である分裂病に「時間」の要素を導入し、現象学的思索を展開する。精神病理学者である著者の代表的論考を収録。（野家啓一）

分裂病と他者　木村敏

分裂病者の「他者」問題を徹底して掘り下げた木村精神病理学の画期的論考。「あいだ＝いま」を見つめ開かれる「臨床哲学」の地平。（坂部恵）

新編 分裂病の現象学　木村敏

分裂病を人間存在の根底に内在する自己分裂に根差すものと捉え、現象学的病理学からその自己意識や時間体験に迫る、木村哲学の原型。（内海健）

ドイツ観念論とは何か　久保陽一

ドイツ観念論は「疾風怒濤」の時代を担った様々な思想家たちとの交流から生まれたものだった。その実情を探り、カント以後の形而上学の可能性を問う。

レヴィナスを読む　合田正人

アウシュヴィッツという異常な事態を経験した人間の運命と向き合う思想家レヴィナス。その眼差しを通し、他者・責任など時代の倫理を探る。

増補改訂 **剣の精神誌**　甲野善紀

千回を超す試合に一度も敗れなかった江戸中期の天才剣客真里谷円四郎。その剣技の成立過程に焦点を当て、日本の「武」の精神文化の深奥を探る。

増補 **民族という虚構**　小坂井敏晶

〈民族〉は、いかなる構造と機能を持つのか。血縁・文化連続性・記憶の再検証によって我々の常識を覆し、開かれた共同体概念の構築を試みた画期的論考。

朱子学と陽明学　小島毅

近世儒教を代表し、東アジアの思想文化に多大な影響を与えた朱子学と陽明学。この二大流派の由来と実像に迫る。通俗的理解を一蹴する入門書決定版！

増補 **靖国史観**　小島毅

靖国神社の思想的根拠は、神道というよりも儒教にある！　幕末・維新の思想史をたどり近代史観の独善性を暴き出した快著の増補決定版。（與那覇潤）

かたり　坂部恵

物語は文学だけでなく、哲学、言語学、科学的理論にもある。あらゆる学問を貫く「物語」についての領域横断的論考。（野家啓一）

流言蜚語　清水幾太郎

危機や災害と切り離せない流言蜚語はどのような機能と構造を備えているのだろうか。つかみにくい実態を鮮やかに捌いた歴史的名著。（松原隆一郎）

現代思想の冒険　竹田青嗣

「裸の王様」を見破る力、これこそが本当の思想だ！　この観点から現代思想の流れを大胆に整理し、明快に解読したスリリングな入門書。

日本の百年（全10巻）

鶴見俊輔／松本三之介／橋川文三／今井清一編著

明治・大正・昭和を生きてきた人々の息づかいが実感できる、臨場感あふれた迫真のドキュメント。いま私たちが汲みとるべき歴史的教訓の宝庫。

御一新の嵐　日本の百年1

鶴見俊輔編著

一八五三年、ペリーが来航し鎖国が破られた。日本の歴史は未曾有の変革期を迎える。時代に先駆けた人、取り残された人、そこで何が達成されたのか。

わき立つ民論　日本の百年2

松本三之介編著

帝国憲法制定に向けて着々と国の体制を整える明治国家。しかし、政府に対する不満の声は、近代日本最大の政治運動自由民権運動となって高まる。

強国をめざして　日本の百年3

松本三之介編著

一八八九年二月十一日、帝国憲法発布、国民の意識は高揚した。外に日清戦争に勝利し、内に産業革命進展のなか、近代日本は興隆期を迎える。

明治の栄光　日本の百年4

橋川文三編著

日露戦争に勝利した日本は世界から瞠目されたが、勝利はやがて侵略の歴史へと塗り替えられ、大逆事件の衝撃のうちに、時代は大正へと移ってゆく。

成金天下　日本の百年5

今井清一編著

第一次世界大戦の勃発により、日本は軍需景気に沸き立った。すべては金、金の一方で、民衆は生活難を訴え、各地にデモクラシー運動の昂揚をみる。

震災にゆらぐ　日本の百年6

今井清一編著

一九二三年九月一日、大地震が関東を襲い、一挙に帝都が焼失。社会の基盤をもゆさぶった未曾有の体験は、さらに険しい昭和への前奏曲だった。

アジア解放の夢　日本の百年7

橋川文三編著

内に、東北の大凶作、権力による苛烈な弾圧、昭和維新の嵐。外に、満州国の建設、大陸戦線の拡大、抗日の激流。不安と退廃によどんだ昭和時代前期。

果てしなき戦線　日本の百年8

橋川文三
今井清一編著

日中戦争から太平洋戦争へ戦線は拡大。日本は史上最大の賭けに一切の国力を傾け、そして敗れた。民族の栄光と悲惨、苛酷な現実と悪夢の記録。

廃墟の中から　日本の百年9　鶴見俊輔編著

特攻隊の生き残り、引揚者、ヤミ屋、戦災孤児。新たな明日を夢み、さまざまな思いを抱いて必死に生きた、敗戦直後の想像を絶する窮乏の時代。

新しい開国　日本の百年10　鶴見俊輔編著

一九五二年四月、占領時代が終り、日本は国際社会に復帰。復興の彼方に、さまざまな矛盾と争点を抱える現代日本の原型が現出。（全10巻完結）

明治国家の終焉　坂野潤治

日露戦争後の財政危機が官僚閥と議会第一党の協調による「一九〇〇年体制」を崩壊させた。戦争を招いた二大政党制の迷走の歴史を辿る。（空井護）

近代日本とアジア　坂野潤治

近代日本外交は、脱亜論とアジア主義の対立構図により描かれてきた。そうした理解が虚像であることを精緻な史料読解で暴いた記念碑的論考。（苅部直）

増補　モスクが語るイスラム史　羽田正

モスクの変容——そこには宗教、政治、経済、美術、人々の生活をはじめ、イスラム世界の全歴史が刻み込まれている。その軌跡を色鮮やかに描き出す。

横井小楠　松浦玲

欧米近代の外圧に対して、儒学的理想である仁政を基に、内外の政治的状況を考察し、政策を立案し遂行しようとした幕末最大の思想家を描いた名著。

古代大和朝廷　宮崎市定

記紀を読み解き、中国・朝鮮の史料を援用して、日本の古代史を東洋と世界の歴史に位置づける、壮大なスケールの日本史論集。（砺波護）

古代史おさらい帖　森浩一

考古学・古代史の重鎮が、「土地」「年代」「人」の基本概念を徹底的に再検証。「古代史」をめぐる諸問題の見取り図がわかる名著。

江戸の坂　東京の坂（全）　横関英一

東京の坂道とその名前からは、江戸の暮らしや庶民の心が透かし見える。東京中の坂を渉猟し、元祖「坂道」本と謳われた幻の名著。（鈴木博之）

ちくま学芸文庫

頼山陽《らいさんよう》とその時代《じだい》 上

二〇一七年三月十日 第一刷発行
二〇二五年六月二十日 第二刷発行

著 者 中村真一郎（なかむら・しんいちろう）

発行者 増田健史
発行所 株式会社 筑摩書房
東京都台東区蔵前二―五―三 〒一一一―八七五五
電話番号 〇三―五六八七―二六〇一（代表）
装幀者 安野光雅
組 版 株式会社精興社
印刷所 株式会社DNP出版プロダクツ
製本所 株式会社DNP出版プロダクツ

ISBN978-4-480-09778-1 C0123